Canada's Storytellers

Les grands écrivains du Canada

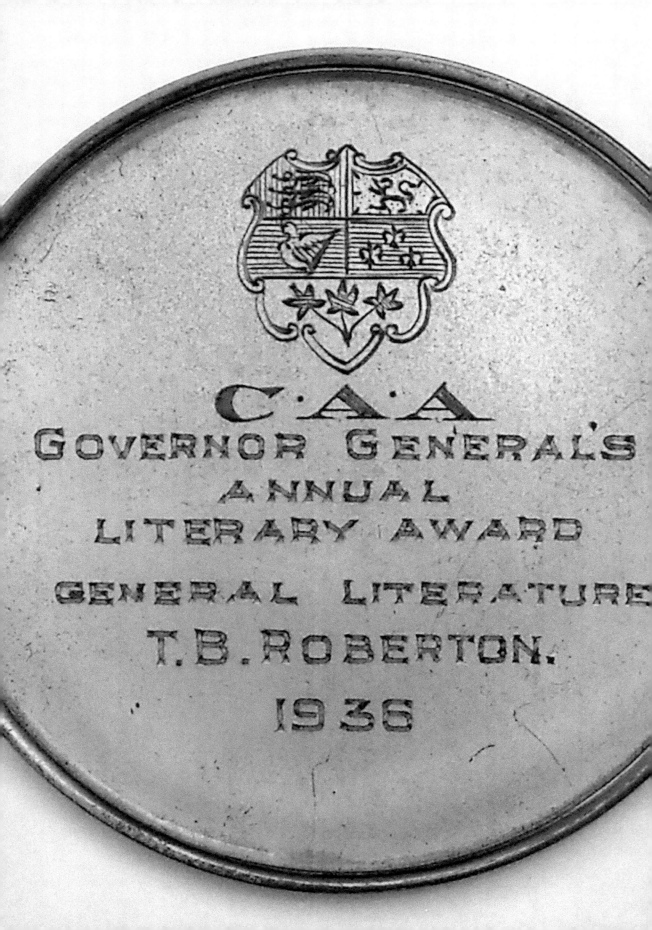

Canada's Storytellers
Les grands écrivains du Canada

The GG Literary Award Laureates
Les lauréats des Prix littéraires du GG

ANDREW DAVID IRVINE

with the assistance of / avec la participation de

EDMOND RIVÈRE
STEPHANIE TOLMAN

UNIVERSITY OF OTTAWA PRESS
LES PRESSES DE L'UNIVERSITÉ D'OTTAWA
2021

Les **Presses** de l'Université d'Ottawa
University of Ottawa **Press**

The University of Ottawa Press (UOP) is proud to be the oldest of the francophone university presses in Canada as well as the oldest bilingual university publisher in North America. Since 1936, UOP has been enriching intellectual and cultural discourse by producing peer-reviewed and award-winning books in the humanities and social sciences, in French and in English.
www.press.uottawa.ca

Library and Archives Canada Cataloguing in Publication

Title: Canada's storytellers : the GG Literary Award laureates / Andrew David Irvine ; with the assistance of Edmond Rivère, Stephanie Tolman = Les grands écrivains du Canada : les lauréats des Prix littéraires du GG / Andrew David Irvine ; avec la participation de Edmond Rivère, Stephanie Tolman.
Other titles: Grands écrivains du Canada
Names: Irvine, A. D., editor. | Rivère, Edmond, 1951- editor. | Tolman, Stephanie, editor.
Description: Includes bibliographical references and index. | Text in English and French.
Identifiers: Canadiana (print) 20190213248E | Canadiana (ebook) 20190213388E | ISBN 9780776628035 (hardcover) | ISBN 9780776628042 (PDF) | ISBN 9780776628059 (EPUB) | ISBN 9780776628066 (Kindle)
Subjects: LCSH: Authors, Canadian—20th century—Biography. | LCSH: Authors, Canadian—21st century—Biography. | LCSH: Canadian literature—Awards. | CSH: Authors, Canadian (French)—20th century—Biography. | CSH: Authors, Canadian (French)—21st century—Biography. | CSH: Governor General's Literary Awards. | LCGFT: Biographies.
Classification: LCC PS8107.G6 I782 2019 | DDC C810.8/0054—dc23

Legal Deposit: First Quarter 2021
Library and Archives Canada

Production Team

Proofreading — Chantal Ringuet (Fr) and Michael Waldin (En)
Text design and typesetting — Counterpunch Inc., Linda Gustafson
Cover design — Counterpunch Inc., Linda Gustafson

Cover image
Design by Clémence Labasse
Pictures by Tomert (Dreamstime.com) and Wikimedia Commons

The publishers have made every effort to contact copyright holders of material reprinted in *Canada's Storytellers: The GG Literary Award Laureates*. This has not been possible in every case. We would welcome correspondence from any individuals or companies we have been unable to trace.

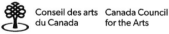

uOttawa

The University of Ottawa Press gratefully acknowledges the support extended to its publishing list by the Government of Canada, the Canada Council for the Arts, the Ontario Arts Council, the Social Sciences and Humanities Research Council and the Canadian Federation for the Humanities and Social Sciences through the Awards to Scholarly Publications Program, and by the University of Ottawa.

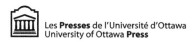
Les **Presses** de l'Université d'Ottawa
University of Ottawa **Press**

Les Presses de l'Université d'Ottawa (PUO) sont fières d'être la plus ancienne maison d'édition universitaire francophone au Canada et le plus ancien éditeur universitaire bilingue en Amérique du Nord. Depuis 1936, les PUO enrichissent la vie intellectuelle et culturelle en publiant, en français ou en anglais, des livres évalués par les pairs et primés dans le domaine des arts et lettres et des sciences sociales..
www.presses.uottawa.ca

Catalogage avant publication de Bibliothèque et Archives Canada et Bibliothèque et Archives nationales du Québec

Titre: Canada's storytellers : the GG Literary Award laureates / Andrew David Irvine ; with the assistance of Edmond Rivère, Stephanie Tolman = Les grands écrivains du Canada : les lauréats des Prix littéraires du GG / Andrew David Irvine ; avec la participation de Edmond Rivère, Stephanie Tolman.

Autres titres: Grands écrivains du Canada

Noms: Irvine, A. D, éditeur intellectuel. | Rivère, Edmond, 1951- éditeur intellectuel. | Tolman, Stephanie, éditeur intellectuel.

Description: Comprend des références bibliographiques et un index. | Textes en anglais et en français.

Identifiants: Canadiana (livre imprimé) 20190213248F | Canadiana (livre numérique) 20190213388F | ISBN 9780776628035 (couverture rigide) | ISBN 9780776628042 (PDF) | ISBN 9780776628059 (EPUB) | ISBN 9780776628066 (Kindle)

Vedettes-matière: RVM: Écrivains canadiens—20e siècle—Biographies. | RVM: Écrivains canadiens—21e siècle—Biographies. | RVM: Écrivains canadiens-français—20e siècle—Biographies. | RVM: Écrivains canadiens-français—21e siècle—Biographies. | RVM: Prix littéraires du Gouverneur général. | RVM: Littérature canadienne—Prix et récompenses. | RVMGF: Biographies.

Classification: LCC PS8107.G6 I782 2019 | CDD C810.8/0054—dc23

Dépôt légal : Premier trimestre 2021
Bibliothèque et Archives Canada
Bibliothèque et Archives nationales du Québec

Équipe de la production

Traduction	Karine Lavoie et Anne-Bénédicte Claret
Correction d'épreuves	Chantal Ringuet (fr.) et Michael Waldin (angl.)
Mise en page	Counterpunch Inc., Linda Gustafson
Maquette de la couverture	Counterpunch Inc., Linda Gustafson

Image de la couverture
Création Clémence Labasse
Photos de Tomert (Dreamstime.com)
et Wikimedia Commons

Les éditeurs ont déployé tous les efforts possibles pour contacter les titulaires du droit d'auteur des documents reproduits dans *Les grands écrivains du Canada : les lauréats des Prix littéraires du GG*. Ceci n'a pas été possible dans tous les cas. Nous serions heureux de recevoir tout renseignement de la part des individus ou des compagnies que nous n'avons pas réussi à joindre.

u Ottawa

Les Presses de l'Université d'Ottawa sont reconnaissantes du soutien qu'apportent, à leur programme d'édition, le gouvernement du Canada, le Conseil des arts du Canada, le Conseil des arts de l'Ontario, Ontario créatif, la Fédération canadienne des sciences humaines par l'entremise du programme Prix d'auteurs pour l'édition savante et l'entremise du Conseil de recherches en sciences humaines, et surtout, l'Université d'Ottawa.

CONTENTS

TABLE DES MATIÈRES

INTRODUCTION

What gifts you have given us. What gifts you have given to Canada and the world.

David Johnston[1]

The Governor General's Literary Awards have served as Canada's premier literary prize for over eighty years. Since being created by Governor General John Buchan and the Canadian Authors Association in 1936, the awards have been presided over by fifteen Governors General. They have recognized excellence in authorship, translation and book illustration in both English and French. Often but not always, the annual ceremony honouring award laureates has been held at Rideau Hall, the Governor General's official Ottawa residence. Between 1936 and 2019, 592 authors, illustrators and translators have been recognized with awards.

Originally, it was intended that the awards would be given for books in both French and English in each of three divisions: Fiction, Poetry and General Literature.[2] Unfortunately, because of a variety of organizational challenges, it was over twenty years before awards were to be offered in French as well as English.[3] In the first year of the awards, it also turned out that no volume of English-language poetry was of sufficiently high standard to receive an award.[4] Despite this disappointing start, the awards were an immediate success with the reading public. They have remained so ever since.

In large part, the history of the awards has been the history of Canada itself. Winning books have influenced Canada as much as Canada has influenced them. They have included many of Canada's best works of fiction, poetry and drama. They have included many of the country's best histories, biographies and children's books. Many award laureates are household names. Many others deserve to be household names.

When Canada's best-known short-story writer, Alice Munro, won the Nobel Prize for Literature in 2013, she had already won the Governor General's Literary Award for Fiction three times. When the feature film *The English Patient* won the Oscar for Best Picture in 1997, the film was based on Michael Ondaatje's Governor General's Award-winning novel of the same name. When Gabrielle Roy's novel

The Tin Flute became an international best seller shortly after the Second World War, its success was due partly to its having won a Governor General's Literary Award in 1947.

Today, Governor General's Literary Awards are given in the following fourteen categories:

English-language Award Categories
Fiction (since 1936)
Non-fiction (since 1959)
Poetry (since 1936)
Drama (since 1959)
Young People's Literature – Illustrated Books (since 2016)
Young People's Literature – Text (since 2016)
Translation (from French to English) (since 1987)

French-language Award Categories
Romans et nouvelles (since 1959)
Études et Essais / Essais (since 1971)
Poésie (since 1959)
Théâtre (since 1959)
Littérature jeunesse – livres illustrés (since 2015)
Littérature jeunesse – texte (since 1987)
Traduction (de l'anglais vers le français) (since 1987).

Over the years, nine other award categories have also been used:

Previous English-language Award Categories
General Literature (1936–1941)
Academic Non-fiction (1942–1958)
Creative Non-fiction (1942–1958)
Juvenile (1946–1958)
Children's Literature – Illustration (1987–2014)
Children's Literature – Illustrated Books (2015)
Children's Literature – Text (1987–2015)

Previous French-language Award Categories
Autres genres littéraires (1959–1970)
Littérature jeunesse – illustrés (1987–2014)

Two award laureates – Hugh MacLennan and Michael Ondaatje – are tied for having received the largest number of awards, with five awards each. Marie-Claire Blais has had the largest number of books recognized, having herself won awards four times, while three of her titles have also won in translation. Of the 592 authors, illustrators and translators who have won awards between 1936 and 2019, 117 have received awards multiple times. Only three – Isabelle Arsenault, Stéphane Jorisch and Gabrielle Roy – have received awards in both French and English categories.

It is hoped that this book will give readers a glimpse into the lives of these remarkable Canadians.

Errata will be received gratefully at andrew.irvine@ubc.ca.

INTRODUCTION

Quels cadeaux vous nous avez offerts, à nous, au Canada et au reste du monde.

David Johnston[5]

Les Prix littéraires du Gouverneur général sont les plus prestigieux prix littéraires au Canada depuis plus de 80 ans. Depuis leur création par le gouverneur général John Buchan et la Canadian Authors Association en 1936, les Prix ont été présidés par quinze gouverneurs généraux. Ils ont reconnu l'excellence dans la création, la traduction et l'illustration de livres en français et en anglais. Souvent, mais pas toujours, la cérémonie annuelle de remise des Prix a eu lieu à Rideau Hall, la résidence officielle du gouverneur général à Ottawa. Entre 1936 et 2019, 592 auteurs, illustrateurs et traducteurs ont été récompensés.

À l'origine, les Prix devaient être décernés pour des livres en français et en anglais dans chacune des trois divisions, soit la fiction, la poésie et la littérature générale[6]. Malheureusement, en raison de diverses difficultés de coordination, il a fallu plus de 20 ans avant que soient récompensés des ouvrages de langue française[7]. La première année de la remise des Prix, aucun volume de poésie en langue anglaise n'a été jugé d'un niveau suffisamment élevé pour être récompensé[8]. Malgré ce début décevant, les Prix ont connu un succès immédiat auprès du public, qui a, par la suite, toujours fait preuve de fidélité.

En grande partie, l'histoire des Prix est celle du Canada lui-même. Les livres primés ont influencé le Canada autant que ce dernier les a influencés. Parmi ces œuvres se trouvent bon nombre des meilleures œuvres de fiction, de poésie et de théâtre du Canada. On y trouve également certaines des meilleures histoires, biographies et publications pour enfants du Canada. De nombreux lauréats sont réputés. Beaucoup d'autres méritent de l'être.

Lorsque la plus célèbre nouvelliste canadienne, Alice Munro, a remporté le prix Nobel de littérature en 2013, elle avait déjà obtenu à trois reprises le Prix littéraire du Gouverneur général dans la catégorie « Romans et nouvelles ». Quand le long métrage *Le patient anglais* a reçu l'Oscar du meilleur film en 1997, il s'agissait d'une adaptation du roman primé du même nom de Michael Ondaatje. Lorsque le roman de Gabrielle Roy *Bonheur d'occasion* est devenu un livre à succès international, peu après la Seconde Guerre mondiale, son succès était en partie attribuable au fait qu'il avait remporté le Prix littéraire du Gouverneur général en 1947.

Aujourd'hui, les Prix littéraires du Gouverneur général sont attribués dans les quatorze catégories suivantes :

Catégories de prix pour des ouvrages de langue anglaise
Fiction (depuis 1936)
Non-fiction (depuis 1959)
Poetry (depuis 1936)
Drama (depuis 1959)
Young People's Literature – Illustrated Books (depuis 2016)
Young People's Literature – Text (depuis 2016)
Translation (du français vers l'anglais) (depuis 1987)

Catégories de prix pour des ouvrages de langue française
Romans et nouvelles (depuis 1959)
Études et Essais/Essais (depuis 1971)
Poésie (depuis 1959)
Théâtre (depuis 1959)
Littérature jeunesse – livres illustrés (depuis 2015)
Littérature jeunesse – texte (depuis 1987)
Traduction (de l'anglais vers le français) (depuis 1987)

Au fil des ans, des prix ont également été remis dans neuf autres catégories :

Catégories précédentes pour des ouvrages de langue française
Autres genres littéraires (1959-1970)
Littérature jeunesse – illustrés (1987-2014).

Catégories précédentes pour des ouvrages de langue anglaise
General Literature (1936-1941)
Academic Non-fiction (1942-1958)
Creative Non-fiction (1942-1958)
Juvenile (1946-1958)
Children's Literature – Illustration (1987-2014)
Children's Literature – Illustrated Books (2015)
Children's Literature – Text (1987-2015)

Avec cinq prix chacun, deux lauréats – Hugh MacLennan et Michael Ondaatje – sont à égalité pour le plus grand nombre de prix reçus. C'est Marie-Claire Blais qui obtient la palme du plus grand nombre d'ouvrages primés, ayant elle-même remporté quatre prix, tandis que trois de ses titres ont été récompensés dans la catégorie « Traduction ». Sur les 592 auteurs, illustrateurs et traducteurs qui ont été récompensés entre 1936 et 2019, 117 l'ont été à plus d'une reprise. Seuls trois d'entre eux – Isabelle Arsenault, Stéphane Jorisch et Gabrielle Roy – ont été primés pour des ouvrages en langue française et anglaise.

Nous espérons que ce livre donnera aux lecteurs un aperçu de la vie fascinante de ces Canadiennes et Canadiens remarquables.

Veuillez faire parvenir les errata à andrew.irvine@ubc.ca.

The Governor General's Literary Awards of Canada

Les Prix littéraires du Gouverneur général du Canada

GOVERNORS GENERAL

GOUVERNEURS GÉNÉRAUX

We escape, we travel, we dream, we reinvent ourselves, we reflect, we learn, we discover, without constraint, without limits. Such is the importance of books in our lives.

Michaëlle Jean[9]

Voilà que nous nous évadons, que nous voyageons, que nous rêvons, que nous réinventons, que nous réfléchissons, que nous apprenons, que nous découvrons, sans contraintes et sans limites. Telle est la portée du livre dans nos vies.

Michaëlle Jean[10]

Photo: Bain News Service / Bain News Service

John Buchan

THE RIGHT HONOURABLE JOHN BUCHAN, 1st Baron Tweedsmuir of Elsfield, GCMG, GCVO, CH, PC, BA MA DCL (Oxon), LLD (Glas), LLD (StAnd), DLitt (Col), LLD (McG), LLD (Tor), LLD (Qu), LLD (Man), DD (VicTor), DLitt (McM), D ès L (Laval), DCL (Bishop's), LLD (Harv), LLD (Edin), LLD (WOnt), LLD (Yale), LLD (UBC)

26 August 1875–11 February 1940
15th Governor General of Canada, 02 November 1935–11 February 1940

A prolific and best-selling author, Buchan studied at the universities of Glasgow and Oxford. While a student, he won numerous academic awards, was elected president of the Oxford Union and published half a dozen novels. After being called to the bar in 1901, he practised law while editing and writing for *The Spectator*. Later he became a partner in the Scottish publishing house Thomas Nelson and Sons. During the First World War, he was appointed Director of Information and then Head of Intelligence, while at the same time writing his 24-volume history of the war. After the war, he served as president of the Scottish Historical Society and as a trustee of the National Library of Scotland. He served twice as His Majesty's High Commissioner to the General Assembly of the Church of Scotland. In 1927, he became Member of Parliament for the Combined Scottish Universities. Elected as a Conservative, he supported free trade and women's suffrage. Later, he served as Chancellor of the University of Edinburgh. After moving to Ottawa to become Governor General in 1935, Buchan was approached by the Canadian Authors Association with the suggestion of creating the Governor General's Annual Literary Awards. With the encouragement of Lady Tweedsmuir, herself a respected author, Buchan and the CAA initiated the awards in 1936. At the same time, Lady Tweedsmuir established the Prairie Library Scheme, helping to distribute some 40,000 books to libraries in western Canada at the height of the Great Depression. Among Lord Tweedsmuir's books are over thirty novels, several of which are set in Canada, together with an even larger number of non-fiction titles. His most commercially successful work, the iconic suspense novel *The Thirty-Nine Steps*, owes some of its continuing fame to screen versions directed by Alfred Hitchcock and others. In 1939, Lord and Lady Tweedsmuir hosted King George VI and Queen Elizabeth on the first royal tour of Canada by a reigning Canadian monarch. At the unveiling of Canada's National War Memorial just months before the outbreak of the Second World War, the King prophetically remarked, "Without freedom there can be no enduring peace, and without peace no enduring freedom." In 1938, British Columbia's Tweedsmuir Provincial Park was created in Buchan's honour. As Buchan remarked shortly afterwards, "I have now travelled over most of Canada and have seen many wonderful things, but I have seen nothing more beautiful and more wonderful than the great park which British Columbia has done me the honour to call by my name." Two years later he died while still in office.

LE TRÈS HONORABLE JOHN BUCHAN, 1er baron Tweedsmuir d'Elsfield, GCMG, GCVO, CH, CP, BA MA DCL (Oxon), LLD (Glas), LLD (StAnd), DLitt (Col), LLD (McG), LLD (Tor), LLD (Qu), LLD (Man), DD (VicTor), DLitt (McM), D ès L (Laval), DCL (Bishop's), LLD (Harv), LLD (Edin), LLD (WOnt), LLD (Yale), LLD (UBC)

26 août 1875-11 février 1940
15e gouverneur général du Canada, du 2 novembre 1935 au 11 février 1940

Auteur prolifique et auteur à succès, John Buchan a étudié aux universités de Glasgow et d'Oxford. Pendant ses études, il remporte de nombreux prix universitaires, est élu président de l'Oxford Union et publie une demi-douzaine de romans. Après avoir été admis au barreau en 1901, il pratique le droit et le journalisme, tout en mettant sa plume au service du magazine *The Spectator*. Plus tard, il devient associé de la maison d'édition écossaise Thomas Nelson and Sons. Pendant la Première Guerre mondiale, il est nommé chef de l'information et des renseignements, et en parallèle, il écrit son histoire de la guerre en vingt-quatre volumes. Après la guerre, il devient président de la Société historique écossaise et administrateur de la Bibliothèque nationale d'Écosse. Il est deux fois haut-commissaire de Sa Majesté à l'Assemblée générale de l'Église d'Écosse. En 1927, il est élu député des Universités écossaises. Élu comme conservateur, il appuiera le libre-échange et le droit de vote des femmes. Par la suite, il devient chancelier de l'Université d'Édimbourg. En 1935, il déménage à Ottawa pour devenir gouverneur général du Canada. La Canadian Authors Association (CAA) lui propose alors de créer les Prix littéraires annuels du Gouverneur général. Encouragé par lady Tweedsmuir, elle-même une auteure respectable, le gouverneur Buchan et la CAA fondent les Prix en 1936. Lady Tweedsmuir met sur pied le programme « Bibliothèque des Prairies » et distribue quelque 40 000 livres à des bibliothèques de l'Ouest canadien au plus fort de la Grande Dépression. Parmi les livres écrits par lord Tweedsmuir figurent une trentaine de romans, dont plusieurs se déroulent au Canada, ainsi qu'un nombre d'essais encore plus important. Son œuvre la plus vendue, le roman à suspense emblématique *The Thirty-Nine Steps*, doit une partie de sa renommée aux adaptations cinématographiques d'Alfred Hitchcock et de quelques autres. En 1939, lord et lady Tweedsmuir accueillent le roi George VI et la reine Elizabeth pour la première visite d'un souverain régnant au Canada. Lors de l'inauguration du Monument commémoratif de guerre du Canada, quelques mois à peine avant le début de la Seconde Guerre mondiale, le roi fait cette remarque prophétique: « Sans liberté, il ne peut y avoir de paix durable, et sans paix, point de liberté durable. » En 1938, le parc provincial Tweedsmuir de la Colombie-Britannique est créé en l'honneur de Buchan. Comme ce dernier l'a souligné peu de temps après : « J'ai maintenant parcouru la majeure partie du Canada et vu beaucoup de choses merveilleuses, mais je n'ai rien vu d'aussi magnifique que le grand parc auquel la Colombie-Britannique m'a fait l'honneur de donner mon nom. » Deux ans plus tard, il est décédé alors qu'il était toujours en poste.

Photo: Yousuf Karsh, Image courtesy of the Estate of Yousuf Karsh /
Image reproduite avec la permission de la succession de Yousuf Karsh

Alexander Cambridge

MAJOR GENERAL THE RIGHT HONOURABLE ALEXANDER CAMBRIDGE,
1st Earl of Athlone, KG, GCB, GCMG, GCVO, DSO, PC, LLD (Wits), LLD (McG), LLD (Laval), LLD (Tor), LLD (Qu), LLD (McM), LLD (UBC)

14 April 1874–16 January 1957
16th Governor General of Canada, 21 June 1940–12 April 1946

Lord Athlone was first nominated to serve as Governor General in 1914. The appointment was abandoned when he was called up for active service at the outbreak of the First World War. During the war, he was promoted to the rank of Lieutenant Colonel and then to the rank of Major General. From 1924 to 1930, he served as Governor General of South Africa. Following the unexpected death of Lord Tweedsmuir at the outbreak of the Second World War, Athlone was again nominated to take up the office of Governor General of Canada. As his official Canadian biography reports, "The trip to Canada with his wife, Princess Alice—a granddaughter of Queen Victoria—was complicated by the war, and their ship zigzagged across the Atlantic to avoid submarine attack. But they arrived safely in Halifax." Once in Canada, the new Governor General and his wife became active in supporting the war effort. During a time that involved not only enormous sacrifice but also a seven-fold expansion of Canadian industrial output, the former governor and constable of Windsor Castle and former aide-de-camp to King George V became an inspiration to many Canadians. In 1943 and again in 1944, Athlone hosted the wartime meetings known as the Quebec Conferences between British Prime Minister Winston Churchill, American President Franklin D. Roosevelt, and Canadian

Prime Minister William Lyon Mackenzie King. He and Princess Alice also provided accommodation for many members of Europe's royal families who were displaced by the war. Between 1932 and 1955, Athlone served as Chancellor of London University. While in Canada, he also served as Rector of Queen's University. At the end of his term of office as Governor General, he created the Athlone-Vanier Engineering Fellowship to recognize academic excellence and leadership in the engineering sciences.

LE TRÈS HONORABLE MAJOR-GÉNÉRAL ALEXANDER CAMBRIDGE,
1er comte d'Athlone, KG, GCB, GCMG, GCVO, DSO, CP, LLD (Wits), LLD (McG), LLD (Laval), LLD (Tor), LLD (Qu), LLD (McM), LLD (UBC)

14 avril 1874-16 janvier 1957
16e gouverneur général du Canada, du 21 juin 1940 au 12 avril 1946

Le comte d'Athlone a été nommé gouverneur général pour la première fois en 1914, mais cette nomination a été abandonnée lorsqu'il a été appelé au service actif au début de la Première Guerre mondiale. Pendant la guerre, il est promu au grade de lieutenant-colonel, puis à celui de major-général. De 1924 à 1930, il sert comme gouverneur général de l'Afrique du Sud. À la suite du décès soudain de lord Tweedsmuir, au début de la Seconde Guerre mondiale, le comte d'Athlone est de nouveau nommé gouverneur général du Canada. Comme l'indique sa biographie officielle canadienne : « Le voyage qu'il entreprend alors pour se rendre au Canada avec sa femme, la princesse Alice – petite-fille de la reine Victoria – est compliqué en raison de la guerre, et leur navire doit traverser l'Atlantique en faisant des zigzags pour éviter les attaques de sous-marins. Heureusement, ils arrivent sains et saufs à Halifax. » Une fois arrivés, le nouveau gouverneur général et sa femme appuient activement l'effort de guerre. À une époque marquée par d'énormes sacrifices, mais également par la multiplication par sept de la production industrielle canadienne, l'ancien Gouverneur et connétable du Château de Windsor, et ancien aide de camp du roi Georges V devint une source d'inspiration pour de nombreux Canadiens. En 1943 et 1944, Athlone est l'hôte de réunions stratégiques appelées les Conférences de Québec où sont réunis le premier ministre britannique Winston Churchill, le président américain Franklin D. Roosevelt et le premier ministre canadien William Lyon Mackenzie King. Lui et la princesse Alice accueillent en outre de nombreux membres de familles royales européennes en exil à cause de la guerre. Le comte d'Athlone est chancelier de l'Université de Londres de 1932 à 1955. Au Canada, il a également tenu la fonction de recteur de l'Université Queen's. À la fin de son mandat à titre de gouverneur général, il crée la bourse Athlone-Vanier en ingénierie, qui reconnaît l'excellence scolaire et le leadership en sciences du génie.

Harold Alexander

FIELD MARSHAL THE RIGHT HONOURABLE HAROLD ALEXANDER,
1st Earl Alexander of Tunis, KG, GCB, OM, GCMG, CSI, DSO, MC, CD, PC, LLD
(McG), LLD (Qu), LLD (Tor), LLD (Dal), LLD (Harv), LLD (Laval), LLD (Ott), LLD
(Princ), LLD (UBC), LLD (MtAll), LLD (UCLA), LLD (WOnt), LLD (Liv), LLD (Nott)

10 December 1891–16 June 1969
17th Governor General of Canada, 12 April 1946–28 February 1952

Decorated for gallantry after twice being wounded during the First World
War, Alexander was the youngest General to serve in the British army during
World War II. In 1944, he was promoted to the rank of Field Marshal. It was in
this role that he imposed the terms of unconditional surrender on his German
counterparts in southwest Europe in May of 1945. Recognized as one of the
greatest military leaders of the Second World War, he was given the Freedom of the City of London in 1945. In 1946, he was elevated to the peerage by
King George VI. This same year, Alexander and his family arrived in Halifax
to take up his duties as Governor General. On the train trip from Halifax to
Ottawa, he served as an assistant engineer and drove the engine for much of
the journey. Three years later, Alexander oversaw the admission of Newfoundland (now Newfoundland and Labrador) into confederation on March 31,
1949. In 1951, he hosted the Canadian Royal Tour of Princess Elizabeth and
Prince Philip. He also travelled extensively throughout Canada, logging more
than 295,000 km (184,000 miles) during his time in office. Ten days before his
55th birthday, he gave the opening kick at the 1946 Grey Cup final. Among his
many honours, Alexander was appointed both a Knight of the Garter, the oldest

order of chivalry in Europe, and a Chief of the Blood First Nation at Stand Off, Alberta. After completing his term as Governor General, he returned to Britain in 1952 to take on the post of Minister of Defence in Winston Churchill's government, at which time he was elevated from Viscount to Earl. In his farewell message to Canada, he noted that his time serving as Governor General had been the happiest of his life. In 1953, together with his predecessor, the Earl of Athlone, Alexander served on the committee charged with organizing the coronation of Queen Elizabeth II. From 1960 until his retirement in 1965, he served as Constable of the Tower of London.

LE TRÈS HONORABLE FELD-MARÉCHAL HAROLD ALEXANDER, 1er comte d'Alexander de Tunis, KG, GCB, OM, GCMG, CSI, DSO, MC, CD, CP, LLD (McG), LLD (Qu), LLD (Tor), LLD (Dal), LLD (Harv), LLD (Laval), LLD (Ott), LLD (Princ), LLD (UBC), LLD (MtAll), LLD (UCLA), LLD (WOnt), LLD (Liv), LLD (Nott)

10 décembre 1891-16 juin 1969
17e gouverneur général du Canada, du 12 avril 1946 au 28 février 1952

Décoré pour acte de bravoure après avoir été blessé deux fois pendant la Première Guerre mondiale, Harold Alexander est le plus jeune général à servir dans l'armée britannique pendant la Seconde Guerre mondiale. En 1944, il est promu feld-maréchal. C'est à ce titre qu'il impose les conditions de leur capitulation aux armées allemandes dans le sud-ouest de l'Europe, en mai 1945. Considéré comme l'un des plus grands commandants militaires de la Seconde Guerre mondiale, il reçoit le prix Freedom de la Ville de Londres en 1945. L'année suivante, il est élevé à la pairie par le roi George VI. Alexander et sa famille s'installent à Halifax où il prend ses fonctions de gouverneur général. Dans le train d'Halifax à Ottawa, il endosse le rôle d'assistant en ingénierie et conduit la locomotive pour la majeure partie du voyage. Trois ans plus tard, Alexander supervise l'admission de Terre-Neuve (aujourd'hui Terre-Neuve-et-Labrador) dans la Confédération, le 31 mars 1949. En 1951, il reçoit la princesse Elizabeth et le prince Philip, en visite royale au Canada. Il effectue de nombreux voyages d'un bout à l'autre du pays, parcourant au total plus de 295 000 km (184 000 milles) pendant son mandat comme gouverneur. Dix jours avant son 55e anniversaire de naissance, il donne le coup d'envoi au match final de la Coupe Grey de 1946. Parmi les nombreux honneurs qu'il a reçus figurent sa nomination à l'Ordre de la Jarretière, le plus ancien ordre de chevalerie en Europe, ainsi que le titre de Chef de la Première Nation Blood à Stand Off, Alberta. Après son mandat comme gouverneur général, il retourne en Angleterre en 1952 pour occuper le poste de ministre de la Défense au sein du gouvernement de Winston Churchill. C'est à ce moment qu'il reçoit le titre de comte. Dans son message d'adieu au Canada, il déclare que les années où il a exercé la fonction de gouverneur général furent les plus heureuses de sa vie. En 1953, avec son prédécesseur, le comte d'Athlone, M. Alexander siège au comité responsable d'organiser le couronnement de la reine Elizabeth II. De 1960 à 1965, il est gendarme à la Tour de Londres.

Photo: Gaby, Copyright Ronald Desmarais, Republished with permission /
Reproduite avec la permission de Ronald Desmarais, détenteur des droits

Vincent Massey

THE RIGHT HONOURABLE VINCENT MASSEY, PC, CH, CC, CD, BA LLD (Tor), MA (Oxon), LLD (Dal), LLD (Yale), LLD (McM), LLD (Liv), LLD (Qu), DU (Laval), LLD (Man), DLitt (WOnt), LLD (UBC), LLD (Ott), LLD (Sask), LLD (RMC)

20 February 1887–30 December 1967
18th Governor General of Canada, 28 February 1952–15 September 1959

Still remembered for his informative 1963 memoir, *What's Past Is Prologue*, Massey was educated at the universities of Toronto and Oxford. After lecturing in modern history at the University of Toronto from 1913 to 1915 and serving as a staff officer during the First World War, he became president of his family's farm-implement business, the Massey-Harris Company. Later he served as minister without portfolio in the government of Prime Minister Mackenzie King. From 1926 to 1930 he served as Canada's first independent diplomatic representative to the United States. Later he served as high commissioner to the United Kingdom (from 1935 to 1946) and as chairman of the National Gallery (from 1943 to 1946). Upon his return to Canada in 1949, Massey was appointed chairman of the Royal Commission on National Development in the Arts, Letters and Sciences. The Massey Commission, as it soon became known, held public hearings and received formal submissions from across Canada. Its most important recommendations included the establishment of a National Library, the creation of the Canada Council for the Arts, and increased funding for Canada's public universities. In addition to serving as chairman of the National Gallery of Canada and as Chancellor of the University of Toronto, Massey worked for some forty years to help create the Order of

Canada. In 1952, Massey became the first Canadian-born person since confederation to be appointed Governor General. (The first Canadian-born person to *serve* as Governor General following confederation was Chief Justice Lyman Poore Duff of the Supreme Court of Canada, who became Acting Governor General for four months upon the death of Lord Tweedsmuir in 1940; the first Canadian-born person to be appointed Governor General prior to confederation was the Marquis de Vaudreuil-Cavagnal, who became Governor General of New France on January 1, 1755.) In 1960, Massey became the first Canadian to be awarded the Royal Victorian Chain. Toronto's Massey College is named in his family's honour. Despite such honours, it was Massey's contribution to Canada's arts communities for which he is most often remembered. In the words of Claude Bissell, Massey's biographer, "More than any other Canadian, he was responsible for the first major movement of the arts and letters from the periphery of national concern towards the centre. It was a notable achievement."

LE TRÈS HONORABLE VINCENT MASSEY, CP, CH, CC, CD, BA LLD (Tor), MA (Oxon), LLD (Dal), LLD (Yale), LLD (McM), LLD (Liv), LLD (Qu), DU (Laval), LLD (Man), DLitt (WOnt), LLD (UBC), LLD (Ott), LLD (Sask), LLD (CMR)

20 février 1887-30 décembre 1967
18ᵉ gouverneur général du Canada, du 28 février 1952 au 15 septembre 1959

Vincent Massey a étudié aux universités de Toronto et d'Oxford. On se souvient toujours de ses mémoires édifiants, publiés en 1963 sous le titre *What's Past Is Prologue*, qui donnent un bon aperçu de sa carrière. Après avoir enseigné l'histoire moderne à l'Université de Toronto de 1913 à 1915 et avoir été officier d'état-major pendant la Première Guerre mondiale, il devient président

de l'entreprise familiale d'équipement agricole, la Massey-Harris Company.
Par la suite, il devient ministre sans portefeuille au sein du gouvernement de
Mackenzie King. De 1926 à 1930, il est le premier représentant diplomatique
indépendant du Canada aux États-Unis. Il devient ensuite haut-commissaire
à Londres (1935 à 1946), puis président de la National Gallery (1943 à 1946).
À son retour au Canada, en 1949, Massey est désigné à la présidence de la
Commission royale d'enquête sur l'avancement des arts, des lettres et des
sciences au Canada. Connue sous le nom de « Commission Massey », celle-ci
tient des consultations publiques partout au Canada et reçoit des centaines
de mémoires officiels. Parmi ses recommandations les plus importantes
figurent la création d'une bibliothèque nationale, la création du Conseil des
arts du Canada et l'augmentation considérable du financement accordé aux
universités publiques canadiennes. En plus d'avoir été président du Musée
des beaux-arts du Canada et chancelier de l'Université de Toronto, Massey
a œuvré pendant plus de quarante ans en vue de la création de l'Ordre du
Canada. En 1952, il est le premier Canadien depuis la Confédération à être
nommé au poste de gouverneur général. (Le premier Canadien à *occuper* le
poste de gouverneur général après la Confédération fut le juge en chef Lyman
Poore Duff de la Cour suprême du Canada, qui devint gouverneur général
par intérim pendant quatre mois après le décès de lord Tweedsmuir, en 1940 ;
le premier Canadien à être nommé gouverneur général avant la Confédération fut le marquis de Vaudreuil-Cavagnal, devenu gouverneur général de la
Nouvelle-France le 1er janvier 1755.) En 1960, Massey devient le premier Canadien à recevoir la Royal Victorian Chain. Le Massey College de Toronto porte
son nom. Malgré ces honneurs, c'est sa contribution aux communautés artistiques du Canada dont on se souvient le plus. Selon le biographe de Massey,
Claude Bissell : « Plus que tout autre Canadien, c'est grâce à lui que les arts et
les lettres sont passés de l'ombre au cœur même de l'intérêt national. C'est une
réussite digne de mention. »

Photo: Yousuf Karsh, Image courtesy of the Estate of Yousuf Karsh /
Image reproduite avec la permission de la succession de Yousuf Karsh

Georges Vanier

LE TRÈS HONORABLE MAJOR-GÉNÉRAL GEORGES VANIER, CP, DSO, MC, CD, BA (Loyola), LLB LLD (Laval), LLD (Ott), DHC (Montr), LLD (McG), LLD (UBC), LLD (Tor), DScMil (CMR), LLD (Î-P-É), LLD (T-N-L), LLD (StMary's)

23 avril 1888 - 5 mars 1967
19ᵉ gouverneur général du Canada, du 15 septembre 1959 au 5 mars 1967

Bien qu'il ait perdu sa jambe droite alors qu'il servait dans les Forces canadiennes pendant la Première Guerre mondiale, Georges Vanier a poursuivi sa carrière militaire pendant la majeure partie de sa vie. En 1921, il est nommé aide de camp du gouverneur général lord Byng, vicomte de Vimy. En 1927, il est nommé à ce même poste par le successeur de lord Byng, le marquis de Willingdon. Par la suite, il entreprend une longue carrière diplomatique, durant laquelle il est nommé à la délégation militaire du Canada pour le désarmement auprès de la Société des Nations, après la Première Guerre mondiale, puis secrétaire du Cabinet du haut-commissaire à Londres. En 1939, il est désigné comme envoyé extraordinaire du roi et ministre plénipotentiaire en France, un poste qu'il occupe pendant moins d'un an avant d'être nommé commandant du district militaire de Québec à l'aube de la Seconde Guerre mondiale. Après la guerre, Vanier est délégué du Canada à la Conférence de la paix à Paris. Il est ensuite nommé gouverneur général. Pendant son mandat, il se prononce contre la montée du séparatisme au Québec. Il appuie activement un grand nombre d'organisations de bienfaisance et d'organismes à but non lucratif. En 1962, il crée la Médaille Vanier de l'Institut d'administration publique du Canada et, en 1965, il crée la Coupe Vanier pour le championnat universitaire de football. Il a reçu de nombreux honneurs au cours de sa carrière, notamment sa nomination au titre de Chef par trois des Premières Nations du Canada en Alberta, les Tsuu T'ina, les Stoneys, et la Confédération des Pieds-Noirs, ainsi que sa nomination à l'Académie des Sciences Morales et Politiques, et à l'Ordre de la Légion d'honneur en France. C'est avec grand enthousiasme qu'il a également exercé le rôle de chef scout du Canada. Vanier est mort en fonction le dimanche 5 mars 1967.

MAJOR GENERAL THE RIGHT HONOURABLE GEORGES VANIER, PC, DSO, MC, CD, BA (Loyola), LLB LLD (Laval), LLD (Ott), DHC (Montr), LLD (McG), LLD (UBC), LLD (Tor), DScMil (RMC), LLD (PEI), LLD (Nfld), LLD (StMary's)

23 April 1888–05 March 1967
19th Governor General of Canada, 15 September 1959–05 March 1967

Despite losing his right leg while serving in the Canadian Army during the First World War, Vanier continued to serve in the military for most of his life. In 1921, he became aide-de-camp to Governor General Viscount Byng of Vimy. In 1927, he was appointed to this same position by Byng's successor, the Marquess of Willingdon. Later, he served in several diplomatic posts, including as a member of Canada's military delegation for disarmament at the League of Nations at the end of the First World War and as Secretary to the High Commission of Canada in London. In 1939, he was appointed the King's Envoy Extraordinary and Minister Plenipotentiary to France, a position he held for less than a year before becoming commander of the military district of Quebec at the outbreak of the Second World War. Following the war, Vanier served as Canada's delegate to the Paris Peace Conference before being appointed Governor General. As Governor General, Vanier spoke out against the rise of separatism in Quebec. He also actively supported a large number of charities and non-profit organizations. In 1962, he established the Vanier Medal for Public Administration in Canada and, in 1965, the Vanier Cup for university football. His many honours included being made a Chief by three of Canada's first nations in Alberta, the Saracee, the Stony and the Blackfeet, and being made a member of the Académie des Sciences Morales et Politiques and a member of the Legion of Honour in France. He also served enthusiastically as Canada's Chief Scout. He died in office on March 5, 1967.

Photo: Harry Palmer, Image courtesy of Harry Palmer / Image reproduite avec la permission de Harry Palmer

Roland Michener

THE RIGHT HONOURABLE ROLAND MICHENER, PC, CC, CMM, OOnt, CD, BA LLD (Alta), BA BCL MA (Oxon), LLD (Ott), LLD (Qu), LLD (Laval), LLD (Laur), LLD (SMU), LLD (Tor), LLD (MtAll), LLD (RMC), LLD (Man), LLD (York), LLD (UBC), LLD (Dal), LLD (LSUC), QC

19 April 1900–06 August 1991
20th Governor General of Canada, 17 April 1967–14 January 1974

After graduating from the University of Alberta, Michener attended Oxford University as a Rhodes Scholar. While at Oxford, he met and became a hockey teammate of Lester Pearson, who was later to become prime minister. In 1945, he was elected to the provincial legislature in Ontario. Eight years later he was elected to the House of Commons. He served as Speaker from 1957 to 1962. As Speaker, he was responsible for the introduction of simultaneous French and English translations in the House. Later, he was appointed Canada's High Commissioner to India and Canada's first ambassador to Nepal. In 1967, he was appointed Governor General following the unexpected death of Georges Vanier. As Governor General during Canada's centennial year, Michener hosted visits from some 53 heads of state who came to help celebrate Expo '67. He also served as Governor General at the first investiture ceremony of the Order of Canada, as well as at the first presentation ceremony of Canada's Order of Military Merit. In 1970, he oversaw the creation of the Michener Awards for Journalism, the same year he was presented with Prime Minister Trudeau's *War Measures Act*, an act severely curtailing basic civil liberties in response to the FLQ crisis. It is reported that he hesitated significantly before signing the act into law. In 1973, he initiated the practice of holding periodic meetings between the Governor General and the Lieutenant Governors of the provinces to help improve communication between Canada's provincial and federal governments. That same year, he became only the second Canadian, after former Governor General Vincent Massey, to be presented with the Royal Victorian Chain. After completing his term as Governor General, he served as Chancellor of Queen's University in Kingston.

LE TRÈS HONORABLE ROLAND MICHENER, CP, CC, CMM, OOnt, CD, BA
LLD (Alta), BA BCL MA (Oxon), LLD (Ott), LLD (Qu), LLD (Laval), LLD (Laur), LLD (SMU), LLD (Tor), LLD (MtAll), LLD (CMR), LLD (Man), LLD (York), LLD (UBC), LLD (Dal), LLD (LSUC), CR

19 avril 1900 - 6 août 1991
20ᵉ gouverneur général du Canada, du 17 avril 1967 au 14 janvier 1974

Après avoir obtenu un diplôme de l'Université de l'Alberta, Michener a fait des études à l'Université d'Oxford, où il fut titulaire d'une bourse Rhodes. À Oxford, Michener fait la rencontre de Lester Pearson, son coéquipier au hockey. Des années plus tard, Pearson occupera la fonction de premier ministre. En 1945, Roland Michener fut élu au parlement provincial de l'Ontario. Huit ans plus tard, il est élu à la Chambre des communes, qu'il préside de 1957 à 1962. C'est durant ce mandat qu'il met en place la traduction simultanée des communications de la Chambre en anglais et en français. Par la suite, il est nommé haut-commissaire du Canada en Inde et premier ambassadeur du Canada au Népal. En 1967, à la suite du décès soudain de Georges Vanier, il est nommé gouverneur général. Durant le 100ᵉ anniversaire du Canada, le gouverneur Michener reçoit quelque 53 chefs d'État qui viennent visiter l'Expo 67. C'est aussi lui qui occupe ce poste lors de la première cérémonie d'investiture de l'Ordre du Canada ainsi qu'au moment de la première cérémonie de remise de l'Ordre du mérite militaire du Canada. En 1970, il supervise la création du Prix Michener de journalisme. La même année, le premier ministre Trudeau présente le projet de loi sur les mesures de guerre, qui propose de limiter considérablement les libertés civiles fondamentales des Canadiens à la suite de la crise du FLQ. On raconte qu'il hésita longuement avant de signer l'entrée en vigueur de cette loi. En 1973, il instaure la pratique de tenir des réunions périodiques avec les lieutenants-gouverneurs des provinces afin d'améliorer la communication entre les gouvernements provinciaux et fédéral. La même année, Michener devient le second gouverneur général canadien, après Vincent Massey, à recevoir la Royal Victorian Chain. Après son mandat en tant que gouverneur général, il occupe la charge de chancelier de l'Université Queen's de Kingston.

Photo: Yousuf Karsh, Image courtesy of the Estate of Yousuf Karsh /
Image reproduite avec la permission de la succession de Yousuf Karsh

Jules Léger

LE TRÈS HONORABLE JULES LÉGER, CP, CC, CMM, CD, LLB (Montr), D ès L
(Sorbonne), LLD (McG), DU (Sher), LLD (UBC), DU (Ott), LLD (CMR), LLD (WOnt)

4 avril 1913-22 novembre 1980
21ᵉ gouverneur général du Canada, du 14 janvier 1974 au 22 janvier 1979

Diplomate de carrière, Jules Léger a étudié au Collège de Valleyfield, à l'Université de Montréal, puis à la Sorbonne, à Paris, avant de rentrer au ministère des Affaires extérieures en 1940. En 1953, il est nommé ambassadeur du Canada au Mexique. En 1954, il est promu sous-secrétaire d'État aux Affaires étrangères. En 1958, il est nommé ambassadeur au Conseil de l'Atlantique Nord et représentant canadien à l'Organisation européenne de coopération économique à Paris. Au cours des années 1960, il est successivement ambassadeur en Italie, en France, en Belgique et au Luxembourg. Il est en poste en France lorsque le président français Charles de Gaulle fait son allocution célèbre, « Vive le Québec libre! », à Montréal. C'est à lui que revient alors le rôle de pacifier les relations entre Ottawa et Paris, une tâche qu'il est réputé avoir accomplie avec beaucoup de talent. Six mois après avoir endossé ses fonctions de gouverneur général, Léger est victime d'un accident vasculo-cérébral à l'Université de Sherbrooke, où il devait recevoir un doctorat *honoris causa*. Durant sa convalescence, Mme Léger l'aidera à s'acquitter de certaines tâches, y compris la lecture du discours du Trône devant les parlements de 1976 et 1978. Tel que mentionné dans la biographie officielle de Léger, la contribution de Mme Léger sera reconnue par sa présence, aux côtés de ce dernier, sur le portrait officiel de Léger qui se trouve à l'entrée de Rideau Hall[11]. Ce portrait demeure le seul portrait officiel d'un gouverneur général dans lequel figure également son conjoint ou sa conjointe. Le Prix Jules Léger de la Nouvelle Musique de Chambre est fondé en 1978. Un an plus tard suivra la médaille Gabrielle Léger, qui récompense l'œuvre du récipiendaire dans la conservation du patrimoine. C'est également en 1978 que le gouvernement canadien rend hommage aux Léger en instituant la bourse Jules et Gabrielle Léger, destinée à promouvoir la recherche sur le rôle, la fonction et la contribution historique de la Couronne et de ses représentants au Canada.

THE RIGHT HONOURABLE JULES LÉGER, PC, CC, CMM, CD, LLB (Montr), D ès L (Sorbonne), LLD (McG), DU (Sher), LLD (UBC), DU (Ott), LLD (RMC), LLD (WOnt)

04 April 1913–22 November 1980
21st Governor General of Canada, 14 January 1974–22 January 1979

A career diplomat, Léger studied at the Collège de Valleyfield, the Université de Montréal and the Sorbonne in Paris before joining the Department of External Affairs in 1940. In 1953, he was appointed Canada's ambassador to Mexico. In 1954, he was promoted to under-secretary of state for External Affairs. In 1958, he was appointed ambassador to the North Atlantic Council and Canada's representative to the Organization for European Economic Cooperation in Paris. During the 1960s, he was successively made ambassador to Italy, to France, and to Belgium and Luxembourg. It was while Léger was serving as ambassador to France that French President Charles de Gaulle gave his infamous "Vive le Québec libre!" speech in Montréal. It fell to Léger to smooth over relations between the Ottawa and Paris, something he reportedly did with great skill. Six months after being sworn in as Governor General while at the Université de Sherbrooke to receive an honorary degree, he suffered a stroke. While recovering, Madame Léger helped him with many of his official duties, including the reading of the Speech from the Throne before the 1976 and 1978 parliaments. As noted in Léger's official biography, Madame Léger's contributions were recognized by her inclusion in Mr. Léger's official portrait, which hangs in the Reception Room at Rideau Hall.[12] This remains the only official portrait that includes the Governor General together with his or her spouse. In 1978, the Jules Léger Prize for New Chamber Music was established. A year later, the Gabrielle Léger Medal for heritage conservation was introduced. It was also in 1978 that the Canadian government established the Jules and Gabrielle Léger Fellowship, a fellowship designed to promote research on the role, function, and historical contributions of the Crown and its representatives in Canada.

Photo: Yousuf Karsh, Image courtesy of the Estate of Yousuf Karsh /
Image reproduite avec la permission de la succession de Yousuf Karsh

Edward Schreyer

THE RIGHT HONOURABLE EDWARD RICHARD SCHREYER, PC, CC, CMM, OM, CD, BPed BA BEd MA MA LLD (Man), LLD (MtAll), DU (Ott), LLD (Laur), LLD (RMC), LLD (McG), LLD (SFU), LLD (Lake)

21 December 1935
22nd Governor General of Canada, 22 January 1979–14 May 1984

First elected to the Manitoba Legislative Assembly at the age of twenty-two, Schreyer was later elected to the House of Commons before being chosen as Leader of Manitoba's New Democratic Party in 1969. From 1969 to 1977, he served as Premier of Manitoba. In 1979, he was appointed the first Governor General from Manitoba. As Governor General, Schreyer returned to the original practice of hosting the Governor General's Literary Awards in a different city each year, hosting them in Vancouver, Moncton, Winnipeg and Québec City in 1980, 1981, 1982 and 1983 respectively. In 1980, he personally travelled to Port Coquitlam, British Columbia, to present Terry Fox with his insignia as a Companion of the Order of Canada. In 1981, he established the Governor General's Conservation Awards, and in 1983 he created the Edward Schreyer Fellowship in Ukrainian Studies at the University of Toronto. This same year he organized the first Governor General's Canadian Study Conference. The forum continues today as the Governor General's Canadian Leadership Conference, designed to bring together emerging Canadian leaders. After completing his term as Governor General, Schreyer served as Canada's High Commissioner to Australia, Papua New Guinea and the Solomon Islands, and as ambassador to Vanuatu. He also donated the first five years of his Governor General's pension to the Canadian Shield Foundation, an organization devoted to the study of the flora and fauna of the Canadian Shield. During his retirement, Schreyer returned to the academy, teaching at universities in both Manitoba and British Columbia. From 2002 to 2008, he served as Chancellor of Brandon University.

LE TRÈS HONORABLE EDWARD SCHREYER, CP, CC, CMM, OM, CD, BPed
BA BEd MA MA LLD (Man), LLD (MtAll), DU (Ott), LLD (Laur), LLD (CMR), LLD (McG), LLD (SFU), LLD (Lake)

21 décembre 1935
22ᵉ gouverneur général du Canada, du 22 janvier 1979 au 14 mai 1984

D'abord élu à l'Assemblée législative du Manitoba à l'âge de vingt-deux ans, Edward Schreyer est ensuite député à la Chambre des communes, avant d'être choisi chef du Nouveau Parti démocratique du Manitoba, en 1969. De 1969 à 1977, il est le premier ministre du Manitoba. En 1979, il devient le premier gouverneur général originaire de cette province. Il fait un retour à la tradition qui consiste à présenter les Prix littéraires du Gouverneur général dans une ville différente chaque année. Il remettra donc les Prix à Vancouver, Moncton, Winnipeg et Québec en 1980, 1981, 1982 et 1983 respectivement. En 1980, il se rend à Port Coquitlam, en Colombie-Britannique, pour remettre lui-même à Terry Fox l'insigne de compagnon de l'Ordre du Canada. En 1981, M. Schreyer institue les Prix du Gouverneur général pour la protection de l'environnement, puis, en 1983, il crée la Bourse Edward Schreyer pour les études ukrainiennes à l'Université de Toronto. C'est également en 1983 que Schreyer organise la première Conférence d'études canadiennes du Gouverneur général. Cette conférence a aujourd'hui pris le nom de Conférence canadienne du Gouverneur général sur le leadership, et elle a pour but de réunir les acteurs clés émergeant dans ce domaine. Après son mandat de gouverneur général, Schreyer devient haut-commissaire du Canada en Australie, en Papouasie-Nouvelle-Guinée et aux Îles Salomon, ainsi qu'ambassadeur à Vanuatu. Il remet par ailleurs les cinq premières années de sa pension de gouverneur général à la Fondation du Bouclier canadien, une organisation qui étudie la flore et la faune du Bouclier canadien. Après avoir pris sa retraite, Schreyer est revenu dans le monde académique, en enseignant aux universités du Manitoba et de la Colombie-Britannique. De 2002 à 2008, il est chancelier de l'Université Brandon.

Photo: Yousuf Karsh, Image courtesy of the Estate of Yousuf Karsh /
Image reproduite avec la permission de la succession de Yousuf Karsh

Jeanne Sauvé

LA TRÈS HONORABLE JEANNE SAUVÉ, CP, CC, CMM, CD, DipCivFr (Paris), LLD (Calg), DHL (MtStVin), LLD (McG), LLD (Tor), DU (Laval), DU (Ott), LLD (Car), LLD (Qu), DHC (Montr), DPSci (Chula), LLD (Laur), LLD (CMR), LLD (Man), LLD (Reg)

26 avril 1922-26 janvier 1993
23ᵉ gouverneur général du Canada, du 14 mai 1984 au 29 janvier 1990

Née en Saskatchewan, Jeanne Sauvé a étudié à Ottawa et à Paris. Elle a été journaliste à Radio-Canada avant de faire ses débuts en politique fédérale, en 1972. Elle devient par la suite ministre d'État aux Sciences et à la Technologie, ministre de l'Environnement, puis ministre des Communications. En 1980, elle est la première femme à être élue à la présidence de la Chambre des communes. En 1984, elle est nommée gouverneure générale, devenant ainsi la deuxième femme de tous les royaumes du Commonwealth à occuper ce poste. (La première, Elmira Minita Gordon, avait été nommée gouverneure générale du Belize trois ans plus tôt.) À titre de gouverneure générale, Sauvé institue plusieurs prix, y compris le Trophée Jeanne Sauvé pour le championnat mondial de hockey féminin sur gazon, le Prix Jeanne Sauvé de l'esprit sportif, reconnaissant les athlètes ayant fait preuve du meilleur esprit sportif et pratiqué la non-violence dans le sport, et le Prix du gouverneur général Service de la sécurité au travail. En 1988, elle rencontre à Rideau Hall le prince Edward, qui est venu lui présenter des lettres patentes royales permettant à la gouverneure générale d'exercer dorénavant les pouvoirs de la Reine en ce qui concerne l'octroi d'armoiries, de drapeaux, d'écussons et d'autres insignes.

Cette rencontre mène ensuite à la création de l'Autorité héraldique du Canada, la même année. L'année suivante, la gouverneure Sauvé met sur pied la Fondation Jeanne Sauvé, une fondation dédiée à la découverte de nouvelles générations de leaders publics au Canada et à l'étranger. Depuis sa création en 1988, et avec le soutien de ses partenaires académiques aux universités McGill et Concordia, la Fondation a apporté son soutien à de jeunes leaders dans plus de 70 pays, ainsi qu'au Canada.

THE RIGHT HONOURABLE JEANNE SAUVÉ, PC, CC, CMM, CD, DipCivFr (Paris), LLD (Calg), DHL (MtStVin), LLD (McG), LLD (Tor), DU (Laval), DU (Ott), LLD (Car), LLD (Qu), DHC (Montr), DPSci (Chula), LLD (Laur), LLD (RMC), LLD (Man), LLD (Reg)

26 April 1922–26 January 1993
23rd Governor General of Canada, 14 May 1984–29 January 1990

Born in Saskatchewan and educated in Ottawa and Paris, Sauvé worked as a journalist for Radio-Canada before entering federal politics in 1972. Once elected, she served as Minister of State for Science and Technology, Minister of the Environment, and Minister of Communications. In 1980, she became the first woman elected Speaker of the House of Commons. In 1984, she was appointed Governor General, only the second woman in all the Queen's Commonwealth realms to serve in this position. (The first, Dame Elmira Minita Gordon, had been appointed Governor General of Belize three years earlier.) As Governor General, Sauvé established several awards, including the Jeanne Sauvé Trophy for the World Cup Championship in women's field hockey, the Jeanne Sauvé Fair Play Award recognizing amateur athletes who best demonstrate fair play and non-violence in sport, and the Governor

General's Award for Safety in the Workplace. In 1988, Prince Edward met with Sauvé at Rideau Hall to present her with Royal Letters Patent, permitting the Governor General henceforth to exercise the Queen's powers with respect to the granting of heraldic arms, flags, badges and other insignia, a development that led to the creation of the Canadian Heraldic Authority that same year. The following year, Madam Sauvé also established the Jeanne Sauvé Foundation, a foundation dedicated to helping promote new generations of public leadership in Canada and around the world. Since its inception in 1989, and together with its academic partners at McGill University and Concordia University, the Foundation has supported young leaders from over 70 countries as well as from Canada.

Photo: Grant Black, Republished with the express permission of the *Windsor Star*, a division of Postmedia Network Inc. /
Reproduite ave la permission expresse du *Windsor Star*, une division du Postmedia Network Inc.

Ramon Hnatyshyn

THE RIGHT HONOURABLE RAMON HNATYSHYN, PC, CC, CMM, CD, BA LLB
LLD (Sask), LLD (BCOU), LLD (Qu), LLD (RMC), DU (Ott), LLD (Car), LLD (McG),
DipAAT (Loyalist Col), LLD (Man), DCL (Bishop's), JCD (EmmaSk), LLD (Nfld), LLD
(Alta), LLD (NrBrCol), LLD (RRMC), DPhil (Yonsei), LLD (LSUC), QC

16 March 1934–18 December 2002
24th Governor General of Canada, 29 January 1990–08 February 1995

First elected to the House of Commons in 1974, Hnatyshyn served as Minister of Energy, Mines and Resources under Prime Minister Joe Clark. Later, he served as Minister of Justice and as president of the Privy Council under Prime Minister Brian Mulroney. A Saskatchewan native, Hnatyshyn was called to the Saskatchewan bar in 1957. Once appointed Governor General, he established several new awards, including the Governor General's Performing Arts Awards, the Governor General's International Award for Canadian Studies, the Ramon John Hnatyshyn Award for Law, and the Ramon John Hnatyshyn Cup, presented annually to the winning team at Canada's International Dragon Boat Festival. As Governor General, Hnatyshyn is also remembered for reopening Rideau Hall's outdoor ice-skating rink to the public. In 1991, he staged the first annual Governor General's Summer Concert Series. A year later, he hosted His Excellency's Most Excellent Rock Concert. In 1994, he represented Canada at the 50th anniversary of the D-Day landings in France. Following the completion of his term as Governor General, Hnatyshyn was appointed Chancellor of Carleton University. Ten weeks later he died of complications from pancreatitis. In 2004, on what would have been Hnatyshyn's 70th birthday, Canada Post issued a stamp commemorating the day he assumed the office of Governor General. Today, the Hnatyshyn Foundation assists emerging and established artists and curators with their schooling, training and career development, and promotes the importance of the arts throughout Canada.

LE TRÈS HONORABLE RAMON HNATYSHYN, CP, CC, CMM, CD, BA LLB LLD (Sask), LLD (BCOU), LLD (Qu), LLD (CMR), DU (Ott), LLD (Car), LLD (McG), DipAAT (Loyalist Col), LLD (Man), DCL (Bishop's), JCD (EmmaSk), LLD (T-N-L), LLD (Alta), LLD (NrBrCol), LLD (RRMC), DPhil (Yonsei), LLD (LSUC), CR

16 mars 1934-18 décembre 2002
24ᵉ gouverneur général du Canada, du 29 janvier 1990 au 8 février 1995

D'abord élu à la Chambre des communes en 1974, Ramon Hnatyshyn a été ministre de l'Énergie, des Mines et des Ressources sous le gouvernement de Joe Clark. Par la suite, il a été ministre de la Justice et président du Conseil privé sous Brian Mulroney. Originaire de la Saskatchewan, Hnatyshyn est admis au barreau de la province en 1957. En tant que gouverneur général, il instaure plusieurs nouveaux prix, y compris le Prix du Gouverneur général pour les arts du spectacle, le Prix international du Gouverneur général en études canadiennes, le Prix pour le droit Ramon John Hnatyshyn et la Coupe Ramon John Hnatyshyn, qui sera remise chaque année à l'équipe gagnante du Festival international canadien de bateaux-dragons. En tant que gouverneur général, Hnatyshyn est aussi réputé pour avoir rouvert au public la patinoire extérieure de Rideau Hall. En 1991, il organise la première série annuelle de Concerts d'été du Gouverneur général. L'année suivante, il lance « le très excellent concert rock de Son Excellence ». En 1994, il représente le Canada au cinquantième anniversaire du Débarquement en France. À la fin de son mandat en tant que gouverneur général, Hnatyshyn est nommé chancelier de l'Université Carleton. Dix semaines plus tard, il meurt des complications d'une pancréatite. En 2004, à l'occasion de ce qui aurait été le soixante-dixième anniversaire de Hnatyshyn, Postes Canada émet un timbre célébrant le jour de son investiture en tant que Gouverneur général. Aujourd'hui, la Fondation Hnatyshyn soutient artistes et conservateurs, qu'ils soient nouveaux ou établis sur la scène artistique, dans leurs études, leurs apprentissages et leur carrière. Elle promeut également l'importance des arts au Canada.

Photo: Jim Young, Reprinted with the permission of Thomson Reuters /
Reproduite avec la permission de Thomson Reuters

Roméo Leblanc

LE TRÈS HONORABLE ROMÉO LEBLANC, CP, CC, CMM, ONB, CD, BA BÉd
(St-Jo), DipCivFr (Paris), LLD (MtAll), DAP (Monc), LLD (Ste-Anne), DLitt (Ryer), DU
(Ott), LLD (T-N-L), LLD (McG), LLD (St-Thomas), LLD (N-B)

18 décembre 1927-24 juin 2009
25ᵉ gouverneur général du Canada, du 8 février 1995 au 7 octobre 1999

Après avoir obtenu un baccalauréat ès arts et un baccalauréat en éducation à
l'Université St-Joseph de Memramcook (aujourd'hui l'Université de Moncton),
Roméo LeBlanc fait des études en civilisation française à l'Université de Paris.
Il enseigne ensuite pendant près d'une décennie. Par la suite, il est journaliste
à Radio-Canada, avant de devenir l'attaché de presse des premiers ministres
Lester B. Pearson et Pierre Elliott Trudeau. En 1972, il est élu à la Chambre
des communes comme député de la circonscription de Westmorland-Kent,
au Nouveau-Brunswick. Au cours des années 1970 et 1980, il est ministre des
Pêches et Océans, ministre de l'Environnement, ministre des Travaux publics
et ministre responsable de la Société canadienne d'hypothèques et de loge-
ment. À titre de ministre des Pêches et Océans, il contribue à faire reconnaître
la zone de 200 milles pour les pêcheurs canadiens. Il devient sénateur en
1984, puis est nommé président du Sénat en 1993. Premier gouverneur général
originaire des Maritimes et de descendance acadienne, LeBlanc crée le Prix du
Gouverneur général pour l'entraide (plus tard devenu la Médaille du souverain pour les bénévoles), qui reconnaît les héros méconnus du Canada. En
1996, il déclare par proclamation royale la Journée nationale des Autochtones.
En 1999, il signe la proclamation royale établissant officiellement le Nunavut

comme l'un des nouveaux territoires canadiens. C'est également lors de son mandat que sont créés les Prix du Gouverneur général en arts visuels et en arts médiatiques, en partenariat avec le Conseil des Arts du Canada. En 1997, LeBlanc réintroduit la pratique de tenir la cérémonie annuelle de remise des Prix littéraires du Gouverneur général à Rideau Hall. Le gouverneur LeBlanc est un ardent défenseur des membres des Forces canadiennes et de leur rôle comme gardiens de la paix dans le monde : « Le courage pour faire la guerre leur sert à faire la paix », a-t-il dit à leur sujet[13]. Après son mandat de gouverneur général, LeBlanc a occupé la fonction de Chancelier de l'Université de Moncton. En 2010, Postes Canada a fait tirer un timbre représentant LeBlanc, ainsi que les drapeaux du Canada, du Nouveau-Brunswick et de l'Acadie.

THE RIGHT HONOURABLE ROMÉO LEBLANC, PC, CC, CMM, ONB, CD, BA Éd (StJo), DipCivFr (Paris), LLD (MtAll), DAP (Monc), LLD (SteAnne), DLitt (Ryer), DU (Ott), LLD (Nfld), LLD (McG), LLD (StThomas), LLD (NewBr)

18 December 1927–24 June 2009
25th Governor General of Canada, 08 February 1995–07 October 1999

After earning Bachelor of Arts and Bachelor of Education degrees at the Université St-Joseph Memramcook (now the l'Université de Moncton), and studying French civilization at the Université de Paris, LeBlanc worked for almost a decade as a teacher. Later, he worked as a journalist with Radio-Canada before being appointed press secretary to Prime Ministers Lester B. Pearson and Pierre Elliott Trudeau. In 1972, he was elected to the House of Commons in the New Brunswick riding of Westmorland-Kent. During the 1970s and 1980s, he served as Minister of Fisheries and Oceans, Minister of the Environment, Minister of Public Works and Minister responsible for the Canada Mortgage and Housing Corporation. As Fisheries Minister, he helped establish Canada's 200-mile fishing limit. He was appointed a Senator in 1984 and Speaker of the Senate in 1993. Canada's first Governor General from the Maritime provinces and the first Governor General of Acadian descent, LeBlanc instituted the Governor General's Caring Canadian Award (later transformed into the Sovereign's Medal for Volunteers) to help recognize Canada's many "unsung heroes." In 1996, he issued a royal proclamation initiating National Aboriginal Day as a day of annual observance. In 1999, he signed the royal proclamation officially establishing Nunavut as a new territory of Canada. It was also during LeBlanc's term of office that the Governor General's Awards in Visual and Media Arts were established, in partnership with the Canada Council for the Arts. In 1997, LeBlanc returned to the practice of hosting the annual Governor General's Literary Award ceremonies at Rideau Hall. As Governor General, LeBlanc was a strong supporter of members of Canada's military and their role in international peacekeeping, reminding Canadians that "They have brought the courage of war to the business of peace."[14] After completing his term as Governor General, LeBlanc served as Chancellor of the Université de Moncton. In 2010, Canada Post issued a stamp displaying LeBlanc's image together with the flags of Canada, New Brunswick and Acadia.

Photo: Andrew MacNaughtan, 1999, Image courtesy of the Office of the Secretary to the Governor General / Image reproduite avec la permission du Bureau du Secrétaire du Gouverneur général

Adrienne Clarkson

THE RIGHT HONOURABLE ADRIENNE CLARKSON, PC, CC, CMM, COM, CD,
BA MA LLD (Tor), LLD (Dal), LHD (Lake), DCL (Acad), LLD (BCOU), LLD (PEI),
LLD (VicBC), DLitt (McG), LLD (RMC), DU (Laval), LLD (Man),LLD (Man), DCL
(Bishop's), LLD (LSUC), LLD (MtAll), LLD (Qu), DU (Ott), LLD (WOnt), LLD (York),
LLD (Cdia), LLD (McM), DHC (OCAD), LLD (Ryer), LLD (Guelph), DHL (MtStVin),
LLD (Car), LLD (RRoads), DCL (Thorneloe), FRCPSC

10 February 1939
26th Governor General of Canada, 07 October 1999–27 September 2005

Born in Hong Kong, Clarkson immigrated to Canada with her family as a refugee during the Second World War. After studying at the University of Toronto, she did post-graduate work at the Sorbonne in Paris before beginning a career in journalism with the CBC. Before being appointed Governor General, Clarkson also served in a variety of other roles, including agent-general for the province of Ontario in Paris, publisher of the Toronto publishing house McClelland & Stewart, and chair of the Board of Trustees of the Canadian Museum of Civilization. The first Governor General appointed without a military, political or diplomatic background, Clarkson was recognized throughout her term of office as a strong supporter of Canada's military. She introduced the Governor General's Northern Medal (later transformed into the Polar Medal), awarded annually to recognize extraordinary service in the polar regions of Canada. After finishing her term as Governor General, Clarkson co-founded the Institute for Canadian Citizenship to help new citizens establish themselves in Canada. In 2006, she published her autobiography, *Heart Matters*, the same year she established the

Clarkson Cup, the championship trophy for women's hockey in Canada. In 2007, she was appointed Colonel-in-Chief of the Princess Patricia's Canadian Light Infantry and, in 2009, she published *Norman Bethune*, a biography of the famous Canadian medical doctor who died working as part of a mobile medical team in China during the 1930s.

LA TRÈS HONORABLE ADRIENNE CLARKSON, CP, CC, CMM, COM, CD, BA MA LLD (Tor), LLD (Dal), LHD (Lake), DCL (Acad), LLD (BCOU), LLD (Î-P-É), LLD (VicBC), DLitt (McG), LLD (CMR), DU (Laval), LLD (Man), LLD (Man), DCL (Bishop's), LLD (LSUC), LLD (MtAll), LLD (Qu), DU (Ott), LLD (WOnt), LLD (York), LLD (Cdia), LLD (McM), DHC (OCAD), LLD (Ryer), LLD (Guelph), DHL (MtStVin), LLD (Car), LLD (RRoads), DCL (Thorneloe), FRCPSC

10 février 1939
26ᵉ gouverneur général du Canada, du 7 octobre 1999 au 27 septembre 2005

Née à Hong Kong, Adrienne Clarkson a trouvé refuge au Canada avec sa famille durant la Seconde Guerre mondiale. Après des études à l'Université de Toronto, elle fait des études supérieures à la Sorbonne, à Paris, avant d'entamer une carrière en journalisme à la CBC. Clarkson occupe d'autres fonctions avant d'être nommée gouverneure générale. Elle est notamment agente générale de l'Ontario à Paris, éditrice à la maison d'édition torontoise McClelland & Stewart et présidente du conseil d'administration du Musée canadien des civilisations. Première gouverneure générale n'ayant aucun antécédent militaire, politique ou diplomatique, Clarkson est reconnue, tout au long de son mandat, comme une ardente défenseure des Forces canadiennes. Elle crée la Médaille du Gouverneur général pour la nordicité (devenue plus tard la Médaille polaire), décernée annuellement à une personne exceptionnelle qui a un impact dans les collectivités nordiques du Canada. Son mandat à Rideau Hall terminé, Clarkson cofonde l'Institut pour la citoyenneté canadienne afin d'aider les nouveaux citoyens à s'établir au Canada. En 2006, elle publie son autobiographie, *Le cœur au poing*. La même année, elle crée la Coupe Clarkson, le trophée du championnat de hockey féminin au Canada. En 2007, elle est nommée colonelle en chef du Régiment canadien d'infanterie légère de la princesse Patricia et, en 2009, elle publie la biographie du célèbre médecin Norman Bethune, décédé en Chine dans les années 1930 alors qu'il faisait partie d'une équipe médicale mobile.

Photo: Sgt Eric Jolin, Rideau Hall, 2006, Image courtesy of the Office of the Secretary to the Governor General /
Image reproduite avec la permission du Bureau du Secrétaire du Gouverneur général

Michaëlle Jean

LA TRÈS HONORABLE MICHAËLLE JEAN, CP, CC, CMM, COM, CD, BA MA
DHC (Montr), DLitt (McG), DU (Ott), DIR (USP), LLD (Man), LLD (York), D ès L
(Monc), LLD (Alta), DU (Laval), DScMil (CMR), LLD (Calg), LLD (Guelph), LLD
(Car), LLD (LSUC), LHD (DePaul), DipHC (NorQuest), LLD (Laur), DLitt (Yaoundé I),
DHC (Bangui)

6 septembre 1957
27ᵉ gouverneur général du Canada, du 27 septembre 2005 au 1ᵉʳ octobre 2010

Née à Port-au-Prince, en Haïti, Michaëlle Jean fait ses études à la maison parce
que ses parents ne veulent pas qu'elle fréquente l'école où elle devrait prêter
serment d'allégeance au dictateur « Papa Doc » Duvalier. En 1965, son père est
enlevé par les hommes de Duvalier. Lorsque sa famille le retrouve, plus tard,
devant la maison, il est à peine reconnaissable après avoir été battu et torturé.
Deux ans plus tard, il immigre au Canada, où sa famille le rejoint l'année suivante.
Jean étudie la littérature comparée à l'Université de Montréal, puis entame une
carrière de journaliste et de documentariste. Elle devient ensuite animatrice
de plusieurs émissions d'information diffusées aux heures de grande écoute à
Radio-Canada et à CBC Newsworld. En 2005, lorsqu'elle est nommée gouverneure générale, Jean utilise son discours d'installation pour souligner non seulement l'histoire et les aspirations de sa propre famille, mais aussi l'importance de
la liberté politique pour tous les Canadiens : « Je sais à quel point cette liberté
est précieuse et quel héritage fabuleux elle représente pour chaque enfant et
chaque citoyen de ce pays. Moi dont les ancêtres étaient des esclaves, moi qui
suis issue d'une civilisation longtemps réduite aux chuchotements et aux cris

de la douleur, j'en connais le prix et je reconnais en elle notre plus grand trésor collectif[5]. » En 2006, elle devient la première gouverneure générale à visiter une prison. En 2007, elle rend visite aux troupes canadiennes en service actif en Afghanistan. Après son mandat à titre de gouverneure générale, elle devient envoyée spéciale de l'UNESCO en Haïti et, en 2012, chancelière de l'Université d'Ottawa. En 2014, elle est la première Canadienne à être désignée secrétaire générale de l'Organisation internationale de la Francophonie. En 2011, la France l'élève au rang de Grand-Croix, la plus haute distinction de l'Ordre de la Légion d'honneur. Aujourd'hui, la Fondation Michaëlle Jean apporte son soutien aux jeunes Canadiens défavorisés au travers de leur activité artistique.

THE RIGHT HONOURABLE MICHAËLLE JEAN, PC, CC, CMM, COM, CD, BA MA DHC (Montr), DLitt (McG), DU (Ott), DIR (USP), LLD (Man), LLD (York), D ès L (Monc), LLD (Alta), DU (Laval), DScMil (RMC), LLD (Calg), LLD (Guelph), LLD (Car), LLD (LSUC), LHD (DePaul), DipHC (NorQuest), LLD (Laur), DLitt (Yaoundé I), DHC (Bangui)

06 September 1957
27th Governor General of Canada, 27 September 2005-01 October 2010

Born in Port-au-Prince, Haiti, Jean was home schooled because her parents did not want her to have to swear the local school's oath of allegiance to dictator "Papa Doc" Duvalier. In 1965, Jean's father was abducted by Duvalier's men. He was later dumped outside his family home, barely recognizable after being beaten and tortured. Two years later, he immigrated to Canada. Jean and the rest of her family joined him in Quebec the following year. After studying comparative literature at the Université de Montréal, Jean began her career as a journalist and documentary filmmaker. Eventually she became host of several prime-time news programs for both Radio-Canada and CBC Newsworld. In 2005, upon being appointed Governor General, Jean used her installation speech to emphasize not only her own family's history and aspirations, but the importance of political freedom for all Canadians: "I know how precious that freedom is, I know what a legacy it is for every child, for every citizen of this country. I, whose ancestors were slaves, who was born into a civilization long reduced to whispers and cries of pain, know something about its price, and I know too what a treasure it is for us all."[16] In 2006, Jean became the first Governor General to visit a prison. In 2007, she visited Canadian troops on active duty in Afghanistan. Following her term as Governor General, she served as UNESCO's special envoy to Haiti and, in 2012, she became Chancellor of the University of Ottawa. In 2014, she became the first Canadian to be appointed Secretary General of the Organisation Internationale de la Francophonie. In 2011, she was elevated to the rank of the Grand Cross, the highest distinction given by the Order of the Légion d'honneur in France. Today, the Michaëlle Jean Foundation helps use the power of the arts to assist underprivileged youth throughout Canada.

Photo: Sgt Ronald Duchesne, Rideau Hall, 2015, Image courtesy of the Office of the Secretary to the Governor General /
Image reproduite avec la permission du Bureau du Secrétaire du Gouverneur général

David Johnston

THE RIGHT HONOURABLE DAVID JOHNSTON, CC, CMM, COM, CD, BA (Harv), LLB (Camb), LLB LLD (Qu), LLD (LSUC), LLD (Tor), LLD (Nfld), LLD (UBC), LLD (WOnt), DHC (Montr), LLD (Algoma), LLD (Laur), LLD (VicBC), LLD (McG), LLD (McM), LLD (Wat), LLD (MtAll), LLD (Man), LLD (Ott), LLD (Calg), DD (Huron), LLD (National Law), DCL (KCNS), LLD (RMC), LLD (VancIsl), LLD (Car), DHC (Technion), LLD (Cdia), LLD (Alta), LLD (York), LLD (Ryer), LLD (Bishop's), DD (MDTC)

28 June 1941
28th Governor General of Canada, 01 October 2010–02 October 2017

While growing up in Sault Ste Marie, Ontario, Johnston played under-17 hockey with future hockey hall-of-famers Phil and Tony Esposito. He later studied at Harvard University, Cambridge University and Queen's University. While at Harvard, he was twice selected to the All-American hockey team. After graduation, he taught at Queen's University and the University of Toronto before being named Dean of Law at the University of Western Ontario. Later he served as principal and vice-chancellor at McGill University, and as president and vice-chancellor at the University of Waterloo. The author or co-author of some two dozen books, Johnston was the first non-American to chair Harvard's Board of Overseers. He also served as president of the Association of Universities and Colleges of Canada (now Universities Canada) and of the Conférence des recteurs et des principaux des universités du Québec before being appointed Governor General of Canada. As Governor General, Johnston represented Canada on more than forty missions abroad. He also launched the Governor General's Innovation Awards and the Rideau Hall Foundation, a foundation intended to help strengthen the Governor General's ability to serve Canadians through a range of initiatives linked to leadership, education, innovation and giving.

LE TRÈS HONORABLE DAVID JOHNSTON, CC, CMM, COM, CD, BA (Harv), LLB (Camb), LLB LLD (Qu), LLD (LSUC), LLD (Tor), LLD (T-N-L), LLD (UBC), LLD (WOnt), DHC (Montr), LLD (Algoma), LLD (Laur), LLD (VicBC), LLD (McG), LLD (McM), LLD (Wat), LLD (MtAll), LLD (Man), LLD (Ott), LLD (Calg), DD (Huron), LLD (National Law), DCL (KCNS), LLD (CMR), LLD (VancIsl), LLD (Car), DHC (Technion), LLD (Cdia), LLD (Alta), LLD (York), LLD (Ryer), LLD (Bishop's), DD (MDTC)

28 juin 1941
28ᵉ gouverneur général du Canada, du 1ᵉʳ octobre 2010 au 2 octobre 2017

Ayant grandi à Sault Ste. Marie, en Ontario, David Johnston a joué dans une équipe de hockey pour les moins de dix-sept ans avec les futurs membres du Temple de la renommée Phil et Tony Esposito. Il a poursuivi ses études à l'Université Harvard, à l'Université de Cambridge puis à l'Université Queen's. Durant ses études à Harvard, il est choisi pour faire partie de l'équipe de hockey All-American à deux reprises. Après ses études, il enseigne à l'Université Queen's et à l'Université de Toronto, avant d'être nommé doyen de la Faculté de droit de l'Université Western. Il est ensuite nommé principal et vice-chancelier de l'Université McGill, puis président et vice-chancelier de l'Université de Waterloo. Auteur ou coauteur d'une vingtaine d'ouvrages, M. Johnston est le premier président non américain du Board of Overseers de Harvard. Il préside aussi l'Association des universités et collèges du Canada (aujourd'hui Universités Canada) ainsi que la Conférence des recteurs et des principaux des universités du Québec, avant d'être nommé gouverneur général du Canada. À ce titre, il représente le Canada à l'occasion de plus de 40 missions à l'étranger. Il est à l'origine des Prix du Gouverneur général pour l'innovation. Il a également créé la Fondation Rideau Hall qui vise à accroître la capacité de l'institution à servir les Canadiens par le biais d'une gamme d'initiatives liées au leadership, à l'éducation, à l'innovation et au don.

Photo: Sgt Johanie Maheu, Rideau Hall, 2017, Image courtesy of the Office of the Secretary to the Governor General / Image reproduite avec la permission du Bureau du Secrétaire du Gouverneur général

Julie Payette

SON EXCELLENCE LA TRÈS HONORABLE JULIE PAYETTE, CC, CMM, COM, CQ, CD, BE, DSc (McG), MSc, DSc (Tor), DSc (Qu), DU (Ott), LLD (SFU), DSc (Laval), LLD (RRoads), LLD (Reg), DLitt (Nipissing), DSc (VicBC), DSc (McMaster), DHL (MtStVin), DSc (Leth), LLD (Alta), LLD (MtAll), DSc (Cdia), DSc (UBC), DSc (Wat), DSc (York), LLD (Niagara), LLD (Ryer), DEng (Car), DTech (VancIsl), DHC (Monc), LLD (Cal), DSc (Man), DTech (BrColIT), DHC (Montr)

20 octobre 1963
29ᵉ gouverneur général du Canada, du 2 octobre 2017-21 janvier 2021

Première Canadienne à monter à bord de la Station spatiale internationale, Julie Payette a participé à des programmes de vols spatiaux pendant plus de 20 ans avant d'être nommée gouverneure générale. Elle a été astronaute en chef de l'Agence spatiale canadienne et agente de liaison « capcom » au Centre de contrôle des missions de la NASA, à Houston. Payette a aussi été spécialiste de mission à bord des navettes spatiales *Discovery* (1999) et *Endeavour* (2009). Par la suite, elle dirige une chaire de recherche en politique publique au Wilson Center à Washington D.C., signe de nombreuses chroniques de vulgarisation scientifique à Radio-Canada et devient directrice du Centre des sciences de Montréal. Membre de plusieurs conseils, dont le conseil consultatif de la Faculté de génie de l'Université McGill et le conseil d'administration de la Banque Nationale du Canada, Payette porte le drapeau olympique à la cérémonie d'ouverture des Jeux olympiques d'hiver de Vancouver en 2010. Elle a reçu de nombreuses distinctions, parmi lesquelles figurent celles de compagnon extraordinaire de l'Ordre du Canada, commandeure extraordinaire de l'Ordre du mérite militaire, commandeure de l'Ordre du mérite des corps policiers, chef de l'Autorité héraldique du Canada, et chevalier de l'Ordre national du Québec.

HER EXCELLENCY THE RIGHT HONOURABLE JULIE PAYETTE, CC, CMM, COM, CQ, CD, BE, DSc (McG), MASc, DSc (Tor), DSc (Qu), DU (Ott), LLD (SFU), DSc (Laval), LLD (RRoads), LLD (Reg), DLitt (Nipissing), DSc (VicBC), DSc (McMaster), DHL (MtStVin), DSc (Leth), LLD (Alta), LLD (MtAll), DSc (Cdia), DSc (UBC), DSc (Wat), DSc (York), LLD (Niagara), LLD (Ryer), DEng (Car), DTech (VancIsl), DHC (Monc), LLD (Cal), DSc (Man), DTech (BrColIT), DHC (Montr)

20 October 1963
29th Governor General of Canada, 02 October 2017–21 January 2021

The first Canadian to work on board the International Space Station, Payette was involved in space flight programs for over twenty years before being appointed Governor General. In addition to serving as Chief Astronaut for the Canadian Space Agency and as capsule communicator (CAPCOM) at NASA's Mission Control Center in Houston, Payette flew as a mission specialist on board the space shuttle *Discovery* in 1999 and on board the space shuttle *Endeavour* in 2009. Later she served as a public-policy scholar at the Wilson Center in Washington, DC, and was appointed chief operating officer of the Montréal Science Centre. A member of numerous boards, including McGill University's Faculty of Engineering Advisory Board and the Board of Directors of the National Bank of Canada, Payette appeared as one of the flag bearers of the Olympic flag during the opening ceremonies of the 2010 Olympic Winter Games in Vancouver. Her various honours include being appointed Extraordinary Companion of the Order of Canada, Extraordinary Commander of the Order of Military Merit, Commander of the Order of Merit for Police Forces, Head of the Canadian Heraldic Authority and Knight of the Ordre national du Québec.

AWARD LAUREATES

LAURÉATS

To live for a time close to great minds is the best kind of education.

John Buchan[17]

Vivre au contact de grands penseurs est de loin le meilleur enseignement.

John Buchan[18]

MILTON ACORN Photo: Shelly Grimson

MILTON ACORN

(1923–1986)

The Island Means Minago (POETRY 1975)

CHARLOTTETOWN / A veteran of the Second World War and a carpenter by trade, Acorn was nicknamed the People's Poet by his fellow poets after *I've Tasted My Blood* failed to win a Governor General's Literary Award in 1969. He won the award six years later for his unofficial folk history of Prince Edward Island, *The Island Means Minago*. The subject of two National Film Board documentaries, Acorn was also the recipient of an honorary degree from the University of Prince Edward Island. In 1987, the Milton Acorn People's Poetry Award was established in his memory.

Vétéran de la Seconde Guerre mondiale et charpentier de métier, Acorn a été surnommé « le poète du peuple » par ses compagnons poètes lorsque le Prix littéraire du Gouverneur général de 1969 lui a échappé pour son ouvrage *I've Tasted My Blood*. Acorn a été primé six ans plus tard pour son histoire folklorique non officielle de l'Île-du-Prince-Édouard, *The Island Means Minago*. Sujet de deux documentaires de l'Office national du film, Acorn a également reçu un doctorat honorifique de l'Université de l'Île-du-Prince-Édouard. En 1987, le Milton Acorn People's Poetry Award a été créé à sa mémoire.

JOSÉ ACQUELIN

(1956)

Anarchie de la lumière (POÉSIE 2014)

MONTRÉAL / Diplômé de l'Université de Montréal et de l'Université de Toulouse II - Le Mirail, Acquelin est l'auteur de plus d'une vingtaine de recueils de poésie. Ses influences littéraires comprennent l'auteur chinois Lao Zi, l'auteur perse Omar Khayyám, le portugais Fernando Pessoa, le libanais Georges Shehadé, et l'argentin Roberto Juarroz. En 2000, Acquelin a reçu le Grand Prix des métiers d'art du Québec pour *Jaune Rouge Bleu*. Il est membre de l'Union des écrivaines et des écrivains québécois.

Educated at the Université de Montréal and the Université de Toulouse II – Le Mirail, Acquelin is the author of over two dozen books of poetry. His literary influences include Lao Tsu of China, Omar Khayyám of Persia, Fernando Pessoa of Portugal, Georges Shehadé of Lebanon and Roberto Juarroz of Argentina. In 2000, Acquelin was awarded the Grand Prix des métiers d'art du Québec for *Jaune Rouge Bleu*. He is a member of the Union des écrivaines et des écrivains québécois.

ANTHONY ADAMSON
(1906–2002)

Hallowed Walls, with Marion MacRae (NON-FICTION 1975)

TORONTO / Born into a prominent Toronto family, Adamson studied architecture at the University of Cambridge and the University of London before taking on positions as an architect, a university professor and a municipal politician. After lobbying for the restoration of Dundurn Castle in Hamilton, he served as General Consultant to the project, helping to ensure its completion in time for Canada's centennial year. He also served as founding chairman of the Ontario Arts Council, as well as with the Architectural Conservancy of Ontario, the Ontario Heritage Foundation and the National Capital Commission. In 1974, he was appointed an Officer of the Order of Canada.

Issu d'une grande famille de Toronto, Adamson a étudié l'architecture à l'Université de Cambridge et à l'Université de Londres avant de devenir architecte, professeur universitaire et politicien municipal. Il a fait pression pour que soit restauré le château Dundurn à Hamilton, et a agi à titre d'expert-conseil dans le cadre de ce projet, contribuant à ce qu'il soit achevé à temps pour le 100ᵉ anniversaire de la fondation du Canada. Adamson a aussi été membre de l'Architectural Conservancy of Ontario, de la Fondation du patrimoine ontarien et de la Commission de la capitale nationale, et président fondateur du Conseil des arts de l'Ontario. En 1974, il a été nommé Officier de l'Ordre du Canada.

LINDA AMYOT
(1958)

Le jardin d'Amsterdam (LITTÉRATURE JEUNESSE – TEXTE 2014)

LONGUEUIL, QUÉBEC / Originaire de Montréal, Amyot est titulaire d'une maîtrise en études littéraires de l'Université du Québec à Montréal. Après avoir obtenu son diplôme, elle a travaillé dans le domaine des communications et comme scénariste pour la télévision avant de se faire connaître en tant que romancière pour adultes et enfants. Son roman pour jeunes adultes *La fille d'en face* lui a valu le Prix

TD de littérature en 2011. La même année, Amyot a aussi reçu le Prix à la création artistique en région du Conseil des arts et des lettres du Québec. Son livre récompensé d'un Prix du Gouverneur général, *Le jardin d'Amsterdam*, a été traduit en anglais par Norman Cornett sous le titre *Adele's Garden*.

A Montréal native, Amyot graduated with a master's degree in literary studies from the Université du Québec à Montréal. After graduation, she worked in communications and as a television scriptwriter before becoming famous as a novelist. Her novel for young adults, *La fille d'en face*, received the TD Literature Prize in 2011. That same year, Amyot received the Prix à la création artistique en région from the Conseil des arts et des lettres du Québec. Her Governor General's Award-winning book, *Le jardin d'Amsterdam*, was translated into English by Norman Cornett as *Adele's Garden*.

ALINE APOSTOLSKA
(1961)

Un été d'amour et de cendres (LITTÉRATURE JEUNESSE – TEXTE 2012)

MONTRÉAL / Née en ex-Yougoslavie, Apostolska était encore une enfant lorsqu'elle a immigré à Paris avec sa famille. En 1998, elle s'est installée au Canada, où elle a commencé à travailler comme rédactrice, journaliste et animatrice de radio et de télévision. Romancière, poétesse, essayiste et écrivaine pour enfants, Apostolska a publié plus de 40 livres.

Born in the former Yugoslavia, Apostolska immigrated to Paris with her family when she was still a child. In 1998, she moved in Canada and began work as an editor, journalist and radio and television announcer. As a novelist, poet, essayist and children's writer, Apostolska has published over forty books.

BERNARD ARCAND
(1945-2009)

Le jaguar et le tamanoir (ÉTUDES ET ESSAIS 1991)

QUÉBEC / Anthropologue formé à l'Université de Cambridge, Arcand a rédigé sa thèse de doctorat sur les Cuiva, une tribu de chasseurs-cueilleurs de l'Amazonie. Né à Deschambault, au Québec, il a enseigné à l'Université de Copenhague et à l'Université McGill avant d'accepter un poste permanent à l'Université Laval. Son livre primé, *Le jaguar et le tamanoir*, contient une série d'essais sur la pornographie.

En plus de ses travaux scientifiques, Arcand a animé une émission radiophonique sur l'anthropologie, *Lieux communs*, avec Serge Bouchard. Il a également signé la chronique humoristique « Bien vu! » dans la revue *Québec Science*.

An anthropologist trained at the University of Cambridge, Arcand wrote his doctoral dissertation on the Cuiva, a tribe of hunter-gatherers in the Amazon. Born in Deschambault, Quebec, he taught at Copenhagen University and at McGill University before accepting a permanent position at the Université Laval. His award-winning book, *Le jaguar et le tamanoir*, contains a series of essays about pornography. In addition to his scientific work, Arcand hosted a radio program about anthropology, *Lieux communs*, in collaboration with Serge Bouchard. He also wrote « Bien vu! », a light-hearted column in the journal *Québec Science*.

FRANÇOIS ARCHAMBAULT
(1968)

15 secondes (THÉÂTRE 1998)

MONTRÉAL / Auteur d'une dizaine de pièces, Archambault a étudié à l'Université de Montréal et à l'École nationale de théâtre du Canada. Sa pièce *Cul sec* (1993) raconte l'histoire de trois jeunes hommes aisés qui se tournent vers le sexe et l'alcool pour combler le vide dans leur vie. *Si la tendance se maintient* (1995) dresse un portrait humoristique de la campagne référendaire de 1995 au Québec. Sa pièce *15 secondes*, lauréate d'un Prix littéraire du Gouverneur général, relate l'histoire d'un jeune homme atteint de paralysie cérébrale. Présentée en Europe et en Amérique du Nord, la pièce a reçu des critiques particulièrement élogieuses lorsque le personnage principal a été interprété, à Toronto, par Dave Richer, un acteur atteint du même trouble.

The author of a dozen plays, Archambault studied at the Université de Montréal and the National Theatre School of Canada. His 1993 play, *Cul sec*, tells the story of three affluent young men who turn to sex and alcohol to fill the void in their otherwise empty lives. His 1995 play, *Si la tendance se maintient*, gives a humorous portrayal of Québec's 1995 referendum campaign. His Governor General's Literary Award-winning play, *15 secondes,* tells the story of a young man suffering from cerebral palsy. Performed throughout Europe and North America, the play received especially strong reviews when the lead role was performed in Toronto by Dave Richer, an actor suffering from the same disability.

FRANÇOIS ARCHAMBAULT Photo: Clémence Archambault

GILLES ARCHAMBAULT
(1933)

L'obsédante obèse et autres agressions (ROMANS ET NOUVELLES 1987)

MONTRÉAL / Après avoir obtenu un diplôme du Collège Sainte-Marie et de l'Université de Montréal, Archambault a travaillé comme chroniqueur, animateur et réalisateur à la radio de Radio-Canada. Avec Jacques Brault et François Ricard, il a ensuite fondé les Éditions du Sentier. Son premier roman, *Une suprême discrétion*, est paru en 1963. Archambault a reçu les prix Athanase-David (1981) et Fleury-Mesplet (2005). *L'obsédante obèse et autres agressions* est un recueil de 145 nouvelles d'une seule page.

After graduating from the Collège Sainte-Marie and the Université de Montréal, Archambault worked as a radio commentator and producer for the CBC. Together with Jacques Brault and François Ricard, he later founded the publishing house Éditions du Sentier. His first novel, *Une suprême discrétion*, appeared in 1963. His other awards include the Prix Athanase-David awarded in 1981 and the Prix Fleury-Mesplet awarded in 2005. *L'obsédante obèse et autres agressions* contains 145 short, fictional essays in as many pages.

SHEILA MCLEOD ARNOPOULOS
(1939)

Le fait anglais au Québec, avec Dominique Clift (ÉTUDES ET ESSAIS 1979)

MONTRÉAL / Journaliste d'enquête primée, Arnopoulos a souvent écrit sur les relations entre francophones et anglophones, les luttes des minorités et les problèmes des travailleurs pauvres. Originaire de Montréal, elle a enseigné le journalisme à l'Université Concordia ainsi qu'en Chine et au Japon. En plus de son ouvrage *Le fait anglais au Québec*, elle a écrit *Voices from French Ontario* et *Jackrabbit Moon*. Elle est lauréate d'un prix dans le cadre du Concours national de journalisme, d'un prix du Club Média du Canada et d'un prix spécial du YWCA de Montréal pour ses écrits sur les femmes et le travail.

An award-winning investigative journalist, Arnopoulos has written often about French-English relations, the struggles of minorities and the problems of the working poor. A native Montrealer, she taught journalism at Concordia University, as well as in China and Japan. In addition to *Le fait anglais au*

Québec, her books include *Voices from French Ontario* and *Jackrabbit Moon*. She is the recipient of a National Newspaper Award, a Media Club of Canada Award and a special prize from the Montreal YWCA for her writing about women and work.

PHYLLIS ARONOFF
(1945)

Descent into Night by Edem Awumey, with Howard Scott (Translation 2018)

Montréal / A Montréal native, Aronoff was educated at McGill University and Concordia University. Her translations include *Black Thursday*, a memoir by French journalist and activist Maurice Rajsfus, and *Message Sticks*, poems by the Innu writer Joséphine Bacon. She has published many co-translations with Howard Scott, including four works by Madeleine Gagnon and *Two Solicitudes*, conversations between Victor-Lévy Beaulieu and Margaret Atwood. *The Wanderer*, her translation of *La Québécoite*, by Régine Robin, won a Jewish Literary Award. *The Great Peace of Montreal of 1701,* by Gilles Havard, co-translated with Howard Scott, won a Quebec Writers' Federation Translation Award. Aronoff has served as president of the Literary Translators' Association of Canada and has represented translators on the Public Lending Right Commission.

Originaire de Montréal, Aronoff a fait ses études à l'Université McGill et à l'Université Concordia. Parmi ses traductions figurent *Black Thursday*, un mémoire du journaliste et militant français Maurice Rajsfus, et *Message Sticks*, un recueil de poésie de l'écrivaine innue Joséphine Bacon. Aronoff a publié de nombreuses cotraductions avec Howard Scott, dont quatre œuvres de Madeleine Gagnon et *Two Solicitudes: Conversations*, qui propose une discussion entre Victor-Lévy Beaulieu et Margaret Atwood. L'ouvrage *The Wanderer*, sa traduction de *La Québécoite*, de Régine Robin, lui a valu un Jewish Literary Award. *The Great Peace of Montreal of 1701,* de Gilles Havard, qu'elle a cotraduit avec Howard Scott, a remporté un prix de traduction de la Quebec Writers' Federation. Aronoff a été présidente de l'Association des traducteurs et traductrices littéraires du Canada et a représenté ses collègues traducteurs à la Commission du droit de prêt public.

ISABELLE ARSENAULT Photo: Martine Boisvert

ISABELLE ARSENAULT
(1978)

Le cœur de monsieur Gauguin de Marie-Danielle Croteau (LITTÉRATURE JEUNESSE
– ILLUSTRATIONS 2005)
Virginia Wolf by Kyo Maclear (CHILDREN'S LITERATURE – ILLUSTRATION 2012)
Jane, le renard & moi de Fanny Britt (LITTÉRATURE JEUNESSE – ILLUSTRATIONS
2013)

MONTRÉAL / Après des études en graphisme à l'Université du Québec à Montréal
et forte de plusieurs années d'expérience comme illustratrice de magazines, Arsenault a commencé à illustrer des ouvrages pour enfants. Par la suite, deux de ses
livres d'images ont été nommés meilleurs livres illustrés de l'année par le *New York
Times*. Son titre lauréat d'un Prix littéraire du Gouverneur général, *Jane, le renard
& moi*, a également remporté un prix Joe-Shuster, le Grand Prix Lux et un Prix des
bibliothèques de Montréal du livre jeunesse.

After studying graphic design at the Université du Québec à Montréal and work-
ing for several years as a magazine illustrator, Arsenault began illustrating chil-
dren's books. Since then, two of her picture books have been named *The New
York Times* Best Illustrated Books of the Year. Her Governor General's Literary
Award-winning book, *Jane, le renard & moi,* also won a Joe Shuster Award, a Lux
Award and a Montréal Public Libraries Children's Book Award.

MARGARET ATWOOD
(1939)

The Circle Game (POETRY 1966)
The Handmaid's Tale (FICTION 1985)

TORONTO / As a student at the University of Toronto, Atwood's professors included
two Governor General's Literary Award laureates: Jay Macpherson and Northrop
Frye. Today, Atwood is known internationally as a poet, novelist, literary critic
and essayist. She holds honorary degrees from numerous universities, including
Oxford University, Cambridge University, Harvard University, the University of
Toronto, the Royal Military College of Canada and the Université Paris-Sorbonne.
She is a founding member of the Writer's Trust of Canada, a non-profit organization dedicated to the promotion of writing in Canada. In 1981, she was appointed
a Companion of the Order of Canada.

MARGARET ATWOOD Photo: Jeremy Sutton-Hibbert / Alamy Stock Photo

Lorsqu'elle étudiait à l'Université de Toronto, Atwood comptait parmi ses professeurs deux lauréats d'un Prix littéraire du Gouverneur général : Jay Macpherson et Northrop Frye. Aujourd'hui, Atwood est reconnue sur la scène mondiale comme poétesse, romancière, critique littéraire et essayiste. Elle est titulaire de doctorats honorifiques de nombreuses universités, dont Oxford, Cambridge, Harvard, l'Université de Toronto, le Collège militaire royal du Canada et l'Université Paris-Sorbonne. Atwood est membre fondatrice de la Société d'encouragement aux écrivains du Canada, un organisme à but non-lucratif ayant pour mission de promouvoir l'écriture au pays. En 1981, elle a été décorée du titre de Compagnon de l'Ordre du Canada.

AUDE
(1947-2012)

Cet imperceptible mouvement (Romans et nouvelles 1997)

Québec / Claudette Charbonneau-Tissot a obtenu un doctorat en littérature française de l'Université Laval en 1985. Utilisant le pseudonyme d'Aude, elle s'est fait connaître non seulement pour ses romans et nouvelles pour adultes, mais aussi pour ses contes pour enfants. Lauréate du Grand Prix des lectrices de la revue *ELLE Québec* pour son roman *L'Enfant migrateur*, elle a publié régulièrement dans des magazines comme *Châtelaine* et dans des revues littéraires comme *La Barre du jour*.

Claudette Charbonneau-Tissot received her doctorate in French literature from the Université Laval in 1985. Writing under the pseudonym Aude, she became well known, not only for her novels and short stories for adults but also for her children's stories. The recipient of an ELLE Quebec's Readers' Award for her novel *L'Enfant Migrateu*, she regularly published in magazines such as *Châtelaine* and in literary journals such as *La Barre du jour*.

JONATHAN AUXIER
(1981)

Sweep (Young People's Literature – Text 2018)

Pittsburgh, Pennsylvania / Originally from Abbotsford, British Columbia, Auxier specializes in writing young-adult literature. His first novel, *Peter Nimble and his Fantastic Eyes*, was selected as an ABA New Voices Pick and as a Book-Page Magazine Best Book of the Year in 2011. His Victorian ghost story, *The Night*

Gardener, tells the tall tale of a pair of abandoned Irish siblings who find them-selves working at an English country manor haunted by a supernatural tree and the boogeyman of the book's title. The book won numerous awards, including a TD Book Prize and an ILA Book Award. In addition to winning a Governor General's Literary Award, *Sweep* was named a Best Book of the Year by both Amazon and Publisher's Weekly.

Originaire d'Abbotsford, en Colombie-Britannique, Auxier se spécialise dans la littérature pour jeunes adultes. Son premier roman, *Peter Nimble and His Fantas-tic Eyes*, a été nommé ABA New Voices Pick et sélectionné meilleur livre de l'an-née par le *BookPage Magazine* en 2011. Son histoire de fantôme victorienne, *The Night Gardener*, raconte le récit d'un frère et d'une sœur irlandais abandonnés. Ces derniers travaillent en Angleterre, dans un manoir de campagne hanté par un arbre surnaturel et par le croque-mitaine que l'on retrouve dans le titre du livre. Cet ouvrage a remporté de nombreux prix, dont le Prix TD de littérature et le Prix littéraire de l'ILA. En plus d'avoir reçu un Prix littéraire du Gouverneur général, *Sweep* a été nommé meilleur livre de l'année par Amazon et *Publishers Weekly*.

OANA AVASILICHIOAEI
(1977)

Readopolis by Bertrand Laverdure (TRANSLATION 2017)

MONTRÉAL / Known for her work both as a poet and a translator, Avasilichioaei has held writer-in-residence positions at the University of Calgary and at Green College, Vancouver. She has also been the Audain Visual Artist-in-Residence at Simon Fraser University. The founder and curator of the Atwater Poetry Project in Montréal from 2004 to 2009, and winner of the 2012 A. M. Klein Prize for Poetry for her book *We, Beasts*, her other translations include Louise Cotnoir's *The Islands*, Daniel Canty's *Wigrum* and Suzanne Leblanc's *The Thought House of Philippa* (co-translated with Ingrid Pam Dick).

Reconnue en tant que poétesse et traductrice, Avasilichioaei a été écrivaine en résidence à l'Université de Calgary et au Collège Green de Vancouver. Elle a égale-ment été artiste visuelle en résidence à la galerie Audain de l'Université Simon Fraser. Fondatrice et éditrice en chef de l'Atwater Poetry Project, à Montréal, de 2004 à 2009, elle a remporté le prix A. M.-Klein de poésie en 2012 pour son livre *We, Beasts*. Elle a notamment traduit *The Islands* de Louise Cotnoir, *Wigrum* de Daniel Canty et *The Thought House of Philippa* de Suzanne Leblanc (cotraduit avec Ingrid Pam Dick).

MARGARET AVISON Photo: Shelly Grimson

MARGARET AVISON

(1918–2007)

Winter Sun (POETRY 1960)
No Time (POETRY 1990)

TORONTO / Born in Galt (now Cambridge), Ontario, Avison's first published poem appeared when she was just twenty-one. Subsequent work appeared in A. J. M. Smith's influential 1943 anthology, *The Book of Canadian Poetry*, as well as in her three-volume collected works, *Always Now: The Collected Poems*. In addition to her writing career, Avison involved herself in numerous community activities, including volunteer work for the Mustard Seed Mission and the Presbyterian Church Mission in Toronto. Her other awards include a Griffin Poetry Prize and a Leslie K. Tarr Award for Christian Writing in Canada. Avison was appointed an Officer of the Order of Canada in 1984.

Née à Galt (aujourd'hui Cambridge), en Ontario, Avison a publié son premier poème à l'âge de vingt-et-un ans. Ses textes suivants sont parus en 1943 dans l'anthologie réputée d'A. J. M. Smith, *The Book of Canadian Poetry*, ainsi que dans la collection en trois volumes *Always Now: The Collected Poems*. En plus de sa carrière d'écrivaine, Avison s'est investie dans de nombreuses activités communautaires, notamment comme bénévole pour la Mustard Seed Mission et la Presbyterian Church Mission à Toronto. Elle a également reçu le prix Griffin de poésie et le prix Leslie-K.-Tarr d'écriture chrétienne au Canada. Avison a été nommée Officier de l'Ordre du Canada en 1984.

WINIFRED BAMBRICK

(1892–1969)

Continental Revue (FICTION 1946)

MONTRÉAL / Bambrick's *Continental Revue* tells the fictionalized story of the time she spent as part of an orchestra accompanying a circus revue. It describes her travels across Europe in the lead-up to the Second World War. The first harpist to record on Edison Diamond Discs, Bambrick made her American debut at Aeolian Hall, New York, in 1913. Between 1913 and the mid-1930s, she worked as a soloist for the John Philip Sousa band and performed over a thousand concerts around the world. In the mid-1930s, she gave up a two-year engagement at the Alhambra Theatre in London to tour with the kind of show described in her novel. With the onset of war in 1939, Bambrick had some difficulty escaping Europe. Eventually she succeeded in returning to Canada. According to some sources, Bambrick may have completed a second, unpublished novel entitled *The Lasting Spring*, but no manuscript appears to have survived.

Dans son livre *Continental Revue*, Bambrick raconte l'histoire fictive de sa vie comme membre d'un orchestre de cirque. Ce récit décrit leurs voyages en Europe tandis que se prépare la Seconde Guerre mondiale. Première harpiste à enregistrer avec Edison Diamond Discs, Bambrick a fait ses débuts nord-américains au Aeolian Hall de New York en 1913. De 1913 au milieu des années 1930, elle a travaillé comme soliste pour le groupe John Philip Sousa, donnant plus d'un milliers de concerts dans le monde. Elle a ensuite renoncé à un contrat de deux ans au Alhambra Theatre de Londres pour partir en tournée avec le type de troupe décrit dans son roman. À l'aube de la guerre, en 1939, Bambrick a beaucoup de difficultés à quitter l'Europe, mais elle parvient finalement à rentrer au Canada. Certaines sources indiquent que Bambrick pourrait avoir terminé un second roman inédit, intitulé *The Lasting Spring*, mais aucun exemplaire manuscrit ne semble avoir survécu.

CATHERINE BANKS
(1957)

Bone Cage (DRAMA 2008)
It Is Solved by Walking (DRAMA 2012)

SAMBRO, NOVA SCOTIA / Banks is a Nova Scotia playwright whose plays have been performed across Canada and around the world. Inspired by poems such as Wallace Stevens' *Thirteen Ways of Looking at a Blackbird* and plays such as Michel Tremblay's *Les Belles-Sœurs*, Banks began writing while raising her two children. In the judgment of the Playwrights Guild of Canada, her work is "poetic, darkly humorous, courageous, and beautifully theatrical."[19] In 2008, Banks received Nova Scotia's Established Artist Award for her lifetime body of work.

Banks est une dramaturge née en Nouvelle-Écosse, dont les pièces ont été jouées au Canada et à l'étranger. Inspirée par des poèmes comme *Thirteen Ways of Looking at a Blackbird* de Wallace Stevens et des créations théâtrales comme *Les Belles-Sœurs* de Michel Tremblay, Banks a commencé à écrire tandis qu'elle élevait ses deux enfants. Selon l'Association des dramaturges professionnels du Canada, son œuvre est « poétique, sombrement humoristique, courageuse et magnifiquement théâtrale[20] ». En 2008, Banks a reçu le Prix de mérite pour un artiste établi du gouvernement de la Nouvelle-Écosse pour l'ensemble de son œuvre.

FRANÇOIS BARCELO Photo: Martine Doyon

FRANÇOIS BARCELO
(1941)

La fatigante et le fainéant (LITTÉRATURE JEUNESSE – TEXTE 2007)

MONTRÉAL / Originaire de Montréal, Barcelo a obtenu une maîtrise en littérature française de l'Université de Montréal. Il a ensuite fait ses débuts dans le domaine de la publicité. À 28 ans, il était vice-président de l'une des plus grandes agences de publicité au monde. Par la suite, il a quitté le monde des affaires pour se consacrer à l'écriture. En plus d'un Prix littéraire du Gouverneur général, Barcelo a remporté un Prix TD de littérature canadienne pour l'enfance et la jeunesse.

A Montréal native, Barcelo received an MA in French literature from the Université de Montréal. After graduation, he began work in advertising. By the time he was 28, he had been appointed vice-president of one of the world's largest advertising firms. Later, he left the business world to concentrate on his writing. In addition to his Governor General's Literary Award, Barcelo has received a TD Canadian Children's Literature Award.

YVES BEAUCHESNE
(1948-1992)

Le Don, avec David Schinkel (LITTÉRATURE JEUNESSE – TEXTE 1987)

MONTRÉAL / Né à Sainte-Marie, au Québec, Beauchesne a été membre du comité de rédaction de la revue *Des livres et des jeunes.* Il a aussi été directeur général de l'organisme Loisir littéraire du Québec. *Le Don* raconte l'histoire de Joëlle, une jeune fille ordinaire de quatorze ans qui hérite d'un journal intime permettant à son propriétaire de voir dans le futur. *Le Don* est le quatrième titre que Beauchesne a écrit en collaboration avec David Schinkel.

Born in Sainte-Marie, Québec, Beauchesne served as a member of the editorial board of *Des livres et des jeunes.* He also worked as director general of the literary organization, Loisir littéraire du Québec. *Le Don* tells the story of Joëlle, an ordinary fourteen-year-old who inherits a journal that lets its owner see into the future. *Le Don* was the fourth title Beauchesne co-authored with David Schinkel.

MICHEL BEAULIEU Photo: Les Éditions Du Noroît

MICHEL BEAULIEU
(1941-1985)

Visages (POÉSIE 1981)

MONTRÉAL / Poète, essayiste, traducteur et romancier, Beaulieu a étudié au Collège Jean-de-Brébeuf et à l'Université de Montréal avant de devenir rédacteur, puis directeur du journal *Quartier Latin*. Il a fondé les Éditions Estérel en 1965 et cofondé la revue *Quoi* en 1967. Son recueil *Variables* lui a valu un prix de la revue *Études françaises*; *Desseins*, le Grand Prix littéraire du *Journal de Montréal*; et *Kaléidoscope,* le Grand Prix du Festival international de la poésie. Ses écrits sont conservés par Bibliothèque et Archives nationales du Québec, à Montréal.

A poet, essayist, translator and novelist, Beaulieu studied at the Collège Jean-de-Brébeuf and at the Université de Montréal before serving as editor, and later director, of the journal *Quartier Latin*. He founded the journal *Estérel* in 1965 and co-founded *Quoi* in 1967. Beaulieu's other awards include the Études françaises award for *Variables*, the Grand Prix du Journal de Montréal for *Desseins* and the Grand Prix du Festival international de la poésie for *Kaléidoscope*. His papers are held in the Bibliothèque et Archives nationales du Québec in Montréal.

VICTOR-LÉVY BEAULIEU
(1945)

Don Quichotte de la démanche (ROMANS ET NOUVELLES 1974)

MONTRÉAL / Journaliste, romancier, essayiste, dramaturge et éditeur, Beaulieu a écrit pour une grande variété de publications, dont *La Presse*, le *Petit Journal*, le *Digest Éclair* et *Maintenant*. De 1969 à 1973, il a été directeur littéraire aux Éditions du Jour. De 1972 à 1978, il a enseigné la littérature à l'École nationale de théâtre à Montréal. En 1973, Beaulieu a fondé les Éditions de l'Aurore. Sa série dramatique télévisée *L'Héritage* a été récompensée d'un prix Gémeaux et d'un prix Annik. Dans l'imaginaire populaire, Beaulieu est souvent reconnu pour ses commentaires sociaux colorés et humoristiques, y compris ses propos antipathiques à l'égard de la gouverneure générale Michaëlle Jean et sur Mordecai Richler, lauréat d'un Prix littéraire du Gouverneur général. En 2008, Beaulieu a menacé de brûler les exemplaires de tous ses livres et écrits en signe de protestation contre la montée du bilinguisme au Québec.

VICTOR-LÉVY BEAULIEU Photo: Gilles Gaudreau, Groupe Ville-Marie Littérature

A journalist, novelist, essayist, playwright and publisher, Beaulieu has written for a wide variety of publications, including *La Presse, Digest Éclair, Petit Journal* and *Maintenant.* From 1969 to 1973, he served as literary editor of Les Éditions du Jour. From 1972 to 1978, he taught literature at the National Theatre School in Montréal. In 1973, Beaulieu founded the publishing house Les Éditions de l'Aurore. His television drama, *L'Héritage,* won the prix Gémeaux and the prix Annik. In popular imagination, Beaulieu is often recognized for his colourful and humorous social commentaries, including his unsympathetic comments about Governor General Michaëlle Jean and Governor General's Literary Award-winner Mordecai Richler. In 2008, Beaulieu threatened to burn copies of all his books and papers as a protest against the growth of bilingualism in Quebec.

MICHAEL BEDARD
(1949)

Redwork (Children's Literature – Text 1990)

Toronto / Specializing in young adult fantasy, Bedard is a graduate of St Michael's College, Toronto. He is also the author of over a dozen books. His other awards include the Canadian Library Association's Book-of-the-Year Award for Children, two IODE Children's Book Awards and two IODE Violet Downey Book Awards. *Redwork* is the coming-of-age story of Cass Parry, a young man who becomes curious about his peculiar landlord, Mr Magus, and his mysterious experiments in alchemy.

Spécialiste de la littérature fantastique pour les jeunes adultes, Bédard est diplômé du Collège St Michael's de Toronto. Il a écrit une dizaine de livres. Il a reçu d'autres prix, dont le prix du livre jeunesse de l'année de l'Association canadienne des bibliothèques, deux prix du livre jeunesse de l'IODE et deux prix littéraires Violet-Downey de l'IODE. *Redwork* est le récit initiatique de Cass Parry, un jeune homme qui s'intéresse à son étrange logeur, M. Magus, et à ses mystérieuses expériences en alchimie.

ERIC BEDDOWS
(1951)

The Rooster's Gift by Pam Conrad (CHILDREN'S LITERATURE – ILLUSTRATION
1996)

STRATFORD, ONTARIO / After graduating from Huron Park Secondary School in
Woodstock, Ontario, Ken Nutt studied painting and drawing at York University.
In 1986, he began to sign his picture books with the name Eric Beddows, an amal-
gam of his middle name (Eric) and his mother's family name (Beddows). Doing
so allowed him to distinguish his work as a fine artist from his work as an illustrator. His other awards include an Amelia Frances Howard-Gibbon Award, a Ruth
Schwartz Children's Book Award, a Municipal Chapter of Toronto IODE Book
Award and an Elizabeth Mrazik-Cleaver Canadian Book Award. Eric Beddows
has illustrated more than a dozen books.

Après avoir obtenu un diplôme de l'école secondaire Huron Park à Woodstock, en
Ontario, Ken Nutt a étudié la peinture et le dessin à l'Université York. En 1986, il a
commencé à signer ses livres d'images sous le nom d'Eric Beddows, la combinai-
son de son deuxième prénom (Eric) et du nom de famille de sa mère (Beddows).
Cela lui a permis de dissocier son travail d'artiste de son travail d'illustrateur. Il est
lauréat d'un prix Amelia-Frances-Howard-Gibbon, d'un prix Ruth-Schwartz de
littérature pour la jeunesse, d'un prix littéraire du Municipal Chapter of Toronto
IODE et d'un prix Elizabeth-Mrazik-Cleaver pour le meilleur livre illustré canadien. Eric Beddows a illustré plus d'une dizaine de livres.

PHILIPPE BÉHA
(1950)

Les jeux de pic-mots, de Philippe Béha et Marie-Antoinette (LITTÉRATURE
JEUNESSE – ILLUSTRATIONS 1988)

MONTRÉAL / Originaire de Casablanca, au Maroc, Béha a étudié à l'École
supérieure des arts décoratifs de Strasbourg, en France. Depuis son arrivée au
Canada, en 1976, il a illustré plus de 180 livres pour enfants. Il a obtenu un prix
Alvine-Bélisle, un Prix Québec/Wallonie-Bruxelles de littérature de jeunesse, un
Prix du livre M. Christie, un Prix d'excellence de Graphisme Québec et un Prix de
littérature jeunesse du Conseil des arts du Canada pour ses illustrations.

Born in Casablanca, Morocco, Béha studied in France at the École supérieure des arts décoratifs de Strasbourg. Since immigrating to Canada in 1976, he has illustrated over 180 children's books. His other awards include a Prix Alvine-Bélisle, a Prix Québec/Wallonie-Bruxelles de littérature de jeunesse, a Mr. Christie's Book Award, a Prix d'excellence from Graphisme Québec, and a Canada Council Children's Literature Prize for Illustration.

PETER BEHRENS
(1954)

The Law of Dreams (FICTION 2006)

BROOKLIN, MAINE / A novelist, short-story writer, essayist and screenwriter, Behrens has had his work published in *The New York Times*, *The Washington Post*, *The Wall Street Journal*, *The Globe and Mail*, *The Walrus* and *The Atlantic*. A native of Montréal, he studied at Concordia University and McGill University before taking up fellowships at Stanford University and Harvard University. His first novel, *The Law of Dreams*, tells of the horror and devastation of Ireland's potato famine. The book was followed by a sequel, *The O'Briens*, in 2011.

Romancier, nouvelliste, essayiste et scénariste, Behrens a vu ses écrits publiés dans *The New York Times*, *The Washington Post*, *The Wall Street Journal*, *The Globe and Mail*, *The Walrus* et *The Atlantic*. Originaire de Montréal, il a étudié à l'Université Concordia et à l'Université McGill avant d'obtenir des bourses de recherche à l'Université Stanford et à l'Université Harvard. Son premier roman, *The Law of Dreams*, raconte l'horreur et la dévastation causées par la famine de la pomme de terre en Irlande. En 2011, la suite de ce livre est parue sous le titre *The O'Briens*.

MICHAEL BELL
(1942)

Painters in a New Land (NON-FICTION 1973)

KINGSTON, ONTARIO / Over the course of a long career, Bell served as Curator of Prints and Drawings at the Public Archives of Canada, Director of the Agnes Etherington Art Centre at Queen's University, Visual Arts Officer for the Ontario Arts Council, Assistant Director of the National Gallery of Canada, Director and CEO of the McMichael Canadian Art Collection and Founding Director of the Carleton University Art Gallery. In addition to *Painters in a New Land*, he has published articles on public policy relating to Canadian museums and on the visual arts.

Pendant sa longue carrière, Bell a été conservateur des gravures et des dessins aux Archives publiques du Canada, directeur du Agnes Etherington Art Centre à l'Université Queen's, responsable des arts visuels pour le Conseil des arts de l'Ontario, directeur adjoint du Musée des beaux-arts du Canada, directeur et président de la Collection McMichael d'art canadien, ainsi que directeur et fondateur de la Galerie d'art de l'Université Carleton. En plus de l'ouvrage *Painters in a New Land*, il a publié des articles sur les politiques publiques relatives aux musées canadiens et sur les arts visuels.

GWEN BENAWAY
(1987)

Holy Wild (POETRY 2019)

TORONTO / A self-described trans girl of Anishinaabe and Métis descent, Benaway is a vocal advocate for transgender and Indigenous rights. She is also the author of numerous essays, short stories and books of poetry. In *Holy Wild*, Benaway writes about both the public and private aspects of her life, as well as about some of her romantic and sexual encounters and the emotions they inspired.

Benaway est une auteure transgenre d'origine Anishinaabe et Métis. Elle est particulièrement engagée dans la défense des droits des personnes transgenres ainsi que des droits des personnes autochtones. Elle est également l'auteure de nombreux essais, nouvelles, et recueils de poésie. Dans *Holy Wild*, Benaway parle des aspects publics et privés de sa vie, ainsi que de certaines de ses aventures amoureuses et sexuelles et les émotions que celles-ci lui ont inspirées.

CARL BERGER
(1939)

The Writing of Canadian History (NON-FICTION 1976)

TORONTO / Berger was born in The Pas, Manitoba and educated at the University of Manitoba and the University of Toronto. A long-time professor of history at the University of Toronto, Berger is the author of *The Sense of Power: Studies in the Ideas of Canadian Imperialism, 1967–1914*. He was elected a Fellow of the Royal Society of Canada in 1976. He received the J. B. Tyrrell Historical Medal in 1984.

Berger est né à Le Pas, au Manitoba. Il a étudié à l'Université du Manitoba et à l'Université de Toronto. Professeur d'histoire de longue date à l'Université de

Toronto, Berger est l'auteur de *The Sense of Power: Studies in the Ideas of Canadian Imperialism, 1967–1914*. En 1976, il a été reçu à la Société royale du Canada et, en 1984, il a obtenu la médaille J. B. Tyrrell en histoire.

N. J. (NORMAN JOHN) BERRILL
(1903–1996)

Sex and the Nature of Things (CREATIVE NON-FICTION 1953)
Man's Emerging Mind (CREATIVE NON-FICTION 1955)

MONTRÉAL / Strathcona Professor of Zoology at McGill University, Berrill was born in Bristol, England. After completing his undergraduate studies at the University of Bristol, he received his PhD and DSc from the University of London. In 1928, he moved to Montréal. A writer of popular books about science in addition to being a working scientist, his field research in marine biology took him to laboratories in England, Scotland, France, Norway, Sweden and Bermuda, as well as up and down the east and west coasts of North America. In 1952, he was elected a Fellow of the Royal Society of Canada.

Professeur de zoologie Strathcona à l'Université McGill, Berrill est originaire de Bristol, en Angleterre. Après avoir terminé des études de premier cycle à l'Université de Bristol, il a obtenu un PhD et un DSc de l'Université de Londres. En 1928, il s'est installé à Montréal. Berrill fut un homme de science prolifique ainsi qu'un auteur de livres populaires sur la science. Ses recherches en biologie marine, faites sur le terrain, l'ont conduit dans des laboratoires en Angleterre, en Écosse, en France, en Norvège, en Suède et aux Bermudes, ainsi que sur les côtes Est et Ouest de l'Amérique du Nord. En 1952, il a été admis à la Société royale du Canada.

PIERRE BERTON
(1920–2004)

The Mysterious North (CREATIVE NON-FICTION 1956)
Klondike (CREATIVE NON-FICTION 1958)
The Last Spike (NON-FICTION 1971)

KLEINBURG, ONTARIO / The author of over fifty books, Berton lived much of his life in southern Ontario. Even so, he always felt a strong connection to Canada's Yukon, where he lived for the first twelve years of his life. While a student at the University of British Columbia, he worked on the student newspaper, *The Ubyssey*. Later he worked at the Vancouver *News-Herald* before serving in the

PIERRE BERTON Photo: Peter Power, Getty Images

Canadian Army during the Second World War. After being discharged, Berton joined the staff of the *Vancouver Sun*. Later, he moved to Toronto where he became managing editor of *Maclean's* magazine. Famous for his many books popularizing Canadian history, he completed his two-volume account of the construction of the Canadian Pacific Railway in 1971. In 1974, *The National Dream* and *The Last Spike* were made into a TV mini-series, *The National Dream: Building the Impossible Railway*. A Companion of the Order of Canada, Berton is credited with popularizing the definition of a Canadian as someone who knows how to make love in a canoe.

Auteur de plus de cinquante livres, Berton a vécu une grande partie de sa vie dans le Sud de l'Ontario. Malgré tout, il a toujours senti un lien étroit avec le Yukon, où il a habité pendant les douze premières années de sa vie. Alors qu'il étudiait à l'Université de la Colombie-Britannique, il a travaillé au journal étudiant *The Ubyssey*. Plus tard, il a écrit pour le *News Herald* de Vancouver avant de servir dans l'Armée canadienne pendant la Seconde Guerre mondiale. Lorsqu'il a été démobilisé, Berton a joint l'équipe du *Vancouver Sun*. Par la suite, il a déménagé à Toronto, où il est devenu rédacteur en chef du magazine *Maclean's*. Célèbre pour ses nombreux livres de vulgarisation de l'histoire du Canada, il a terminé son récit en deux volumes sur la construction du chemin de fer Canadien Pacifique en 1971. En 1974, ses livres *The National Dream* et *The Last Spike* sont devenus la minisérie télévisée *The National Dream: Building the Impossible Railway*. Berton est Compagnon de l'Ordre du Canada. On lui attribue la popularisation de la définition d'un Canadien comme étant quelqu'un qui sait comment faire l'amour dans un canoë.

GÉRARD BESSETTE
(1920-2005)

L'incubation (ROMANS ET NOUVELLES 1965)
Le cycle (ROMANS ET NOUVELLES 1971)

KINGSTON, ONTARIO / Incapable de trouver un emploi dans le milieu universitaire au Québec en raison de son athéisme, Bessette a enseigné à l'Université de la Saskatchewan, à l'Université Duquesne et au Collège militaire royal du Canada avant de se voir offrir un poste permanent à l'Université Queen's de Kingston. Né à Sainte-Anne-de-Sabrevois, au Québec, il a étudié à l'École normale Jacques-Cartier avant d'obtenir un doctorat en littérature française de l'Université de Montréal, en 1950. Il a été élu à la Société royale du Canada en 1966 et a reçu la plus haute distinction littéraire du Québec, le prix Athanase-David, en 1980.

Unable to find a university job in Quebec because of his atheism, Bessette taught at the University of Saskatchewan, Duquesne University and the Royal Military College of Canada before being offered a permanent position at Queen's University in Kingston. Born in Ste-Anne-de-Sabrevois, Québec, he studied at the École normale Jacques-Cartier before graduating with a doctorate in French literature from the Université de Montréal in 1950. He was elected a Fellow of the Royal Society of Canada in 1966 and was awarded Quebec's highest literary honour, the Prix Athanase-David, in 1980.

YVAN BIENVENUE
(1962)

Dits et Inédits (THÉÂTRE 1997)

MONTRÉAL / Poète, dramaturge, traducteur et producteur, Bienvenue a étudié l'écriture dramatique à l'École nationale de théâtre du Canada. Bon nombre de ses pièces traitent des difficultés de la vie moderne et urbaine. Connues pour leur contenu violent et sexuel ainsi que pour leurs monologues dramatiques et parfois vulgaires, ces pièces ont contribué à la création d'un nouveau genre d'écriture connu sous le nom de contes urbains. Cofondateur du Théâtre Urbi et Orbi et de la maison d'édition Dramaturges Éditeurs, Bienvenue a également publié un recueil de poèmes et traduit en français plusieurs pièces de théâtre écrites en anglais.

A poet, playwright, translator and producer, Bienvenue studied playwriting at Canada's National Theatre School. Many of his plays focus on the challenges of modern, urban life. Known for their violence and sexuality as well as for their dramatic and sometimes vulgar monologues, they have helped pioneer a new genre of writing known as *Contes urbains*, or urban tales. A co-founder of Théâtre Urbi et Orbi and of the publishing house Dramaturges Éditeurs, Bienvenue has also published a collection of poetry and has translated several English plays into French.

JEAN ANTONIN BILLARD
(1930)

Les Âges de l'amour de Dorothy Livesay (TRADUCTION 1989)

MONTRÉAL / Né à Tours, en France, Billard a étudié dans son pays d'origine ainsi qu'en Angleterre avant d'immigrer au Québec, en 1953. C'est au Canada qu'il a travaillé comme professeur de français, traducteur pigiste et scénariste pour l'Office national du film. Membre de l'Association des traducteurs et traductrices littéraires du Canada, Billard a traduit les œuvres d'auteurs comme A. M. Klein, Malcolm Lowry, D. G. Jones, H. G. Weinberg, Ludwig Zeller, Irving Layton, Dan Yashinsky, Charles Taylor et Mao Tse Tung.

Born in Tours, France, Billard studied in France and England before immigrating to Quebec in 1953. Once in Canada, he worked as a French teacher, freelance translator and screenwriter for the National Film Board. A member of the Literary Translators Association of Canada, Billard has translated such authors as A. M. Klein, Malcolm Lowry, D. G. Jones, H. G. Weinberg, Ludwig Zeller, Irving Layton, Dan Yashinsky, Charles Taylor and Mao Tse Tung.

GENEVIÈVE BILLETTE
(1971)

Le pays des genoux (THÉÂTRE 2005)
Contre le temps (THÉÂTRE 2012)

MONTRÉAL / Billette a obtenu un baccalauréat ès arts de l'Université de Montréal avant d'entrer à l'École nationale de théâtre du Canada. Elle a ensuite accepté un poste d'enseignante en théâtre à l'École supérieure de théâtre de l'Université du Québec à Montréal. Elle est membre du conseil administratif du Centre des auteurs dramatiques. Ses pièces ont été jouées en France, au Mexique, en Suisse ainsi qu'au Canada. Billette a décroché la Prime à la création du Fonds Gratien-Gélinas en 2001 et elle a reçu le prix Paul-Gilson en 2004.

Billette earned a Bachelor of Arts degree from the Université de Montréal before studying at the National Theatre School of Canada. Later, she accepted a position teaching drama at the École supérieure de théâtre at the Université du Québec à Montréal. She is a member of the administrative council of the Centre des auteurs dramatiques. Her plays have been performed in France, Mexico and Switzerland, as well as across Canada. In 2001, she received the Prime à la création du Fonds Gratien-Gélinas. In 2004, she received the Prix Paul-Gilson.

NICOLAS BILLON
(1978)

Fault Lines (DRAMA 2013)

TORONTO / Billon's plays have been produced in Toronto, Stratford, Montreal, New York and Paris. His first play, *The Elephant Song,* opened at Stratford's Studio Theatre in 2004. It had its French-language premiere at the Théâtre d'Aujourd'hui in Montreal a year later and was published in English in 2014. Born in Ottawa, Billon has also written for film and radio. His numerous awards include a Calgary Theatre Critics' Award for Best New Script, a Writer's Guild of Canada Screenwriting Award, a Canadian Screen Award for Best Adapted Screenplay, multiple *NOW* Magazine Audience Choice Awards, and an Overall Excellence Award for Playwriting from the NYC Fringe.

Les pièces de Billon ont été produites à Toronto, Stratford, Montréal, New York et Paris. Sa première pièce, *The Elephant Song*, a été inaugurée au Studio Theatre de Stratford en 2004. La version française a été jouée en première au Théâtre d'Aujourd'hui, à Montréal, l'année suivante, et la pièce a été publiée en anglais en 2014. Originaire d'Ottawa, Billon a aussi écrit pour le cinéma et la radio. Il a obtenu de nombreux prix, dont le Prix des critiques de théâtre de Calgary pour le meilleur nouveau scénario, le prix du meilleur scénario de la Writer's Guild of Canada, le prix de la meilleure adaptation lors de la remise des prix Écrans Canadiens, plusieurs prix des lecteurs du magazine *NOW*, et le prix d'excellence du NYC Fringe pour l'écriture dramatique.

EARLE BIRNEY
(1904–1995)

David and Other Poems (POETRY 1942)
Now is Time (POETRY 1945)

TORONTO / Widely recognized as one of Canada's most influential poets, Birney was born in Calgary at a time when the city was still part of the Northwest Territories. After completing his undergraduate studies at the University of British Columbia and a master's degree at the University of Toronto, he travelled and worked extensively in the United States and the United Kingdom before returning

EARLE BIRNEY Photo: Shelly Grimson

to Toronto to complete his PhD. During the 1930s, Birney travelled to Norway to meet with the famous Marxist revolutionary, Leon Trotsky, and to Berlin where he was arrested by the Gestapo for failing to salute a Nazi parade.[21] He later became Literary Editor of *The Canadian Forum*. Most of his teaching was divided between the University of British Columbia and the University of Toronto.

Reconnu comme l'un des poètes les plus influents du Canada, Birney est né à Calgary à une époque où la ville faisait encore partie des Territoires du Nord-Ouest. Après avoir terminé des études de premier cycle à l'Université de la Colombie-Britannique et une maîtrise à l'Université de Toronto, il a beaucoup voyagé et travaillé aux États-Unis et au Royaume-Uni, avant de retourner à Toronto pour y faire des études doctorales. Au cours des années 1930, Birney s'est rendu en Norvège pour rencontrer le célèbre révolutionnaire marxiste Leon Trotsky, puis à Berlin, où il a été arrêté par la Gestapo « pour ne pas avoir salué un défilé nazi[22] ». Il a par la suite été directeur littéraire du *Canadian Forum*. La majeure partie de sa carrière d'enseignant a été partagée entre l'Université de la Colombie-Britannique et l'Université de Toronto.

MARIE-CLAIRE BLAIS
(1939)

Manuscrits de Pauline Archange (ROMANS ET NOUVELLES 1968)
Le sourd dans la ville (ROMANS ET NOUVELLES 1979)
Soifs (ROMANS ET NOUVELLES 1996)
Naissance de Rebecca à l'ère des tourments (ROMANS ET NOUVELLES 2008)

KEY WEST, FLORIDE / En 1959, Blais a fait son entrée sur la scène littéraire du Québec avec la parution de son premier roman, *La Belle Bête*. Le livre a scandalisé les lecteurs québécois par son langage cru et sa violence explicite, mais il a été rapidement traduit en anglais, en espagnol et en italien. Célèbre romancière, Blais est aussi connue comme dramaturge et poétesse. Au cours des décennies qui ont suivi, quatre de ses romans ont remporté un Prix littéraire du Gouverneur général. Trois autres, traduits par Nigel Spencer, ont remporté un Prix littéraire du Gouverneur général dans la catégorie Traduction. À ces distinctions s'ajoutent un Prix littéraire France-Canada, un prix Médicis, un prix Athanase-David, un prix Anaïs-Ségalas de l'Académie française, un prix Ludger-Duvernay, un Prix d'Italie, un prix W. O.-Mitchell et un prix littéraire de la Fondation Prince Pierre de Monaco. Elle est membre de l'Ordre du Canada et de l'Ordre national du Québec, et Chevalier de l'Ordre des Arts et des Lettres en France.

MARIE-CLAIRE BLAIS: Photo: Harry Palmer

In 1959, Blais burst onto the Quebec literary scene with her first novel, *La Belle Bête*. The book shocked Quebec readers with its coarse language and graphic violence, but was immediately translated into English, Spanish and Italian. In the ensuing decades, four of her novels won Governor General's Literary Awards. Three others, all translated by Nigel Spencer, have won Governor General's Awards in translation. Although most famous as a novelist, Blais is also known as a playwright and poet. Her numerous other honours include a Prix France-Canada, a Prix Médicis, a Prix Athanase-David, a Prix de l'Académie française, a Prix Ludger-Duvernay, a Prix d'Italie, a W. O. Mitchell Literary Prize, and a Prix Prince Pierre de Monaco. She is a Member of the Order of Canada and of the Ordre National du Québec, and is a Chevalier in the Ordre des Arts et des Lettres of France.

CHRISTIE BLATCHFORD
(1951–2020)

Fifteen Days (NON-FICTION 2008)

TORONTO / A nationally influential columnist and broadcaster, Blatchford began her journalism career while working on the student newspaper at Ryerson University. Born in Rouyn-Noranda, Quebec, she has worked as a reporter and columnist for the *Globe and Mail*, *National Post*, *Toronto Star* and *Toronto Sun*. Her award-winning book, *Fifteen Days*, tells the story of the deployment of Canada's 900-member Task Force Orion in the Kandahar province of southern Afghanistan. The deployment took place at a time when there was a dramatic rise in combat operations that ultimately cost the lives of thirty Canadians.

Chroniqueuse et personnalité radiophonique influente à l'échelle nationale, Blatchford a commencé sa carrière de journaliste au journal étudiant de l'Université Ryerson. Originaire de Rouyn-Noranda, au Québec, elle a travaillé comme journaliste et chroniqueuse pour le *Globe and Mail*, le *National Post*, le *Toronto Star* et le *Toronto Sun*. Son livre primé, *Fifteen Days*, raconte l'histoire du déploiement des 900 membres de la force opérationnelle canadienne Orion dans la province de Kandahar, dans le Sud de l'Afghanistan. Le déploiement a eu lieu à un moment où les opérations de combat s'intensifiaient considérablement et a finalement coûté la vie à 30 Canadiens.

CHRISTIE BLATCHFORD Photo: Deborah Baic, *The Globe and Mail*, April 11, 2007 / 11 avril 2007

E. D. (EDWARD DICKINSON) BLODGETT Photo: Yukiko Onley

E. D. (EDWARD DICKINSON) BLODGETT
(1935–2018)

Apostrophes (POETRY 1996)

EDMONTON / A poet, literary critic and translator, Blodgett wrote numerous essays on Canadian literature and over two dozen books of poetry. His often-cited writings include *D. G. Jones and His Works, Alice Munro,* and *Five-Part Invention: A History of Literary History in Canada.* In 1986, he was elected a Fellow of the Royal Society of Canada. Born in Philadelphia and educated at Amherst College, the University of Minnesota and Rutgers University, Blodgett taught English, French and comparative literature for over thirty years at the University of Alberta. He also served as writer-in-residence at Grant MacEwan University and held the Louis Desrochers Chair in Études canadiennes at Campus Saint-Jean. From 2007 to 2009 he served as Poet Laureate of the city of Edmonton.

Poète, critique littéraire et traducteur, Blodgett est l'auteur de nombreux essais sur la littérature canadienne. Parmi ses écrits souvent cités figurent *D. G. Jones and His Works, Alice Munro* et *Five-Part Invention: A History of Literary History in Canada*. En 1986, il a été admis à la Société royale du Canada. Né à Philadelphie, il a étudié au Collège Amherst, à l'Université du Minnesota et à l'Université Rutgers. Blodgett a enseigné l'anglais, le français et la littérature comparée pendant plus de 30 ans à l'Université de l'Alberta. Il a également été écrivain en résidence à l'Université Grant MacEwan. En 2007, il a été nommé poète officiel de la ville d'Edmonton.

MICHEL BOCK
(1971)

Quand la nation débordait les frontières (ÉTUDES ET ESSAIS 2005)

OTTAWA / Bock est titulaire de la Chaire de recherche sur l'histoire de la francophonie canadienne à l'Université d'Ottawa. Ses recherches portent sur les transformations intellectuelles, politiques et idéologiques qui ont marqué le Canada français au cours du XXᵉ siècle. Franco-Ontarien né à Sudbury, Bock est en outre directeur de la collection « Amérique française » publiée aux Presses de l'Université d'Ottawa. Il est lauréat d'un prix Michel-Brunet et d'un Prix littéraire Champlain, et récipiendaire de la Médaille de l'Assemblée nationale du Québec.

Bock has held the Research Chair in French-Canadian History at the University of Ottawa. His research focuses on the intellectual, political and ideological transformations that took place in French Canada during the twentieth century. A Franco-Ontarian born in Sudbury, Bock is also editor of the University of Ottawa Press series *Amérique française*. His other awards include a Prix Michel-Brunet, a Prix littéraire Champlain and a Médaille de l'Assemblée nationale du Québec.

STEPHANIE BOLSTER
(1969)

White Stone (POETRY 1998)

VANIER, ONTARIO / Bolster's award-winning work, *White Stone: The Alice Poems*, is inspired by the iconic character in Lewis Carroll's classic book, *Alice's Adventures in Wonderland*, and by the life of Alice Liddell, the woman who served as the inspiration for Carroll's Alice. Born in Vancouver and a graduate of the University of British Columbia, Bolster teaches creative writing at Concordia University.

L'œuvre primée de Bolster, *White Stone: The Alice Poems*, s'inspire du personnage emblématique du livre classique de Lewis Carroll, *Alice au pays des merveilles*, et de la vie d'Alice Liddell, la femme qui a servi d'inspiration au célèbre personnage de Carroll. Née à Vancouver et diplômée de l'Université de la Colombie-Britannique, Bolster enseigne la création littéraire à l'Université Concordia.

ROO BORSON
(1952)

Short Journey Upriver Toward Ōishida (POETRY 2004)

TORONTO / Born in California, Ruth Borson settled in Canada after graduating with a Master of Fine Arts degree at the University of British Columbia in 1977. Since then, she has served as a writer-in-residence at Concordia University and at the University of Western Ontario. In 1990, together with Kim Maltman and Andy Patton, Borson formed the collaborative writing group, *Pain Not Bread*. Her Governor General's Literary Award-winning book, written under the nickname Roo Borson, also won the Griffin Poetry Prize in 2005.

Originaire de Californie, Ruth Borson s'est établie au Canada après avoir obtenu une maîtrise en beaux-arts de l'Université de la Colombie-Britannique, en 1977. Depuis, elle a été auteure en résidence à l'Université Concordia et à l'Université

STEPHANIE BOLSTER Photo: Deborah Baic, *The Globe and Mail*, April 11, 2007 / 11 avril 2007

Western. En 1990, avec Kim Maltman et Andy Patton, Borson a formé le groupe d'écriture collaborative Pain Not Bread. Son livre lauréat d'un Prix littéraire du Gouverneur général, qu'elle a publié sous le pseudonyme de Roo Borson, lui a également valu le prix Griffin de poésie en 2005.

MONIQUE BOSCO
(1927-2007)

La femme de Loth (ROMANS ET NOUVELLES 1970)

MONTRÉAL / Originaire de Vienne en Autriche, Bosco a immigré au Canada en 1948. Après avoir obtenu un doctorat de l'Université de Montréal, elle a travaillé comme journaliste et recherchiste pour *Le Devoir*, *La Presse*, *Maclean's*, Radio-Canada International et l'Office national du film du Canada. Elle a commencé à enseigner la littérature à l'Université de Montréal en 1962. Bosco a reçu le prix Alain-Grandbois en 1992 et le prix Athanase-David en 1996.

Born in Vienna, Austria, Bosco immigrated to Canada in 1948. After completing her PhD at the Université de Montréal, she worked as a journalist and researcher for *Le Devoir*, *La Presse*, *Maclean's*, Radio-Canada International and the National Film Board of Canada. She began teaching literature at the Université de Montréal in 1962. In 1992, she was awarded the Prix Alain-Grandbois and, in 1996, she received the Prix Athanase-David.

CAMILLE BOUCHARD
(1955)

Le ricanement des hyènes (LITTÉRATURE JEUNESSE – TEXTE 2005)

QUÉBEC / Voyageur infatigable qui a vu une grande partie de l'Afrique, de l'Asie et de l'Amérique du Sud, Bouchard affirme que Tintin est son idole et qu'il tire son inspiration des aventures de ce dernier. Né à Forestville, au Québec, il est l'auteur de plus de 80 romans écrits pour un public de tous âges. En 2016, il a été le premier auteur en résidence à la bibliothèque de l'Université Laval. La bibliothèque publique de Forestville porte son nom.

An indefatigable traveller who has visited much of Africa, Asia and South America, Bouchard tells his readers that Tintin is his idol and that Tintin's adventures are his inspiration. Born in Forestville, Quebec, Bouchard is the author of over eighty novels written for a broad range of ages. In 2016, he was appointed the first writer-in-residence at the Université Laval Library. The public library in Forest-ville is named in his honour.

GÉRARD BOUCHARD
(1943)

Genèse des nations et cultures du Nouveau Monde (ÉTUDES ET ESSAIS 2000)

CHICOUTIMI, QUÉBEC / Professeur d'histoire et de sociologie à l'Université du Québec à Chicoutimi, Bouchard est diplômé du Cégep de Jonquière, de l'Université Laval et de l'Université Paris Nanterre. En 2007, il a présidé, aux côtés de Charles Taylor, la Commission de consultation sur les pratiques d'accommodement reliées aux différences culturelles, mandatée par le gouvernement du Québec. Né au Saguenay, Bouchard a également été titulaire de la Chaire de recherche du Canada sur les imaginaires collectifs et de la Chaire de recherche William Lyon Mackenzie King en études canadiennes à l'Université Harvard. Chevalier de l'ordre de la Légion d'honneur de la République française, Bouchard a été admis à la Société royale du Canada en 1985. En 2003, il a été reçu à l'Académie des lettres du Québec. Il cumule en outre cinq doctorats honorifiques qui lui ont été décernés par l'Université de Guelph, l'Université de Moncton, l'Université Laval, l'Université de Sherbrooke et l'Université McGill.

A professor of history and sociology at the Université du Québec à Chicoutimi, Bouchard is a graduate of the Collège de Jonquière, the Université Laval and the Université de Paris Nanterre. Together with Charles Taylor, he chaired the Quebec Government's 2007 La Commission de consultation sur les pratiques d'accommodement reliées aux différences culturelles (Commission on the Accommodation of Cultural Differences). Born in Saguenay, Bouchard has also served as the Canada Research Chair on Social Myths and Collective Imagination, and as the William Lyon Mackenzie King Professor of Canadian Studies at Harvard University. A Chevalier of France's Ordre national de la Légion d'honneur, Bouchard was elected a Fellow of the Royal Society of Canada in 1985. In 2003, he was appointed a Member of the Académie des lettres du Québec. He is also the recipient of honorary degrees from the University of Guelph, the Université de Moncton, the Université Laval, the Université de Sherbrooke and McGill Universtiy.

HERVÉ BOUCHARD
(1963)

Harvey (Littérature jeunesse – texte 2009)

Chicoutimi, Québec / *Harvey* raconte l'histoire de deux frères qui aiment jouer dans les rues boueuses de leur ville natale, et la façon dont leur vie change brusquement lorsqu'ils apprennent que leur père est décédé subitement d'une crise cardiaque. Selon les critiques, ce livre est émouvant tant pour les enfants que pour les adultes, du fait de ses illustrations au style réconfortant. C'est l'un des deux seuls ouvrages à avoir été récompensés d'un Prix littéraire du Gouverneur général à la fois pour leur texte et leurs illustrations. Né à Jonquière, au Québec, Bouchard est professeur de littérature au Cégep de Chicoutimi.

Harvey is the story of two brothers who enjoy playing in the slushy streets of their home town and how their lives suddenly change when they learn their father has unexpectedly died of a heart attack. Critics and commentators have noted that the book is warmly illustrated and emotionally moving for children and adults alike. It is one of only two books that have won Governor General's Literary Awards for both text and illustration, with one prize going to the author and the other to the illustrator. Born in Jonquière, Quebec, Bouchard is a professor of literature at the Cégep de Chicoutimi.

SERGE BOUCHARD
(1947)

Les yeux tristes de mon camion (Essais 2017)

Montréal / Diplômé en anthropologie de l'Université Laval et de l'Université McGill, Bouchard a fait des recherches sur les cultures autochtones et francophones dans de nombreuses régions du Nord du Canada, y compris le Labrador, le Nunavik, la Baie James et le Yukon. Auteur et animateur de renom, il a notamment écrit *L'homme descend de l'ourse*, *Récits de Mathieu Mestokosho, chasseur innu* et *C'était au temps des mammouths laineux*. Il a animé des émissions phares pour Radio-Canada Première, dont *De remarquables oubliés*, *Une épinette noire nommée Diésel* et, pendant 16 ans, *Les Chemins de travers*. En 2015, il a reçu le prix Gérard-Morisset pour l'ensemble de sa carrière. Un an plus tard, il a été fait officier de l'Ordre national du Québec.

A graduate in anthropology of both the Université Laval and McGill University, Bouchard conducted field research relating to Indigenous and francophone cultures in many regions of northern Canada, including Labrador, Nunavik, James Bay and the Yukon. Famous both as an author and as a broadcaster, his books include *L'homme descend de l'ourse*, *Récits de Mathieu Mestokosho, chasseur innu* and *C'était au temps des mammouths laineux*. As a broadcaster, he has hosted flagship shows on Radio-Canada Première, including *De remarquables oubliés*, *Une épinette noire nommée Diesel* and, for sixteen years, *Les Chemins de travers*. In 2015, he received a Gérard-Morisset Award for lifetime achievement. A year later, he was named an Officer of the Ordre national du Québec.

ARTHUR S. (STANLEY) BOURINOT
(1893–1969)

Under the Sun (POETRY 1939)

OTTAWA / Educated at the Ottawa Collegiate Institute and at University College, Toronto, Bourinot served in the Canadian Army and the Royal Flying Corps (later the Royal Air Force) during the First World War. After being captured in Germany, he sat out the final years of hostilities as a prisoner of war. Returning to Canada, Bourinot entered Osgoode Hall Law School and was called to the Bar in 1920. Later, he served for eight years as editor of *Canadian Poetry Magazine* and for two years as editor of *Canadian Author and Bookman*. He wrote and edited some two dozen books, mostly of or about poetry.

Bourinot a étudié à l'Ottawa Collegiate Institute et à l'University College de Toronto. Il a servi dans l'Armée canadienne et le Royal Flying Corps (plus tard la Royal Air Force) pendant la Première Guerre mondiale. Capturé en Allemagne, il a passé les dernières années des hostilités en tant que prisonnier de guerre. De retour au Canada, Bourinot est entré à l'Osgoode Hall Law School et a été admis au barreau en 1920. Il a ensuite été rédacteur en chef de la revue *Canadian Poetry Magazine* pendant huit ans, puis du *Canadian Author and Bookman* pendant deux ans. Il a écrit et édité une vingtaine de livres, dont la plupart sont des ouvrages de poésie ou des essais critiques sur la poésie.

ERIN BOW

(1972)

Stand on the Sky (Young People's Literature – Text 2019)

Kitchener, Ontario / Bow's first novel, *Plain Kate*, won a TD Canadian Children's Literature Award. Her second novel, *Sorrow's Knot*, won a Monica Hughes Award for Science Fiction and Fantasy. Her third, *The Scorpion Rules*, was chosen as the Canadian Library Association's Book of the Year for young adults. Trained originally as a physicist, Bow worked for a summer at the European Organization for Nuclear Research (CERN) in Switzerland while she was still a student. She also worked as a technical writer at the Perimeter Institute for Theoretical Physics in Waterloo, Ontario, before turning to creative writing full time. She publishes poetry under her maiden name, Erin Noteboom.

Le premier ouvrage d'Erin Bow, *Plain Kate*, a reçu le TD Canadian Children's Literature Award. Son second roman, *Sorrow's Knot*, a remporté le Monica Hughes Award, récompensant des œuvres de science fiction ou de fantasy. Son troisième roman, *The Scorpion Rules*, fut reconnu livre pour jeunes adultes de l'année par la Canadian Library Association. Bien qu'ayant initialement suivi une formation de physicienne, Bow a travaillé pour le Conseil Européen pour la Recherche Nucléaire (CERN) le temps d'un été, alors qu'elle était encore étudiante. Elle a également rédigé des textes techniques, à temps partiel, pour le Perimeter Institute for Theoretical Physics à Waterloo, en Ontario, avant de se dévouer entièrement à sa carrière d'écrivaine. Ses recueils de poésie sont parus sous son nom de jeune fille, Erin Noteboom.

GEORGE BOWERING

(1935)

The Gangs of Kosmos (Poetry 1969)
Rocky Mountain Foot (Poetry 1969)
Burning Water (Fiction 1980)

Vancouver / One of the leading writers of his generation, Bowering was born in Penticton, British Columbia. After finishing high school, he served in the Royal Canadian Air Force before enrolling at the University of British Columbia where he earned a BA in History and an MA in English and Creative Writing. While a student, he co-founded *Tish*, one of Canada's most influential poetry newsletters.

GEORGE BOWERING Photo: Shelly Grimson

Recognized as both a novelist and a poet, Bowering has taught at universities in Calgary, Montréal, Vancouver and Berlin. A Member of the Order of Canada and of the Order of British Columbia, Bowering was appointed Canada's first Parliamentary Poet Laureate in 2002.

L'un des principaux écrivains de sa génération, Bowering est né à Penticton, en Colombie-Britannique. Ses études secondaires terminées, il a servi dans l'Aviation royale canadienne avant de poursuivre ses études à l'Université de la Colombie-Britannique, où il a obtenu un baccalauréat en histoire et une maîtrise en rédaction anglaise et création littéraire. Étudiant, il a cofondé *Tish*, l'un des bulletins de poésie les plus influents du Canada. Reconnu à la fois comme romancier et poète, Bowering a enseigné dans des universités à Calgary, Montréal, Vancouver et Berlin. Membre de l'Ordre du Canada et de l'Ordre de la Colombie-Britannique, Bowering a été nommé premier poète officiel du Parlement du Canada en 2002.

DIONNE BRAND
(1953)

Land to Light On (POETRY 1997)

TORONTO / Born in Guayaguayare in Trinidad and Tobago, Brand studied at the University of Toronto and the Ontario Institute for Studies in Education. A professor in the School of English and Theatre Studies at the University of Guelph, she is the recipient of a Trillium Prize for Literature, a Pat Lowther Award for Poetry, a Griffin Poetry Prize and a Toronto Book Award. Between 2009 and 2012, Brand served as Poet Laureate of the City of Toronto.

Originaire de Guayaguayare, à Trinité-et-Tobago, Brand a étudié à l'Université de Toronto et à l'Institut d'études pédagogiques de l'Ontario. Enseignante à l'École d'études anglaises et de théâtre de l'Université de Guelph, elle a remporté un Prix littéraire Trillium, un prix Pat-Lowther de poésie, un prix Griffin de poésie et un Toronto Book Award. De 2009 à 2012, Brand a été la poétesse officielle de la ville de Toronto.

DIONNE BRAND Photo: JasonChowPhotography.com

MARIO BRASSARD Photo: Courtesy of / Reproduite avec la permission de Mario Brassard

MARIO BRASSARD
(1978)

Ferdinand F., 81 ans, chenille (Littérature jeunesse – texte 2018)

Notre-Dame-de-Lourdes, Québec / Né à Sainte-Flore, au Québec, Brassard a fait ses études à l'Université du Québec à Trois-Rivières. Il a par la suite œuvré dans le domaine éditorial, notamment aux Éditions Trois-Pistoles, où il a fondé et codirigé la collection « La Saberdache », vouée à la réédition de textes québécois du XIXe siècle. En 2003, il a publié son premier ouvrage de poésie, *Choix d'apocalypses,* suivi par *La somme des vents contraires* en 2006 et *Le livre clairière* en 2012. En 2018, son œuvre *Séconal* lui a valu le Prix de poésie Radio-Canada. Son roman pour enfants *La saison des pluies* a obtenu de nombreux prix, dont un Prix jeunesse des libraires du Québec et un Prix TD de littérature.

A native of Sainte-Flore, Québec, Brassard was educated at the Université du Québec à Trois-Rivières. Later, he worked as an editor with Éditions Trois-Pistoles where he founded and co-directed La Saberdache, a collection dedicated to re-issuing nineteenth-century Québécois texts. In 2003, he published his first book of poetry, *Choix d'apocalypses,* followed by *La somme des vents contraires* in 2006 and *Le livre clairière* in 2012. In 2018, he won the prix de poésie Radio-Canada for *Séconal.* His children's novel, *La saison des pluies*, received numerous prizes, including a Prix jeunesse des libraires du Québec and a TD Award for Canadian literature.

JACQUES BRAULT
(1933)

Quand nous serons heureux (Théâtre 1970)
Agonie (Romans et nouvelles 1984)
Transfiguration de E. D. Blodgett et Jacques Brault (Traduction 1999)

Saint-Armand, Québec / Poète, romancier, dramaturge, essayiste et traducteur, Brault a connu des débuts modestes avant de se hisser parmi les hommes de lettres les plus admirés du Québec et du Canada. Après des études à l'Université de Montréal et à la Sorbonne, il a accepté un poste d'enseignant en philosophie à l'Université de Montréal, en 1960. Au fil des ans, il a souvent été commentateur culturel à Radio-Canada. En 1978, Brault a cofondé les Éditions du Sentier. En plus de trois Prix littéraires du Gouverneur général, il a remporté un prix Duvernay, un prix Athanase-David et un prix Gilles-Corbeil.

A poet, novelist, dramatist, essayist and translator, Brault rose from modest beginnings to become one of Quebec's and Canada's most admired men of letters. After studying at the Université de Montréal and the Sorbonne, he accepted a teaching position in philosophy at the Université de Montréal in 1960. Over the years, he has regularly served as a cultural commentator on Radio-Canada. In 1978, Brault became one of the co-founders of the publishing firm Éditions du Sentier. He is a recipient of a Duvernay Award, an Athanase-David Award and a Gilles-Corbeil Award in addition to his three Governor General's Literary Awards.

JANE BRIERLEY
(1934)

Yellow-Wolf & Other Tales of the Saint Lawrence by Philippe-Joseph Aubert de Gaspé (TRANSLATION 1990)
Memoirs of a Less Travelled Road by Marcel Trudel (TRANSLATION 2003)

MONTRÉAL / A graduate in English and philosophy at Bishop's University and in English literature at McGill University, Brierley worked as a journalist in Montréal and then in business in Paris before returning to Montréal to work for *The Globe and Mail*. A past president of the Literary Translator's Association of Canada, she has translated some two dozen books from French into English. In addition to her two Governor General's Literary Awards, Brierley was presented with a Félix-Antoine Savard Award from Columbia University's Translation Center in 1992.

Après avoir reçu des diplômes en anglais et en philosophie de l'Université Bishop's ainsi qu'en littérature anglaise de l'Université McGill, Brierley a été journaliste à Montréal. Elle a ensuite travaillé dans le domaine des affaires à Paris, avant de revenir à Montréal pour entrer au *Globe and Mail*. Ancienne présidente de l'Association des traducteurs et traductrices littéraires du Canada, elle a traduit une vingtaine de livres du français vers l'anglais. Outre deux Prix littéraires du Gouverneur général, Brierley a reçu un prix Félix-Antoine-Savard du Centre de traduction de l'Université Columbia en 1992.

FANNY BRITT

(1977)

Bienveillance (THÉÂTRE 2013)

MONTRÉAL / Dramaturge, auteure et traductrice, Britt a obtenu un diplôme de l'École nationale de théâtre du Canada en 2001. Depuis, elle a écrit ou traduit une vingtaine de pièces de théâtre. En 2005, elle est devenue présidente du conseil d'administration du Festival du Jamais Lu, à Montréal. En 2007, elle a été nommée écrivaine en résidence au Unicorn Theatre de la Nouvelle-Écosse. Son premier roman illustré, *Jane, le renard & moi*, a valu un Prix littéraire du Gouverneur général à l'illustratrice du livre, Isabelle Arsenault.

A playwright, author and translator, Britt graduated from the National Theatre School of Canada in 2001. Since then, she has written or translated over two dozen plays. In 2005, she became chair of the board of directors of the Festival du Jamais Lu in Montréal. In 2007, she was appointed writer-in-residence at Nova Scotia's Unicorn Theatre. Her first graphic novel, *Jane, le renard & moi*, won a Governor General's Literary Award for the book's illustrator, Isabelle Arsenault.

ANDRÉ BROCHU

(1942)

La croix du nord (ROMANS ET NOUVELLES 1991)
Les jours à vif (POÉSIE 2004)

MONTRÉAL / Un des premiers spécialistes de la littérature québécoise, Brochu a enseigné à l'Université de Montréal de 1963 jusqu'à sa retraite, en 1997. Né à Saint-Eustache, au Québec, il est diplômé de l'Université de Montréal et de l'Université de Paris VII. En 1963, Brochu est devenu membre fondateur de la revue culturelle *Parti pris* puis, en 1968, fondateur et directeur du Mouvement pour l'unilinguisme français au Québec. Il a également été chroniqueur pour la revue littéraire *Lettres québécoises* et pour la revue *Voix et Images*. En 1996, Brochu a été intronisé à l'Académie des lettres du Québec.

A pioneer in the study of Québec literature, Brochu taught at the Université de Montréal from 1963 until his retirement in 1997. Born in Saint-Eustache, Quebec, he is a graduate of the Université de Montréal and the Université de Paris VII. In 1963, Brochu became a founding member of the cultural magazine *Parti Pris* and, in 1968, a founding director of the Mouvement pour l'unilinguisme français au Québec. He has also served as a columnist for the literary magazine, *Lettres québécoises,* and for the review, *Voix et Images*. In 1996, Brochu was inducted into the Académie des lettres du Québec.

BERTRAM BROOKER
(1888–1955)

Think of the Earth (FICTION 1936)

TORONTO / Born in Croydon, England, Brooker was one of Canada's first modernist writers and first abstract painters. His art and writing occasionally intermingled, as in 1931 when he wrote an essay entitled "Nudes and Prudes" in response to the removal of one of his paintings from a showing at the Art Gallery of Toronto. After enlisting in the Royal Canadian Engineers during the First World War and spending much of his early working life in Winnipeg and Regina, Brooker moved to Toronto where he worked in publishing and later advertising. Brooker also wrote under the pseudonyms Richard Surrey and Huxley Herne. He was elected to the Ontario Society of Artists in 1936. The same year, he published the novel that won the first Governor General's Literary Award for Fiction.

Originaire de Croydon, en Angleterre, Brooker est l'un des premiers écrivains modernistes du Canada et l'un des premiers peintres abstraits du pays. Son art et son écriture se sont parfois entremêlés, comme en 1931 lorsqu'il a rédigé un essai intitulé *Nudes and Prudes* en réponse au retrait de l'une de ses peintures d'une exposition à la Art Gallery of Toronto (aujourd'hui le Musée des beaux-arts de l'Ontario). Après s'être enrôlé dans le Corps du génie royal canadien pendant la Première Guerre mondiale et avoir passé une bonne partie de sa vie active à Winnipeg et à Regina, Brooker a déménagé à Toronto, où il a travaillé dans l'édition puis dans la publicité. Il a parfois emprunté les pseudonymes Richard Surrey et Huxley Herne. Brooker a été nommé à l'Ontario Society of Artists en 1936; la même année, il a publié le roman qui a remporté le premier Prix littéraire du Gouverneur général dans la catégorie « Fiction ».

BERTRAM BROOKER Photo: Proctor & Co., London, Image courtesy of The University of Manitoba Archives & Special Collections / Image reproduite avec la permission de The University of Manitoba Archives & Special Collections (Frederick Phillip Grove fonds, A1980-053, PC 16, Box 1, File 2, Item 6)

MARTHA BROOKS
(1944)

True Confessions of a Heartless Girl (Children's Literature – Text 2002)

Winnipeg / Born and raised in Ninette, Manitoba, Brooks describes her writing as being character-driven, rather than plot-driven. A three-time winner of the Canadian Library Association's Young-Adult Book-of-the-Year Award, her books have been published in Spain, Italy, Japan, Denmark, England, Germany and Australia, as well as in North America. In addition to being an author, Brooks has taught creative writing in high school and is known for her work as a jazz singer and lyricist.

Née et ayant grandi à Ninette, au Manitoba, Brooks décrit son écriture comme étant axée sur les personnages plutôt que sur les intrigues. Trois fois lauréate du Prix du livre de l'année pour jeunes adultes de l'Association canadienne des bibliothèques, ses livres ont été publiés en Espagne, en Italie, au Japon, au Danemark, en Angleterre, en Allemagne, en Australie ainsi qu'en Amérique du Nord. En plus d'être une auteure, Brooks a enseigné la création littéraire au secondaire et a eu du succès comme interprète et parolière de jazz.

NICOLE BROSSARD
(1943)

Mécanique jongleuse suivi de masculin grammaticale (Poésie 1974)
Double impression (Poésie 1984)

Montréal / Poétesse et romancière montréalaise, Brossard est diplômée de l'Université de Montréal et de l'Université du Québec à Montréal. Elle a fondé ou cofondé plusieurs entreprises littéraires, dont le magazine littéraire *La Barre du jour* en 1965, le journal féministe *Les têtes de pioche* en 1975 et la maison d'édition L'Intégrale éditrice en 1982. Brossard est membre de l'Académie des lettres du Québec et a remporté le prix Athanase-David en 1991. La même année, l'Université Western lui a décerné un doctorat honorifique. Le fonds d'archives de Nicole Brossard est conservé au centre d'archives de Montréal, dépendant de Bibliothèque et Archives nationales du Québec.

A Montréal poet and novelist, Brossard is a graduate of the Université de Montréal and the Université du Québec à Montréal. She is the founder or co-founder of several literary projects, including the literary magazine *La barre du jour* in 1965, the feminist newspaper *Les têtes de pioche* in 1975, and the publishing house L'Intégrale éditrice in 1982. Brossard is a member of the Académie des lettres du Québec. In 1991, she received the Prix Athanase-David, as well as an honorary doctorate from the University of Western Ontario. The Nicole Brossard archives are located in the Bibliothèque et Archives nationales du Québec in Montréal.

E. K. (EDWARD KILLORAN) BROWN
(1905–1951)

On Canadian Poetry (ACADEMIC NON-FICTION 1943)

ITHACA, NEW YORK / Perhaps Canada's most influential poetry critic during the first half of the twentieth century, Brown was educated at the University of Toronto and the Université de Paris before taking up teaching posts at the University of Toronto, the University of Manitoba, the University of Chicago and Cornell University. In addition to his often-cited critical commentary, *On Canadian Poetry*, he is perhaps best remembered for his annual surveys of poetry that appeared in the *University of Toronto Quarterly* between 1936 and 1950. An associate editor of the *Canadian Forum* and editor of the *University of Toronto Quarterly*, Brown also served as a speechwriter for Prime Minister William Lyon Mackenzie King.

Peut-être le critique de poésie le plus influent du Canada pendant la première moitié du XXᵉ siècle, Brown a fait ses études à l'Université de Toronto et à l'Université de Paris avant d'enseigner à l'Université de Toronto, à l'Université du Manitoba, à l'Université de Chicago et à l'Université Cornell. En plus de son analyse critique souvent citée, *On Canadian Poetry*, on se souvient de lui surtout pour son recensement annuel de la poésie canadienne dans le bulletin *University of Toronto Quarterly* de 1936 à 1950. Rédacteur en chef adjoint du *Canadian Forum* et rédacteur en chef du *University of Toronto Quarterly*, Brown a écrit des discours pour le premier ministre William Lyon Mackenzie King.

CHARLES BRUCE
(1906–1971)

The Mulgrave Road (POETRY 1951)

TORONTO / Born in Port Shoreham, Nova Scotia, Bruce studied as an undergraduate at Mount Allison University, New Brunswick, where he served as editor of his college newspaper. He later worked as a Canadian Press reporter in New York, Halifax, London and Toronto before being appointed Superintendent of Canadian

Press in Toronto. He was the recipient of an honorary Doctor of Literature from Mount Allison University.

Originaire de Port Shoreham, en Nouvelle-Écosse, Bruce a fait des études de premier cycle à l'Université Mount Allison, au Nouveau-Brunswick, où il a été rédacteur en chef du journal de son collège. Il a par la suite travaillé comme journaliste pour La Presse Canadienne à New York, Halifax, Londres et Toronto, avant d'être nommé directeur de La Presse Canadienne à Toronto. Il a reçu un doctorat honorifique en littérature de l'Université Mount Allison.

JULIE BRUCK
(1957)

Monkey Ranch (POETRY 2012)

SAN FRANCISCO, CALIFORNIA / Born and raised in Montréal, Bruck only discovered her love for writing after taking a poetry class as an adult. Since then, her work has appeared in *The New Yorker, Ploughshares, The Walrus, Ms, The Malahat Review,* the *Valparaiso Poetry Review, Maisonneuve, Literary Mama, Numéro Cinq* and elsewhere. Her other awards include an A. M. Klein Award for Poetry, two Gold Canadian National Magazine Awards and a Sustainable Arts Foundation Promise Award.

Née et ayant grandi à Montréal, Bruck n'a découvert son amour pour l'écriture qu'à l'âge adulte, après avoir suivi un cours de poésie. Depuis, ses écrits sont notamment parus dans *The New Yorker, Ploughshares, The Walrus, Ms, The Malahat Review,* la *Valparaiso Poetry Review, Maisonneuve, Literary Mama* et *Numéro Cinq*. Parmi ses autres récompenses figurent un prix A. M.-Klein de poésie, deux Prix du magazine canadien et un prix « Espoir » de la Sustainable Arts Foundation.

MICHEL BRUNET
(1917-1985)

Les Canadiens après la conquête 1759-1775 (AUTRES GENRES LITTÉRAIRES 1969)

MONTRÉAL / « Si j'étudie l'histoire, » aime-t-il proclamer, « ce n'est pas pour m'ensevelir dans le passé mais pour mieux saisir le présent et prévoir l'avenir[23]. » Après avoir obtenu un baccalauréat et une maîtrise de l'Université de Montréal, Brunet a fait des études doctorales à l'Université Clark de Worcester, au Massachusetts. Professeur d'histoire de longue date à l'Université de Montréal, où il a été directeur de département pendant huit ans, Brunet a également été président de l'Institut d'histoire de l'Amérique française. Il est aussi l'auteur des ouvrages *Canadians et Canadiens, La présence anglaise et les Canadiens* et *Québec 1800*. En 1970, Brunet a obtenu le Prix France-Québec et, en 1983, le prix Léon-Gérin.

"If I study history, it is not to bury myself in the past," Brunet tells his readers, "but to better seize the present and anticipate the future."[24] After graduating from the Université de Montréal with a BA and an MA, Brunet completed his PhD at Clark University in Worcester, Massachusetts. A long-time professor of history at the Université de Montréal where he served as department head for eight years, Brunet also served as president of the Institut d'histoire de l'Amérique française. His other books include *Canadians et Canadiens, La présence anglaise et les Canadiens* and *Québec 1800*. In 1970, Brunet was awarded a Prix France-Quebec and, in 1983, a Prix Léon-Gérin.

FULVIO CACCIA
(1952)

Aknos (POÉSIE 1994)

LES LITAS, FRANCE / Né en Italie, Caccia a passé la majeure partie de sa vie au Canada avant de s'installer à Paris, en 1988. Poète, nouvelliste et essayiste, il a publié de nombreux volumes de poésie ainsi qu'un recueil de nouvelles avant de se tourner vers l'écriture de romans. Après avoir obtenu un baccalauréat en communications de l'Université de Montréal, Caccia a dirigé la production du livre *La transculture et Vice Versa*, et a également été conseiller politique pour la revue de littérature et de politique *EuroCanada*.

Born in Italy, Caccia spent most of his life in Canada before settling in Paris in 1988. A poet, short-story writer and essayist, he published numerous volumes of poetry as well as a collection of short stories before turning to novel writing. After completing a Bachelor of Arts degree in communications at the Université de Montréal, Caccia was the editor of the book *La transculture et ViceVersa*, and worked as a policy advisor for the literature and politics journal, *EuroCanada*.

ROBERT CALDER
(1941)

Willie (NON-FICTION 1989)

SASKATOON / Born in Moose Jaw, Saskatchewan, Calder is a graduate of the University of Saskatchewan and the University of Leeds. He is widely considered one of the world's leading authorities on the British author Somerset Maugham, as well as of British and Canadian wartime literature. In addition to his academic writing, he is co-author of the popular 1984 book about the Saskatchewan Roughriders, *Rider Pride: The Story of Canada's Best-Loved Football Team*.

Originaire de Moose Jaw, en Saskatchewan, Calder est diplômé de l'Université de la Saskatchewan et de l'Université de Leeds. Il est considéré comme l'une des autorités mondiales au sujet de l'auteur britannique Somerset Maugham ainsi qu'en matière de littérature britannique et canadienne en temps de guerre. En plus de ses travaux universitaires, il est coauteur du livre bien connu, sorti en 1984, sur les Roughriders de la Saskatchewan, *Rider Pride: The Story of Canada's Best-Loved Football Team*.

GEORGE CALEF
(1944)

Caribou and the Barren-lands (NON-FICTION 1981)

OLD SQUAW LODGE, NORTHWEST TERRITORIES / Born in Los Angeles, California, Calef moved to Vancouver to complete his PhD at the University of British Columbia. Both a working zoologist and a nature photographer, he is considered one of Canada's leading caribou experts. His work has appeared not only in scientific journals but also in wildlife magazines such as *Audubon, National Geographic, Nature Canada* and *The Living Wilderness*. Both the Environmental Protection Board and the Government of the Northwest Territories have published poster series featuring Calef's photographs.

Originaire de Los Angeles, en Californie, Calef s'est installé à Vancouver pour terminer son doctorat à l'Université de la Colombie-Britannique. À la fois zoologiste et photographe de la nature, il est considéré comme l'un des plus grands spécialistes du caribou au Canada. Ses écrits ont été publiés non seulement dans des revues scientifiques, mais aussi dans des revues sur la faune comme *Audubon,*

National Geographic, Nature Canada et *The Living Wilderness*. L'Environmental Protection Board et le gouvernement des Territoires du Nord-Ouest ont tous deux publié une série d'affiches employant les photographies de Calef.

ROBERT CALIHOO
(c. 1943)

Occupied Canada, with Robert Hunter (NON-FICTION 1991)

VANCOUVER / Raised by his grandmother in a middle-class home in Edmonton, Robert Royer thought himself just another white kid. But when his grandmother died, he eventually found his way to his father's remote, poverty-stricken reserve in northern Alberta. When his father's band decided to become enfranchised, Royer (now Robert Calihoo) drifted back to Edmonton. Soon he found himself destitute and in jail. Eventually, he graduated from the University of Calgary with a degree in social work. Before being placed in charge of native employment at the Department of Indian Affairs, he served as vice-president of the Native Brotherhood of Drumheller, as a social counselor for the Elizabeth Fry Society in Calgary, and as manager for the Nimpkish Band Council in Alert Bay, British Columbia.

Élevé par sa grand-mère dans une famille de classe moyenne d'Edmonton, Robert Royer se croyait un enfant blanc comme les autres. Mais à la mort de sa grand-mère, il s'est rendu dans la réserve isolée et pauvre de son père, dans le Nord de l'Alberta. Lorsque la bande de son père a décidé de s'émanciper, Royer (aujourd'hui Robert Calihoo) est retourné à Edmonton. Peu de temps après, sans ressources, il s'est retrouvé en prison. Il a plus tard obtenu un diplôme en travail social de l'Université de Calgary. Avant d'être nommé responsable de l'emploi des Autochtones au ministère des Affaires indiennes, il a été vice-président de la Fraternité des Autochtones de Drumheller, conseiller social à la Société Elizabeth Fry de Calgary et gestionnaire du conseil de bande de Nimpkish à Alert Bay, en Colombie-Britannique.

MORLEY CALLAGHAN
(1903–1990)

The Loved and the Lost (FICTION 1951)

TORONTO / Born and educated in Toronto, Callaghan became friends with Ernest Hemingway in the 1920s when they both were writing for the *Toronto Star*. Later, he followed Hemingway to Paris and became famous for his many short stories

MORLEY CALLAGHAN Photo: Harry Palmer

and novels. He was appointed a Companion of the Order of Canada in 1982. Although secure in his reputation as a writer, Callaghan was perhaps equally famous in popular culture for his role in a boxing match, refereed by F. Scott Fitzgerald, in which he knocked Hemingway to the mat. Callaghan recounts the story in his 1963 memoir, *That Summer in Paris*. Hemingway, we are told, was furious.

Né et ayant fait ses études à Toronto, Callaghan s'est lié d'amitié avec Ernest Hemingway dans les années 1920, alors qu'ils écrivaient tous deux pour le *Toronto Star*. Plus tard, il a suivi Hemingway à Paris et est devenu célèbre pour ses nouvelles et romans. Il a été nommé Compagnon de l'Ordre du Canada en 1982. Si sa notoriété d'écrivain n'est plus à faire, Callaghan est peut-être tout aussi célèbre dans la culture populaire pour avoir mis Hemingway au tapis dans un combat de boxe arbitré par F. Scott Fitzgerald. Callaghan relate cette histoire dans ses mémoires publiés en 1963, *That Summer in Paris*. On raconte qu'Hemingway était furieux.

MARJORIE WILKINS CAMPBELL
(1901–1986)

The Saskatchewan (CREATIVE NON-FICTION 1950)
The Nor'Westers (JUVENILE 1954)

TORONTO / Born in London, England, Campbell was educated in Swift Current, Saskatchewan and in Toronto. In Toronto, she worked as a freelance writer and editor, contributing articles and short stories to magazines and newspapers such as *Maclean's, Châtelaine, The Montrealer, Saturday Night* and *The Star Weekly*. Her books include not only her two Governor General's Literary Award-winning titles, but also *The Soil Is Not Enough, McGillivray, No Compromise, Northwest to the Sea* and *The Silent Song of Mary Eleanor*. A Guggenheim Fellow, Campbell was appointed a Member of the Order of Canada in 1978.

Née à Londres, en Angleterre, Campbell a fait ses études à Swift Current, en Saskatchewan, et à Toronto. À Toronto, elle a travaillé comme journaliste et rédactrice pigiste, signant des articles et des nouvelles pour des magazines et des journaux tels que *Maclean's, Châtelaine, The Montrealer, Saturday Night,* et *The Star Weekly*. En plus des deux titres récompensés d'un Prix littéraire du Gouverneur général, elle est l'auteure de *The Soil Is Not Enough, McGillivray, No Compromise, Northwest to the Sea* et *The Silent Song of Mary Eleanor*. Boursière Guggenheim, Campbell a été décorée de l'Ordre du Canada en 1978.

J. M. S. (JAMES MAURICE STOCKFORD) CARELESS
(1919–2009)

Canada (ACADEMIC NON-FICTION 1953)
Brown of the Globe: Vol. One (NON-FICTION 1963)
Brown of the Globe: Vol. Two (NON-FICTION 1963)

TORONTO / A professor of history at the University of Toronto and editor of the *Canadian Historical Review*, Careless worked in the History Branch at Naval Service Headquarters during the Second World War. Later he transferred to the Department of External Affairs. While in External Affairs, he served as a Canadian diplomatic officer aboard the repatriation ship *Gripsholm*, helping with the transfer of prisoners of war and the repatriation of innumerable diplomats, women and children who found themselves stranded overseas during the war. A graduate of the University of Toronto and Harvard University, Careless was elected a Fellow of the Royal Society of Canada in 1962 and appointed an Officer of the Order of Canada in 1987.

Professeur d'histoire à l'Université de Toronto et rédacteur en chef pour la *Canadian Historical Review*, Careless a travaillé à la Division des archives historiques du Quartier général du service naval pendant la Seconde Guerre mondiale. Il a ensuite été muté au ministère des Affaires extérieures, où il est devenu agent diplomatique du Canada à bord du navire de rapatriement *Gripsholm*, aidant au transfert des prisonniers de guerre et au rapatriement d'innombrables diplomates, femmes et enfants qui se sont retrouvés bloqués à l'étranger pendant la guerre. Diplômé de l'Université de Toronto et de l'Université Harvard, Careless a été admis à la Société royale du Canada en 1962 et a été décoré du titre d'Officier de l'Ordre du Canada en 1987.

ROGER CARON
(1938–2012)

Go Boy! (NON-FICTION 1978)

CORNWALL, ONTARIO / Born into an impoverished family, Caron's first brush with the law came at age twelve when he and some friends tried to steal several boxes of canned goods from a railroad boxcar. When the police arrived, Caron managed to escape by diving between the arresting officer's legs. He was arrested shortly afterwards in front of his class at school. By the time he was in his twenties he had been arrested multiple times for breaking and entering. In prison, he earned the nickname "Mad Dog Caron." In his prison memoir, *Go Boy!*, he reports having committed twelve successful robberies for every time he was arrested, and having escaped from jail or prison thirteen times. By the time he published his award-winning book, he had spent twenty-three of his thirty-nine years behind bars. Eventually, he won a contract with Correctional Services Canada to give motivational speeches to inmates. He died of Parkinson's disease at the age of 74.

Né dans une famille pauvre, Caron a eu ses premiers démêlés avec la justice à l'âge de douze ans, lorsque lui et des amis ont essayé de voler des boîtes de conserve dans un wagon de chemin de fer. Lorsque la police est arrivée, Caron a réussi à s'échapper en plongeant entre les jambes de l'agent qui l'avait interpellé. Il a été arrêté peu de temps après, devant sa classe, à l'école. À vingt ans, il avait déjà été appréhendé à plusieurs reprises pour introduction par effraction. En prison, on l'a surnommé « Mad Dog Caron ». Dans ses mémoires sur sa vie en prison, *Go Boy!*, il raconte avoir réussi douze vols pour chaque arrestation, et s'être évadé treize fois de prison. Au moment de la parution de son livre primé, il avait passé vingt-trois de ses trente-neuf années de vie derrière les barreaux. Le Service correctionnel du Canada l'a finalement recruté pour qu'il tienne des discours de motivation aux détenus. Il est mort de la maladie de Parkinson à l'âge de 74 ans.

EMILY CARR
(1871–1945)

Klee Wyck (General Literature 1941)

Victoria / Orphaned in her early teens, Carr studied art in England, France and the United States before settling permanently in her hometown of Victoria. Her artwork and writing were influenced by the native communities of British Columbia and Alaska. Many of her paintings reflect west-coast landscapes as seen for the first time from an expressionist point of view. During the first half of her life, Carr's art was met largely with indifference. This changed in the 1920s and 1930s when she came into contact with members of the Group of Seven and was invited to exhibit with them in Ontario. Later, she held successful solo exhibits at the Art Gallery of Ontario and the Vancouver Art Gallery. Three of her books appeared during her lifetime, with the rest appearing posthumously. Buried in Victoria, the inscription on her headstone reads "Artist and Author, Lover of Nature."

Orpheline dès l'adolescence, Carr a étudié l'art en Angleterre, en France et aux États-Unis avant de s'installer définitivement dans sa ville natale de Victoria. Ses œuvres d'art et ses écrits ont été influencés par les communautés autochtones

EMILY CARR Photo: Courtesy of / Reproduite avec la permission de The Royal BC Museum and Archives, Image H-02813

de la Colombie-Britannique et de l'Alaska. Plusieurs de ses peintures reflètent les paysages de la côte Ouest tels que perçus pour la première fois d'un point de vue expressionniste. Au cours de la première moitié de sa vie, l'art de Carr a été accueilli avec indifférence. Les choses ont changé dans les années 1920 et 1930, lorsqu'elle a rencontré les membres du Groupe des sept et qu'elle a été invitée à exposer avec eux en Ontario. Par la suite, elle a exposé en solo avec succès au Musée des beaux-arts de l'Ontario et au Vancouver Art Gallery. Trois de ses livres sont parus au cours de sa vie, et les autres à titre posthume. Elle est inhumée à Victoria. On peut lire sur sa pierre tombale l'inscription « Artist and Author, Lover of Nature » (artiste et auteure, amoureuse de la nature).

ALLAN CASEY
(1961)

Lakeland (NON-FICTION 2010)

SASKATOON / Orphaned at a young age, Casey was raised by his adoptive parents in Prince Albert, Saskatchewan. After graduating from the University of Saskatchewan and the University of Western Ontario, he worked as a journalist before becoming a freelance writer. His articles have appeared in *Adbusters, Canadian Business, Canadian Geographic, Canadian Living, Books in Canada* and *Reader's Digest,* as well as in Canadian newspapers. His other awards include UBC's inaugural Science Journalism Award, a National Magazine Award and several Western Magazine Awards.

Orphelin à un jeune âge, Casey a grandi auprès de ses parents adoptifs à Prince Albert, en Saskatchewan. Diplômé de l'Université de la Saskatchewan et de l'Université Western, il a travaillé comme journaliste avant de devenir rédacteur pigiste. Ses articles sont parus dans *Adbusters, Canadian Business, Canadian Geographic, Canadian Living, Books in Canada* et *Reader's Digest*, de même que dans des journaux canadiens. Parmi ses autres récompenses figurent un prix en journalisme scientifique de l'Université de la Colombie-Britannique, un Prix du magazine canadien et de nombreux prix du Western Magazine.

ELEANOR CATTON Photo: Robert Catto

ELEANOR CATTON
(1985)

The Luminaries (FICTION 2013)

AUCKLAND, NEW ZEALAND / Born in London, Ontario, and raised in New Zealand, Catton sets her Governor General's Literary Award-winning novel in the goldfields of New Zealand in 1866. In addition to a Governor General's Literary Award, the book won the 2013 Man Booker Prize. In 2014, Catton received the New Zealand Order of Merit for her services to literature and an honorary Doctor of Literature degree from the Victoria University of Wellington.

Catton est née à London, en Ontario, et a grandi en Nouvelle-Zélande. Son roman lauréat d'un Prix littéraire du Gouverneur général se déroule dans les champs aurifères de la Nouvelle-Zélande en 1866. Il a aussi reçu un prix Booker en 2013. L'année suivante, Catton a reçu l'Ordre du mérite de la Nouvelle-Zélande pour ses services en littérature ainsi qu'un doctorat honorifique en littérature de l'Université Victoria à Wellington.

CLAIRE CHABALIER
(1955)

Tracey en mille morceaux de Maureen Medved, avec Louise Chabalier (TRADUCTION 2008)

NOTRE-DAME-DE-L'ÎLE-PERROT, QUÉBEC / Née au Manitoba, Chabalier est membre de l'Ordre des traducteurs, terminologues et interprètes agréés du Québec depuis 1979 et travaille comme traductrice depuis plus de 30 ans. Depuis 2005, elle a traduit une dizaine de livres avec sa sœur Louise, dont *Tracey en mille morceaux*, qui fut récompensé d'un Prix littéraire du Gouverneur général.

Born in Manitoba, Chabalier has been a member of the Ordre des traducteurs, terminologues et interprètes du Québec since 1979 and has worked as a translator for over thirty years. Since 2005, she has worked with her sister, Louise, on the translation of a dozen books, including their Governor General's Literary Award-winning title, *Tracey en mille morceaux*.

LOUISE CHABALIER
(1950)

Tracey en mille morceaux de Maureen Medved, avec Claire Chabalier (TRADUC-
TION 2008)

MASCOUCHE, QUÉBEC / Originaire du Manitoba, Chabalier a été réviseure pour
des éditeurs littéraires et universitaires pendant plus de 20 ans. En 2005, elle
a commencé à travailler comme traductrice avec sa sœur, Claire. Ensemble et
séparément, elles ont traduit des romans, des autobiographies et des livres pour
enfants.

Originally from Manitoba, Chabalier has worked as an editor with both literary and academic publishers for more than twenty years. Beginning in 2005, she
began working as a translator with her sister, Claire. Separately and together, they
have translated novels, autobiographies and children's books.

DENYS CHABOT
(1945)

La province lunaire (ROMANS ET NOUVELLES 1981)

VAL-D'OR, QUÉBEC / Journaliste, auteur et libraire, Chabot a étudié l'anthropologie à l'Université d'Ottawa. Il a ensuite cofondé le Regroupement des écrivains
de l'Abitibi-Témiscamingue, et a travaillé comme rédacteur-recherchiste pour la
Société d'histoire et de généalogie de Val-d'Or. Son premier roman, *L'Eldorado
dans les glaces*, lui a valu un prix Gibson. Il a en outre reçu le Prix de la création
artistique et littéraire Télébec pour l'ensemble de son œuvre.

A journalist, author and bookstore owner, Chabot studied anthropology at the
University of Ottawa. Later he became co-founder of the Regroupement des écrivains de l'Abitibi-Témiscamingue and worked as an editor and researcher for the
Val-d'Or History Society. His other awards include a Prix de la création artistique
et littéraire Télébec and a Prix Gibson for his first novel, *L'Eldorado dans les glaces*.

ROBERT CHAFE

(1971)

Afterimage (DRAMA 2010)

ST JOHN'S / An actor as well as a playwright, Chafe studied philosophy at Memorial University before being named Emerging Artist of the Year by the Newfoundland and Labrador Arts Council in 1998. Since then, his plays have been performed across Canada, as well as in Australia and the United Kingdom. A past guest lecturer at Memorial University, Sir Wilfred Grenfell College and the National Theatre School of Canada, Chafe was appointed artistic associate for Artistic Fraud of Newfoundland in 2000.

Acteur et dramaturge, Chafe a étudié la philosophie à l'Université Memorial avant d'être nommé artiste émergent de l'année par le Newfoundland and Labrador Arts Council en 1998. Depuis, ses pièces ont été jouées partout au Canada ainsi qu'en Australie et au Royaume-Uni. Ancien conférencier à l'Université Memorial, au Collège Sir Wilfred Grenfell et à l'École nationale de théâtre du Canada, Chafe a été nommé artiste associé du Artistic Fraud of Newfoundland en 2000.

MAURICE CHAMPAGNE-GILBERT

(1936-1998)

La famille (ÉTUDES ET ESSAIS 1980)

MONTRÉAL / Étudiant en philosophie et en psychologie de l'enfant, Champagne-Gilbert (aussi connu sous le nom de Maurice Champagne) a obtenu son doctorat de l'Université de Nice en 1969. Actif en politique, il a été directeur de la Ligue des droits de l'homme du Québec (aujourd'hui la Ligue des droits et libertés) avant de participer à la création de la Commission des droits de la personne et des droits de la jeunesse en 1975, un organisme gouvernemental dont le rôle est de veiller à l'application de la Charte des droits et libertés de la personne du Québec. De 1984 à 1989, Champagne-Gilbert a été sous-ministre responsable de la politique familiale au Québec. Souffrant de dépression, il s'est suicidé dans les eaux du fleuve Saint-Laurent le 12 novembre 1998.

A student of philosophy and child psychology, Champagne-Gilbert (also known as Maurice Champagne) obtained his PhD from the Université de Nice in 1969. Active in politics, he served as director of Quebec's Ligue des droits de l'homme before helping to establish the Commission des droits de la personne et des droits de la jeunesse in 1975, a government agency created to help implement Quebec's Charter of Human Rights and Freedoms. Between 1984 and 1989, Champagne-Gilbert served as Quebec's Deputy Minister in charge of family policy. A victim of depression, he died by suicide in the St Lawrence River on November 12, 1998.

NICOLE V. CHAMPEAU
(1948)

Pointe Maligne L'infiniment oubliée (ÉTUDES ET ESSAIS 2009)

OTTAWA / Née à Cornwall, en Ontario, Champeau a étudié la littérature et la musique à l'Université d'Ottawa. Nombre de ses poèmes se situent le long du fleuve Saint-Laurent, où elle a passé une grande partie de son enfance. Elle a aussi reçu un prix Émile-Ollivier pour *Pointe Maligne. L'infiniment oubliée* en 2010 et un Prix littéraire LeDroit pour *Barricades mystérieuses* en 2013.

Born in Cornwall, Ontario, Champeau studied literature and music at the University of Ottawa. Many of her poems are set along the St Lawrence River, where she spent much of her childhood. Her other awards include a 2010 Prix Émile-Ollivier for *Pointe Maligne. L'infiniment oubliée* and a 2013 Prix LeDroit for *Barricades mystérieuses*.

NORMAND CHAURETTE
(1954)

Le passage de l'Indiana (THÉÂTRE 1996)
Le petit köchel (THÉÂTRE 2001)
Ce qui meurt en dernier (THÉÂTRE 2011)
Comment tuer Shakespeare (ÉTUDES ET ESSAIS 2012)

MONTRÉAL / Chaurette a écrit sa première pièce, *Rêve d'une nuit d'hôpital*, à l'âge de dix-neuf ans. La pièce, qui se déroule dans un service psychiatrique, raconte la vie tragique du poète québécois Émile Nelligan, lui-même interné alors qu'il avait à peine dix-neuf ans. Plusieurs des pièces subséquentes de Chaurette ont traité de sujets aussi troublants, comme la folie et le meurtre. D'autres reprennent des thèmes historiques et se déroulent à Londres au XVe siècle et en Italie au XIXe siècle. *Le passage de l'Indiana* raconte une histoire de plagiat littéraire apparent. En 1996, la pièce a été le point d'orgue du prestigieux Festival d'Avignon en France. Chaurette a été nommé Officier de l'Ordre du Canada en 2004.

Chaurette wrote his first play, *Rêve d'une nuit d'hôpital*, when he was nineteen. Set in a psychiatric ward, the play tells the story of the tragic life of the Quebec poet, Émile Nelligan, who himself was institutionalized when he was just nineteen. Several of Chaurette's subsequent plays have dealt with similarly disturbing topics, including insanity and murder. Others take up historical themes and have been set in fifteenth-century London and nineteenth-century Italy. *Le passage de l'Indiana* tells a story of apparent literary plagiarism. In 1996, the play became the toast of France's prestigious Avignon Theatre Festival. Chaurette was appointed an Officer of the Order of Canada in 2004.

HERMÉNÉGILDE CHIASSON
(1946)

Conversations (POÉSIE 1999)

ROBICHAUD, NOUVEAU-BRUNSWICK / Pendant six ans, Chiasson a été le 29ᵉ lieutenant-gouverneur du Nouveau-Brunswick. Diplômé de l'Université de Moncton, de l'Université Mount Allison, de l'Université Paris-Sorbonne et de l'Université d'État de New York, Chiasson a travaillé pendant de nombreuses années comme réalisateur, conservateur, dramaturge et journaliste. Plus tard, il a enseigné l'art et le cinéma à l'Université de Moncton. Auteur d'une dizaine de livres de poésie et de plus d'une vingtaine de pièces de théâtre, Chiasson a été fait Chevalier de l'Ordre des Arts et des Lettres en France en 1990 et Officier de l'Ordre du Canada en 2011. Souvent considéré comme l'un des principaux artisans de la modernité acadienne, il s'est vu décerner un doctorat honorifique en littérature de l'Université de Moncton en 2009.

For six years, Chiasson served as the twenty-ninth Lieutenant Governor of New Brunswick. A graduate of the Université de Moncton, Mount Allison University, the Université Paris-Sorbonne and the State University of New York, Chiasson worked for many years as a director, curator, playwright and journalist. Later, he accepted a position at the Université de Moncton as a professor of art and cinema. The author of over a dozen books of poetry and over two dozen plays, Chiasson was appointed a Chevalier in l'Ordre des Arts et des Lettres in France in 1990 and an Officer of the Order of Canada in 2011. Often referred to as the father of Acadian modernism, Chiasson was awarded an honorary Doctor of Literature from the Université de Moncton in 2009.

PHILIP CHILD
(1898–1978)

Mr. Ames Against Time (FICTION 1949)

TORONTO / Born in Hamilton, Ontario, Child served in the First World War before graduating with a Bachelor of Arts degree from Trinity College, Toronto. After completing further studies at Cambridge University and Harvard University, he worked as a journalist before teaching at the University of British Columbia. In 1942, he returned to Toronto, where he was appointed Chancellor's Professor of English at Trinity College. He was appointed president of the Canadian Authors Association in 1946. His earlier novel, *God's Sparrows*, is often cited as the first Canadian novel featuring a conscientious objector discussing his opposition to military service.

Originaire d'Hamilton, en Ontario, Child a servi pendant la Première Guerre mondiale avant d'obtenir un baccalauréat ès arts du Collège Trinity, à Toronto. Après des études à l'Université de Cambridge et à l'Université Harvard, il a travaillé comme journaliste puis enseignant à l'Université de la Colombie-Britannique. En 1942, il est retourné au Collège Trinity, où il a été nommé professeur chancelier d'anglais. En 1946, il est devenu président de la Canadian Authors Association. Son premier roman, *God's Sparrows*, est souvent cité comme le premier roman canadien mettant en scène un objecteur de conscience qui discute de son opposition au service militaire.

ANNE CHISLETT
(1942)

Quiet in the Land (DRAMA 1983)

ST JOHN'S / A Newfoundland native, Chislett is a graduate of Memorial University and of the University of British Columbia. Her plays have been produced in Canada, the United States and Japan. In 1975, she co-founded the Blyth Festival Theatre in Blyth, Ontario, a theatre dedicated to the performance of new Canadian plays. Chislett's other awards include a Chalmers Young Audiences Award for *Flippin' In* and a Hiroshima Festival's Best Production Award for *The Tomorrow Box*.

Originaire de Terre-Neuve, Chislett est diplômée de l'Université Memorial et de l'Université de la Colombie-Britannique. Ses pièces ont été produites au Canada, aux États-Unis et au Japon. En 1975, elle a cofondé le Blyth Festival Theatre à Blyth, en Ontario, un théâtre consacré à la présentation de nouvelles pièces canadiennes. Chislett a remporté un prix Chalmers pour la meilleure pièce jeune public avec *Flippin' In* et le prix de la meilleure production du Hiroshima Festival avec *The Tomorrow Box.*

GEORGE ELLIOTT CLARKE
(1960)

Execution Poems (POETRY 2001)

TORONTO / Born in Nova Scotia, Clarke studied at the University of Waterloo, Dalhousie University and Queen's University before being appointed E. J. Pratt Professor of Canadian Literature at the University of Toronto. Acclaimed for his poetry, libretti and novel writing, Clarke served as the twenty-seventh William Lyon Mackenzie King Professor of Canadian Studies at Harvard University. He also served as Canada's seventh Parliamentary Poet Laureate and as the fourth Poet Laureate of the City of Toronto. A recipient of a Pierre Elliott Trudeau Fellows Prize and a National Magazine Gold Award for Poetry, Clarke was appointed a Member of the Order of Nova Scotia in 2006. In 2008, he was appointed a Member of the Order of Canada. His award-winning book tells the story of two of his relatives, George and Rufus Hamilton, who were hanged for the murder of a Fredericton taxi driver in 1949. The book recounts a tale of poverty, racism, tragedy and redemption. In 2012, a collection of essays discussing Clarke's work appeared under the title *Africadian Atlantic: Essays on George Elliott Clarke.*

Né en Nouvelle-Écosse, Clarke a étudié à l'Université de Waterloo, à l'Université Dalhousie et à l'Université Queen's avant d'être nommé professeur titulaire de la chaire de littérature canadienne E. J. Pratt à l'Université de Toronto. Encensé pour sa poésie, ses librettos et ses romans, Clarke a été le 27ᵉ professeur à la Chaire de recherche William Lyon Mackenzie King en études canadiennes à l'Université Harvard. Il a été le septième poète officiel du Parlement du Canada et le quatrième poète officiel de la ville de Toronto. Récipiendaire du prix Pierre Elliot Trudeau Fellows et du prix de poésie National Magazine Gold, Clarke a été décoré de l'Ordre de la Nouvelle-Écosse en 2006 et de l'Ordre du Canada en 2008. Son livre primé raconte l'histoire de deux membres de sa famille, George et Rufus Hamilton, qui ont été pendus pour le meurtre d'un chauffeur de taxi de Fredericton en 1949. Le livre est un conte sur la pauvreté, le racisme, la tragédie et la rédemption. En 2012, une collection d'essais sur l'œuvre de Clarke est parue sous le titre *Africandian Atlantic: Essays on George Elliott Clarke.*

GEORGE ELLIOTT CLARKE Photo: Harvard University

STEPHEN CLARKSON

(1937–2016)

Trudeau and Our Times, Volume I, with Christina McCall (NON-FICTION 1990)

TORONTO / As an undergraduate, Clarkson studied history and modern languages at Trinity College, Toronto. As a Rhodes Scholar at Oxford, he completed a master's degree in philosophy, politics and economics. Later, he went to Paris to complete his doctorate at the Sorbonne. Appointed a professor of political economy at the University of Toronto, Clarkson wrote *Trudeau and Our Times* together with his second wife, Christina McCall. A senior fellow at several institutions, including Columbia University in New York, the European University in Florence, the Wilson Center in Washington, DC, and the Centre for International Governance Innovation in Waterloo, Clarkson was elected a Fellow of the Royal Society of Canada in 2004. In 2010, he was appointed a Member of the Order of Canada.

Au premier cycle, Clarkson a étudié l'histoire et les langues modernes au Collège Trinity, à Toronto. Boursier Rhodes à Oxford, il a obtenu des maîtrises en philosophie, en politique et en économie. Par la suite, il s'est rendu à Paris pour faire des études doctorales à la Sorbonne. Nommé professeur d'économie politique à l'Université de Toronto, Clarkson a écrit *Trudeau and Our Times* avec sa deuxième épouse, Christina McCall. Agrégé supérieur de recherches dans plusieurs établissements, dont l'Université Columbia à New York, l'Institut universitaire européen de Florence, le Wilson Centre à Washington et le Centre pour l'innovation dans la gouvernance internationale à Waterloo, Clarkson a été élu à la Société royale du Canada en 2004. En 2010, il a été décoré de l'Ordre du Canada.

PATRICIA CLAXTON

(1929)

Enchantment and Sorrow by Gabrielle Roy (TRANSLATION 1987)
Gabrielle Roy by François Ricard (TRANSLATION 1999)

MONTRÉAL / Founding president of the Literary Translators Association of Canada and a member of the board of the Ordre des traducteurs, terminologues et interprètes agréés du Québec, Claxton has translated the work of many of Canada's most prominent literary and political figures, including Gabrielle Roy, Pierre Elliott Trudeau, Gérard Pelletier and Marcel Trudel. A native of Kingston,

Ontario, Claxton spent much of her childhood in India before graduating from McGill University and the Université de Montréal.

Présidente fondatrice de l'Association des traducteurs et traductrices littéraires du Canada et membre du conseil d'administration de l'Ordre des traducteurs, terminologues et interprètes agréés du Québec, Claxton a traduit les œuvres de plusieurs des plus grandes figures littéraires et politiques du Canada, y compris Gabrielle Roy, Pierre Elliott Trudeau, Gérard Pelletier et Marcel Trudel. Originaire de Kingston, en Ontario, Claxton a passé une grande partie de son enfance en Inde, avant d'obtenir un diplôme de l'Université McGill et un diplôme de l'Université de Montréal.

GARY CLEMENT
(1959)

The Great Poochini (CHILDREN'S LITERATURE – ILLUSTRATION 1999)

TORONTO / Clement has served as the daily political cartoonist for the *National Post* since the newspaper's launch in 1998. His illustrations have also appeared in periodicals as diverse as *Mother Jones, The Wall Street Journal, The New York Times, The Guardian*, the *Montreal Gazette, Time* and Abu Dhabi's *The National*. In addition to being nominated for three Governor General's Literary Awards, he is the winner of a Toronto Jewish Book Fair Award.

Clement est le caricaturiste politique du *National Post* depuis le lancement du journal, en 1998. Ses illustrations ont également paru dans des périodiques aussi variés que *Mother Jones, The Wall Street Journal, The New York Times, The Guardian*, le *Montreal Gazette,* le *Time* et le quotidien d'Abu Dhabi *The National*. En plus d'avoir été nommé à trois reprises aux Prix littéraires du Gouverneur général, il a été récompensé d'un Toronto Jewish Book Fair Award.

DOMINIQUE CLIFT
(1929-2008)

Le fait anglais au Québec, avec Sheila McLeod Arnopoulos (ÉTUDES ET ESSAIS 1979)

MONTRÉAL / Journaliste, essayiste et économiste, Clift a étudié à l'Université McGill et à l'Universität des Saarlandes, à Saarbrüken, en Allemagne. Outre *Le fait anglais au Québec*, il a écrit *Un pays insoupçonné* et *Le déclin du nationalisme au Québec.* Traducteur des ouvrages *À visage découvert* de Lucien Bouchard et *Le Parti québécois* de Graham Fraser, Clift a aussi été journaliste pour *The Montreal Star, La Presse, The Globe and Mail,* le *Toronto Star* et la SRC.

A journalist, essayist and economist, Clift studied at McGill University and at the Universität des Saarlandes, in Saarbrüken, Germany. In addition to *Le fait anglais au Québec,* his books include *Un pays insoupçonné* and *Le déclin du nationalisme au Québec.* The translator of Lucien Bouchard's *À visage découvert* and of Graham Fraser's *Le Parti québécois,* Clift also worked as a journalist for *The Montreal Star, La Presse, The Globe and Mail,* the *Toronto Star* and the CBC.

CÉCILE CLOUTIER
(1930-2017)

L'écoute (POÉSIE 1986)

TORONTO / Diplômée de l'Université Laval, de la Sorbonne et de l'Université McMaster, Cloutier raconte comment son grand-père, qui ne savait ni lire ni écrire, a construit une école d'une seule classe sur sa ferme dans les Cantons de l'Est, au Québec. Avec le peu de ressources qu'il lui restait, il a ensuite embauché une enseignante pour instruire ses neuf enfants. Cloutier a enseigné au Collège Marymount, à l'Université d'Ottawa et à l'Université de Toronto, et a fondé le Centre de recherches en poésie québécoise d'aujourd'hui ainsi que la Société canadienne d'esthétique.

A graduate of the Université Laval, the Sorbonne and McMaster University, Cloutier recounts the story of how her grandfather, who could neither read nor write, built a one-room schoolhouse on his farm in the Eastern Townships of Quebec. With his remaining few resources, he then hired a teacher to teach his nine children. Having worked as a professor at Marymount College, the University of Ottawa and the University of Toronto, Cloutier is founder of the Centre de recherches en poésie québécoise d'aujourd'hui and of the Canadian Society for Aesthetics / Société canadienne d'esthétique.

FABIEN CLOUTIER Photo: © Allen McEachern

FABIEN CLOUTIER
(1976)

Pour réussir un poulet (THÉÂTRE 2015)

LONGUEUIL, QUÉBEC / Né à Sainte-Marie-de-Beauce, au Québec, Cloutier est connu en tant que dramaturge et acteur. Sa pièce *Billy (Les jours de hurlement)*, sortie en 2011 et qui expose une confrontation parentale dans une garderie, a remporté le prix Gratien-Gélinas. Sa pièce lauréate d'un Prix littéraire du Gouverneur général, *Pour réussir un poulet*, raconte l'histoire de deux amis malchanceux qui trouvent un nouveau moyen de gagner de l'argent. Cloutier a été chroniqueur pour les émissions *Paparagilles*, *Esprit critique* et *Plus on est de fous plus on lit*. Au petit écran, il a joué dans plus d'une dizaine de séries télé dont *Les Pays d'en haut*, *Blue Moon*, *Boomerang* et *Les beaux malaises*.

Born in Sainte-Marie-de-Beauce, Quebec, Cloutier is famous both as a playwright and an actor. His 2011 play *Billy (Les jours de hurlement)* features a parental showdown at a daycare centre. The play won the Prix Gratien-Gélinas. Cloutier's Governor General's Literary Award-winning play, *Pour réussir un poulet*, tells the story of two hard-luck friends who come up with a new way to try to make money. Cloutier has served as a host for the TV shows *Paparagilles*, *Esprit critique* and *Plus on est de fous plus on lit*. As an actor, he has appeared in over a dozen television series, including *Les Pays d'en haut*, *Blue Moon*, *Boomerang* and *Les beaux malaises*.

MATT COHEN
(1942–1999)

Elizabeth and After (FICTION 1999)

TORONTO / Born in Kingston, Ontario, Cohen studied political economy at the University of Toronto. He then taught political philosophy at McMaster University before publishing his first novel, *Korsoniloff*, in 1969. His Governor General's Award-winning novel, *Elizabeth and After,* tells the story of an uneasy reunion between a man and his daughter after many years apart. In addition to his fiction writing, Cohen published several children's books under the pen name Teddy Jam. A founding member of the Writers' Union of Canada, Cohen served on its executive board for many years and as its president in 1986. The Matt Cohen Prize in Celebration of a Writing Life is presented in Cohen's memory by the Writer's Trust of Canada.

Né à Kingston, en Ontario, Cohen a étudié l'économie politique à l'Université de Toronto. Il a ensuite enseigné la philosophie politique à l'Université McMaster, avant de publier son premier roman, *Korsoniloff*, en 1969. *Elizabeth and After*, le roman qui lui a valu un Prix littéraire du Gouverneur général, raconte l'histoire de la réunion difficile d'un homme et de sa fille après de nombreuses années de séparation. En plus de ses écrits romanesques, Cohen a publié plusieurs livres pour enfants sous le nom de plume de Teddy Jam. Membre fondateur de la Writers' Union of Canada, Cohen a siégé à son comité de direction pendant de nombreuses années et en a été le président en 1986. Le prix Matt-Cohen, qui récompense l'œuvre de toute une vie, est remis par la Société d'encouragement aux écrivains du Canada en la mémoire de Cohen.

SHELDON COHEN
(1949)

Un champion de Roch Carrier (LITTÉRATURE JEUNESSE – ILLUSTRATIONS 1991)

MONTRÉAL / Réalisateur de films d'animation et illustrateur de livres pour enfants, Cohen a étudié à l'Université McGill et au Collège Sheridan avant de faire un stage à l'Office national du film du Canada en 1972. Par la suite, il a enseigné l'animation à l'Université Concordia et à l'Université Harvard. *Le chandail* (v. a. *The Sweater*), une adaptation cinématographique de la célèbre nouvelle de Roch Carrier, *Le chandail de hockey*, a reçu quinze prix internationaux, dont un BAFTA (l'équivalent britannique d'un Oscar).

A director of animated films as well as an illustrator of children's books, Cohen studied at McGill University and at Sheridan College before becoming a student trainee with the National Film Board of Canada in 1972. Later, he taught animation at Concordia University and Harvard University. *The Sweater*, a film adaptation of Roch Carrier's classic short story, *Le chandail de hockey* (*The Hockey Sweater*), received fifteen international prizes, including a BAFTA (a British Academy Award).

DON COLES
(1927–2017)

Forests of the Medieval World (POETRY 1993)

TORONTO / Born in Woodstock, Ontario, Coles taught creative writing at York University for thirty years. A graduate of the University of Toronto and the

University of Cambridge, he was also senior poetry editor at the Banff Centre for the Arts from 1984 to 1994. In the words of reviewer Robert Fulford, Coles' writing exudes "warmth, concern, compassion and sanity."[25] In 1996, Coles won the John Glassco Prize for his translation of Tomas Tranströmer's *For the Living and The Dead*. His 2000 collection of poems, *Kurgan*, won Ontario's Trillium Prize.

Originaire de Woodstock, en Ontario, Coles a enseigné la création littéraire à l'Université York pendant 30 ans. Diplômé de l'Université de Toronto et de l'Université de Cambridge, il a été directeur de la section poésie au Centre des arts de Banff de 1984 à 1994. Selon l'analyste Robert Fulford, l'écriture de Coles dégage « de la chaleur, de l'inquiétude, de la compassion et de la lucidité[26] ». En 1996, Coles a remporté le prix John-Glassco pour sa traduction de l'ouvrage *For the Living and The Dead* de Tomas Tranströmer. Il a en outre reçu le Prix littéraire Trillium pour son recueil de poèmes *Kurgan*, publié en 2000.

ANNE COLLINS
(1952)

In the Sleep Room (NON-FICTION 1988)

TORONTO / A native of Whitby, Ontario, Collins graduated from York University in 1973. After working as a writer and an editor in the publishing and magazine industry, she served as vice-president of Random House Canada. Her first book, *The Big Evasion*, chronicles the abortion debate in Canada up to 1985. Her Governor General's Award-winning book, *In the Sleep Room*, tells the story of how one of Canada's most eminent psychiatrists used his patients as unknowing guinea pigs in brainwashing experiments funded by the CIA and the Canadian government. In 1998, the book was made into the feature film *The Sleep Room*.

Née à Whitby, en Ontario, Collins a obtenu un diplôme de l'Université York en 1973. Après avoir travaillé comme journaliste et rédactrice dans l'industrie de l'édition et des magazines, elle a été vice-présidente de Random House Canada. Son premier livre, *The Big Evasion*, retrace le débat sur l'avortement au Canada jusqu'en 1985. Son livre lauréat d'un Prix littéraire du Gouverneur général, *In the Sleep Room*, raconte comment l'un des plus éminents psychiatres du Canada a utilisé ses patients comme cobayes dans des expériences de lavage de cerveau financées par la CIA et le gouvernement canadien. En 1998, le livre a été adapté en un téléfilm, *The Sleep Room* (v.f. *Le pavillon de l'oubli*).

ANNE COMPTON
(1947)

Processional (POETRY 2005)

ROTHESAY, NEW BRUNSWICK / Born in Bangor, Prince Edward Island, Compton is a graduate of Prince of Wales College (now the University of Prince Edward Island), York University and the University of New Brunswick. In 1998, she became director of the Lorenzo Reading Series at the University of New Brunswick. Over her career, she has won two Atlantic Poetry Prizes, a National Magazine Award and an Alden Nowlan Award for Excellence in the Literary Arts, as well as her Governor General's Literary Award. The Dr. Anne Compton Writing Prize in Poetry is awarded in her honour.

Née à Bangor, sur l'Île-du-Prince-Édouard, Compton est diplômée du Collège Prince-de-Galles (aujourd'hui l'Université de l'Île-du-Prince-Édouard), de l'Université York et de l'Université du Nouveau-Brunswick. En 1998, elle a été nommée responsable de la collection « Lorenzo Reading » à l'Université du Nouveau-Brunswick. Au cours de sa carrière, elle a remporté deux prix Atlantic Poetry, un Prix du magazine canadien et un prix Alden-Nowlan pour l'excellence dans les arts littéraires, ainsi qu'un Prix littéraire du Gouverneur général. Le prix de poésie Dr-Anne-Compton est décerné en son honneur.

KAREN CONNELLY
(1969)

Touch the Dragon (NON-FICTION 1993)

TORONTO / Karen Connelly was born in Calgary. Her award-winning book, *Touch the Dragon,* tells the story of her time living in northern Thailand as a Rotary exchange student when she was just seventeen. In addition to her Governor General's Literary Award, Connelly won Britain's Orange Broadband Prize for New Fiction for her first novel, *The Lizard Cage.* She has also won a Pat Lowther Award for her poetry.

Karen Connelly est née à Calgary. Son livre primé, *Touch the Dragon,* raconte son séjour dans le Nord de la Thaïlande en tant qu'étudiante dans le cadre d'un programme d'échange de Rotary International alors qu'elle n'avait que dix-sept ans. Outre un Prix littéraire du Gouverneur général, Connelly a reçu un prix

KAREN CONNELLY Photo: Joy von Tiedemann

Orange Broadband pour son premier roman, *The Lizard Cage*. Elle a également reçu un prix Pat-Lowther pour sa poésie.

RAMSAY COOK
(1931–2016)

The Regenerators (Non-fiction 1985)

Toronto / A graduate of the University of Manitoba, Queen's University and the University of Toronto, Cook taught history at the University of Toronto and at York University until his retirement in 1996. Born in Alameda, Saskatchewan, Cook served as general editor for the *Dictionary of Canadian Biography / Dictionnaire biographique du Canada* project. He was elected a Fellow of the Royal Society of Canada in 1969 and appointed an Officer of the Order of Canada in 1986. In 1968-1969, he served as Visiting Professor of Canadian Studies at Harvard University. The Ramsay Cook Fellowship for Canadian History at York University is awarded in his honour.

Diplômé de l'Université du Manitoba, de l'Université Queen's et de l'Université de Toronto, Cook a enseigné l'histoire à l'Université de Toronto et à l'Université York jusqu'à sa retraite, en 1996. Né à Alameda, en Saskatchewan, Cook a été rédacteur général pour le projet de *Dictionnaire biographique du Canada*. Il a été élu membre de la Société royale du Canada en 1969 et fait Officier de l'Ordre du Canada en 1986. La bourse de recherche Ramsay Cook sur l'histoire du Canada, à l'Université York, est octroyée en son honneur.

GENEVIÈVE CÔTÉ
(1962)

La petite rapporteuse de mots de Danielle Simard (Littérature jeunesse – illustrations 2007)

Montréal / Diplômée du programme de graphisme de l'Université Concordia et ancienne présidente de l'Association des illustrateurs et illustratrices du Québec, Côté a travaillé comme illustratrice professionnelle pendant plus de 20 ans. Parmi les nombreux auteurs avec qui elle a collaboré se trouvent Michèle Marineau, Gilles Tibo, Charlotte Gingras, Danielle Simard et Susin Nielsen. Ses illustrations sont parues dans *The New York Times, The Wall Street Journal* et *L'actualité*, et ont été utilisées par des agences de publicité à Montréal, Toronto et Melbourne. En plus d'un Prix littéraire du Gouverneur général, Côté a reçu un prix Elizabeth-Mrazik-Cleaver en 2006.

GENEVIÈVE CÔTÉ Photo: © Justine Latour

A graduate of Concordia University's program in graphic design and a past-president of the Association of Illustrators of Quebec, Côté has worked as a professional illustrator for over twenty years. The many authors with whom she has collaborated include Michèle Marineau, Gilles Tibo, Charlotte Gingras, Danielle Simard and Susin Nielsen. Her work has appeared in *The New York Times, The Wall Street Journal* and *L'actualité*, as well as for advertising agencies in Montréal, Toronto and Melbourne. In addition to her Governor General's Literary Award, Côté received the Elizabeth Mrazik-Cleaver Award in 2006.

DELPHIE CÔTÉ-LACROIX
(1989)

Jack et le temps perdu, avec Stéphanie LaPointe (LITTÉRATURE JEUNESSE – LIVRES ILLUSTRÉS 2019)

MONTRÉAL / Née en Estrie, au Québec, Delphie Côté-Lacroix est connue en tant qu'illustratrice et graphiste. Après avoir reçu un diplôme de graphisme, elle a également reçu un Prix Lux pour son travail dans l'animation. *Jack et le temps perdu* est le second livre jeunesse illustré par Côté-Lacroix.

A native of Estrie, Quebec, Côté-Lacroix is known for her work as an illustrator and graphic designer. After graduating with a degree in graphic design, she received a Prix Lux for her work in video illustration. *Jack et le temps perdu* is the second book for young people that Côté-Lacroix has illustrated.

JUDITH COWAN
(1954)

Mirabel by Pierre Nepveu (TRANSLATION 2004)

TROIS-RIVIÈRES, QUEBEC / Born in Sydney, Nova Scotia, and raised in Toronto, Cowan is a graduate of the University of Toronto, York University and the Université de Sherbrooke. In 1973, she was appointed Professor of Canadian, American and English literature at the Université du Québec à Trois-Rivières. Noted for her poetry and short-story writing as well as for her translations, Cowan has contributed to a wide variety of academic and non-academic publications, including *The Fiddlehead, The Antigonish Review, Ellipse, Queen's Quarterly* and *The Globe and Mail*. Her memoir, *The Permanent Nature of Everything*, appeared in 2014.

Née à Sydney, en Nouvelle-Écosse, Cowan a grandi à Toronto. Elle est diplômée de l'Université de Toronto, de l'Université York et de l'Université de Sherbrooke. En 1973, elle est devenue professeure de littérature canadienne, américaine et anglaise à l'Université du Québec à Trois-Rivières. Connue pour sa poésie et ses nouvelles ainsi que pour ses traductions, Cowan a contribué à une grande variété de publications universitaires et non universitaires, notamment *The Fiddlehead, The Antigonish Review, Ellipse, Queen's Quarterly* et le *Globe and Mail*. Ses mémoires, *The Permanent Nature of Everything*, sont parues en 2014.

DONALD G. (GRANT) CREIGHTON
(1902–1979)

John A. Macdonald: The Young Politician (ACADEMIC NON-FICTION 1952)
John A. Macdonald: The Old Chieftain (ACADEMIC NON-FICTION 1955)

TORONTO / One of the most influential historians of his generation, Creighton studied at Victoria College, Toronto, and at Balliol College, Oxford. Influenced by the University of Toronto economist Harold Innis, Creighton used both economics and geography as lenses through which he sought to understand Canadian history. Chairman of the Department of History at the University of Toronto, Creighton was also a Guggenheim Fellow, a Rockefeller Fellow and a recipient of the Royal Society of Canada's Tyrrell Medal for historical writing.

L'un des historiens les plus influents de sa génération, Creighton a étudié au Collège Victoria à Toronto, puis au Collège Balliol à Oxford. Influencé par l'économiste Harold Innis de l'Université de Toronto, Creighton a tenté de comprendre l'histoire du Canada dans une perspective tant économique que géographique. Directeur du Département d'histoire de l'Université de Toronto, Creighton a été boursier Guggenheim, boursier Rockefeller et récipiendaire de la médaille J. B.-Tyrrell de la Société royale du Canada pour ses écrits en histoire.

LORNA CROZIER
(1948)

Inventing the Hawk (POETRY 1992)

VICTORIA / Born in Swift Current, Saskatchewan, Crozier studied at the University of Saskatchewan and the University of Alberta before being appointed a professor of writing at the University of Victoria. Her poetry collection *The Blue Hour of the Day* includes poems from 1985 to 2007. Elected a Fellow of the Royal Society of

LORNA CROZIER Photo: University of Victoria Photo Services

Canada in 2009 and appointed an Officer of the Order of Canada in 2011, Crozier is also the recipient of a BC Lieutenant Governor's Award for Literary Excellence. Her writing often emphasizes themes relating to human relationships, as well as Canada's prairie landscapes and their people. Her memoir, *Small Beneath the Sky*, appeared in 2009. The Lorna Crozier Undergraduate Poetry Scholarship is awarded at the University of Victoria in her honour.

Née à Swift Current, en Saskatchewan, Crozier a étudié à l'Université de la Saskatchewan et à l'Université de l'Alberta avant d'être nommée professeure de rédaction à l'Université de Victoria. Son recueil de poésie, *The Blue Hour of the Day*, inclut des poèmes écrits entre 1985 et 2007. Élue membre de la Société royale du Canada en 2009 et décorée du titre d'Officier de l'Ordre du Canada en 2011, Crozier a également reçu le Prix du lieutenant-gouverneur de la Colombie-Britannique pour l'excellence littéraire. Ses écrits abordent le thème des relations humaines, et donnent un rôle central aux Prairies du Canada et à leurs habitants. En 2009, elle a publié ses mémoires, *Small Beneath the Sky*. L'Université de Victoria décerne aujourd'hui la bourse d'études de premier cycle Lorna Crozier en poésie.

MAURICE CUSSON
(1942)

Le contrôle social du crime (ÉTUDES ET ESSAIS 1983)

MONTRÉAL / Enseignant à l'École de criminologie et chercheur au Centre international de criminologie comparée de l'Université de Montréal, Cusson a été admis à la Société royale du Canada en 2013. Il est spécialiste de la violence criminelle, de la délinquance juvénile et de la sécurité intérieure. Il a notamment remporté un prix Beccaria de la Société de criminologie du Québec, un Prix de l'Académie des sciences morales et politiques de l'Institut de France et un prix Beaumont-Tocqueville de l'Association internationale des criminologues de langue française. Cusson a dirigé l'École de criminologie de 1991 à 1995, puis de 2001 à 2003.

A professor at the École de criminologie and a researcher at the Centre international de criminologie comparée at the Université de Montréal, Cusson was elected a Fellow of the Royal Society of Canada in 2013. He is a specialist on criminal violence, youth delinquency and homeland security. His other awards include a Prix Beccaria from the Société de criminologie du Québec, a Prix de l'Académie des sciences morales et politiques de l'Institut de France, and a Prix Beaumont-Tocqueville from the International Association of French Language Criminologists. Cusson served as director of the École de criminologie from 1991 to 1995 and, again, from 2001 to 2003.

GILLES CYR Photo: Josée Lambert, Groupe Ville-Marie Littérature

GILLES CYR
(1940)

Andromède attendra (Poésie 1992)

Montréal / Originaire de Saint-Fidèle-de-Restigouche, au Québec, Cyr a enseigné la littérature au primaire et au secondaire ainsi qu'au niveau collégial et au niveau universitaire en Ontario et au Québec. Diplômé de l'Université de Sherbrooke et de l'Université de Montréal, il a aussi été conseiller littéraire aux Éditions de l'Hexagone, à Montréal. En 1980, il a fondé la maison d'édition Espacement. Sa poésie a été traduite en plusieurs langues et il a été écrivain en résidence à la Fondation Gabrielle-Roy et à l'Université de Montréal. Les travaux littéraires de Cyr sont conservés à Bibliothèque et Archives nationales du Québec à Montréal.

Born in Saint-Fidèle-de-Restigouche, Quebec, Cyr has taught literature in primary and secondary schools, at the college level, and in universities in both Ontario and Quebec. A graduate of the Université de Sherbrooke and the Université de Montréal, he also worked as a literary advisor for Éditions de l'Hexagone in Montreal. In 1980, he founded the publishing house Espacement. His poetry has been translated into several languages and he has served as a writer-in-residence at the Gabrielle-Roy Foundation and the Université de Montréal. Cyr's literary papers are held at the Bibliothèque et Archives nationales Québec in Montréal.

FRANCE DAIGLE
(1953)

Pour sûr (Romans et nouvelles 2012)

Moncton, Nouveau-Brunswick / Née et ayant grandi au Nouveau-Brunswick, Daigle a obtenu un baccalauréat ès arts de l'Université de Moncton. Auteure de plus d'une dizaine de romans et de pièces de théâtre, elle a été une fervente défenseure de la langue française dans sa province natale. Dans son livre lauréat d'un Prix littéraire du Gouverneur général, *Pour sûr,* elle emploie le célèbre dialecte acadien chiac, qui est un mélange de vieux français, de français et d'anglais. Elle a également obtenu un prix Pascal-Poirier et un Prix du lieutenant-gouverneur, tous deux récompensant l'excellence en littérature. Elle a aussi reçu un prix Éloizes, un Prix France-Acadie et un Prix littéraire Antonine-Maillet Acadie-Vie.

FRANCE DAIGLE Photo: Les Arts photographiques Dolores Breau Photographic Arts

Born and raised in New Brunswick, Daigle earned her Bachelor of Arts degree from the University of Moncton. The author of over a dozen novels and plays, she has been an enthusiastic champion of the French language in her home province. Her Governor General's Award-winning novel, *Pour sûr,* uses the famous Acadian dialect *chiac*, which contains a mix of Old French, French and English. Daigle's other awards include a Prix Pascal-Poirier and a Prix du Lieutenant-gouverneur, both for excellence in literature. She is also the recipient of a Prix Éloizes, a Prix France-Acadie and a Prix Antonine-Maillet Acadie-Vie.

ROMÉO DALLAIRE
(1946)

Shake Hands with the Devil (NON-FICTION 2004)

QUEBEC / Famous around the world for his attempt at stopping the Rwandan genocide of Tutsis and Hutu moderates by Hutu extremists in the early 1990s, Dallaire had a distinguished career in the Canadian military and in Canadian politics. In 1993 and 1994, he commanded the United Nations Assistance Mission in Rwanda (UNAMIR). In 1998, he was appointed Assistant Deputy Minister of human resources at the Department of National Defence. A recipient of the Order of Canada and of the Ordre national du Québec, Dallaire also championed a range of issues relating to conflict resolution, humanitarian assistance and human rights. After retiring from the military at the rank of Lieutenant General, he served as a Senator from 2005 to 2014.

Célèbre dans le monde entier pour sa tentative de mettre fin au génocide rwandais des Tutsis et des Hutus modérés par les Hutus extrémistes au début des années 1990, Dallaire a eu une brillante carrière dans l'Armée canadienne et en politique canadienne. En 1993 et 1994, il a commandé la Mission des Nations Unies pour l'assistance au Rwanda (MINUAR). En 1998, il a été nommé sous-ministre adjoint des ressources humaines au ministère de la Défense nationale. Dallaire est récipiendaire de l'Ordre du Canada et de l'Ordre national du Québec. Il a également défendu de nombreuses causes, notamment celles liées au règlement des conflits, à l'aide humanitaire et aux droits de la personne. Après avoir pris sa retraite de l'armée en tant que lieutenant-général, il a été sénateur de 2005 à 2014.

ROMÉO DALLAIRE Photo: Christopher Morris / christophermorris.com

JEAN MARC DALPÉ
(1957)

Le chien (THÉÂTRE 1988)
Il n'y a que l'amour (THÉÂTRE 1999)
Un vent se lève qui éparpille (ROMANS ET NOUVELLES 2000)

SUDBURY, ONTARIO / Né à Ottawa, Dalpé a fait ses études en théâtre à l'Université d'Ottawa et au Conservatoire d'art dramatique de Québec. Avec Robert Bellefeuille, Roch Castonguay et Lise Roy, il a fondé le Théâtre de la Vieille 17 à Rockland, une compagnie théâtrale en Ontario francophone. En 1982, Dalpé a quitté Ottawa pour se joindre au Théâtre du Nouvel-Ontario à Sudbury. En 1995, il s'est installé à Montréal pour enseigner la dramaturgie à l'École nationale de théâtre. Selon *L'Encyclopédie canadienne*, la préoccupation première de Dalpé a toujours été de « donner une voix aux démunis et aux laissés pour compte[27] ». En 1997, il a reçu l'Ordre des francophones d'Amérique.

Born in Ottawa, Dalpé studied theatre at the University of Ottawa and at the Conservatoire d'art dramatique de Québec. Together with Robert Bellefeuille, Roch Castonguay and Lise Roy, he helped found Théâtre de la Vieille 17 in Rockland, a theatre company in the Outaouais region of Ontario. In 1982, Dalpé left Ottawa to work with the Théâtre du Nouvel-Ontario in Sudbury. In 1995, he moved to Montréal to become professor of dramatic writing at the National Theatre School. In the words of *The Canadian Encyclopedia*, Dalpé's first preoccupation has always been "to give a voice to the rejected and the destitute."[28] In 1997, he received the Ordre des francophones d'Amérique.

DANIEL DANIS
(1962)

Celle-là (THÉÂTRE 1993)
Le Langue-à-Langue des chiens de roche (THÉÂTRE 2002)
Le chant du Dire-Dire (THÉÂTRE 2007)

SAGUENAY, QUÉBEC / Dans la pièce *Celle-là*, Danis raconte l'histoire de trois personnes seules : une femme dont le nom n'est jamais mentionné, un garçon qui est son fils, et un vieil homme. Dans vingt-quatre scènes brèves, Danis expose son auditoire à certaines de ses pensées, de ses peurs et de ses émotions les plus intimes, allant du voyeurisme et de la fantaisie à la masturbation, la violence et au deuil. Dans *Le Langue-à-Langue des chiens de roche*, Danis raconte une fête

DANIEL DANIS Photo: Paul Cimon

techno imaginaire en plein air organisée par l'illusionniste Coyote, sur une île mystérieuse du fleuve Saint-Laurent. Hommage à Eschyle, père de la tragédie grecque, la bacchanale sauvage est surveillée par un chœur de chiens omniprésents. *Le chant du Dire-Dire* témoigne du lien qui se crée entre quatre enfants lorsque la foudre frappe leur maison, tuant leurs parents. En 2000, Danis a reçu l'insigne de Chevalier de l'Ordre des Arts et des Lettres en France.

In *Celle-là*, Danis tells the story of three lonely people: a woman whose name is never given, a boy who is her son, and an old man. In twenty-four brief scenes, Danis exposes his audience to some of their most private thoughts, fears and emotions, ranging from voyeurism and fantasy, to masturbation, violence and loss. In *Le Langue-à-Langue des chiens de roche*, Danis reports an imaginary outdoor "rave" organized by the trickster Coyote, held on a mysterious island in the St Lawrence River. A homage to Aeschylus, the father of Greek tragedy, the wild bacchanalia is watched over by the ever-present eyes of a chorus of dogs. In *Le chant du Dire-Dire*, Danis tells of the bond created between four children when lightning strikes their home, killing their parents. In 2000, Danis was appointed a Chevalier in l'Ordre des Arts et des Lettres in France.

JEAN-PAUL DAOUST
(1946)

Les cendres bleues (POÉSIE 1990)

MONTRÉAL / *Les cendres bleues* consiste en un seul poème relatant les réminiscences d'une victime de pédophilie. Dans ce poème, l'homme veut comprendre, exorciser et se réapproprier son passé. Auteur de plus de 30 ouvrages de poésie, Daoust est titulaire d'un baccalauréat et d'une maîtrise de l'Université de Montréal. Il a été directeur de la revue de poésie *Estuaire* pendant 10 ans et poète en résidence à l'émission *Plus on est de fous, plus on lit* de la SRC. Son poème récompensé d'un Prix littéraire du Gouverneur général a été adapté pour le théâtre en 2013.

Les cendres bleues contains a single poem recording the reminicences of a victim of pedophilia. In the poem, the man is wanting to recapture, understand and exorcise his past. The author of over thirty books of poetry, Daoust received his BA and MA from the Université de Montréal. He worked as manager of the poetry journal *Estuaire* for ten years and as poet-in-residence with the CBC series *Plus on est de fous, plus on lit*. His Governor General's Literary Award-winning poem was adapted for the theatre in 2013.

SÉBASTIEN DAVID Photo: Jérémie Battaglia

SÉBASTIEN DAVID
(1983)

Dimanche napalm (THÉÂTRE 2017)

MONTRÉAL / Acteur, auteur et metteur en scène, David a obtenu un diplôme de l'École nationale de théâtre du Canada en 2006. Il a par la suite fondé sa propre compagnie théâtrale, La Bataille, où il est directeur artistique. La maison d'édition Leméac a publié plusieurs de ses textes. En tant qu'acteur, il a joué dans plus d'une dizaine de productions. En 2012, il a entamé une résidence au Théâtre de Quat'Sous. Né à Montréal, il siège régulièrement au jury du Conseil des arts de Montréal et enseigne à l'École nationale de théâtre.

An actor and director as well as an author, David graduated from the National Theatre School of Canada in 2006. Later, he founded his own theatre company, La Bataille, where he serves as artistic director. Several of his plays have appeared with Leméac. As an actor, he has held roles in over a dozen productions. In 2012, he was appointed artist-in-residence at Théâtre de Quat'Sous. Born in Montréal, he regularly sits on the theatre jury of the Conseil des arts de Montréal and teaches at the National Theatre School in Montréal.

ROBERTSON DAVIES
(1913–1995)

The Manticore (FICTION 1972)

TORONTO / One of Canada's most influential educators, essayists, journalists and novelists, Davies studied at Queen's University and Oxford University before serving as editor of the *Peterborough Examiner* and as literary editor for *Saturday Night* magazine. In 1963, he was appointed founding Master of Massey College, Toronto. The recipient of over two dozen honorary degrees, Davies was made a Fellow of the Royal Society of Canada, an honorary Fellow of Balliol College, Oxford, and a Companion of the Order of Canada. He was the first Canadian to be appointed an honorary member of the American Academy and Institute of Arts and Letters. His many novels have been translated into some seventeen languages.

L'un des enseignants, essayistes, journalistes et romanciers les plus influents du Canada, Davies a étudié à l'Université Queen's et à l'Université d'Oxford avant de devenir rédacteur en chef du *Peterborough Examiner* et directeur littéraire

ROBERTSON DAVIES Photo: Canada Post © 2013, reproduced with permission / Postes Canada © 2013, reproduite avec permission

du magazine *Saturday Night*. En 1963, il est devenu maître fondateur du Collège Massey de Toronto. Récipiendaire d'une vingtaine de diplômes honorifiques, Davies a été nommé membre de la Société royale du Canada, membre honoraire du Collège Balliol d'Oxford, et Compagnon de l'Ordre du Canada. Il a été le premier Canadien à devenir membre honoraire de l'American Academy and Institute of Arts and Letters. Ses nombreux romans ont été traduits en dix-sept langues.

ROBERT MACGREGOR DAWSON
(1895–1958)

The Government of Canada (ACADEMIC NON-FICTION 1947)
Democratic Government in Canada (ACADEMIC NON-FICTION 1949)

TORONTO / A graduate of Dalhousie University, Harvard University and the London School of Economics, Dawson taught for many years at Dalhousie University, Rutgers University, the University of Saskatchewan and the University of Toronto. The author of several major works focusing on Canada's governing institutions – including the constitution, the civil service and the federal government – Dawson's writings became a standard reference for many generations of university students. In 1951, he left the University of Toronto to begin work on the official biography of former Prime Minister William Lyon Mackenzie King. He was able to complete only the first volume before his death in 1958.

Diplômé de l'Université Dalhousie, de l'Université Harvard et de la London School of Economics, Dawson a enseigné plusieurs années à l'Université Dalhousie, à l'Université Rutgers, à l'Université de la Saskatchewan et à l'Université de Toronto. Il est l'auteur de plusieurs ouvrages importants sur les institutions gouvernantes du Canada, dont la constitution, la fonction publique et le gouvernement fédéral. Les écrits de Dawson sont devenus une référence pour plusieurs générations d'étudiants universitaires. En 1951, il a quitté l'Université de Toronto pour entreprendre la rédaction de la biographie officielle de l'ancien premier ministre William Lyon Mackenzie King. Il n'a toutefois pu terminer que le premier volume avant sa mort, en 1958.

NORMAND DE BELLEFEUILLE
(1949)

La marche de l'aveugle sans son chien (POÉSIE 2000)
Le poème est une maison de bord de mer (POÉSIE 2016)

MONTRÉAL / Diplômé de l'Université de Montréal, De Bellefeuille est un commentateur de longue date sur les affaires du Québec. En plus d'être animateur radio, il a été un collaborateur régulier de *La Nouvelle Barre du jour* et de *La Presse*. Il a enseigné la littérature à l'Université du Québec à Montréal et au Cégep de Maisonneuve, et a cofondé le journal *Spirale*. De Bellefeuille a remporté le prix Émile-Nelligan pour *Le livre du devoir* en 1984 ainsi que le prix Adrienne-Choquette et le premier prix du Concours de nouvelles de Radio-Canada, en 1989, pour *Ce que disait Alice*.

A graduate of the Université de Montréal, de Bellefeuille is a long-time commentator on Quebec affairs. In addition to working as a radio host, he has been a regular contributor to *Nouvelle Barre du jour* and *La Presse*. He also taught literature at the Université du Québec à Montréal and at the Cégep de Maisonneuve, and was co-founder of the journal *Spirale*. His other awards include the Prix Émile-Nelligan for *Le livre du devoir* in 1984, and the Prix Adrienne-Choquette and the CBC's Premier Prix du Concours de nouvelles for *Ce que disait Alice* in 1989.

EVELYNE DE LA CHENELIÈRE
(1975)

Désordre public (THÉÂTRE 2006)

MONTRÉAL / Evelyne de la Chenelière est originaire du Québec. Elle a étudié la littérature moderne et le théâtre à Paris avant de retourner à Montréal pour y travailler comme dramaturge, romancière et actrice. Sa pièce *Bashir Lazhar* a été créée au Théâtre d'Aujourd'hui en 2002. En 2011, elle a été adaptée pour le cinéma sous le titre *Monsieur Lazhar*. Ce film a été finaliste pour un Oscar. En tant qu'actrice, De la Chenelière a interprété des rôles de soutien dans les films *Monsieur Lazhar*, *L'Âge des ténèbres* et *Café de Flore*. Elle est en outre apparue aux côtés de Tom Hanks dans le film de Steven Spielberg *Le Terminal*. Son premier roman, *La concordance des temps*, a été publié en 2011.

ÉVELYNE DE LA CHENELIÈRE Photo: Izabel Zimmer

A Quebec native, de la Chenelière studied modern literature and theatre in Paris before returning to Montréal to work as a playwright, novelist and actress. Her play *Bashir Lazhar* premiered at the Théâtre d'Aujourd'hui in 2002. In 2011, it was adapted into the Oscar-nominated film, *Monsieur Lazhar*. As an actress, de la Chenelière played supporting roles in the films *Monsieur Lazhar*, *L'Âge des ténèbres* and *Café de Flore*. She also appeared alongside Tom Hanks in Steven Spielberg's *The Terminal*. Her first novel, *La concordance des temps*, appeared in 2011.

MARQ DE VILLIERS
(1940)

Water (NON-FICTION 1999)

LUNENBERG, NOVA SCOTIA / The author of half a dozen books on exploration, history, politics and travel, de Villiers served as Moscow correspondent for the Toronto *Telegram* between 1969 and 1971. He also worked for over a decade as editor, and later publisher, of *Toronto Life* magazine. In 2011, he was awarded an honorary degree from Dalhousie University. Other awards include a Canadian Science Writers Association Award, an Alan Paton Award for Non-Fiction Writing about South Africa, and an Evelyn Richardson Prize for Non-fiction. He was appointed a Member of the Order of Canada in 2010.

Auteur d'une demi-douzaine de livres sur l'exploration, l'histoire, la politique et les voyages, De Villiers a été correspondant à Moscou pour le *Telegram* de Toronto entre 1969 et 1971. Il a également travaillé pendant plus d'une décennie à titre de rédacteur en chef, puis d'éditeur du magazine *Toronto Life*. En 2011, l'Université Dalhousie lui a décerné un doctorat honorifique. Parmi les récompenses qu'il a reçues figurent un prix de l'Association canadienne des rédacteurs scientifiques, un prix Alan-Paton pour un essai sur l'Afrique du Sud, et un prix Evelyn-Richardson pour une œuvre non romanesque. Il a été décoré de l'Ordre du Canada en 2010.

LOUISE DECHÊNE
(1929-2000)

Habitants et marchands de Montréal au XVIIe siècle (ÉTUDES ET ESSAIS 1974)

MONTRÉAL / Originaire de Rivière-du-Loup, au Québec, Dechêne (née Saint-Jacques) a représenté les Archives nationales du Québec à Paris avant d'aller enseigner à l'Université de Montréal et à l'Université d'Ottawa. Elle a ensuite accepté un poste à l'Université McGill, où elle est demeurée pendant près de

MARQ DE VILLIERS Photo: Paul Orenstein

20 ans. Spécialiste de la Nouvelle-France, Dechêne a joué un rôle déterminant dans la création de l'*Atlas historique du Canada*. Outre un Prix littéraire du Gouverneur général, elle a remporté un prix Françoise-Xavier-Garneau et un prix Jean-Hamelin pour son livre *Habitants et marchands de Montréal au XVIIe siècle*. Chaque année, l'Université McGill décerne le prix Louise-Dechêne pour la meilleure thèse sur l'histoire de l'Amérique française en sa mémoire.

Born in Rivière-du-Loup, Quebec, Dechêne (née Saint-Jacques) represented the Archives nationales du Québec in Paris before taking up teaching positions at the Université de Montréal and the University of Ottawa. Later she accepted a position at McGill University where she worked for almost twenty years. An expert on New France, Dechêne was instrumental in the creation of the French edition of *The Historical Atlas of Canada*. In addition to winning a Governor General's Literary Award, her *Habitants et marchands de Montréal au XVIIe siècle* won the Prix Jean-Hamelin and the Prix Françoise-Xavier Garneau. The Louise Dechêne Prize in Canadian History is offered annually at McGill University in Dechêne's memory.

ANGÈLE DELAUNOIS
(1946)

Variations sur un même « t'aime » (LITTÉRATURE JEUNESSE – TEXTE 1998)

MONTRÉAL / Née à Granville, en France, Delaunois a déménagé au Québec en 1968 et a obtenu la citoyenneté canadienne en 1976. Diplômée de l'Université du Québec à Trois-Rivières, elle y a enseigné pendant 10 ans avant de s'installer à Montréal. Elle a travaillé pour le magazine québécois d'information des consommateurs *Protégez-vous* ainsi que pour plusieurs maisons d'édition de la province. En 2004, Delaunois a fondé sa propre maison d'édition, les Éditions de l'Isatis. Elle a écrit, entre autres, *Les Bisous*, *Maïa et l'oiseau*, *Le pays sans musique* et *Les enfants de l'eau*.

Born in Granville, France, Delaunois moved to Quebec in 1968 and became a Canadian citizen in 1976. She is a graduate of the Université du Québec à Trois Rivières, where she taught for ten years. Later, she moved to Montréal and worked for the Quebec consumer magazine *Protégez-vous*, as well as for several Quebec publishing houses. In 2004, she founded her own publishing house, Éditions de l'Isatis. Her other titles include *Les Bisous*, *Maïa et l'oiseau*, *Le pays sans musique* and *Les enfants de l'eau*.

JEANNE-MANCE DELISLE
(1939)

Un oiseau vivant dans la gueule (THÉÂTRE 1987)

DESTOR, QUÉBEC / La pièce de Delisle de 1979 sur l'inceste, *Un réel ben beau, ben triste*, est considérée comme un classique du théâtre québécois. Elle a été récompensée d'un Prix littéraire Abitibi-Témiscamingue. Plus tard, sa pièce lauréate d'un Prix littéraire du Gouverneur général met l'accent sur le mystère de la sexualité mais dans un contexte différent. Comme l'indique le *Globe and Mail* : « De toute évidence, *Un oiseau vivant dans la gueule* n'est pas un drame conjugal courant[29]. » Romancière, scénariste et dramaturge, Delisle est membre du Théâtre de Coppe et du Centre dramatique de Rouyn.

Delisle's 1979 play about incest, *Un réel ben beau, ben triste*, is considered a classic of Quebec theatre. When it appeared, it was awarded the Prix littéraire Abitibi-Témiscamingue. Delisle's later Governor General's Literary Award-winning play focused on sexual intrigue within a different context. As *The Globe and Mail* reports, "Clearly, *A Live Bird in its Jaws* is not your garden-variety domestic drama."[30] A novelist and screenwriter as well as a playwright, Delisle is a member of Théâtre de Coppe and of the Centre dramatique de Rouyn.

DOMINIQUE DEMERS
(1956)

L'albatros et la mésange (LITTÉRATURE JEUNESSE – TEXTE 2019)

MONTRÉAL / Journaliste, enseignant, et critique littéraire, ainsi que romancier et scénariste, Demers est populaire auprès d'un jeune public du fait de ses nombreux ouvrages pour enfant, qui incluent *Valentine Picotée* et *Marie-Tempête*. Elle fut nommée membre de l'Ordre du Canada en 2006, un honneur à l'occasion duquel furent célébrés « Son humour et sa capacité d'aborder avec discernement et intelligence certains sujets délicats ». Elle a reçu d'autres prix, parmi lesquels un Eureka Award et un Prix Raymond-Plante.

A journalist, teacher and literary critic as well as a novelist and scriptwriter, Demers is best known among young readers for her many children's books, including *Valentine Picotée* and *Marie-Tempête*. She was appointed a Member of the Order of Canada in 2006, with a citation that noted in part that "Her humour and ability to address delicate subjects in an intelligent, discerning way shine through in her work." Her other awards include a Eureka Award and a Raymond Plante Award.

KADY MACDONALD DENTON
(1941)

A Child's Treasury of Nursery Rhymes (CHILDREN'S LITERATURE – ILLUSTRATION 1998)

BRANDON, MANITOBA / An author and illustrator, Denton studied fine arts at the University of Toronto and was introduced to book illustration at the Chelsea School of Arts in London, England. Born in Winnipeg and raised in Toronto, she often works with a mix of watercolours, gouache and acrylic inks. Among the more than four dozen books she has illustrated, many have been translated into multiple languages. In addition to winning a Governor General's Literary Award, Denton has won two Amelia Frances Howard-Gibbon Illustrator's Awards, two Elizabeth Mrazik-Cleaver Canadian Picture Book Awards, a Phoenix Picture Book Award and a Queen's Jubilee Medal in 2002.

Auteure et illustratrice, Denton a étudié les beaux-arts à l'Université de Toronto et a découvert l'illustration à la Chelsea School of Arts de Londres, en Angleterre. Originaire de Winnipeg, elle a grandi à Toronto. Elle travaille souvent avec un mélange d'aquarelles, de gouache et d'encres acryliques. Parmi la cinquantaine de livres qu'elle a illustrés, un grand nombre a été traduit en plusieurs langues. En plus d'un Prix littéraire du Gouverneur général, Denton a reçu deux prix Amelia-Frances-Howard-Gibbon en illustration, deux prix Elizabeth-Mrazik-Cleaver du meilleur livre d'images canadien, un prix Phoenix et la Médaille du jubilé de la Reine en 2002.

JUDE DES CHÊNES
(1951)

Le mythe du sauvage de Olive Patricia Dickason (TRADUCTION 1994)

SAINT-AUBERT, QUÉBEC / Après l'obtention d'un baccalauréat en traduction de l'Université d'Ottawa, Des Chênes a travaillé comme traducteur professionnel pour les Presses de l'Université Laval et les Éditions du Septentrion. Il a aussi été traducteur dans le cadre du projet de *Dictionnaire biographique du Canada*. Il a notamment traduit les ouvrages de Michael Ignatieff, James Tully et Derrick de Kerckhove.

KADY MACDONALD DENTON Photo: Peter Adams

JUDE DES CHÊNES Photo: Carole Gagnon

Since graduating with a BA in translation from the University of Ottawa, Des Chênes has worked as a professional translator for the Presses de l'Université Laval and for Éditions du Septentrion. He has also worked as a translator for the *Dictionary of Canadian Biography / Dictionnaire biographique du Canada* project. Among the authors he has translated are Michael Ignatieff, James Tully and Derrick de Kerckhove.

DENISE DESAUTELS
(1945)

Le saut de l'ange (POÉSIE 1993)

MONTRÉAL / Desautels a écrit une vingtaine d'ouvrages de poésie et cinq pièces radiophoniques. Elle a été membre du comité de rédaction de la revue *La Nouvelle Barre du jour* pendant cinq ans et vice-présidente de l'Académie des lettres du Québec pendant six ans. Elle intervient régulièrement lors de séminaires et d'ateliers d'écriture au Canada et à l'étranger, où elle parle de la poésie, de l'écriture et des arts visuels québécois. Elle a reçu un prix de la Fondation Les Forges pour *Leçons de Venise* en 1990, un Prix de la Société des écrivains canadiens pour *Tombeau de Lou* en 2000, et un prix Athanase-David en 2009.

Desautels has written some twenty books of poetry and five radio plays. She was a member of the editing committee of the journal *La Nouvelle Barre du jour* for five years and vice-president of the Académie des lettres du Québec for six years. She is a regular speaker at writing seminars and workshops in Canada and internationally, where she speaks about Quebec poetry, writing and the visual arts. Her other awards include a Prix de la Fondation Les Forges for *Leçons de Venise* in 1990, a Prix de la Société des écrivains canadiens for *Tombeau de Lou* in 2000, and a Prix Athanase-David in 2009.

JEAN-MARC DESGENT
(1951)

Vingtièmes siècles (POÉSIE 2005)

LONGUEUIL, QUÉBEC / Titulaire d'un baccalauréat en littérature et d'une maîtrise en anthropologie de l'Université de Montréal, Desgent a enseigné au Cégep Édouard-Montpetit de 1978 à 2011. Il a aussi contribué régulièrement à des périodiques tels que *Hobo-Québec, Ovo, Jungle, Mensuel 25, Vagabondages* et *La Nouvelle Barre du jour*. Ses autres récompenses incluent un prix Rina-Lasnier pour son recueil de poésie *Les paysages de l'extase*, un prix Félix-Antoine-Savard pour une série de poèmes publiés dans la revue *Mœbius*, et un prix Jaime-Sabinès/Gatien-Lapointe pour l'ensemble de son œuvre.

A graduate of the Université de Montréal with a BA in literature and an MA in anthropology, Desgent taught at the Cégep Édouard-Montpetit from 1978 to 2011. He also contributed regularly to periodicals such as *Hobo-Québec, Ovo, Jungle, Mensuel 25, Vagabondages* and *La Nouvelle Barre du jour.* His other awards include a Prix Rina-Lasnier for his poetry collection, *Les Paysages de l'extase*, a Prix Félix-Antoine-Savard for a series of poems published in the journal *Mœbius*, and a Prix Jaime Sabinès/Gatien Lapointe for his lifetime of work.

ANNE-MARIE DESMEULES
(1981)

Le tendon et l'os (Poésie 2019)

Lévis, Québec / Anne-Marie Desmeules est originaire de Montréal. Elle raconte souvent à ses lecteurs qu'elle a commencé à écrire de la poésie au lycée. Desmeules détient une maîtrise en littérature et travaille comme assistante à la programmation à la Maison de la littérature. Son premier recueil de poèmes, *Cette personne très laide qui s'endort dans mes bras*, est paru en 2017. Son recueil primé, *Le tendon et l'os*, décrit les sentiments d'amour et de haine qu'éprouvent parfois les mères envers la grossesse et la maternité. Selon les dires du comité d'évaluation des Prix du Gouverneur général, ce livre est « Cru, choquant, sauvage, dérangeant, inédit, » et c'est un « Magnifique cri de la maternité aux images percutantes qui vous laissent sonnés. »

Born in Montréal, Desmeules tells her readers that she began writing poetry while in high school. She holds a master's degree in literary studies and works as a programming assistant at La Maison de la littérature. Her first book of poetry, *Cette personne très laide qui s'endort dans mes bras*, appeared in 2017. Her award-winning book, *Le tendon et l'os*, describes the love-hate relationship mothers sometimes have with pregnancy and motherhood. In the words of the Governor General's assessment committee, the book is "Raw, shocking, savage, disturbing and unprecedented, the collection is a brilliant lament on motherhood whose striking imagery will leave you speechless."

SYLVIE DESROSIERS
(1954)

Les trois lieues (Littérature jeunesse – texte 2008)

Longueuil, Québec / Depuis qu'elle a obtenu un diplôme de l'Université de Montréal, Desrosiers a écrit pour les enfants, les adolescents et les adultes. Deux de ses romans ont été adaptés au cinéma. Son premier livre, *La patte dans le sac,* était une histoire pour enfants mettant en vedette un chien plutôt laid appelé Notdog. Notdog est ensuite apparu dans une dizaine de ses romans suivants. Elle a aussi écrit pour le magazine humoristique québécois *Croc*. Desrosiers se plaît à dire que le mot « fin » est celui qu'elle préfère écrire.

Since graduating from the Université de Montréal, Desrosiers has written for children, teenagers and adults. Two of her novels have been adapted into films. Her very first book, *La patte dans le sac,* was a children's story featuring the rather ugly dog, Notdog. Notdog went on to be featured in over a dozen successive novels. She has also written for the Quebec humour magazine *Croc*. Desrosiers tells her readers that her favourite words to write are The End.

PIERRE DESRUISSEAUX
(1945-2016)

Monème (Poésie 1989)

Montréal / Originaire de Sherbrooke, au Québec, Desruisseaux a étudié la philosophie à l'Université de Montréal. Après avoir obtenu son diplôme, il a été rédacteur et journaliste pour plusieurs hebdomadaires régionaux et nationaux, dont *Le petit journal*, et correspondant à l'étranger pour le magazine *7 Jours*. Il a ensuite cofondé les Éditions Triptyque. De 2009 à 2011, Desruisseaux a été le quatrième poète officiel du Parlement du Canada.

Born in Sherbrooke, Quebec, Desruisseaux studied philosophy as a young man at the Université de Montréal. After graduation, he worked as a journalist and as an editor at several regional and national weeklies, including *Le petit journal*, and as a foreign correspondent for the magazine *7 Jours*. Later, he became co-founder of the publishing house Éditions Triptyque. Between 2009 and 2011, Desruisseaux served as Canada's fourth Parliamentary Poet Laureate.

PATRICK DEWITT Photo: Danny Palmerlee

PATRICK DEWITT

(1975)

The Sisters Brothers (FICTION 2011)

PORTLAND, OREGON / Born in Sidney, British Columbia, deWitt spent time in California and Washington before settling with his family in Oregon. His first novel, *Ablutions*, was named a *New York Times* Editors' Choice. His second novel, *The Sisters Brothers*, was shortlisted for a Man Booker Prize and for a Scotiabank Giller Prize before winning a Rogers Writers' Trust Fiction Prize and a Stephen Leacock Award for humour, as well as a Governor General's Literary Award. His third novel, *Undermajordomo Minor*, was published in 2015.

Né à Sidney, en Colombie-Britannique, DeWitt a passé du temps en Californie et dans l'état de Washington avant de s'installer avec sa famille en Oregon. Son premier roman, *Ablutions*, a été sacré Choix de la rédaction du *New York Times*. Son second roman, *The Sisters Brothers*, a été en lice pour un prix Booker et un prix Giller de la Banque Scotia, avant de remporter un prix Rogers de la Société d'encouragement aux écrivains du Canada, un prix Stephen-Leacock en humour ainsi qu'un Prix littéraire du Gouverneur général. Son troisième roman, *Undermajordomo Minor*, est paru en 2015.

DONALDA DICKIE

(1883–1972)

The Great Adventure (JUVENILE 1950)

VANCOUVER / Educated at Regina Normal School, Queen's University, Columbia University, Oxford University and the University of Toronto, Dickie was influential both as an educator and an author. After working as a schoolteacher in rural Saskatchewan and later as a Normal School instructor in Alberta, she became a prominent advocate of school curriculum reform. Her guide to teacher education, *The Enterprise in Theory and Practice*, became a standard reference for supporters of progressive education during the 1940s. Her other books, including her numerous textbooks and Canadian History Readers, influenced generations of school-aged children throughout the twentieth century.

Ayant étudié à la Regina Normal School, à l'Université Queen's, à l'Université Columbia, à l'Université d'Oxford et à l'Université de Toronto, Dickie a fait sa marque tant comme professeure que comme auteure. Après avoir travaillé à titre d'enseignante dans une école rurale de la Saskatchewan, puis de formatrice à l'École normale d'Alberta, elle est devenue une ardente partisane de la réforme des programmes scolaires. Son guide de formation à l'enseignement, *The Enterprise in Theory and Practice*, est devenu une référence pour les partisans de l'éducation progressive dans les années 1940. Ses autres ouvrages, y compris ses nombreux manuels scolaires et ses livres de lecture sur l'histoire canadienne, ont influencé des générations d'écoliers au cours du XXe siècle.

NICOLAS DICKNER
(1972)

Six degrés de liberté (ROMANS ET NOUVELLES 2015)

MONTRÉAL / Originaire de Rivière-du-Loup, au Québec, Dickner a fait des études universitaires en arts visuels et en littérature. Après avoir emménagé à Montréal, il est devenu chroniqueur littéraire pour l'hebdomadaire *Voir*. Il est l'auteur du livre pour enfants *Boulevard Banquise* et du recueil de nouvelles *Traité de balistique*. Son premier roman, *Nikolski*, a non seulement remporté un Prix des libraires du Québec, un Prix littéraire des collégiens et un prix Anne-Hébert, mais il a aussi valu un Prix littéraire du Gouverneur général à son traducteur, Lazer Lederhendler.

Born in Rivière-du-Loup, Quebec, Dickner studied visual arts and literature while at university. After moving to Montréal, he became a literary columnist for the weekly newspaper *Voir*. He is the author of the children's book *Boulevard Banquise* and of the short-story collection *Traité de balistique*. Dickner's first novel, *Nikolski*, not only won a Prix des libraires du Québec, a Prix littéraire des collégiens, and a Prix Anne-Hébert, it also won a Governor General's Literary Award for its translator, Lazer Lederhendler.

ROBERT DICKSON
(1944-2007)

Humains paysages en temps de paix relative (POÉSIE 2002)

SUDBURY, ONTARIO / Robert Dickson est né et a grandi à Erin, en Ontario. Il a étudié la littérature française à l'Université de Toronto et à l'Université Laval avant d'accepter un poste de professeur au Département d'études françaises et de traduction de l'Université Laurentienne à Sudbury. Traducteur, cinéaste et poète, son premier recueil de poésie, *Une bonne trentaine*, est le seul livre en langue

CHERIE DIMALINE Photo: Carlos Osorio, *Toronto Star*, November 2017 / novembre 2017

française jamais publié par la maison d'édition Porcupine's Quill. Lauréat du Prix du Nouvel-Ontario, Dickson a été nommé à l'Ordre de la Pléiade en 2005.

Born and raised in Erin, Ontario, Dickson studied French literature at the University of Toronto and at the Université Laval before accepting an appointment as professor in the Department of French Studies and Translation at Laurentian University in Sudbury. A translator and filmmaker as well as a poet, his first collection of poetry, *Une bonne trentaine*, was the only French-language book ever published by The Porcupine's Quill. A recipient of the Prix du Nouvel-Ontario, Dickson was named to the Ordre de la Pléiade in 2005.

CHERIE DIMALINE
(1975)

The Marrow Thieves (YOUNG PEOPLE'S LITERATURE – TEXT 2017)

TORONTO / A Métis author and editor, Dimaline was named Emerging Artist of the Year at Ontario's 2014 Premier's Awards for Excellence in the Arts. She also served as the first Aboriginal Writer-in-Residence at the Toronto Public Library. Her work has been published and anthologized internationally. Originally from the Georgian Bay Métis community, Dimaline organizes the annual Indigenous Writers' Gathering in Toronto.

Auteure et rédactrice métisse, Dimaline a été nommée artiste émergente de l'année aux Prix du premier ministre pour l'excellence artistique en Ontario, en 2014. Elle a été la première écrivaine autochtone en résidence à la Bibliothèque publique de Toronto. Son travail a été publié partout dans le monde et fait partie d'anthologies. Membre de la communauté métisse de la baie Georgienne, Dimaline organise le rassemblement annuel des écrivains autochtones à Toronto. ·

SANDRA DJWA
(1939)

Journey with No Maps (NON-FICTION 2012)

VANCOUVER / Best known as a biographer, Djwa has written about many important Canadian authors, including Leonard Cohen, F. R. Scott, Margaret Atwood, Roy Daniells and P. K. Page. Born in Newfoundland, she is a graduate of the University of British Columbia and was a long-time chair of Simon Fraser University's English Department. In 1973, she co-founded the Association of Canadian

SANDRA DJWA Photo: Lisa Hartley Photography

and Quebec Literatures. In 2000, together with Zailig Pollock and W. J. Keith, she edited *E. J. Pratt: Selected Poems.* In 1994, Djwa was elected a Fellow of the Royal Society of Canada. In 2002, she was awarded The Lorne Pierce Gold Medal for Literature and in 2013 she received a Canada Prize for the Humanities. Djwa holds honorary DLitt degrees from both Memorial University and McGill University.

Mieux connue en tant que biographe, Djwa s'est intéressée à de nombreux auteurs canadiens de renom, notamment Leonard Cohen, F. R. Scott, Margaret Atwood, Roy Daniells et P. K. Page. Née à Terre-Neuve, elle est diplômée de l'Université de la Colombie-Britannique et a longtemps dirigé le Département d'anglais de l'Université Simon Fraser. En 1973, elle a cofondé l'Association des littératures canadiennes et québécoise, et en 2000, avec Zailig Pollock et W. J. Keith, elle a publié *E. J. Pratt: Selected Poems.* En 1994, Djwa a été élue à la Société royale du Canada. Elle a reçu la médaille Lorne-Pierce en 2002 et un Canada Prize in the Humanities en 2013. Djwa est titulaire de doctorats honorifiques en littérature de l'Université Memorial et de l'Université McGill.

KILDARE DOBBS
(1923–2013)

Running to Paradise (FICTION 1962)

TORONTO / Born in India and educated in Ireland, Dobbs spent five years in the Royal Navy during the Second World War. After the war, he spent time in Africa with the British Colonial Service, immigrating to Canada in 1952. Settling in Toronto, he worked as a book editor, a teacher and a managing editor of *Saturday Night* magazine. He authored over a dozen books.

Né en Inde et ayant fait ses études en Irlande, Dobbs a passé cinq ans dans la Royal Navy pendant la Seconde Guerre mondiale. Après la guerre, il a passé du temps en Afrique avec le British Colonial Service, avant d'immigrer au Canada en 1952. Installé à Toronto, il a travaillé comme éditeur de livres, enseignant et rédacteur en chef du magazine *Saturday Night*. Il est l'auteur d'une dizaine de livres.

KILDARE DOBBS Photo: Boris Spremo, *Toronto Star*, 1992

DON DOMANSKI
(1950–2020)

All Our Wonder Unavenged (POETRY 2007)

HALIFAX / Born and raised on Cape Breton Island, Domanski is the author of more than half a dozen books of poetry. His work has been translated into Czech, Portuguese and Spanish. As Gwendolyn MacEwen wrote in *Books in Canada*, "Domanski's is a vision that encompasses life and death without useless rage or intellectual bleakness, but with an acceptance that is both passionate and articulate."[31] Prominent themes in his work include birth, death and regeneration. His poetry has been described as earthy and astral, a mix between Robert Bly, Ted Hughes and the Brothers Grimm.

Né sur l'île du Cap-Breton, où il a passé son enfance, Domanski est l'auteur d'une demi-douzaine de livres de poésie. Son œuvre a été traduite en tchèque, en portugais et en espagnol. Comme l'a indiqué Gwendolyn MacEwen dans *Books in Canada* : « La vision de Domanski aborde à la fois la vie et la mort sans colère inutile ni morosité intellectuelle, mais elle est empreinte d'une acceptation passionnée, claire et précise[32]. » Les principaux thèmes qu'il aborde sont la naissance, la mort et la régénération. Sa poésie a été décrite comme étant à la fois intimement proche de la terre et en symbiose avec l'univers; un mélange de Robert Bly, Ted Hughes et les frères Grimm.

DAVID DONNELL
(1939)

Settlements (POETRY 1983)

TORONTO / A songwriter and short-story writer as well as a poet, Donnell's first book of poetry appeared in 1961. Since then, he has published a dozen books, including *Sometimes a Great Notion, China Blues, Hemingway in Toronto* and *The Blue Ontario Hemingway Boat Race*. Born in St Mary's, Ontario, his other awards include a Canadian Comic Poet Award, a City of Toronto Book Award and a Therafields Chapbook Award.

David Donnell est auteur-compositeur, nouvelliste et poète. Son premier ouvrage de poésie est paru en 1961. Depuis, il a publié une dizaine de livres, dont *Sometimes a Great Notion, China Blues, Hemingway in Toronto* et *The Blue Ontario Hemingway Boat Race*. Natif de St Mary's, en Ontario, il est lauréat d'un Canadian Comic Poet Award, d'un Prix littéraire de la ville de Toronto et d'un Therafields Chapbook Award.

HÉLÈNE DORION Photo: Maxyme G. Delisle

HÉLÈNE DORION
(1958)

Ravir : les lieux (POÉSIE 2006)

SAINT-HIPPOLYTE, QUÉBEC / Dorion a étudié la philosophie et la littérature à l'Université Laval et a publié son premier recueil de poésie, *L'Intervalle prolongé*, en 1983. En plus d'un Prix littéraire du Gouverneur général, elle a remporté le Prix Québec/Wallonie-Bruxelles, le prix Anne-Hébert, le prix Alain-Grandbois et plusieurs autres prix canadiens et internationaux. Lorsque *Ravir : les lieux* est paru en 2005, Dorion est devenue la première Canadienne à recevoir le prestigieux Prix Mallarmé en France. En 2011, elle a remporté le prix européen Léopold-Senghor. Ses écrits ont été traduits et publiés dans une quinzaine de pays. En 2006, elle a été élue membre de l'Académie des lettres du Québec. L'année suivante, elle a reçu le grade de chevalière de l'Ordre national du Québec et, en 2010, celui d'Officier de l'Ordre du Canada. En 2006, Bibliothèque et Archives Canada a acquis ses documents d'archives.

Dorion studied philosophy and literature at the Université Laval and published her first poetry collection, *L'Intervalle prolongé*, in 1983. In addition to her Governor General's Literary Award, she is a winner of the Prix Wallonie-Bruxelles, the Prix Anne-Hébert, the Prix Alain-Grandbois and numerous other Canadian and international awards. When *Ravir: les lieux* appeared in 2005, Dorion became the first Canadian to receive France's prestigious Prix Mallarmé. Translated and published in some fifteen countries, Dorion was elected to the Académie des lettres du Québec in 2006. In 2007, she was made a chevalière of the Ordre national du Québec and, in 2010, an Officer of the Order of Canada. In 2006, her archives were acquired by Library and Archives Canada.

PATRICK DOYON
(1979)

Le voleur de sandwichs, avec André Marois (LITTÉRATURE JEUNESSE – LIVRES ILLUSTRÉS 2015)

MONTRÉAL / Réalisateur nominé aux Oscars, Doyon a étudié le graphisme à l'Université du Québec à Montréal. À partir de 2005, il partage son temps entre l'illustration de livres et de magazines, et l'animation cinématographique. En 2012, son premier film professionnel, *Dimanche/Sunday*, a été en lice pour l'Oscar du meilleur court métrage d'animation. Dans *Le voleur de sandwichs*, le jeune Martin aime les sandwichs que ses parents préparent tous les jours pour son dîner. Mais lorsqu'un jour, ils commencent à disparaître, Martin doit tenter de découvrir qui vole ses sandwichs.

An Academy Award-nominated director, Doyon studied graphic design at the Université du Québec à Montréal. In 2005, he began splitting his time between book and magazine illustration and film animation. In 2012, his first professional film, *Dimanche / Sunday*, was nominated for an Oscar for best animated short. In *Le voleur de sandwichs*, young Martin enjoys the sandwiches his parents make for his lunch every day. When one day they begin disappearing, it is up to Martin to try to discover who is stealing his sandwiches.

VÉRONIQUE DROUIN
(1974)

L'importance de Mathilde Poisson (LITTÉRATURE JEUNESSE – TEXTE 2017)

SHERBROOKE, QUÉBEC / Après des études en dessin industriel, en arts visuels et en histoire de l'art, Drouin a travaillé comme conceptrice de jouets avant de se tourner vers l'illustration de livres, dans un premier temps, puis vers l'écriture de romans. Originaire de Montréal, elle a écrit pour les enfants et les adultes. Sa première série de livres, *L'archipel des rêves*, s'inspire d'une nouvelle qu'elle a écrite à l'école secondaire. Elle a publié sa série de science-fiction postapocalyptique, *Amblystome*, sous le pseudonyme de M. V. Fontaine.

After studying industrial design, visual arts and art history, Drouin worked as a toy designer before turning, first, to book illustration and then to novel writing. Born in Montréal, she has written both for children and for adults. Her first book series, *L'archipel des rêves*, was based on a short story she wrote in high school. Her post-apocalyptic science-fiction series, *Amblystome,* appeared under the pseudonym, M. V. Fontaine.

RENÉ-DANIEL DUBOIS
(1955)

Ne blâmez jamais les Bédouins (THÉÂTRE 1984)

MONTRÉAL / La pièce *Ne blâmez jamais les Bédouins* représente une importante rupture avec le théâtre traditionnel qui intéresse encore les universitaires et le public des décennies après sa création. Dans sa version à plusieurs comédiens comme dans sa version solo, il y a plus de 20 rôles différents à jouer, dont plusieurs avec des accents, des langues et des styles d'interprétation variés. Acteur, dramaturge et traducteur, Dubois a étudié à l'École nationale de théâtre du Canada avant de fonder sa propre compagnie de théâtre, La Gougoune de fantex. Parmi ses autres pièces figurent *Panique à Longueuil* (1980), *Adieu, docteur Münch…* (1982), *Combien, dites-vous?* (1986) et *Le troisième fils du professeur Yourolov* (1990). Il a également traduit en français une autre pièce lauréate d'un Prix du Gouverneur général, *Elizabeth Rex* de Timothy Findley.

Because *Ne blâmez jamais les Bédouins* represents such a break with traditional theatre, it is still being studied and performed decades after its premiere. In both its full-cast version and its solo version, there are over twenty different roles to be played, many with different accents, languages and styles of acting. An actor, playwright and translator, Dubois studied at the National Theatre School of Canada before founding his own theatre company, *La Gougoune de fantex.* His other plays include *Panique à Longueuil* (1980), *Adieu, docteur Münch …* (1982), *Combien, dites-vous?* (1986) and *Le troisième fils du professeur Yourolov* (1990), as well as the French translation of another Governor General's Award-winning play, Timothy Findley's *Elizabeth Rex.*

MARIANNE DUBUC
(1980)

Le lion et l'oiseau (Littérature jeunesse – illustrations 2014)
Le chemin de la montagne (Littérature jeunesse – livres illustrés 2018)

Montréal / Originaire de Montréal, Dubuc a écrit et illustré une dizaine de livres qui ont été traduits dans plus de 30 langues. En 2006, elle a obtenu un diplôme en graphisme de l'Université du Québec à Montréal. Elle a remporté le prix IBBY remis à des livres exceptionnels destinés aux jeunes ayant un handicap (2010), le prix du meilleur livre pour enfants et adolescents décerné par le Canadian Children's Book Centre (2011), le Prix TD de littérature canadienne pour l'enfance et la jeunesse pour *L'autobus* (2015) et le prix Ruth-et-Sylvia-Shwartz de littérature jeunesse pour *Mr Postmouse's Rounds* (2016). *Le lion et l'oiseau* est une histoire touchante sur la solitude et l'amitié.

A Montréal native, Dubuc has authored and illustrated over a dozen books that have been translated into over thirty languages. In 2006, she graduated from the Université du Québec à Montréal with a degree in graphic design. Her numerous awards include a 2010 IBBY Award for Outstanding Books for Young People with Disabilities, a 2011 Award for Best Book for Kids & Teens given by the Canadian

MARIANNE DUBUC Photo: Mathieu Lavoie

Children's Book Centre, a 2015 TD Canadian Children's Literature Award for *L'autobus* and a 2016 Ruth and Sylvia Shwartz Children's Book Award for *Mr Postmouse's Rounds*. *Le lion et l'oiseau* is a touching story about loneliness and friendship.

RÉJEAN DUCHARME
(1941-2017)

L'Avalée des avalés (POÉSIE 1966)
L'hiver de force (ROMANS ET NOUVELLES 1973)
HA ha! ... (THÉÂTRE 1982)

MONTRÉAL / Romancier, dramaturge, scénariste et artiste, Ducharme a publié son premier roman, *L'Avalée des avalés*, en 1966. La parution de ce livre dans la prestigieuse collection « Blanche » des Éditions Gallimard a eu l'effet d'une bombe au Québec et en France. « Nous n'avons rien lu de plus poétique, de plus imprévu, de plus original depuis de longues années[33] », a écrit Alain Bosquet dans *Le Monde*. En réaction à sa nouvelle notoriété, Ducharme a choisi de se retirer dans l'anonymat, refusant toute entrevue ou apparition dans les médias. Après *L'Avalée des avalés*, il a publié huit romans, quatre pièces de théâtre ainsi que le scénario de film *Les bons débarras de Mankievietch*, une œuvre majeure de la cinématographie québécoise. Il a en outre signé les paroles de plusieurs grandes chansons de Robert Charlebois et de Pauline Julien. On le retrouve aussi sous le nom d'artiste de Roch Plante, alors qu'il expose sa série des trophoux, des tableaux-objets constitués d'assemblages d'objets récupérés lors de ses longues marches dans la ville. Trois fois lauréat d'un Prix littéraire du Gouverneur général, Ducharme a été le premier à remporter le prix Gilles-Corbeil en 1990. Il a également reçu le Grand Prix national des lettres de France en 1999 et a été décoré du titre d'officier de l'Ordre national du Québec en 2000. Le 20 octobre 2016, la parution du roman *L'Avalée des avalés*, cinquante ans auparavant, a été inscrite comme événement historique dans le Registre du patrimoine culturel du Québec.

A novelist, playwright, scriptwriter and artist, Ducharme published his first novel, *L'Avalée des avalés*, in 1966. When the book appeared in Éditions Gallimard's prestigious collection *Blanche*, it had an explosive effect in both Quebec and France. "We have not read anything more poetical, more unexpected and more original for many years," wrote Alain Bosquet in *Le Monde*.[34] In response to his new notoriety, Ducharme chose to retreat from public view, declining interviews and media coverage. *After L'Avalée des avalés*, he published eight additional novels and four plays, as well as *Les bons débarras de Mankievietch*, a major work in Quebec cinematography. He also wrote the lyrics for several songs by Robert Charlebois and Pauline Julien. As an artist, he has exhibited under the name Roch Plante, as when he displayed a series of Trophoux, or painting-objects, made from treasures collected during his long walks in the city. A three-time winner of Governor General's Literary Awards, Ducharme became the first laureate of the prix Gilles Corbeil in 1990 and winner of the Grand Prix national des Lettres de France in 1999. He was appointed an Officier de l'Ordre national du Québec in 2000. On October 20, 2016, on the fiftieth anniversary of its original publication, *L'Avalées des avalés* was registered with Québec Cultural Heritage as an event of historical significance.

CHRISTIANE DUCHESNE
(1949)

La vraie histoire du chien de Clara Vic (Littérature jeunesse – texte 1990)
Victor (Littérature jeunesse – texte 1992)
Jomusch et le troll des cuisines (Littérature jeunesse – texte 2001)

Montréal / Trois fois lauréate d'un Prix littéraire du Gouverneur général, Duchesne est connue non seulement comme auteure pour enfants, mais aussi en tant que scénariste, illustratrice, traductrice et parolière. Au cours des 40 dernières années, elle a publié une centaine d'ouvrages, dont six romans ainsi que des textes pour le théâtre, la télévision, la radio et le cinéma. En plus de ses prix du Gouverneur général, elle a remporté à trois reprises le prix M. Christie et trois fois encore le prix Alvine-Bélisle. En 2001, *L'Homme des silences* s'est vu récompensé du Prix France-Québec et du prix Ringuet de l'Académie des lettres du Québec. Duchesne s'implique beaucoup auprès des enfants en milieu défavorisé. Elle anime des ateliers de création autant auprès des plus jeunes qu'au niveau universitaire, au Canada comme à l'étranger.

A three-time Governor General's Literary Award winner, Duchesne is known not just as a children's writer, but also as a scriptwriter, illustrator, translator and lyricist. In the last forty years, she has published over a hundred works, including six novels, as well as numerous works for theatre, television, radio and cinema. In addition to her Governor General's Awards, she is a three-time winner of the Mr. Christie's Book Award and a three-time winner of the Alvine-Bélisle Prize. In 2001, *L'Homme des silences* won both the France-Québec Prize and the Ringuet Prize of the Académie des lettres du Québec. Duchesne has spent much of her time working with underpriviledged children and conducts workshops on creativity for young people and university students, both in Canada and abroad.

FERNAND DUMONT

(1927-1997)

Le lieu de l'homme (Autres genres littéraires 1968)

Québec / Sociologue, théologien, philosophe et poète, Dumont est l'auteur d'une vingtaine d'ouvrages sur la culture et la société québécoises. Fondateur de l'Institut supérieur des sciences humaines de l'Université Laval et cofondateur de la revue *Recherches sociographiques*, Dumont a influencé considérablement l'évolution des idées dans le domaine académique au Québec et ailleurs pendant plus de 40 ans. Parmi les nombreux prix qu'il a obtenus figurent le prix Athanase-David, le prix Esdras-Minville, le prix Léon-Gérin, le prix Molson et le Prix scientifique du Québec. Il cumule également de nombreux doctorats honorifiques. En 1992, il a été fait officier de l'Ordre national du Québec.

A sociologist, theologian, philosopher and poet, Dumont authored over twenty books on Quebec culture and society. As founder of the Institut supérieur de recherches en sciences humaines at the Université Laval, and as co-founder of the journal *Recherches sociographiques*, Dumont exerted significant influence over the evolution of ideas inside and outside Quebec universities for over forty years. Among his many awards were a Prix Athanase-David, a Prix Esdras-Minville, a Prix Léon-Gérin, a Molson Prize and a Prix scientifique du Québec, as well as several honorary doctorates. In 1992, he was appointed an Officer of the Ordre National du Québec.

DOROTHY DUNCAN

(1903–1957)

Partner in Three Worlds (Creative Non-fiction 1944)

Montréal / Born in New Jersey and a graduate of Northwestern University, Duncan famously met and fell in love with the author Hugh MacLennan while the two were returning by ship to North America from Europe in 1932. In addition to her own success as an author, Duncan is often credited with convincing MacLennan to focus his literary energy on Canadian subjects, thereby changing forever how Canadians see themselves. Her award-winning book, *Partner in Three Worlds,* tells the story of Jan Rieger, a Czech-Canadian soldier who served in both the First World War and the Second World War.

Née au New Jersey et diplômée de l'Université Northwestern, Duncan a rencontré et est tombée amoureuse de l'auteur Hugh MacLennan alors qu'ils rentraient d'Europe en Amérique du Nord par bateau, en 1932. En plus de son succès en tant qu'auteure, on attribue souvent à Duncan le mérite d'avoir convaincu MacLennan de concentrer son énergie littéraire sur des sujets canadiens, changeant ainsi pour toujours la façon dont les Canadiens se perçoivent. Son livre primé, *Partner in Three Worlds,* raconte l'histoire de Jan Rieger, un soldat tchéco-canadien qui a servi pendant la Première et la Seconde Guerre mondiale.

LOUISE DUPRÉ
(1949)

Plus haut que les flammes (POÉSIE 2011)
La main hantée (POÉSIE 2017)

MONTRÉAL / Poétesse, romancière, dramaturge et essayiste, Dupré a étudié à l'Université de Sherbrooke et à l'Université de Montréal. Elle a, par la suite, enseigné les études littéraires à l'Université du Québec à Montréal. Originaire de Sherbrooke, elle a écrit une vingtaine de livres dont plusieurs ont été traduits en anglais, en espagnol et en catalan. Elle a aussi reçu un prix Alfred-Desrochers pour son recueil *La peau familière*, un Grand Prix de poésie du Festival international de Trois-Rivières pour *Noir déjà*, et un prix Ringuet pour *La memoria*. Dupré est membre de l'Académie des lettres du Québec, de la Société royale du Canada et, depuis 2014, de l'Ordre du Canada.

A poet, novelist, dramatist and essayist, Dupré studied at the Université de Sherbrooke and the Université de Montréal. Later, she taught literary studies at the Université du Québec à Montréal. Born in Sherbrooke, she is the author of over twenty books, many of which have been translated into English, Spanish and Catalan. Her other awards include a Prix Alfred-Desrochers for her collection La Peau familière, a Grand Prix de poésie du Festival international de Trois-Rivières for Noir déjà, and a Prix Ringuet for La memoria. A Member of the Académie des lettres du Québec and a Fellow of the Royal Society of Canada, she was appointed a Member of the Order of Canada in 2014.

GILBERT DUPUIS
(1958)

Mon oncle Marcel qui vague vague près du métro Berri (THÉÂTRE 1991)

MONTRÉAL / Après des études au Conservatoire d'art dramatique de Montréal, à l'Université du Québec à Montréal et à l'Université Laval, Dupuis fut l'un des cofondateurs du Théâtre en l'air, en 1975. Sa pièce lauréate d'un Prix littéraire du Gouverneur général, *Mon oncle Marcel qui vague vague près du métro Berri*, se déroule sur un terrain vague près de la station de métro Berri, à Montréal, peuplé de sans-logis et d'oubliés. La pièce a été présentée en 1990 par la Nouvelle Compagnie Théâtrale (Théâtre Denise-Pelletier), à Montréal.

After studying at the Conservatoire d'art dramatique de Montréal, the Université du Québec à Montréal and the Université Laval, Dupuis helped co-found the Théâtre en l'air in 1975. His Governor General's Literary Award-winning play, *Mon oncle Marcel qui vague vague près du métro Berri*, is set in a vacant lot near Montréal's Berri subway station, populated by the homeless and forgotten. The play premiered in 1990 at the Nouvelle Compagnie Théâtrale / Théâtre Denise-Pelletier in Montréal.

RENÉE DUPUIS
(1949)

Quel Canada pour les Autochtones? (ÉTUDES ET ESSAIS 2001)

QUÉBEC / Admise au barreau en 1973, avocate, juriste et essayiste, Dupuis a été conseillère juridique et consultante pour les Premières Nations et les gouvernements. Elle a exercé les fonctions de vice-présidente de la Commission des droits de la personne et des droits de la jeunesse du Québec, de commissaire à la Commission canadienne des droits de la personne, de membre du Comité de révision de la *Loi canadienne sur les droits de la personne* et de présidente de la Commission des revendications des Indiens. Son livre auquel a été décerné le Prix littéraire du Gouverneur général, *Quel Canada pour les Autochtones?*, fut traduit en anglais sous le titre *Justice for Canada's Aboriginal Peoples*. En 2005, elle a été décorée de l'Ordre du Canada. En 2012, l'Université Laval lui a décerné un doctorat honorifique et elle a reçu la plus haute distinction du Barreau du Québec, la Médaille du Barreau.

A lawyer, jurist and essayist, Dupuis has acted as a legal advisor and consultant to First Nations and to governments. Admitted to the Bar in 1973, she has also served as vice-president of the Québec Human Rights Commission, as a commissioner with the Canadian Human Rights Commission, as a member of the Canadian Human Rights Act Review Panel and as president of the Indian Claims Commission. Her Governor General's Literary Award-winning book, *Quel Canada pour les Autochtones?*, was translated into English as *Justice for Canada's Aboriginal Peoples*. In 2005, she was appointed a Member of the Order of Canada. In 2012, she received an honorary degree from the Université Laval and was also awarded the Quebec Bar's highest honour, the Quebec Bar Medal.

JAMES EAYRS

(1926)

In Defence of Canada: From the Great War to the Great Depression (NON-FICTION 1965)
In Defence of Canada: Appeasement and Rearmament (NON-FICTION 1965)

TORONTO / Born in London, England, and educated at the University of Toronto, Columbia University and the London School of Economics, Eayrs taught for almost thirty years at the University of Toronto before becoming Eric Dennis Memorial Professor of Political Science and Government at Dalhousie University. In addition to *In Defence of Canada*, his five-volume analysis of twentieth-century Canadian defence policy, Eayrs is perhaps best known for his 1961 study of foreign policy, *The Art of the Possible*, as well as for his many journalistic pieces commenting on Canadian and international affairs.

Originaire de Londres, en Angleterre, Eayrs a fait ses études à l'Université de Toronto, à l'Université Columbia et à la London School of Economics. Il a enseigné à l'Université de Toronto pendant près de 30 ans avant d'occuper la chaire Eric Dennis Memorial en sciences politiques et administration publique à l'Université Dalhousie. Outre *In Defence of Canada*, son analyse en cinq volumes de la politique de défense du Canada au XXᵉ siècle, Eayrs est peut-être mieux connu pour son étude de la politique étrangère publiée en 1961, *The Art of the Possible*, de même que pour ses nombreux articles journalistiques sur les affaires canadiennes et internationales.

JAMES EAYRS Photo: Doug Griffin, Getty Images

WALLACE EDWARDS
(1958)

Alphabeasts (CHILDREN'S LITERATURE – ILLUSTRATION 2002)

YARKER, ONTARIO / Born in Ottawa and a graduate of the Ontario College of Art, Edwards has exhibited his work across North America. His clients have included the City of Toronto, the BC Ministry of the Environment, the Canadian Children's Book Centre, the Canadian Wildlife Federation and the Metro Toronto Zoo. In addition to a Governor General's Literary Award, *Alphabeasts* received *ForeWord Magazine's* 2002 Book-of-the-Year Award and the International Reading Association's 2003 Children's Choices Award.

Originaire d'Ottawa et diplômé de l'Ontario College of Art, Edwards a exposé ses œuvres partout en Amérique du Nord. Parmi ses clients figurent la ville de Toronto, le ministère de l'Environnement de la Colombie-Britannique, le Canadian Children's Book Centre, la Fédération canadienne de la faune et le Metro Toronto Zoo. Outre un Prix littéraire du Gouverneur général, *Alphabeasts* a également reçu le prix du livre de l'année du *ForeWord Magazine* en 2002 et le prix des jeunes lecteurs de l'International Reading Association en 2003.

VIRGINIE EGGER
(1966)

Recette d'éléphant à la sauce vieux pneu de Carole Tremblay (LITTÉRATURE JEUNESSE – ILLUSTRATIONS 2003)

MONTRÉAL / Née en Suisse, Egger a étudié les beaux-arts à l'École des arts décoratifs de Genève avant de s'installer au Québec et d'y travailler pendant huit ans dans l'industrie du cinéma d'animation. Par la suite, elle a commencé à réaliser des illustrations pour des magazines et des livres pour enfants. Puisque son art fusionne souvent la peinture et le dessin à l'encre avec les collages, Egger a décrit son style comme du cubisme pour enfants. Son premier film d'animation, *Un pas*, a été présenté par l'Office national du film en 2003.

Born in Switzerland, Egger studied fine arts at the School of Decorative Arts in Geneva before moving to Quebec and working in Quebec's film animation industry. Later, she began doing illustration work for magazines and children's books. Since her art often merges painting and ink drawings with collages, Egger has described her style as cubism for children. Her first animated film, *Un pas,* appeared with the National Film Board in 2003.

CATHERINE EGO
(1964)

La destruction des Indiens des Plaines, de James Daschuk (TRADUCTION 2016)

MONTRÉAL / Écrivaine, comédienne et traductrice, Ego a quitté Cambrai, en France, pour s'installer à Montréal. Elle traduit des romans et de la poésie ainsi que des ouvrages sur l'histoire, les sciences politiques, les sciences et la sociologie. Elle a également traduit un important corpus de littérature inuite. Sa traduction de *Voisins et ennemis : La guerre de Sécession et l'invention du Canada* de John Boyko a été finaliste aux Prix du Gouverneur général en 2015.

A writer and actor as well as a translator, Ego moved to Montréal from Cambrai, France. Her translations include novels and poetry, as well as works in history, political science, history, science and sociology. She has also translated a significant body of Inuit literature. Her translation of John Boyko's *Voisins et ennemis : La guerre de Sécession et l'invention du Canada* was a GG finalist in 2015.

DEBORAH ELLIS
(1960)

Looking for X (CHILDREN'S LITERATURE – TEXT 2000)

DUNNVILLE, ONTARIO / The author of over twenty books for young readers, Ellis writes regularly about the challenges young people face when living in difficult conditions: *Our Stories Our Songs* tells the story of children living with AIDS in Africa; *No Safe Place* and *No Ordinary Day* are set in the slums of India; *Inside Out and Back Again* is set in war-torn Saigon; and a trilogy of her novels is set in the refugee camps of Afghanistan. A peace activist and philanthropist as well as an author, Ellis is the recipient of the 2004 Vicky Metcalf Award for Children's Literature. In 2006, she was named a Member of the Order of Ontario.

Auteure de plus d'une vingtaine de livres jeunesse, Ellis aborde souvent les problèmes auxquels les jeunes doivent faire face lorsqu'ils vivent dans des conditions difficiles : *Our Stories Our Songs* raconte l'histoire d'enfants touchés par le sida en Afrique; *No Safe Place* et *No Ordinary Day* se déroulent dans les bidonvilles en Inde; *Inside Out and Back Again* se passe à Saigon, une ville ravagée par la guerre; et une trilogie de ses romans prend place dans les camps de réfugiés en Afghanistan. Militante pour la paix, philanthrope et auteure, Ellis a remporté le prix Vicky-Metcalf pour la littérature jeunesse en 2004. Elle a été nommée membre de l'Ordre de l'Ontario en 2006.

SARAH ELLIS
(1952)

Pick-Up Sticks (CHILDREN'S LITERATURE – TEXT 1991)

NORTH VANCOUVER / A children's author and librarian, Ellis is a graduate of the University of British Columbia in Vancouver and Simmons College in Boston. She has lectured in Japan, Venezuela, England, Ireland and throughout Canada and the United States. She is a member of the Writers' Union of Canada, the Vancouver Society of Storytelling and the Vancouver Children's Literature Roundtable. Her other awards include a TD Canadian Children's Literature Award, a British Columbia Lieutenant Governor's Award for Literary Excellence, and a British Columbia Lieutenant Governor's Lifetime Achievement Award.

Auteure de livres pour enfants et bibliothécaire, Ellis est diplômée de l'Université de la Colombie-Britannique à Vancouver et du Collège Simmons de Boston. Elle a donné des conférences au Japon, au Vénézuéla, en Angleterre, en Irlande, au Canada et aux États-Unis. Elle est membre de la Writers' Union of Canada, de la Vancouver Society of Storytelling et de la Vancouver Children's Literature Roundtable. Elle a remporté un Prix TD de littérature canadienne pour l'enfance, un Prix du lieutenant-gouverneur de la Colombie-Britannique pour l'excellence littéraire ainsi qu'un Prix d'excellence du lieutenant-gouverneur de la Colombie-Britannique pour l'ensemble de son œuvre.

MARIAN ENGEL
(1933–1985)

Bear (FICTION 1976)

TORONTO / A novelist, children's writer and short-story writer, Engel (née Passmore) graduated from McMaster University before completing a master's degree at McGill University under the supervision of Hugh MacLennan. The first chairman of the Writers' Union of Canada, much of Engel's correspondence with famous Canadian writers can be found in *Dear Hugh, Dear Marian: The MacLennan-Engel Correspondence* and in *Marian Engel: Life in Letters*. The Writers' Trust Marian

MARIAN ENGEL Photo: Reg Innell, Getty Images

Engel Award (later combined with the Timothy Findley Award to create the Writers' Trust Engel-Findley Award) is awarded annually in her honour. In 1982, she was appointed an Officer of the Order of Canada.

Romancière, auteure de livres pour enfants et de nouvelles, Engel (née Passmore) a obtenu un diplôme de l'Université McMaster avant de faire une maîtrise à l'Université McGill, sous la direction de Hugh MacLennan. Elle fut la première présidente de la Writers' Union of Canada. Une grande partie de la correspondance d'Engel avec des écrivains canadiens de renom se trouve dans *Dear Hugh, Dear Marian: The MacLennan-Engel Correspondence* et dans *Marian Engel: Life in Letters*. Le prix Marian-Engel (plus tard combiné au prix Timothy-Findley pour créer le prix Engel/Findley) est décerné annuellement en son honneur. En 1982, elle a reçu le grade d'Officier de l'Ordre du Canada.

ALBERT FAUCHER
(1915-1992)

Québec en Amérique au XIXᵉ siècle (ÉTUDES ET ESSAIS 1973)

QUÉBEC / Originaire de Saints-Anges, au Québec, Faucher a fait ses études à l'Université de Montréal, à l'Université Laval et à l'Université de Toronto. Il a travaillé avec Harold Innis et Vincent Bladen à l'Université de Toronto. En 1950, il a commencé à enseigner l'histoire économique à l'Université Laval. Avec Maurice Lamontagne, Faucher a avancé ce que l'on connaît aujourd'hui comme l'hypothèse Faucher-Lamontagne, à savoir que l'industrialisation relativement lente du Québec « n'a rien à voir avec son environnement culturel et n'est pas fondamentalement influencée par celui-ci[35] ». Il s'agirait plutôt de facteurs tels que l'isolement continental, la situation de monopole et l'absence de propriété.

Born in Saints Anges, Quebec, Faucher studied at the Université de Montréal, the Université Laval and the University of Toronto. While at the University of Toronto, he worked with Harold Innis and Vincent Bladen. In 1950, he was appointed professor of economic history at Laval. Together with Maurice Lamontagne, Faucher advanced what came to be known at the Faucher-Lamontagne hypothesis, the idea that the comparatively slow industrialization of Quebec "had nothing specific to do with, and was not fundamentally influenced by its cultural environment."[36] Instead, it was more a function of factors such as continental isolation, monopolistic localization and absentee ownership.

PETER FELDSTEIN
(1962)

Paul-Émile Borduas by François-Marc Gagnon (Translation 2014)

Montréal / Educated at the Université du Québec à Montréal, Feldstein's translation of *Paul-Émile Borduas (1905–1960): Biographie critique et analyse de l'œuvre* introduces English-speaking Canadians to one of the twentieth century's most important painters. Feldstein's other translations include *Quebec Identity* by Jocelyn Maclure, *Hummocks: Journeys and Inquiries among the Canadian Inuit* by Jean Malaurie, and *The Idea of Liberty in Canada during the Age of Atlantic Revolutions, 1776–1838* by Michel Ducharme.

Feldstein a étudié à l'Université du Québec à Montréal. Sa traduction de *Paul-Émile Borduas (1905-1960) : Biographie critique et analyse de l'œuvre* présente aux Canadiens anglais l'un des peintres les plus importants du XXe siècle. Parmi les autres traductions de Feldstein figurent *Quebec Identity* de Jocelyn Maclure, *Hummocks: Journeys and Inquiries among the Canadian Inuit* de Jean Malaurie, ainsi que *The Idea of Liberty in Canada during the Age of Atlantic Revolutions, 1776–1838* de Michel Ducharme.

JACQUES FERRON
(1921-1985)

Contes du pays incertain (Romans et nouvelles 1962)

Montréal / Souvent appelé le Voltaire du Québec, Ferron a obtenu un diplôme en médecine de l'Université Laval avant de s'enrôler dans les Forces armées canadiennes. Plusieurs de ses écrits dénonçant le régime Duplessis au Québec sont parus dans des journaux et magazines montréalais. Ferron s'est présenté comme candidat de la Fédération du commonwealth coopératif à l'élection fédérale de 1958 et comme candidat du Rassemblement pour l'indépendance nationale à l'élection de 1966 au Québec. En 1963, il a fondé le Parti Rhinocéros. En 1970, Ferron a été l'un des négociateurs pendant la crise d'Octobre, au Québec. Il a notamment reçu un Prix France-Québec (1971), un prix Duvernay (1972) et un prix David (1977).

Often referred to as the Voltaire of Quebec, Ferron graduated in medicine from the Université Laval before enrolling in the Canadian armed forces. Many of his writings denouncing Quebec's Duplessis regime appeared in Montréal newspapers and magazines. Later, Ferron ran as a candidate for the Co-operative Commonwealth Federation in the 1958 federal election and as a candidate for the Rassemblement pour l'independance nationale in the 1966 Quebec election. In 1963, he founded the fun-loving Rhinoceros Party. In 1970, Ferron served as one of the negotiators during Quebec's October Crisis. His other awards include a 1971 Prix France-Québec, a 1972 Prix Duvernay and a 1977 Prix David.

ROBERT FINCH
(1900–1995)

Poems (POETRY 1946)
Acis in Oxford and Other Poems (POETRY 1961)

TORONTO / Born on Long Island, New York, Finch studied at the University of Toronto and, later, at the Sorbonne in Paris. Returning to Canada, he taught at the University of Toronto from 1928 to 1968. The author of over a dozen books, mostly of poetry, Finch was one of the first in Canada to bring the spirit of modernism to a broader reading public. He was elected a Fellow of the Royal Society of Canada in 1963.

Né à Long Island, à New York, Finch a d'abord étudié à l'Université de Toronto, puis à la Sorbonne, à Paris. De retour au Canada, il a enseigné à l'Université de Toronto de 1928 à 1968. Auteur d'une dizaine d'ouvrages, surtout de poésie, Finch a été l'un des premiers au Canada à faire connaître l'esprit du modernisme à un lectorat plus vaste. Il a été admis à la Société royale du Canada en 1963.

TIMOTHY FINDLEY
(1930–2002)

The Wars (FICTION 1977)
Elizabeth Rex (DRAMA 2000)

CANNINGTON, ONTARIO / An actor with the original Stratford Festival Company in the 1950s, Findley later became famous as both a novelist and a playwright. Between 1967 and 2001, he wrote some two dozen plays, novels, short-story collections and memoirs. A founding member and chair of the Writers' Union of Canada and a president of the Canadian chapter of PEN International, Findley was made an Officer of the Order of Canada in 1985 and a Chevalier of the Ordre des Arts et des Lettres of France in 1996. The Writers' Trust Timothy Findley

Award (later combined with the Marian Engel Award to create the Writers' Trust Engel-Findley Award) is awarded annually in Findley's honour.

Acteur au sein de la Stratford Festival Company dans les années 1950, Findley s'est ensuite fait connaître à titre de romancier et de dramaturge. De 1967 à 2001, il a écrit une vingtaine de pièces de théâtre, romans, recueils de nouvelles et mémoires. Membre fondateur et président de la Writers' Union of Canada ainsi que président du chapitre canadien de l'organisation PEN International, Findley a été fait Officier de l'Ordre du Canada en 1985 et Chevalier de l'Ordre des Arts et des Lettres en France en 1996. Le prix Timothy-Findley (plus tard combiné au prix Marian-Engel pour créer le prix Engel/Findley) est remis chaque année en son honneur.

SHEILA FISCHMAN
(1937)

Bambi and Me by Michel Tremblay (TRANSLATION 1998)

MONTRÉAL / Born in Moose Jaw, Saskatchewan, Fischman has translated over 150 books from French into English, including titles by such prominent authors as Michel Tremblay, Anne Hébert, Marie-Claire Blais, Roch Carrier, Jacques Poulin and Kim Thúy. A former newspaper columnist and broadcaster, Fischman is a founding member of the Literary Translators' Association of Canada. In recognition of her work, she has received honorary doctorates from the University of Waterloo and the University of Ottawa. She is a recipient of both the Order of Canada and the Ordre national du Québec.

Originaire de Moose Jaw, en Saskatchewan, Fischman a traduit plus de 150 livres du français vers l'anglais, y compris ceux d'auteurs éminents tels que Michel Tremblay, Anne Hébert, Marie-Claire Blais, Roch Carrier, Jacques Poulin et Kim Thúy. Ancienne chroniqueure pour la presse écrite et animatrice, Fischman est aussi membre fondatrice de l'Association des traducteurs et traductrices littéraires du Canada. En reconnaissance de son travail, l'Université de Waterloo et l'Université d'Ottawa lui ont décerné des doctorats honorifiques. Elle a reçu l'Ordre du Canada et l'Ordre national du Québec.

JOANNE FITZGERALD Photo: Courtesy of Robert Young and the Joanne Fitzgerald Estate / Reproduite avec la permission de Robert Young et la succession de Joanne Fitzgerald

JOANNE FITZGERALD

(1956–2011)

Doctor Kiss Says Yes by Teddy Jam (Children's Literature – Illustration 1991)

Toronto / Born in Montréal, Fitzgerald loved to draw from a young age. After graduating with a Bachelor of Fine Arts degree from Mount Allison University in New Brunswick, she went on to illustrate numerous Canadian children's books, including *Plain Noodles, Emily's House, Ten Small Tales, Jacob's Best Sisters, Circus Play, The Little Rooster* and *The Blue Hippopotamus*, in addition to two books she wrote herself: *This is Me and Where I Am* and *Yumm! Yumm!* The IBBY Joanne Fitzgerald Illustrator-in-Residence Program is awarded annually in her honour.

Née à Montréal, Fitzgerald fut prise d'une passion pour le dessin dès son plus jeune âge. Après avoir obtenu un baccalauréat en beaux-arts de l'Université Mount Allison au Nouveau-Brunswick, elle a illustré de nombreux livres canadiens pour enfants, notamment *Plain Noodles, Emily's House, Ten Small Tales, Jacob's Best Sisters, Circus Play, The Little Rooster* et *The Blue Hippopotamus*, ainsi que deux ouvrages qu'elle a rédigés elle-même : *Yumm! Yumm!* et *This is Me and Where I Am*. Le programme d'illustrateur en résidence Joanne Fitzgerald d'IBBY lui rend hommage.

JULIE FLETT

(1964)

When We Were Alone, with David Alexander Robertson (Young People's Literature – Illustrated Books 2017)

Vancouver / An award-winning artist and illustrator of Cree-Métis descent, Flett was the first recipient of the Periodical Marketers of Canada Aboriginal Literature Award. She received the award in 2014 for *Wild Berries / Pakwa che Menisu*, a picture book published in both English and Cree. After studying at Concordia University in Montréal and at Emily Carr University of Art and Design in Vancouver, Flett also won the 2016 American Indian Youth Literature Award for Best Picture Book for her illustrations in *Little You*. A passionate advocate for children and for education through the arts, Flett has worked with many non-profit and Indigenous-based organizations.

Artiste et illustratrice primée d'origine crie-métisse, Flett a été la première lauréate du prix de littérature autochtone des Periodical Marketers of Canada, qu'elle a reçu en 2014 pour *Wild Berries / Pakwa che Menisu*, un livre d'images publié en anglais et en cri. Après avoir étudié à l'Université Concordia à Montréal et à l'Université d'art et de design Emily-Carr à Vancouver, Flett a remporté, en 2016, l'American Indian Youth Literature Award du meilleur livre d'images pour ses illustrations dans *Little You*. Défenseure passionnée des enfants et de l'éducation par les arts, Flett a travaillé avec de nombreux organismes autochtones à but non-lucratif.

JACQUES FOLCH-RIBAS
(1928)

Le silence ou le parfait bonheur (ROMANS ET NOUVELLES 1988)

MONTRÉAL / Originaires de Barcelone, en Espagne, Folch-Ribas et sa famille ont échappé au régime franquiste en 1939, et se sont installés en France. Après des études en mathématiques, en philosophie et en urbanisme, il a immigré au Canada, où il a travaillé comme chroniqueur pour le quotidien montréalais *La Presse*. Il a obtenu la citoyenneté canadienne en 1961. Folch-Ribas est l'auteur de nombreux romans, dont *La chair de pierre*, qui réunit ses deux pays d'adoption, le Canada et la France, et deux de ses grandes passions, l'architecture et l'écriture. Son roman de 2011, *Paco*, a pour toile de fond la Révolution espagnole. En 1989, la Société Saint-Jean-Baptiste lui a remis le prix Duvernay.

Born in Barcelona, Spain, Folch-Ribas fled the Franco regime together with his family in 1939 and settled in France. After studying mathematics, philosophy and urban planning, he immigrated to Canada where he worked as a columnist for Montréal's *La Presse*. He became a Canadian citizen in 1961. His numerous novels include *La chair de pierre*, which brings together his two adoptive homelands, Canada and France, and two of his great passions, architecture and writing. His 2011 novel, *Paco*, is set against the backdrop of the Spanish Revolution. In 1989, Folch-Ribas received the prix Duvernay from the Société Saint-Jean-Baptiste.

CHARLES FORAN Photo: James Lahey

CHARLES FORAN
(1960)

Mordecai (NON-FICTION 2011)

PETERBOROUGH, ONTARIO / A Toronto native, Foran is a novelist and non-fiction writer, a past president of PEN Canada, a Senior Fellow of Massey College and an adjunct professor in the Department of English at the University of Toronto. He holds degrees from the University of Toronto and University College, Dublin. His first book, *Sketches of Winter: A Beijing Postscript*, was based on his experiences living and traveling in China. In 2014, he was appointed a Member of the Order of Canada. Foran was also chief executive officer and educational director of the Institute for Canadian Citizenship, a non-profit organization committed to encouraging new and established citizens to play a more active role in public life.

Originaire de Toronto, Foran est romancier et écrivain non romanesque. Il a présidé PEN Canada, est agrégé supérieur de recherches au Collège Massey et professeur auxiliaire au Département d'anglais de l'Université de Toronto. Il est diplômé de l'Université de Toronto et de University College, à Dublin. Son premier livre, *Sketches of Winter: A Beijing Postscript*, est fondé sur ses expériences de vie et de voyage en Chine. En 2014, il a été décoré de l'Ordre du Canada. Foran a aussi été chef de la direction et directeur de l'éducation de l'Institut pour la citoyenneté canadienne, un organisme à but non-lucratif qui a pour mission d'encourager les nouveaux citoyens et les citoyens établis à jouer un rôle plus actif dans la vie publique.

R. A. D. (ROBERT ARTHUR DOUGLAS) FORD
(1915–1998)

A Window on the North (POETRY 1956)

BOGOTA, COLOMBIA / One of Canada's most distinguished twentieth-century diplomats, Ford studied at the University of Western Ontario before doing graduate work in Russian-French relations at Cornell University. He then worked briefly for the *Montreal Gazette* before joining the Department of External Affairs. Between 1940 and 1980, he held diplomatic posts in Colombia, Yugoslavia and the United Arab Republic. In Moscow, he served as Canada's Ambassador to the USSR for sixteen years. In 1971, Ford was appointed a Companion of the Order

R. A. D. (ROBERT ARTHUR DOUGLAS) FORD Photo: Harry Palmer

of Canada. *A Window on the North* was his first book of poetry. His memoir, *Our Man in Moscow*, appeared in 1989.

R. A. D. Ford est l'un des diplomates canadiens les plus éminents du XXᵉ siècle. Il a d'abord étudié à l'Université Western avant de faire des études supérieures en relations franco-russes à l'Université Cornell. Il a ensuite travaillé brièvement au *Montreal Gazette*, puis s'est joint au ministère des Affaires extérieures. De 1940 à 1980, il a occupé des postes diplomatiques en Colombie, en Yougoslavie et en République arabe d'Égypte. À Moscou, il a été l'ambassadeur du Canada en URSS pendant seize ans. En 1971, Ford a reçu l'insigne de Compagnon de l'Ordre du Canada. *A Window on the North* était son premier livre de poésie. Ses mémoires, *Our Man in Moscow*, sont parus en 1989.

DOMINIQUE FORTIER
(1972)

Au péril de la mer (ROMANS ET NOUVELLES 2016)

MONTRÉAL / Diplômée de l'Université McGill, Fortier est reconnue en tant qu'auteure et traductrice. Elle a publié son premier roman, *Du bon usage des étoiles*, en 2008. Le livre et sa traduction anglaise par Sheila Fischman, *On the Proper Use of Stars*, ont tous deux été en lice pour les Prix du Gouverneur général. Son deuxième roman, *Les larmes de saint Laurent*, est paru deux ans plus tard. La traduction de Fischman, *Wonder*, publiée en 2014, a aussi été finaliste dans la catégorie « Traduction ». Les ouvrages traduits par Fortier ont en outre été nommés à trois reprises aux Prix littéraires du Gouverneur général.

A graduate of McGill University, Fortier has been recognized as both an author and a translator. Her first novel, *Du bon usage des étoiles*, appeared in 2008. Both the book and its English-language translation by Sheila Fischman, *On the Proper Use of Stars*, were shortlisted for Governor General's Awards. Two years later her second novel, *Les larmes de saint Laurent,* appeared. Fischman's 2014 translation, *Wonder*, was again a finalist for a translation award. Fortier's translations of other titles have been shortlisted for Governor General's Literary Awards three times.

GÉRALD FORTIN

(1929-1997)

La fin d'un règne (ÉTUDES ET ESSAIS 1971)

QUÉBEC / Diplômé de l'Université Laval et de l'Université Cornell, Fortin a été directeur du Département de sociologie et d'anthropologie de l'Université Laval. Il a aussi dirigé le Centre de recherches urbaines et régionales de l'Université du Québec. Outre *La fin d'un règne*, il a également écrit *Le défi d'un monde rural nouveau* et coécrit *Les comportements économiques de la famille salariée du Québec* avec Marc-Adélard Tremblay.

A graduate of the Université Laval and Cornell University, Fortin served as Head of the Department of Sociology and Anthropology at the Université Laval. He also served as Head of the Centre de recherches urbaines et régionales at the Université du Québec in Québec City. In addition to *La fin d'un règne*, he is the author of *Les comportements économiques de la famille salariée du Québec* together with Marc-Adélard Tremblay, and of *Le défi d'un monde rural nouveau*.

DANIELLE FOURNIER

(1955)

Effleurés de lumière (POÉSIE 2010)

MONTRÉAL / Fournier a étudié la littérature à l'Université de Sherbrooke et l'allemand à l'Université du Nouveau-Brunswick. Avant d'accepter un poste permanent au Collège Jean-de-Brébeuf, elle a enseigné à l'Université de Sherbrooke, à l'Université du Nouveau-Brunswick, à l'Université McGill et à l'Université du Québec à Montréal. Membre de l'Union des écrivaines et des écrivains québécois, Fournier a publié de nombreux articles dans des périodiques tels qu'*Arcade*, *Estuaire*, *Exit*, *Mœbius*, *Québec français*, *Spirale*, *Urgences* et *Voix et Images*. En 2003, elle a obtenu le prix Alain-Grandbois pour son recueil de poésie *Poèmes perdus en Hongrie*.

As a young woman, Fournier studied German at the University of New Brunswick and literature at the Université de Sherbrooke. Before taking up a permanent position at the Collège Jean-de-Brébeuf, she taught at the Université de Sherbrooke, the University of New Brunswick, McGill University and the Université du Québec à Montréal. A member of the Union des écrivaines et des écrivains

DANIELLE FOURNIER Photo: Mathieu Rivard, Groupe Ville-Marie Littérature

québécois, Fournier has published widely in periodicals such as *Arcade*, *Estuaire*, *Exit*, *Mœbius*, *Québec français*, *Spirale*, *Urgences*, and *Voix et Images*. In 2003, she received the Prix Alain-Grandbois for her poetry collection, *Poèmes perdus en Hongrie*.

MARTIN FOURNIER
(1954)

Les aventures de Radisson (LITTÉRATURE JEUNESSE – TEXTE 2011)

QUÉBEC / Historien à l'Université du Québec à Rimouski, Fournier a publié plusieurs ouvrages sur la vie quotidienne en Nouvelle-France. En 2006, il a été nommé chef de projet et éditeur de l'*Encyclopédie du patrimoine culturel de l'Amérique française*. *Les aventures de Radisson* est son premier roman pour jeunes adultes.

A historian at the Université du Québec à Rimouski, Fournier has published several books on day-to-day life in New France. In 2006, he was appointed project coordinator and editor of the *Encyclopedia of French Cultural Heritage in North America*. *Les aventures de Radisson* was his first novel for young adults.

ROGER FOURNIER
(1929-2012)

Le cercle des arènes (ROMANS ET NOUVELLES 1982)

MONTRÉAL / Né à Saint-Anaclet-de-Lessard, au Québec, Fournier a étudié au Séminaire de Rimouski et à l'Université Laval. Il a ensuite été producteur pour la télévision à Radio-Canada pendant plus de 30 ans. Il a aussi produit les spectacles de Gilles Vigneault et d'autres chanteurs québécois. Auteur d'une vingtaine de livres, Fournier a obtenu un prix Louis-Barthon de l'Académie française, un prix Arthur-Buies et un Prix Québec-Paris.

Born in Saint-Anaclet-de-Lessard, Quebec, Fournier was educated at the Séminaire de Rimouski and the Université Laval. Later, he worked as a television producer for over thirty years with Radio-Canada. He also produced shows for Gilles Vigneault and other Quebec singers. The author of over twenty books, Fournier's other awards include a Prix Louis-Barthon de l'Académie française, a Prix Arthur Buies and a Prix Québec-Paris.

CAROLE FRÉCHETTE Photo: Claude Dolbec

CAROLE FRÉCHETTE
(1949)

Les Quatre Morts de Marie (THÉÂTRE 1995)
Small Talk (THÉÂTRE 2014)

MONTRÉAL / Romancière, dramaturge, traductrice et actrice, Fréchette a étudié à l'École nationale de théâtre du Canada avant de se joindre au Théâtre des Cuisines, une troupe de théâtre marxiste féministe vouée à la mise en scène de pièces sur les droits des femmes. Après la dissolution du groupe, Fréchette a commencé une maîtrise à l'Université du Québec à Montréal. Plusieurs de ses pièces portent sur des thèmes relatifs à la solitude, l'injustice, la pauvreté et la violence. En 2002, Fréchette s'est vu remettre le prix Elinore et Lou Siminovitch pour sa contribution au théâtre canadien.

A novelist, playwright, translator and actress, Fréchette studied at the National Theatre School of Canada before joining Théâtre des Cuisines, a Marxist-feminist theatre group devoted to staging plays about women's rights. After the group disbanded, Fréchette worked towards an MA at the Université du Québec à Montréal. Many of her plays involve themes of solitude, injustice, poverty and violence. In 2002, Fréchette received the Elinore and Lou Siminovitch Prize for her contributions to Canadian Theatre.

MICHEL FREITAG
(1935-2009)

Le naufrage de l'université (ÉTUDES ET ESSAIS 1996)

MONTRÉAL / Originaire de la petite ville de La Chaux-de-Fonds, en Suisse, Freitag a étudié le droit et l'économie à l'Université de Neuchâtel avant de poursuivre des études supérieures en France. Après avoir soutenu une thèse sur le développement économique en Afrique, il a enseigné en Algérie. En 1970, il s'est installé au Canada et a accepté un poste au nouveau Département de sociologie de l'Université du Québec à Montréal. Fondateur de ce que certains appellent « l'École de Montréal » en sociologie, Freitag s'est fait connaître comme critique de la société postmoderne et néolibérale contemporaine. *Le naufrage de l'université* traite de l'écart que Freitag perçoit entre l'idéal de l'université moderne comme lieu de discussions désintéressées sur des questions importantes au plan culturel et la réalité d'une institution largement destinée à promouvoir des objectifs économiques pragmatiques et axés sur le commerce.

Born in the small town of La Chaux-de-Fonds, Switzerland, Freitag studied law and economics at the University of Neuchâtel before pursuing graduate studies in France. After completing a thesis on economic development in Africa, he spent time teaching in Algeria. In 1970, he moved to Canada and accepted a post in the newly formed Department of Sociology at the Université du Québec à Montréal. The founder of what is sometimes called the Montreal School, Freitag became famous as a critic of contemporary post-modern, neo-liberal society. *Le naufrage de l'université* discusses the gap Freitag sees between the ideal of the modern university as a home for disinterested discussion of culturally important issues and the reality of an institution largely intended to advance pragmatic, commercially driven, economic goals.

CHRISTIANE FRENETTE
(1954)

La terre ferme (ROMANS ET NOUVELLES 1998)

LÉVIS, QUÉBEC / Poétesse, nouvelliste et romancière, Frenette a obtenu une maîtrise en littérature québécoise de l'Université Laval. Elle a par la suite enseigné la littérature au Collège de Lévis-Lauzon, au Québec. Elle est membre de l'Union des écrivaines et des écrivains québécois. Son premier roman, *La terre ferme*, a été traduit en anglais par Sheila Fischman sous le titre *Terra Firma*.

A poet and short-story writer as well as a novelist, Frenette obtained her MA in Quebec literature from the Université Laval. Later, she began teaching literature at the Collège de Lévis-Lauzon in Lévis, Quebec. She is a member of the Union des écrivaines et des écrivains québécois. *La terre ferme* was her first novel. It has been translated into English by Sheila Fischman as *Terra Firma*.

KAROLYN SMARDZ FROST
(1956)

I've Got a Home in Glory Land (NON-FICTION 2007)

COLLINGWOOD, ONTARIO / Both an archaeologist and historian, Frost founded Toronto's renowned Archaeological Resource Centre, a unique educational facility that over its ten-year existence gave more than 100,000 adults and schoolchildren a chance to dig into their their city's archeological past. After completing a BA in Archaeology, an MA in Classical Studies and a PhD on Race and Slavery, Frost served as Executive Director of the Ontario Historical Society and, in 2009, was appointed Senior Research Fellow at York University's Harriet Tubman Institute. In 2012, she served as the Bicentennial Visiting Professor for Canadian Studies at Yale University. Her Governor General's Award-winning book, *I've Got a Home in Glory Land,* also received an Ontario Historical Society Special Book Award and a Heritage Toronto Award of Merit. Frost's other titles include *The Underground Railroad: Next Stop, Toronto!* written with Adrienne Shadd and Afua Cooper, *A Fluid Frontier* edited with Veta Tucker, and *Steal Away Home.*

Archéologue et historienne, Frost a fondé le réputé Centre de ressources archéologiques de Toronto, un établissement d'enseignement unique qui, en 10 ans d'existence, a permis à plus de 100 000 adultes et écoliers de fouiller dans le passé archéologique de leur ville. Après avoir obtenu un baccalauréat en archéologie, une maîtrise en études classiques et un doctorat sur le sujet du racisme et de l'esclavage, Frost a été directrice générale de la Société historique de l'Ontario. En 2009, elle a été nommée chercheure principale de l'Institut Harriet Tubman de l'Université York. En 2012, elle a été professeure invitée en études canadiennes à l'Université Yale. Son livre lauréat d'un Prix du Gouverneur général, *I've Got a Home in Glory Land,* a reçu un Ontario Historical Society Special Book Award ainsi qu'un Heritage Toronto Award of Merit. Parmi les autres ouvrages de Frost figurent *The Underground Railroad: Next Stop, Toronto!,* qu'elle a écrit avec Adrienne Shadd et Afua Cooper, *A Fluid Frontier,* dont elle a dirigé la publication avec Veta Tucker, et *Steal Away Home.*

NORTHROP FRYE
(1912–1991)

Northrop Frye on Shakespeare (NON-FICTION 1986)

TORONTO / Often cited as the twentieth century's most influential literary theorist, Frye is known especially for *Fearful Symmetry*, his detailed study of the romantic poet William Blake, and for his account of the generative origins of Western literature, *The Great Code.* Born in Sherbrooke, Quebec, and raised in Moncton, New Brunswick, Frye went to Toronto in 1929 to compete in a national typing contest. Once there, he enrolled as a student at Victoria College. Except for two years of study at Oxford, he remained at Victoria College for the rest of his life, becoming a university professor in 1967 and Chancellor in 1978. In 1951, he was elected a Fellow of the Royal Society of Canada and, in 1972, he was made a Companion of the Order of Canada.

NORTHROP FRYE Photo: Robert Lansdale Photography Ltd, University of Toronto Archives

Souvent cité comme le théoricien littéraire le plus influent du XXᵉ siècle, Frye est surtout connu pour *Fearful Symmetry*, son étude détaillée du poète romantique William Blake, et pour son récit des origines génératives de la littérature occidentale, *The Great Code*. Né à Sherbrooke, au Québec, Frye a grandi à Moncton, au Nouveau-Brunswick. En 1929, il s'est rendu à Toronto pour participer à un concours national de dactylographie. Là-bas, il s'est inscrit au Collège Victoria. Hormis deux années d'études à Oxford, il est demeuré au Collège Victoria le reste de sa vie, où il est devenu professeur en 1967 et chancelier en 1978. Il a été élu à la Société royale du Canada en 1951 et nommé Compagnon de l'Ordre du Canada en 1972.

LINDA GABORIAU

(1942)

Stone and Ashes by Daniel Danis (TRANSLATION 1996)
Forests by Wajdi Mouawad (TRANSLATION 2010)
Birds of a Kind by Wajdi Mouawad (TRANSLATION 2019)

MONTRÉAL / A graduate of McGill University, Gaboriau has worked as a theatre critic for the *Montreal Gazette* and as a freelance journalist for the CBC and for Radio-Canada. She also served as founding director of the Banff International Literary Translation Centre. She has translated over 125 plays, novels, essays and screenplays from French into English, making the work of many of Quebec's most prominent writers available to English-speaking Canadians. In 2015, she was appointed a Member of the Order of Canada.

Diplômée de l'Université McGill, Linda Gaboriau a travaillé en tant que critique de théâtre pour la *Montreal Gazette*, et en tant que journaliste indépendante pour la SRC et Radio-Canada. Elle a également occupé la fonction de directrice fondatrice du Banff International Literary Translation Centre. Elle a traduit plus de 125 pièces de théâtre, romans, essais et scénarios du français vers l'anglais. Elle a ainsi rendu accessible au public anglophone canadien les œuvres d'un grand nombre des plus importants écrivains du Québec. En 2015, elle fut nommée membre de l'Ordre du Canada.

PAUL GAGNÉ

(1961)

Un parfum de cèdre de Ann-Marie MacDonald, avec Lori Saint-Martin (TRADUCTION 2000)
Dernières notes de Tamas Dobozy, avec Lori Saint-Martin (TRADUCTION 2007)

Solomon Gursky de Mordecai Richler, avec Lori Saint-Martin (TRADUCTION 2015)
Le Monde selon Barney de Mordecai Richler, avec Lori Saint-Martin (TRADUCTION 2018)

MONTRÉAL / Traducteur professionnel ayant travaillé à Montréal et à Toronto, Gagné est titulaire d'une maîtrise en littérature française de l'Université Laval. Pendant de nombreuses années, il a travaillé pour le groupe Syntagme, qui se spécialise dans la traduction pour le gouvernement fédéral. Avec Lori Saint-Martin, Gagné a traduit près d'une centaine de romans et d'ouvrages non romanesques. Outre leurs quatre Prix littéraires du Gouverneur général, Gagné et Saint-Martin ont reçu un prix John-Glassco ainsi que trois prix de traduction de la Quebec Writers' Federation.

A professional translator who has worked in both Montréal and Toronto, Gagné holds a master's degree in French literature from the Université Laval. For many years, he worked for Groupe Syntagme, specializing in translations for the federal government. Together with Lori Saint-Martin, Gagné has translated nearly one hundred novels and works of non-fiction. In addition to their four Governor General's Literary Awards, Gagné and Saint-Martin have also won a John-Glassco Prize and three QWF Translation Prizes.

FRANÇOIS-MARC GAGNON
(1935)

Paul-Émile Borduas (1905-1960) (ÉTUDES ET ESSAIS 1978)

MONTRÉAL / Professeur d'histoire de l'art à l'Université de Montréal pendant 35 ans, Gagnon a aussi enseigné à l'École des beaux-arts de Montréal. L'étude approfondie qu'a faite Gagnon du peintre Paul-Émile Borduas contient plus de 150 reproductions de l'œuvre de Borduas. Parmi ses autres ouvrages figurent une étude du peintre Jean Dubuffet et un livre sur les premiers peintres de la Nouvelle-France. Gagnon est membre de l'Ordre du Canada et de la Société royale du Canada. Il a fondé l'Institut de recherche en art canadien Gail et Stephen A. Jarislowsky de l'Université Concordia, à Montréal.

A professor of art history at the Université de Montréal for thirty-five years, Gagnon also taught at the École des beaux-arts de Montréal. Gagnon's definitive study of the painter Paul-Émile Borduas contains over 150 reproductions of Borduas's work. His other works include a study of the painter Jean Dubuffet and a book about the early painters of New France. Gagnon is a Member of the Order of Canada and a Fellow of the Royal Society of Canada. He is also founder

MADELEINE GAGNON Photo: Josée Lambert, Groupe Ville-Marie Littérature

of the Gail and Stephen A. Jarislowsky Institute for Studies in Canadian Art at Concordia University in Montréal.

MADELEINE GAGNON
(1938)

Chant pour un Québec lointain (POÉSIE 1991)

RIMOUSKI, QUÉBEC / Poétesse, romancière et critique littéraire, Gagnon est diplômée en littérature et en philosophie du Collège Notre-Dame d'Acadie à Moncton, de l'Université de Montréal et de l'Université d'Aix-en-Provence, en France. Gagnon est originaire d'Amqui, au Québec; elle a cofondé le magazine *Chroniques*. Au cours de sa carrière, Gagnon a enseigné à l'Université du Québec à Montréal, à l'Université de Montréal, à l'Université de Sherbrooke et à l'Université du Québec à Rimouski. En 1987, elle a été admise à l'Académie des lettres du Québec. En 2003, elle a reçu le prix Athanase-David.

A poet, novelist and literary critic, Gagnon has degrees in literature and philosophy from the Collège Notre-Dame d'Acadie in Moncton, the Université de Montréal and the Université d'Aix-en-Provence in France. Born in Amqui, Quebec, she is a co-founder of the magazine *Chroniques*. Over the course of her career, Gagnon taught at the Université du Québec à Montréal, the Université de Montréal, the Université de Sherbrooke, and the Université du Québec à Rimouski. In 1987, Gagnon was named a member of the Académie des lettres du Québec. In 2003, she was awarded the Prix Athanase-David.

MAUDE SMITH GAGNON
(1980)

Un drap. Une place (POÉSIE 2012)

MONTRÉAL / Originaire de la Basse-Côte-Nord, au Québec, Gagnon possède une maîtrise en études littéraires de l'Université du Québec à Montréal. Son premier recueil de poèmes, *Une tonne d'air,* lui a valu le prix Émile-Nelligan en 2006. Son recueil primé, *Un drap. Une place* décrit, patiemment et dans un langage réfléchi, l'ordinaire et le quotidien, tels qu'on peut les trouver dans des rencontres, dans des lieux et des paysages très différents.

Born in Basse-Côte-Nord, Quebec, Gagnon received an MA in literary studies from the Université du Québec à Montréal. Her first collection of poetry, *Une tonne d'air,* was awarded the Prix Émile-Nelligan in 2006. In thoughtful language, *Un drap. Une place* patiently describes the ordinary and the everyday, as found in widely divergent places, landscapes and encounters.

NICOLE GAGNON
(1938)

Le XXᵉ siècle, Tome 1: 1898-1940, avec Jean Hamelin (ÉTUDES ET ESSAIS 1984)

QUÉBEC / Née à Mont-Joli, au Québec, Gagnon a enseigné la sociologie à l'Université Laval jusqu'à sa retraite, en 1999. Son livre primé, qu'elle a coécrit avec Jean Hamelin, examine l'influence de l'Église sur le développement social du Québec pendant la première moitié du XXᵉ siècle. Diplômée de l'Université Laval et de la Sorbonne, Gagnon est également célèbre pour son livre *L'antiféministe*, dans lequel elle critique le mouvement féministe, auquel elle attribue des dommages causés au langage contemporain, ainsi qu'un rôle dans l'appauvrissement des normes universitaires.

Born in Mont-Joli, Quebec, Gagnon taught sociology at the Université Laval until her retirement in 1999. Her award-winning book, co-authored with Jean Hamelin, examines the influence of the church on the social development of Quebec throughout the first half of the twentieth century. A graduate of the Université Laval and the Sorbonne, Gagnon is also famous for her book *L'antiféministe*, in which she criticises the feminist movement, both for the damage it has done to contemporary language and for its role in helping to lower academic standards throughout the academy.

MAVIS GALLANT
(1922–2014)

Home Truths (FICTION 1981)

PARIS, FRANCE / Born in Montréal, Gallant worked briefly for the National Film Board of Canada before becoming a reporter for the *Montreal Standard*. At 28, she moved to Paris to pursue her writing. After successfully placing many of her stories with *The New Yorker*, her work began to be anthologized. Ten collections of her writings appeared during her lifetime, including a major compendium entitled *Selected Stories*. In 1993, she was appointed a Companion of the Order of Canada.

MAVIS GALLANT Photo: Alfredo di Molli

Originaire de Montréal, Gallant a travaillé brièvement à l'Office national du film du Canada avant de devenir journaliste pour le *Montreal Standard*. À l'âge de 28 ans, elle a déménagé à Paris pour poursuivre sa carrière d'écrivaine. Après avoir publié avec succès plusieurs de ses récits dans le *New Yorker*, son travail a commencé à figurer dans des anthologies. Dix recueils de ses écrits ont paru de son vivant, dont un important compendium intitulé *Selected Stories*. En 1993, elle a été nommée Compagnon de l'Ordre du Canada.

ANNOUCHKA GRAVEL GALOUCHKO
(1960)

Shō et les dragons d'eau (Littérature jeunesse – illustrations 1995)

Vaudreuil-Dorion, Québec / Originaire de Montréal, Galouchko a passé une grande partie de son enfance à voyager dans le monde, vivant avec sa famille en Égypte, au Mexique, en Autriche et en Iran. Ces séjours à l'étranger ont eu une influence durable sur son art et ses illustrations. Après avoir obtenu un baccalauréat en beaux-arts de l'Université du Québec, Galouchko a commencé à travailler à temps plein comme artiste en techniques mixtes. Son premier livre, *The Nutmeg Princess*, est paru en 1992. *Shō et les dragons d'eau* (traduit en anglais sous le titre *Sho and the Demons of the Deep*) décrit comment la mer se remplit d'esprits en colère parce que les gens y ont jeté leurs mauvais rêves, et comment une jeune fille, Shō, trouve une solution extraordinaire pour améliorer la vie de tous.

Born in Montréal, Galouchko spent much of her childhood travelling the world, living with her family in Egypt, Mexico, Austria and Iran. These foreign sojourns had a lasting influence on her art and illustrations. After graduating with a Bachelor of Fine Arts degree from the Université du Québec, Galouchko began work as a full-time mixed-media artist. Her first book, *The Nutmeg Princess*, appeared in 1992. *Shō et les dragons d'eau* (translated into English as *Sho and the Demons of the Deep*) tells the story of how the sea becomes full of angry spirits because people have been throwing their bad dreams into the water, and how a young girl, Shō, comes up with an extraordinary solution that is able to improve life for everyone.

MICHEL GARNEAU
(1939)

Mademoiselle Rouge (Théâtre 1989)

ANNOUCHKA GRAVEL GALOUCHKO Photo: Daniel Bouguerra

MICHEL GARNEAU Photo: Martin Blache

MONTRÉAL / Poète, dramaturge, comédien et musicien, Garneau a abandonné l'école à l'âge de quatorze ans. Un an plus tard, il est devenu annonceur radio. Sa pièce, *Mademoiselle Rouge*, est une adaptation du conte classique du Petit chaperon rouge mettant en scène un chaperon rouge adulte qui se remémore les événements marquants de son enfance. Garneau est l'auteur d'une cinquantaine de pièces. Il a été emprisonné pendant la crise d'Octobre de 1970. En 1977, il a refusé le Prix littéraire du Gouverneur général dans la catégorie « Théâtre ». La liste complète des œuvres de Garneau apparaît dans le livre de Claude Des Landes, *Michel Garneau, écrivain public*, paru en 1987.

A poet, playwright, actor and musician, Garneau dropped out of school at age fourteen. A year later, he became a radio announcer. His play *Mademoiselle Rouge* is an adaptation of the classic Little Red Riding Hood tale, featuring an adult Red Riding Hood reflecting back on the fateful events of her childhood. The author of some fifty plays, Garneau was imprisoned during the 1970 October Crisis. In 1977, he was offered, but declined, the Governor General's Literary Award for Théâtre. A complete list of Garneau's work appears in Claude Des Landes's 1987 book, *Michel Garneau, écrivain public*.

HUGH GARNER
(1913–1979)

Hugh Garner's Best Stories (FICTION 1963)

TORONTO / Born in Batley, England and raised in Toronto, Garner is perhaps best known for his novel *Cabbagetown*, depicting life in the famous Toronto neighborhood during the Great Depression. During the Spanish Civil War, Garner fought as part of the International Brigades. During the First World War, he served first in the Royal Canadian Artillery and later in the Canadian Navy. His autobiography, *One Damn Thing After Another!*, appeared in 1973. A housing cooperative in Cabbagetown is named in his memory.

Originaire de Batley, en Angleterre, Garner a grandi à Toronto. Il est peut-être mieux connu pour son roman *Cabbagetown*, qui dépeint la vie dans le célèbre quartier de Toronto pendant la Grande Dépression. Pendant la guerre civile espagnole, Garner a combattu avec les Brigades internationales. Durant la Première Guerre mondiale, il a d'abord servi dans l'Artillerie royale canadienne, puis dans la Marine canadienne. Son autobiographie, *One Damn Thing After Another!*, est parue en 1973. Une coopérative d'habitation de Cabbagetown porte son nom.

HUGH GARNER Photo: *Toronto Star* Archives / Getty Images

JEAN-ROCK GAUDREAULT
(1972)

Deux pas vers les étoiles (THÉÂTRE 2003)

LONGUEUIL, QUÉBEC / Originaire de Jonquière, au Québec, Gaudreault est diplômé de l'École nationale de théâtre du Canada. Sa première pièce, *La Raccourcie*, a d'abord été présentée par le Théâtre les gens d'en bas, à Rimouski, en 1997, puis à Québec, Ottawa et Toronto. Sa première pièce jeunesse, *Mathieu trop court, François trop long*, a remporté le Prix des jeunes écritures RFI en 1996 et le prix Rideau-OFQJ en 2000. *Deux pas vers les étoiles* raconte l'histoire d'un apprenti astronaute et de sa petite amie. Un exemplaire de la pièce se trouve dans la bibliothèque de la Station spatiale internationale. C'est l'astronaute canadien Bob Thirsk qui l'y a placé.

Born in Jonquière, Québec, Gaudreault is a graduate of the National Theatre School of Canada. His first play, *La Raccourcie*, premiered at the Théâtre Les Gens d'en bas in Rimouski in 1997 and was later performed in Quebec, Ottawa and Toronto. His first play for young people, *Mathieu trop court, François trop long*, won the Prix RFI-Jeunesse in 1996 and the Prix Rideau-OFQJ in 2000. *Deux pas vers les étoiles* tells the story of an aspiring astronaut and his girlfriend. A copy of the play sits in the library of the International Space Station, delivered there by Canadian astronaut Bob Thirsk.

MARIE-LOUISE GAY
(1952)

Rainy Day Magic (CHILDREN'S LITERATURE – ILLUSTRATION 1987)
Yuck, a Love Story by Don Gilmor (CHILDREN'S LITERATURE – ILLUSTRATION 2000)

MONTRÉAL / One of Canada's most prolific book illustrators, Gay studied at the Institut des arts graphiques and at the Musée des beaux-arts de Montréal before becoming artistic director for Éditions de la courte échelle in 1981. Since then, she has worked as a professional illustrator and has taught design and illustration at the Université du Québec à Montréal. The author or illustrator of over sixty books, her work has been translated into numerous languages, including Chinese, German, Slovenian, Hebrew and Portuguese. Her numerous awards include two Canada Council Children's Literature Prizes, two Amelia Frances Howard-Gibbon

MARIE-LOUISE GAY Photo: Gilbert Duclos

Awards, an Elizabeth Mrazik-Cleaver Canadian Picture Book Award and a Ruth Schwartz Award, in addition to her two Governor General's Literary Awards.

L'une des illustratrices de livres les plus prolifiques au Canada, Gay a étudié à l'Institut des arts graphiques et au Musée des beaux-arts de Montréal avant de devenir directrice artistique aux éditions La courte échelle, en 1981. Depuis, elle a travaillé comme illustratrice professionnelle et a enseigné le design et l'illustration à l'Université du Québec à Montréal. Auteure ou illustratrice de plus de soixante livres, son œuvre a été traduite dans plusieurs langues, dont le chinois, l'allemand, le slovène, l'hébreu et le portugais. Parmi les nombreuses récompenses qu'elle a reçues figurent deux Prix de littérature jeunesse du Conseil des arts du Canada, deux prix Amelia-Frances-Howard-Gibbon, un prix Elizabeth-Mrazik-Cleaver pour le meilleur livre d'images canadien, un prix Ruth-Schwartz et deux Prix littéraires du Gouverneur général.

KAROLINE GEORGES
(1970)

De synthèse (Romans et nouvelles 2018)

Saint-Hyacinthe, Québec / Diplômée en études cinématographiques de l'Université du Québec à Chicoutimi et en histoire de l'art de l'Université du Québec à Montréal, Georges a publié son premier roman, *La Mue de l'hermaphrodite*, en 2001. En plus de signer des romans, des nouvelles, de la poésie et de la littérature jeunesse, elle a également travaillé comme artiste pluridisciplinaire privilégiant les aspects créatifs des technologies modernes. Outre un Prix littéraire du Gouverneur général, *De synthèse* lui a valu un prix Jacques-Brossard, un prix Boréal et un prix Arlette-Couture.

Educated in film studies at the Université du Québec à Chicoutimi and in art history at the Université du Québec à Montréal, Georges published her debut novel, *La Mue de l'hermaphrodite*, in 2001. In addition to publishing novels, short stories, poetry and children's literature, she has worked as a multidisciplinary artist emphasizing the creative aspects of modern technology. *De synthèse* not only won a Governor General's Literary Award, it also won a Jacques-Brossard prize, an Aurora Boréal prize and an Arlette-Couture prize.

JOHN MURRAY GIBBON Photo: Courtesy of / Reproduite avec la permission de Glenbow Archives, University of Calgary Archives and Special Collections

JOHN MURRAY GIBBON
(1875–1952)

Canadian Mosaic (General Literature 1938)

Montréal / Founding president of the Canadian Authors Association, Gibbon was born in Ceylon (now Sri Lanka) and educated at the University of Aberdeen, Oxford University and the University of Göttingen. In 1913, he immigrated to Canada. As an executive with the Canadian Pacific Railway, he initiated a series of corporate sponsorships for literary, artistic and musical events. In 1931, he was awarded the Prix David in Quebec and, in 1940, he received an honorary doctorate of laws from the Université de Montréal. Active as a translator as well as an author, Gibbon introduced the idea of Canada being a cultural mosaic, an idea that had significant influence on the evolution of Canadian multiculturalism.

Président fondateur de la Canadian Authors Association, Gibbon est né au Ceylan (aujourd'hui le Sri Lanka) et a étudié à l'Université d'Aberdeen, à l'Université d'Oxford et à l'Université de Göttingen. En 1913, il a immigré au Canada. En tant que cadre supérieur au Chemin de fer Canadien Pacifique, il est à l'origine d'une série de commandites d'événements littéraires, artistiques et musicaux. En 1931, Gibbon a remporté le prix David au Québec et, en 1940, l'Université de Montréal lui a décerné un doctorat honorifique en droit. À la fois traducteur et auteur, Gibbon a lancé l'idée que le Canada est une mosaïque culturelle, une proposition qui a eu une influence considérable sur l'évolution du multiculturalisme canadien.

FRANÇOIS GILBERT
(1980)

Hare Krishna (Littérature jeunesse – texte 2016)

Montréal / Le premier roman de Gilbert, *Coma*, lui a valu le Prix Canada-Japon en 2012. Son second roman, *La maison d'une autre*, a été en lice pour le Prix des libraires du Québec en 2015. Pendant une décennie, Gilbert a aussi fait de l'improvisation théâtrale avec la Ligue d'Improvisation Montréalaise. Il travaille à l'Université du Québec à Montréal depuis 2003.

FRANÇOIS GILBERT Photo: Zaire, Carl Hugo

Gilbert's first novel, *Coma*, won the Canada-Japan Prize in 2012. His second novel, *La maison d'une autre*, was shortlisted for the Prix des libraires du Québec in 2015. For a decade, Gilbert has also done improvisational threatre with the Ligue d'Improvisation Montréalaise. He has worked at the Université du Québec à Montréal since 2003.

WILLIAM GILKERSON
(1936–2015)

Pirate's Passage (CHILDREN'S LITERATURE – TEXT 2006)

MAHONE BAY, NOVA SCOTIA / Born in Chicago, Gilkerson travelled to Paris to study the great masters when he was just sixteen. At seventeen, he enrolled in the US Marine Corps. After being honorably discharged as a decorated expert rifleman, he worked as managing editor of the *St Louis Magazine*, as a special-features writer for the *San Francisco Chronicle*, as a professional marine artist, and as a bagpiper in the street group The Golden Toad. His artwork has been displayed in scores of public and private institutions, including the National Library of Scotland, the US Naval Academy Museum, the US Naval War College and the Peabody Essex Museum in Salem. Gilkerson wrote and illustrated thirteen books, including his Governor General's Award-winning novel, *Pirate's Passage*. In 2015, *Pirate's Passage* was adapted into an animated film, starring Donald Sutherland as the voice of Captain Charles Johnson.

Originaire de Chicago, Gilkerson s'est rendu à Paris pour étudier les grands maîtres alors qu'il n'avait que seize ans. À dix-sept ans, il s'est enrôlé dans le Corps des Marines des États-Unis. Après avoir été honorablement libéré de ses fonctions à titre de fusilier expert décoré, il a été rédacteur en chef du *St Louis Magazine*, rédacteur de chroniques spécialisées pour le *San Francisco Chronicle*, artiste marin professionnel et cornemuseur dans le groupe ambulant The Golden Toad. Ses œuvres d'art ont été exposées dans de nombreuses institutions publiques et privées, dont la Bibliothèque nationale d'Écosse, le US Naval Academy Museum, le Naval War College des États-Unis et le Peabody Essex Museum de Salem. Gilkerson a écrit et illustré treize livres, y compris son roman lauréat d'un Prix du Gouverneur général, *Pirate's Passage*. En 2015, *Pirate's Passage* a été adapté au cinéma. Donald Sutherland prête sa voix au capitaine Charles Johnson dans ce film d'animation.

DON GILLMOR
(1954)

To the River: Losing My Brother (Non-fiction 2019)

Toronto / The recipient of over a dozen National Magazine Awards, National Newspaper Awards and Western Magazine Awards, Gillmor is known to many readers for his two-volume companion to the CBC award-winning television series *Canada: A People's History*. His first novel, the critically acclaimed *Kanata*, also dealt with themes in Canadian history. The author of numerous children's books, Gillmor has served as a senior editor for *The Walrus* and as a contributing editor to *Toronto Life*. His non-fiction book, *Stratford behind the Scenes*, is a richly illustrated book about the process of mounting a season of theatre at Canada's fabled Stratford Festival.

Lauréat de plus d'une douzaine de National Magazine Awards, National Newspaper Awards et Western Magazine Awards, Gillmor est connu du public pour ses deux ouvrages complémentaires accompagnant la série télévisée primée de la SRC *Canada : A People's History*. Son premier roman, *Kanata*, encensé par la critique, traite également de l'histoire canadienne. En plus d'être l'auteur d'un grand nombre de livres pour enfants, Gillmor a également travaillé comme éditeur en chef pour *The Walrus*, et collaboré à la rédaction de *Toronto Life*. Son livre de non-fiction, *Stratford behind the Scenes*, est richement illustré. Il dépeint l'organisation d'une saison théâtrale lors du célèbre festival canadien de Stratford.

RACHNA GILMORE
(1953)

A Screaming Kind of Day (Children's Literature – Text 1999)

Gloucester, Ontario / Born in New Delhi, India, Gilmore was an avid reader as a child. Classics such as *Anne of Green Gables* and *Little Women* inspired her to begin writing herself. Her first book, *My Mother Is Weird*, appeared in 1988. Since then, her many children's books have been translated into French, Danish, German, Korean, Spanish, Urdu, Bengali and Chinese. A graduate of King's College, London, and of the University of Prince Edward Island, Gilmore has published over two dozen novels, children's readers and picture books.

Née à New Delhi, en Inde, Gilmore était une lectrice passionnée lorsqu'elle était enfant. Des classiques comme *Anne of Green Gables* (v.f. *Anne… La maison aux pignons verts*) et *Little Women* (v.f. *Les quatre filles du docteur March*) ont été pour elle des sources d'inspiration. Son premier ouvrage, *My Mother is Weird*, est paru en 1988. Depuis, ses nombreux livres pour enfants ont été traduits en français, en danois, en allemand, en coréen, en espagnol, en urdu, en bengali, en chinois et en d'autres langues. Diplômée du King's College de Londres et de l'Université de l'Île-du-Prince-Édouard, Gilmore a publié une vingtaine de romans, de livres de lecture pour enfants et de livres d'images.

DAVID GILMOUR
(1949)

A Perfect Night to Go to China (FICTION 2005)

TORONTO / For many years, Gilmour worked as national film critic for CBC television's *The Journal* and as host of *Gilmour on the Arts* on CBC Newsworld. He also worked at the Toronto International Film Festival and as Pelham Edgar Professor of Literary Studies at Victoria College, Toronto. His award-winning novel, *A Perfect Night to Go to China*, begins with every parent's worst nightmare: the disappearance of a child. Has the young boy been kidnapped? Has he been killed? The book has been translated into Russian, French, Thai, Italian, Dutch, Bulgarian, Turkish and Serbian.

Pendant de nombreuses années, Gilmour a été critique national de cinéma pour *The Journal* à la CBC et a animé l'émission *Gilmour on the Arts* à CBC Newsworld. Il a également travaillé au Festival international du film de Toronto et a été professeur invité Pelham Edgar en études littéraires au Collège Victoria, à Toronto. Son roman primé, *A Perfect Night to Go to China*, s'amorce avec le pire cauchemar de chaque parent : la disparition d'un enfant. Le jeune garçon a-t-il été enlevé? A-t-il été tué? Le livre a été traduit en russe, en français, en thaïlandais, en italien, en néerlandais, en bulgare, en turc et en serbe.

DAVID GILMOUR Photo: Courtesy of / Reproduite avec la permission de CBC/Radio-Canada (CBC Still Photo Collection)

CHARLOTTE GINGRAS

(1943)

La liberté? Connais pas … (LITTÉRATURE JEUNESSE – TEXTE 1999)
Un été de Jade (LITTÉRATURE JEUNESSE – TEXTE 2000)

MONTRÉAL / Née à Québec, Gingras a travaillé comme enseignante au primaire et comme artiste visuelle, en plus d'être une auteure. Elle est membre de l'Union des écrivaines et des écrivains québécois. À ses deux Prix littéraires du Gouverneur général s'ajoutent un Prix du livre M. Christie pour *La boîte à bonheur* (2003), un Prix des bibliothèques de Montréal du livre jeunesse (2009) et un prix Alvine-Bélisle pour *Guerres* (2012).

Born in Québec City, Gingras has worked as a primary school teacher and a visual artist, as well as an author. She is a member of the Union des écrivaines et des écrivains québécois. In addition to her two Governor General's Literary Awards, Gingras has received a Mr. Christie's Book Award for *La boîte à bonheur* in 2003, a Prix du livre jeunesse des bibliothèques de Montréal in 2009, and a Prix Alvine-Bélisle for *Guerres* in 2012.

RENÉ GINGRAS

(1952)

Syncope (THÉÂTRE 1983)

MONTRÉAL / Auteur, écrivain et traducteur, Gingras a étudié à l'Université McGill et à l'École nationale de théâtre du Canada, où il a dirigé le programme d'écriture théâtrale de 1990 à 1995. Il a été écrivain en résidence au Théâtre du Nouveau Monde, à Montréal, et à la Chartreuse de Villeneuve lez Avignon, en France. En 1991 et 1992, il a été président du Centre des auteurs dramatiques. *Syncope* est sa première pièce.

An author, writer and translator, Gingras studied at McGill University and at the National Theatre School of Canada, where he later led the drama-writing program from 1990 to 1995. He has also been a writer-in-residence at the Théâtre du Nouveau Monde in Montréal and at the Chartreuse de Villeneuve lez Avignon in France. In 1991 and 1992, he served as president of the Centre des auteurs dramatiques. *Syncope* was his first play.

ANDRÉ GIROUX
(1916-1977)

Malgré tout, la joie! (ROMANS ET NOUVELLES 1959)

QUÉBEC / Originaire de Québec, Giroux a remporté le premier Prix littéraire du Gouverneur général dans la catégorie « Romans et nouvelles ». Journaliste et romancier, il a parfois écrit sous le pseudonyme de René De Villers. Parmi ses romans figurent *Au-delà des visages* et *Le gouffre a toujours soif*. En 1949, il a reçu le prix Montyon de l'Académie française. Il a obtenu une bourse Guggenheim en 1952 et a été admis à la Société royale du Canada en 1959.

Born in Québec City, Giroux was winner of the first Governor General's Literary Award in the category Romans et nouvelles. A journalist as well as a novelist, Giroux sometimes wrote under the pseudonym René De Villers. His novels include *Au-delà des visages* and *Le gouffre a toujours soif*. In 1949, he received a Prix Montyon from the Académie Française. In 1952, he was awarded a Guggenheim Fellowship and in 1959 he was elected a Fellow of the Royal Society of Canada.

JOHN GLASSCO
(1909–1981)

Selected Poems (POETRY 1971)

FOSTER, QUÉBEC / Something of Glassco's complexity can be glimpsed from the title of Brian Busby's biography of the man: *A Gentleman of Pleasure – One Life of John Glassco, Poet, Memoirist, Translator, and Pornographer*. His book, *Memoirs of Montparnasse*, is a chronicle of his life in Paris during the 1920s. The book contains reports of his encounters with the likes of James Joyce, Gertrude Stein and Ernest Hemingway. Well known for his erotica and for the delight he found in carrying out hoaxes, Glassco often published under a pseudonym. Even so, it was his poetry, focusing largely as it does on Quebec's Eastern Townships, that brought him to the attention of wider audiences across Canada.

On peut entrevoir une part de la complexité de Glassco dans le titre de sa biographie, rédigée par Brian Busby : *A Gentleman of Pleasure – One Life of John Glassco, Poet, Memoirist, Translator, and Pornographer*. Son livre *Memoirs of Montparnasse* (v.f. *Mémoires de Montparnasse*) est une chronique de sa vie à Paris dans les années 1920. Il y relate ses rencontres avec James Joyce, Gertrude Stein et Ernest

Hemingway. Aussi bien connu pour son sens de l'érotisme que pour le plaisir qu'il trouvait à monter des canulars, Glassco a souvent publié sous un pseudonyme. Malgré tout, c'est sa poésie, décrivant principalement les Cantons de l'Est du Québec, qui l'a fait connaître à un public canadien plus vaste.

DOUGLAS GLOVER
(1948)

Elle (FICTION 2003)

PLAINFIELD, VERMONT / Called "the mad genius of Can Lit" by *The Globe and Mail*[37] and "the most eminent unknown Canadian writer alive" by *Maclean's* magazine[38], Glover grew up in rural Ontario before studying philosophy at York University and the University of Edinburgh. Later, he studied writing at the University of Iowa. The author of numerous novels, short-story collections and non-fiction books, Glover received the Writers' Trust of Canada Timothy Findley Award in 2007. In 2004, a collection of essays discussing his work appeared under the title, *The Art of Desire: The Fiction of Douglas Glover*. His award-winning novel, *Elle,* tells the story of a French noblewoman abandoned on the Isle of Demons off the coast of Newfoundland in 1542. The novel was adapted into a play of the same name by Severn Thompson in 2016.

Surnommé « le génie fou de la littérature canadienne » par le *Globe and Mail*[39] et « l'écrivain canadien le plus éminement inconnu » par le magazine *Maclean's*[40], Glover a grandi dans une région rurale de l'Ontario. Il a fait des études en philosophie à l'Université York et à l'Université d'Édimbourg, avant d'étudier l'écriture à l'Université de l'Iowa. Auteur de nombreux romans, recueils de nouvelles et livres documentaires, Glover a reçu le prix Timothy-Findley de la Société d'encouragement aux écrivains du Canada en 2007. En 2004, un recueil d'essais traitant de son œuvre est paru sous le titre *The Art of Desire : The Fiction of Douglas Glover*. Son roman primé, *Elle,* raconte l'histoire d'une femme de la noblesse française abandonnée sur l'île aux Démons, au large des côtes de Terre-Neuve, en 1542. Le roman a été adapté en une pièce du même nom, en 2016, par Severn Thompson.

JACQUES GODBOUT Photo: © André Cornellier

JACQUES GODBOUT
(1933)

Salut Galarneau! (ROMANS ET NOUVELLES 1967)

MONTRÉAL / Romancier, poète, essayiste et cinéaste, Godbout a enseigné le français en Éthiopie avant de se joindre à l'Office national du film du Canada, en 1958. L'année suivante, il a cofondé le magazine *Liberté*, dont il est devenu le rédacteur en chef en 1961. En 1962, il a participé à la fondation du Mouvement laïque de langue française et à celle de l'Union des écrivaines et des écrivains québécois en 1977. Fait chevalier de l'Ordre national du Québec en 1998, Godbout a reçu l'insigne d'Officier de l'Ordre du Canada en 2016.

A novelist, poet, essayist and filmmaker, Godbout taught French in Ethiopia before joining the National Film Board of Canada in 1958. The following year, he became one of the co-founders of the magazine *Liberté*. In 1961, he became its editor. In 1962, he helped found the Mouvement laïque de langue française and, in 1977, the Union des écrivaines et des écrivains québécois. Appointed a Chevalier of the Ordre national du Québec in 1998, Godbout became an Officer of the Order of Canada in 2016.

DAVE GODFREY
(1938–2015)

The New Ancestors (FICTION 1970)

TORONTO / A publisher and academic as well as an author, Godfrey studied at the University of Toronto, the University of Iowa and Stanford University. He also served for two years in Ghana with the Canadian University Service Overseas (CUSO) before accepting a teaching position at the University of Victoria. Born in St Vital, Manitoba, he was co-founder of three influential Canadian publishing houses: the House of Anansi, New Press and Press Porcépic. He is known for several anthologies of short stories, including *Death Goes Better with Coca-Cola*.

Éditeur, professeur universitaire et auteur, Godfrey a étudié à l'Université de Toronto, à l'Université de l'Iowa et à l'Université Stanford. Il a également servi pendant deux ans au Ghana avec le CUSO avant d'accepter un poste d'enseignant à l'Université de Victoria. Né à Saint-Vital, au Manitoba, il a cofondé trois maisons d'édition canadiennes influentes : House of Anansi Press, New Press et Press Porcépic. Il est connu pour ses multiples anthologies de nouvelles, dont *Death Goes Better with Coca-Cola*.

JACQUES GOLDSTYN
(1958)

Azadah (Littérature jeunesse – livres illustrés 2017)

Montréal / Diplômé de l'Université de Montréal, Goldstyn a travaillé comme géologue au Québec et en Alberta avant d'entreprendre une carrière d'illustrateur. En 1981, il a illustré son premier livre, *Le petit débrouillard*, qui dépeint une pléiade de personnages imaginaires appelés les Débrouillards. Il est originaire de Saint-Eugène-d'Argentenay, au Québec. On retrouve ses caricatures politiques dans des publications d'Amnistie Internationale sous le nom de plume de Boris. En 2001, il a reçu le prix Michael-Smith pour son apport à la vulgarisation scientifique au Canada. En 2009 et 2011, ses illustrations éditoriales lui ont valu le Grand Prix du journalisme indépendant du Québec.

A graduate of the Université de Montréal, Goldstyn worked as a geologist in Quebec and Alberta before turning to a career as an illustrator. In 1981, he illustrated his first book, *Le Petit Débrouillard*, featuring a cast of imaginary characters called the Débrouillards. A native of Saint-Eugène-d'Argentenay, Québec, his political cartoons often appear with Amnesty International under the pen name Boris. In 2001, he received the Michael Smith Prize for his contributions to science in Canada. In 2009 and 2011, he received the Grand Prix of independent journalism in Quebec for his editorial illustrations.

ROB GONSALVES
(1959–2017)

Imagine a Day by Sarah L. Thomson (Children's Literature – Illustration 2005)

Mallorytown, Ontario / Influenced by surrealist figures such as Salvador Dali, Yves Tanguy and M. C. Escher, Gonsalves was a leader in what is often called *magic realism*, an artistic blending of modern realism with the unimaginable. After studying at Ontario College of Art and Design University and later at Ryerson University, Gonsalves turned to art full time, a decision helped by the recognition he received at the 1990 Toronto Outdoor Art Exhibition. In addition to

Imagine a Day, his other children's books include *Imagine a Night* and *Imagine a Place*. As Gonsalves told his readers on his Facebook page, "A childhood of daydreaming and drawing has evolved into a career of making paintings that are primarily a celebration of imagination."[41] His artwork also appeared on the cover of the book *Masters of Deception: Escher, Dali and the Artists of Optical Illusion*.

Influencé par des artistes surréalistes comme Salvador Dali, Yves Tanguy et M. C. Escher, Gonsalves est un précurseur de ce que l'on appelle souvent le réalisme magique, un savant mélange du réalisme moderne et de l'inimaginable. Artiste naturellement doué, Gonsalves a étudié l'architecture avant de se consacrer à la peinture à temps plein, une décision facilitée par l'accueil enthousiaste qu'il a reçu lors de la Toronto Outdoor Art Exhibition, en 1990. Outre *Imagine a Day*, il a illustré d'autres livres pour enfants tels *Imagine a Night* et *Imagine a Place*. Comme l'a confié Gonsalves à ses lecteurs : « Une enfance marquée par les rêveries et les dessins s'est muée en une carrière de peintre dont les tableaux sont avant tout le fruit de l'imagination[42]. » Ses œuvres ont également figuré sur la couverture de *Masters of Deception : Escher, Dali and the Artists of Optical Illusion*.

T. A. (THOMAS ANDERSON) GOUDGE
(1910–1999)

The Ascent of Life (NON-FICTION 1961)

TORONTO / A Halifax native, Goudge taught philosophy at the University of Toronto for almost forty years. During the Second World War, he served in the Royal Canadian Naval Volunteer Reserve, finishing the war at the rank of Lieutenant Commander. A Fellow of the Royal Society of Canada, he also served as president of the Canadian Philosophical Association, as acting editor of the *University of Toronto Quarterly* and as chairman of the Department of Philosophy at the University of Toronto. His award-winning book, *The Ascent of Life*, remains of foundational importance in post-positivist philosophy of biology.

Né à Halifax, Goudge a enseigné la philosophie à l'Université de Toronto pendant près de 40 ans. Durant la Seconde Guerre mondiale, il a servi dans la Réserve de volontaires de la Marine royale du Canada, et avait atteint le grade de capitaine de corvette à la fin de la guerre. Membre de la Société royale du Canada, il a aussi été rédacteur en chef intérimaire du *University of Toronto Quarterly*, président de l'Association canadienne de philosophie et directeur du Département de philosophie de l'Université de Toronto.

IGOR GOUZENKO Photo: AFP, Getty Images

IGOR GOUZENKO

(1919–1982)

The Fall of a Titan (FICTION 1954)

TORONTO / A cipher clerk posted at the Soviet Union's Ottawa embassy during the Second World War, Gouzenko left the embassy on September 5, 1945, taking with him 109 secret documents stolen from the embassy's safe. It took him two days before he was able to convince someone in authority to let him defect. A year later, Prime Minister Mackenzie King established a Royal Commission to investigate spying on the part of the Soviet Union. Gouzenko became a Canadian citizen in 1947, but lived in hiding with his family under an assumed name until his death in 1982. In addition to *The Fall of a Titan*, Gouzenko wrote an autobiographical account of his defection entitled *This Was My Choice*, published in 1948. Reluctant to appear openly in public for fear of his safety during the Cold War, Gouzenko did not attend the award ceremony to accept his Governor General's Literary Award medal.[43]

Chiffreur à l'ambassade de l'Union soviétique à Ottawa pendant la Seconde Guerre mondiale, Gouzenko a quitté l'ambassade le 5 septembre 1945, emportant avec lui 109 documents classifiés qu'il a volés dans le coffre-fort de l'ambassade. Il lui a fallu deux jours pour convaincre un responsable administratif de le laisser passer à l'Ouest. L'année suivante, le premier ministre Mackenzie King a créé une commission royale pour enquêter sur l'espionnage soviétique. Gouzenko est devenu citoyen canadien en 1947, mais a vécu caché avec sa famille sous un faux nom jusqu'à sa mort, en 1982. En plus de *The Fall of a Titan*, Gouzenko a écrit un récit autobiographique de sa défection intitulé *This Was My Choice*, publié en 1948. Craignant pour sa sécurité, il était réticent à se présenter en public pendant la Guerre froide. De ce fait, Gouzenko n'a pas assisté à la cérémonie de remise des Prix littéraires du Gouverneur général pour y recevoir sa médaille[44].

WAYNE GRADY

(1948)

On the Eighth Day by Antonine Maillet (TRANSLATION 1989)

VANCOUVER / The author of over a dozen books of non-fiction and the translator of over a dozen novels, Grady lectures in the creative writing program at the University of British Columbia, Vancouver. Born in Windsor, Ontario, his best-selling titles include *Emancipation Day*, a novel of denial and identity, *Breakfast at the Exit Café* which he co-authored with his wife, novelist Merilyn Simonds, and the international bestseller *Tree: A Life Story*, written with David Suzuki.

Auteur d'une dizaine d'ouvrages documentaires et traducteur d'une dizaine de romans, Grady donne des cours dans le cadre du programme de création littéraire de l'Université de la Colombie-Britannique. Originaire de Windsor, en Ontario, ses titres à succès comprennent *Emancipation Day*, un roman sur le déni et l'identité; *Breakfast at the Exit Café*, qu'il a coécrit avec son épouse, la romancière Merilyn Simonds; et le livre à succès international, *Tree: A Life Story*, qu'il a rédigé avec David Suzuki.

GWETHALYN GRAHAM
(1913–1965)

Swiss Sonata (FICTION 1938)
Earth and High Heaven (FICTION 1944)

TORONTO / After studying at the Pensionnat les Allières in Lausanne, Switzerland, and at Smith College in Northampton, Massachusetts, Graham (also known as Gwethalyn Graham Erichsen-Brown) began work on her first novel, *Swiss Sonata*, at age 21. The novel is loosely based on Graham's time in Switzerland during the lead-up to the Second World War. She completed it two years later. Two years after that, it was published. Her second novel was released under the title *Earth and High Heaven*. The novel tells the story of a romance set during the Second World War between Erica Drake, a young protestant woman from Westmount, Quebec, and Marc Reiser, a Jewish lawyer from Northern Ontario, and was the first Canadian book to reach number one on *The New York Times* best-seller list. The book was optioned by Metro-Goldwyn-Meyer for a film that was to star Katharine Hepburn, although the film was never made.

Après avoir étudié au Pensionnat les Allières à Lausanne, en Suisse, et au Collège Smith de Northampton, au Massachusetts, Graham (aussi connue sous le nom de Gwethalyn Graham Erichsen-Brown) a commencé à écrire son premier roman, *Swiss Sonata*, à l'âge de vingt-et-un ans. Ce roman est librement inspiré du séjour de Graham en Suisse pendant la période qui a précédé la Seconde Guerre mondiale. Elle l'a achevé deux ans plus tard et il a fallu attendre deux autres années avant sa parution. Son deuxième roman, *Earth and High Heaven*, raconte l'histoire d'une idylle qui se déroule pendant la Seconde Guerre mondiale entre Erica Drake, une jeune protestante de Westmount, au Québec, et Marc Reiser, un avocat juif du Nord de l'Ontario. Il est le premier livre canadien à s'être classé en tête de la liste des succès de librairie du *New York Times*. Metro-Goldwyn-Meyer a en outre acquis les droits pour en faire un film qui devait mettre en vedette Katharine Hepburn, mais ce film n'a jamais vu le jour.

ÉLISE GRAVEL
(1977)

La clé à molette (LITTÉRATURE JEUNESSE – ILLUSTRATIONS 2012)

MONTRÉAL / Élise Gravel est reconnue dans toute l'Amérique du Nord pour ses illustrations humoristiques et ses livres d'images farfelus. Elle a tout d'abord étudié le graphisme avant de se consacrer à temps plein à l'illustration de livres. Depuis, elle a écrit et illustré plus de 30 livres qui ont été traduits en une dizaine de langues. Une deuxième édition de son premier livre, *Le catalogue des gaspilleurs*, est paru en 2011.

Well-known throughout North America for her light-hearted illustrations and wacky picture books, Gravel studied graphic design before turning full-time to book illustration. Since then, she has written and illustrated more than thirty books that have been translated into a dozen languages. A second edition of her first book, *Le catalogue des gaspilleurs*, appeared in 2011.

FRANÇOIS GRAVEL
(1951)

Deux heures et demie avant Jasmine (LITTÉRATURE JEUNESSE – TEXTE 1991)

SAINT-JEAN-SUR-RICHELIEU, QUÉBEC / Après avoir étudié l'économie à l'Université du Québec à Montréal, Gravel a enseigné au Cégep Saint-Jean-sur-Richelieu jusqu'à sa retraite, en 2006. Il a commencé à écrire des livres pour enfants dans les années 1980. Une décennie plus tard, il a entamé la très populaire série de livres *Klonk* pour les jeunes lecteurs. La série *David* a vu le jour 10 ans plus tard. Dans *Deux heures et demie avant Jasmine,* le jeune Raymond confie deux heures et demie de ses pensées et de ses peurs les plus intimes à un magnétophone, comptant à rebours les minutes qui précèdent sa première nuit avec Jasmine.

After studying economics at the Université du Québec à Montréal, Gravel taught at the Cégep Saint-Jean-sur-Richelieu until his retirement in 2006. He began writing children's books in the 1980s. A decade later, he began the much-loved *Klonk* series of books for young readers. A decade after that, he introduced the *David* series. In

Deux heures et demie avant Jasmine, the young Raymond confides two and a half hours of his most intimate thoughts and fears into a tape-recorder, counting down the minutes before he and Jasmine go to bed together for the first time.

JOHN GRAY
(1946)

Billy Bishop Goes to War (DRAMA 1982)

VANCOUVER / Born in Ottawa and raised in Truro, Nova Scotia, Gray was educated at Mount Allison University and at the University of British Columbia. In 1972, he founded the Tamahnous Theatre in Vancouver. Later, he worked as a composer, director, author and musician. Many of his musicals have focused on aspects of Canadian identity and the people who have influenced Canadian culture. *Billy Bishop Goes to War* tells the story of the famous First World War pilot from Owen Sound, Ontario, who shot down seventy-two enemy aircraft during the war. A recipient of a Dora Mavor Moore Award, a Los Angeles Drama Critics Award and a Chalmers Award, Gray was appointed an Officer of the Order of Canada in 2000.

Né à Ottawa, Gray a grandi à Truro, en Nouvelle-Écosse. Il a étudié à l'Université Mount Allison et à l'Université de la Colombie-Britannique. En 1972, il a fondé le Tamahnous Theatre à Vancouver. Plus tard, il a œuvré comme compositeur, metteur en scène, auteur et musicien. Bon nombre de ses comédies musicales portent sur des aspects de l'identité canadienne et sur les personnalités qui ont influencé la culture canadienne. *Billy Bishop Goes to War* raconte l'histoire du célèbre pilote, originaire d'Owen Sound, en Ontario, qui a abattu 72 avions ennemis pendant la Première Guerre mondiale. Lauréat d'un prix Dora-Mavor-Moore, d'un Los Angeles Drama Critics Award et d'un prix Chalmers, Gray a reçu le grade d'Officier de l'Ordre du Canada en 2000.

RICHARD GREENE
(1961)

Boxing the Compass (POETRY 2010)

COBOURG, ONTARIO / Born in St John's, Newfoundland, Greene studied at Memorial University and Oxford University before accepting a teaching post at the University of Toronto. Recognized as both a poet and biographer, his books include *Graham Greene: A Life in Letters, Dante's House* and *Mary Leapor: A*

JOHN GRAY Photo: Courtesy of / Reproduite avec la permission de John Gray

Study in Eighteenth-Century Women's Poetry. His award-winning book, *Boxing the Compass,* includes the long poem "Over the Border," which tells of Green's travels in the United States in the aftermath of the 9-11 attacks.

Originaire de St John's, à Terre-Neuve-et-Labrador, Greene a étudié à l'Université Memorial et à l'Université d'Oxford avant d'accepter un poste d'enseignant à l'Université de Toronto. Reconnu à la fois comme poète et biographe, il a notamment publié *Graham Greene: A Life in Letters, Dante's House* et *Mary Leapor: A Study in Eighteenth-Century Women's Poetry*. Son livre primé, *Boxing the Compass,* comprend le long poème « Over the Border », qui raconte les voyages de Greene aux États-Unis à la suite des attentats du 11 septembre 2001.

PHYLLIS GROSSKURTH
(1924–2015)

John Addington Symonds (NON-FICTION 1964)

TORONTO / Born in Toronto, Grosskurth graduated with a BA from the University of Toronto, an MA from the University of Ottawa and a PhD from the University of London. In addition to her biography of the nineteenth-century English poet John Addington Symonds, she is the author of a biography of Lord Byron entitled *Byron: The Flawed Angel*. In 2000, Grosskurth was appointed an Officer of the Order of Canada.

Née à Toronto, Grosskurth est titulaire d'un baccalauréat de l'Université de Toronto, d'une maîtrise de l'Université d'Ottawa et d'un doctorat de l'Université de Londres. Outre sa biographie du poète anglais du XIXᵉ siècle John Addington Symonds, elle aussi est l'auteure d'une biographie de Lord Byron intitulée *Byron: The Flawed Angel*. En 2000, Grosskurth a été nommée Officier de l'Ordre du Canada.

FREDERICK PHILIP GROVE
(1879–1948)

In Search of Myself (CREATIVE NON-FICTION 1946)

SIMCOE, ONTARIO / A cultivated European immigrant, Grove was a fixture of the Canadian Authors Association for many years. Upon his arrival in Canada, he established himself as a schoolteacher in Manitoba. He also published over a dozen books. However, in his award-winning autobiography, Grove neglected to inform his readers that he had actually been born under the name Greve, not

FREDERICK PHILIP GROVE Photo: Image courtesy of The University of Manitoba Archives & Special Collections /
Image reproduite avec la permission de The University of Manitoba Archives & Special Collections (Frederick Phillip
Grove fonds, A1978-054, PC 2, Box 1, Folder 3, Item 9)

Grove, and that he had emigrated from Europe under less-than-honest circumstances. As a young man, Greve met with significant success as a writer and translator in Germany. However, after incurring a number of debts and serving a year in prison for fraud, he faked his own suicide and crossed the Atlantic. Despite his literary successes – in addition to his Governor General's Award he was elected a Fellow of the Royal Society in 1941 – his less-than-honest reporting of his life made *In Search of Myself* a controversial choice for a nonfiction award.

Immigrant européen cultivé, Grove a fait partie de la Canadian Authors Association pendant de nombreuses années. À son arrivée au Canada, il s'est établi au Manitoba en tant qu'enseignant. Il a publié une dizaine de livres. Cependant, dans son autobiographie primée, Grove a négligé d'informer ses lecteurs qu'il est en fait né sous le nom de Greve : il a quitté l'Europe dans des circonstances peu honnêtes. Ainsi, jeune homme, Greve a connu un véritable succès en tant qu'écrivain et traducteur en Allemagne. Cependant, après avoir contracté un certain nombre de dettes et purgé une année de prison pour fraude, il a simulé son propre suicide et traversé l'Atlantique. Outre ce Prix du Gouverneur général, il a également été admis à la Société royale du Canada en 1941. Malgré ses succès littéraires, son récit malhonnête de sa vie a fait de son livre *In Search of Myself* un choix controversé pour un prix décerné à un essai.

CHRISTIAN GUAY-POLIQUIN
(1982)

Le poids de la neige (ROMANS ET NOUVELLES 2017)

SAINT-ARMAND, QUÉBEC / Né et ayant grandi à Québec, Guay-Poliquin a commencé à publier alors qu'il était encore étudiant. Son premier roman, *Le fil des kilomètres*, est d'abord paru en France avant d'être traduit en anglais sous le titre *Running on Fumes*. Son livre lauréat d'un Prix littéraire du Gouverneur général lui a également valu le Prix littéraire des collégiens et le Prix France-Québec, tous deux en 2017.

Born and raised in Quebec, Guay-Poliquin began publishing while still a student. His first novel, *Le fil des kilomètres*, appeared originally in France and was later translated into English under the title, *Running on Fumes*. His Governor General's Literary Award-winning title also won the 2017 Prix littéraire des collégiens and the 2017 Prix France-Québec.

GERMAINE GUÈVREMONT
(1893-1968)

The Outlander (Fiction 1950)

Montréal / Membre de l'Académie canadienne-française, Guèvremont est née dans les Laurentides, au nord de Montréal. Elle a été chroniqueure et rédactrice en chef pour plusieurs journaux, dont le *Montreal Gazette* et *Le Courrier de Sorel*. En 1942, elle a publié son premier ouvrage, un recueil de nouvelles intitulé *En pleine terre*. Son roman primé, *The Outlander*, est tout d'abord paru en deux volumes : *Le survenant*, en 1945, et *Marie-Didace*, en 1947. Outre un Prix du Gouverneur général, ce livre lui a valu un prix David, un prix Duvernay et un prix Sully-Olivier de Serres. Guèvremont s'est jointe à la Société royale du Canada en 1962.

A member of L'Académie canadienne-française, Guèvremont was born in the Laurentides north of Montréal and worked as a columnist and editor for several newspapers, including the *Montreal Gazette* and *Le Courrier de Sorel*. In 1942, she published her first book, *En pleine terre*, a collection of short stories. Her award-winning novel, *The Outlander*, appeared originally in two parts, as *Le survenant* in 1945 and *Marie-Didace* in 1947. In addition to a Governor General's Award, the book won the Prix David, the Prix Duvernay and the Prix Sully-Olivier de Serres. Guèvremont was elected a Fellow of the Royal Society of Canada in 1962.

AGNÈS GUITARD
(1954)

Un amour de Salomé de Linda Leith (Traduction 2003)

Saint-Côme, Québec / C'est dans les années 1980 que Guitard a écrit ses premières nouvelles, dont plusieurs lui ont valu un prix Boréal. Le premier ouvrage qu'elle a traduit, *The Farfarers: Before the Norse* de Farley Mowat (v.f. *Les hauturiers : Ils précèdent les Vikings en Amérique*), a été récompensé d'un prix John-Glassco en 2001, décerné par l'Association des traducteurs et traductrices littéraires du Canada. *Un amour de Salomé* est le deuxième ouvrage qu'elle a traduit.

Guitard began writing short stories in the 1980s, several of which earned her the Prix Boréal. Her first work of translation, Farley Mowat's *Les hauturiers : Ils précèdent les Vikings en Amérique*, a translation of *The Farfarers: Before the Norse*, won the 2001 John Glassco Prize given by the Association of Literary Translators of Canada. *Un amour de Salomé* was her second work of translation.

RALPH GUSTAFSON
(1909–1995)

Fire on Stone (POETRY 1974)

SHERBROOKE, QUEBEC / A graduate of Bishop's University and Oxford University, Gustafson taught at Bishop's from 1963 until his retirement in 1979. The author of more than twenty books of poetry and the editor of several important antholo-gies, he was awarded honorary degrees from Mount Allison University in 1973, Bishop's University in 1977 and York University in 1991. In 1992, Gustafson was appointed a Member of the Order of Canada and, in 1998, he was the subject of the National Film Board of Canada's documentary *Winter Prophecies*. The title of his Governor General's Literary Award-winning book, *Fire on Stone*, was inspired by the orange light of the setting sun on Chartres Cathedral in France.

Diplômé de l'Université Bishop's et de l'Université d'Oxford, Gustafson a ensei-gné à Bishop's de 1963 jusqu'à sa retraite, en 1979. Auteur de plus de 20 recueils de poésie, il a publié plusieurs anthologies importantes. Gustafson a reçu des diplômes honorifiques de l'Université Mount Allison (1973), de l'Université Bishop's (1977) et de l'Université York (1991). En 1992, il a été décoré de l'Ordre du Canada et, en 1998, il a fait l'objet d'un documentaire de l'Office national du film du Canada, *Winter Prophecies*. Le titre de son ouvrage récompensé d'un Prix littéraire du Gouverneur général, *Fire on Stone*, est inspiré par la lumière orange du soleil couchant sur la cathédrale de Chartres, en France.

SANDRA GWYN
(1935–2000)

The Private Capital (NON-FICTION 1984)

TORONTO / Born in Newfoundland, Gwyn (née Fraser) graduated from Dalhousie University in 1955. Recognized as both a journalist and a social historian, she even-tually rose to the position of Ottawa editor for *Saturday Night* magazine. In 2000, she was appointed an Officer of the Order of Canada. *The Private Capital* tells the story of many of Canada's most influential Ottawa families from Confederation to the First World War. The Winterset Award is given annually in Gwyn's honour by the Newfoundland and Labrador Arts Council.

Originaire de Terre-Neuve, Gwyn (née Fraser) a obtenu un diplôme de l'Université Dalhousie en 1955. Reconnue comme journaliste et historienne sociale, elle a plus tard accédé au poste de rédactrice en chef du magazine *Saturday Night* à Ottawa. En 2000, elle a été faite Officier de l'Ordre du Canada. *The Private Capital* dresse le portrait de plusieurs des familles canadiennes les plus influentes d'Ottawa, de la Confédération à la Première Guerre mondiale. Chaque année, le Conseil des arts de Terre-Neuve-et-Labrador décerne le prix Winterset en l'honneur de Gwyn.

EMMA HACHÉ
(1979)

L'intimité (THÉÂTRE 2004)

MONTRÉAL / Haché enseigne l'art dramatique à l'École supérieure de théâtre de l'Université du Québec à Montréal. Née à Lamèque, au Nouveau-Brunswick, elle a étudié le théâtre à l'Université de Moncton avant de s'installer à Montréal pour poursuivre ses études au Centre de création scénique. Sa première pièce, *Lave tes mains,* lui a valu le Prix littéraire Antonine-Maillet Acadie-Vie en 2002. Elle a aussi remporté un Prix Volet Jeunesse Richelieu ainsi qu'un prix Bernard-Cyr pour l'avancement du théâtre francophone au Canada.

Haché teaches drama at the Université du Québec à Montréal's École supérieure de théâtre. Born in Lamèque, New Brunswick, she studied theatre at the University of Moncton before moving to Montréal to pursue further studies at the Centre de création scénique de Montréal. Her first play, *Lave tes mains,* received the Prix littéraire Antonine-Maillet-Acadie Vie in 2002. Her other awards include a Prix Volet Jeunesse Richelieu and a Prix Bernard-Cyr, given for the advancement of francophone theatre in Canada.

BRIGITTE CHABERT HACIKYAN
(1969)

Les Enfants d'Aataentsic de Bruce Trigger, avec Jean-Paul Sainte-Marie (TRADUC-TION 1991)

MONTRÉAL / Originaire de Paris, Hacikyan a déménagé à Montréal en 1969. Elle a obtenu un baccalauréat en traduction de l'Université Concordia en 1984. *Les Enfants d'Aataentsic* retrace l'histoire de la nation huronne depuis ses débuts jusqu'aux années 1660, en relatant plusieurs des premières relations entre les Hurons et les Français. Parmi les livres qu'Hacikyan a traduits, nommons *Canada*

EMMA HACHÉ Photo: Karine Wade

Rediscovered (v.f. *Le Canada au temps des aventuriers*) de Robert McGee, et *Mulroney: The Politics of Ambition* (v.f. *Mulroney : Le pouvoir de l'ambition*) de John Sawatsky.

Born in Paris, Hacikyan moved to Montréal in 1969. She obtained a BA in translation from Concordia University in 1984. *Les Enfants d'Aataentsic* tells the story of the Huron nation from its beginnings to the 1660s, chronicling many of the earliest relations between the Huron and the French. Among Hacikyan's other translated books are *Canada Rediscovered* (*Le Canada au temps des aventuriers*) by Robert McGee and *Mulroney: The Politics of Ambition* (*Mulroney: Le pouvoir de l'ambition*) by John Sawatsky.

RODERICK L. (LANGMERE) HAIG-BROWN
(1908–1976)

Saltwater Summer (JUVENILE 1948)

CAMPBELL RIVER, BRITISH COLUMBIA / Born and educated in Sussex, England, Haig-Brown left Britain for North America while still a teenager. The author of some two dozen books, many about the rivers and waterways of British Columbia, he was awarded an honorary doctorate from the University of British Columbia in 1952. From 1970 to 1973 he served as Chancellor of the University of Victoria. Haig-Brown Provincial Park (later renamed the Tsútswecw Provincial Park) was named in his honour and Mount Haig-Brown (on Vancouver Island) was named in recognition of the work both Haig-Brown and his wife, Ann, undertook as conservationists and environmentalists. Haig-Brown's literary papers are housed at the University of British Columbia and the University of Victoria. His family papers are held at the Museum at Campbell River.

Né dans le Sussex, en Angleterre, Roderick Haig-Brown a déménagé en Colombie-Britannique à l'âge de 19 ans. Il est l'auteur d'une vingtaine de livres, dont beaucoup ont pour sujet les rivières et cours d'eau de Colombie-Britannique. Haig-Brown a reçu un doctorat honorifique de l'Université de la Colombie-Britannique en 1952, et fut chancelier de l'Université de Victoria de 1970 à 1973. Le Parc Provincial Haig-Brown (rebaptisé par la suite Parc Provincial Tsútswecw) fut nommé ainsi en son honneur. Le Mont Haig-Brown (sur l'île de Vancouver) fut également nommé ainsi afin de célébrer le travail effectué par Haig-Brown et sa femme, Ann, en tant que conservationnistes et écologistes. Les écrits littéraires de Haig-Brown sont conservés à l'Université de la Colombie-Britannique et à l'Université de Victoria. Ses documents personnels sont quant à eux conservés au musée de Campbell River.

RODERICK L. (LANGMERE) HAIG-BROWN Photo: Courtesy of / Reproduite avec la permission de The Museum at Campbell River (Image MCR450)

PHIL HALL
(1953)

Killdeer (POETRY 2011)

PERTH, ONTARIO / Recognized as one of the most influential voices in Canadian lyric poetry, Hall published his first book of poetry, *Eighteen Poems*, in Mexico City in 1973. Three years later he established Flat Singles Press in Windsor, Ontario. Since then, he has taught writing, poetry and literature at numerous colleges and universities, including York University, Ryerson University, the University of Western Ontario, George Brown College and Seneca College. In addition to winning a Governor General's Literary Award in 2011, *Killdeer* also won a Trillum Book Award in 2012.

Reconnu comme l'une des voix les plus influentes de la poésie lyrique canadienne, Hall a publié son premier recueil de poésie, *Eighteen Poems*, à Mexico en 1973. Trois ans plus tard, il a fondé Flat Singles Press à Windsor, en Ontario. Par la suite, il a enseigné l'écriture, la poésie et la littérature dans plusieurs collèges et universités, y compris les universités York, Ryerson et Western ainsi que les collèges George Brown et Seneca. Outre un Prix littéraire du Gouverneur général en 2011, *Killdeer* lui a valu un Prix littéraire Trillium en 2012.

ALBERT W. (WILFRED) HALSALL
(1939–2010)

A Dictionary of Literary Devices by Bernard Dupriez (TRANSLATION 1991)

OTTAWA / Born in Blackpool, England, Halsall graduated with a BA from the University of Liverpool, an MA from McMaster University and a PhD from St Andrews University before taking up a teaching position at Carleton University in 1967. Founder of the Canadian Society for the History of Rhetorique, his other books include *L'art de convaincre* in 1988, *Victor Hugo et l'art de convaincre* in 1995 and *Victor Hugo and the Romantic Drama* in 1998. Elected a Fellow of Lettres et Sciences Humaines for his work in French literary theory, Halsall was also a recipient of the Marston Lafrance Fellowship at Carleton University. He was elected a Fellow of the Royal Society of Canada in 2003.

Originaire de Blackpool, en Angleterre, Halsall a obtenu un baccalauréat de l'Université de Liverpool, une maîtrise de l'Université McMaster et un doctorat de l'Université St Andrews, en Écosse, avant de devenir enseignant à l'Université Carleton, en 1967. Fondateur de la Société canadienne d'histoire de la rhétorique, il a notamment publié *L'art de convaincre* (1988), *Victor Hugo et l'art de convaincre* (1995) et *Victor Hugo and the Romantic Drama* (1998). Boursier en lettres et sciences humaines pour ses travaux en théorie littéraire française, Halsall a également obtenu la bourse de recherche Marston LaFrance de l'Université Carleton. Il a été admis à la Société royale du Canada en 2003.

JEAN HAMELIN
(1931-1998)

Histoire économique du Québec 1851-1896, avec Yves Roby (ÉTUDES ET ESSAIS 1972)
Le XXᵉ siècle, Tome 1: 1898-1940, avec Nicole Gagnon (ÉTUDES ET ESSAIS 1984)
Le XXᵉ siècle, Tome 2: De 1940 à nos jours (ÉTUDES ET ESSAIS 1984)

QUÉBEC / Originaire de Saint-Narcisse-de-Champlain, au Québec, Hamelin a étudié à l'Université Laval et à l'École pratique des hautes études de Paris avant de devenir vice-doyen de la Faculté des lettres de l'Université Laval et directeur du Centre d'étude du Québec de l'Université Sir George Williams à Montréal. Auteur ou coauteur de plus de 40 ouvrages et figure importante de l'humanisme pendant la Révolution tranquille au Québec, Hamelin a été l'une des principales forces créatrices derrière le colossal projet de *Dictionnaire biographique du Canada*. Il a été fait membre de l'Ordre du Canada en 1994 et chevalier de l'Ordre national du Québec en 1998.

Born in Saint-Narcisse de Champlain, Quebec, Hamelin studied at the Université Laval and the École practique des hautes études in Paris before becoming vice-dean of Laval's Faculté des Lettres and director of the Centre d'étude du Québec at Sir George Williams University in Montréal. The author or co-author of over forty books and an important voice for humanism during Quebec's Quiet Revolution, Hamelin served as one of the main forces behind the creation of the mammoth *Dictionary of Canadian Biography / Dictionnaire biographique du Canada* project. He was appointed a Member of the Order of Canada in 1994 and a Chevalier in the Ordre national du Québec in 1998.

LOUIS HAMELIN
(1959)

La rage (Romans et nouvelles 1989)

Montréal / Le roman primé de Louis Hamelin, *La rage*, suit les périples du squatteur Édouard Mallarmé. Celui-ci est révolté par l'action du gouvernement fédéral, qui a exproprié les terres de Mirabel, au nord-ouest de Montréal, au début des années 1970. Comme *La Constellation du Lynx*, un des romans suivants de Hamelin racontant de façon romancée la crise d'Octobre de 1970, *La rage* nous fait découvrir une génération de jeunes en colère face à ce qu'ils perçoivent comme des injustices et un avenir incertain. Pendant plusieurs années, Hamelin a aussi été journaliste et critique littéraire pour *Le Devoir* et *Ici Montréal*.

La rage tells the story of Édouard Mallarmé, a fictional squatter angered by the federal government's expropriation of the Mirabel lands northwest of Montréal in the early 1970s. Like Hamelin's later novel, *La Constellation du Lynx*, which gives a fictionalized account of the 1970 October Crisis, the story gives insight into a generation of young people angered by perceived injustices and uncertain of their future. For many years, Hamelin has also worked as a journalist and literary critic for *Le Devoir* and for *Ici Montréal*.

LOUIS-EDMOND HAMELIN
(1923)

Nordicité canadienne (Études et essais 1975)

Québec / L'un des géographes les plus éminents du Canada, Hamelin a été le premier directeur de l'Institut de géographie de l'Université Laval et le fondateur du Centre d'études nordiques de cette université. Il a ensuite été recteur de l'Université du Québec à Trois-Rivières et membre du Conseil législatif des Territoires du Nord-Ouest. Il a rejoint la Société royale du Canada en 1962 et a obtenu l'insigne d'Officier de l'Ordre du Canada en 1974. En 1998, Hamelin a été fait grand officier de l'Ordre national du Québec.

One of Canada's foremost geographers, Hamelin was the first director of the Institut de géographie at the Université Laval and founder of Laval's Centre d'études nordiques. Later, he served as rector of the Université du Québec à Trois-Rivières and as a member of the Legislative Council for the Northwest Territories. He was elected a Fellow of the Royal Society of Canada in 1962 and appointed an Officer of the Order of Canada in 1974. In 1998, Hamelin was made a Grand Officer of the Ordre national du Québec.

MICHAEL HARRIS
(1980)

The End of Absence (NON-FICTION 2014)

VANCOUVER / A Vancouver native, Harris has written regularly on topics relating to technology and the arts. His articles have appeared in *Wired, Adbusters, Salon, The Walrus, The Globe and Mail, National Post* and *Huffington Post*. For several years, he also worked as an editor at *Western Living* and at *Vancouver* magazine. In the words of Douglas Coupland, *The End of Absence* "is a lovely, direct and beautifully written book that will make you feel good about living in the times we do."[45]

Originaire de Vancouver, Harris a souvent écrit sur des sujets relatifs aux arts et aux technologies. Ses articles ont paru dans *Wired, Salon*, le *Huffington Post, The Globe and Mail, Adbusters*, le *National Post* et *The Walrus*. Pendant de nombreuses années, il a été rédacteur-réviseur pour les magazines Western Living et Vancouver. Selon Douglas Coupland, *The End of Absence* « est un livre charmant, direct et magnifiquement écrit à la lecture duquel on se sent heureux de vivre dans les temps qui sont les nôtres[46] ».

RICHARD HARRISON
(1957)

On Not Losing My Father's Ashes in the Flood (POETRY 2017)

CALGARY / A Distinguished Writer-in-Residence at the University of Calgary, Harrison teaches English and Creative Writing at Mount Royal University. His work has been published around the world and his poetry has been translated into French, Spanish, Portuguese and Arabic. His collection of poetry, *Hero of the Play,* was the first book of poetry ever launched at Toronto's Hockey Hall of Fame.

Écrivain en résidence émérite à l'Université de Calgary, Harrison enseigne l'anglais et la création littéraire à l'Université Mount Royal. Ses œuvres ont été publiées dans le monde entier et ses poèmes ont été traduits en français, en espagnol, en portugais et en arabe. Son recueil de poèmes *Hero of the Play* est le premier ouvrage de poésie dont le lancement a eu lieu au Temple de la renommée du hockey de Toronto.

KELLEN HATANAKA
(1987)

Tokyo Digs a Garden, with Jon-Erik Lappano (YOUNG PEOPLE'S LITERATURE – ILLUSTRATED BOOKS 2016)

TORONTO / A freelance artist and designer, Hatanaka has worked for a diverse client base, including Sid Lee, Frank and Oak, Absolut Vodka, Moosehead, *The Wall Street Journal*, *The Walrus*, Cask Days and *Reader's Digest*. He also has a fine-art practice and works in a variety of media, including painting, woodwork and sculpture. His other titles include *Work: An Occupational ABC* and *Drive: A Look at Roadside Opposites*.

Artiste et concepteur indépendant, Hatanaka a travaillé pour une clientèle diversifiée, dont Sid Lee, Frank and Oak, Absolut Vodka, Moosehead, *The Wall Street Journal*, *The Walrus*, Cask Days et le *Reader's Digest*. Artiste multidisciplinaire, il utilise une variété de méthodes, y compris le travail du bois, la peinture et la sculpture. Parmi ses autres ouvrages figurent *Work: An Occupational ABC* et *Drive: A Look at Roadside Opposites*.

JOHN F. (FRANCIS) HAYES
(1904–1980)

A Land Divided (JUVENILE 1951)
Rebels Ride at Night (JUVENILE 1953)

MONTRÉAL / Decades after his death, Hayes is still remembered as the author of numerous exciting books written especially for young people. For years he worked in the Canadian publishing industry, eventually serving as vice-president and general manager of Southam Press in Montréal. Born in Dryden, Ontario, Hayes' most successful titles included *Buckskin Colonist, Flaming Prairie, A Land Divided, Rebels Ride at Night* and *Treason at York*.

Des décennies après sa mort, on se souvient encore de John Hayes comme l'auteur de livres passionnants à destination des jeunes. Hayes a fait une longue carrière dans l'industrie canadienne de l'édition. Il a plus tard occupé le poste de vice-président et directeur général de Southam Press à Montréal. Hayes est né à Dryden, en Ontario. *Buckskin Colonist, Flaming Prairie, A Land Divided, Rebels Ride at Night* et *Treason at York* comptent parmi ses titres les plus populaires.

ANNETTE HAYWARD
(1945)

La querelle du régionalisme au Québec (1904-1931) (ÉTUDES ET ESSAIS 2007)

KINGSTON, ONTARIO / Originaire de Terre-Neuve et ayant grandi au Québec, Hayward possède un baccalauréat de l'Université de King's College. Son mémoire de maîtrise à l'Université Dalhousie portait sur le travail d'une autre auteure lauréate d'un Prix littéraire du Gouverneur général, Marie-Claire Blais. Sa thèse de doctorat, soutenue en 1980, lui a valu le prix Gabrielle-Roy et a servi de fondement à son livre *La querelle du régionalisme au Québec*, récompensé d'un Prix du Gouverneur général. Hayward a enseigné le français à l'Université Queen's de Kingston jusqu'à sa retraite.

Born in Newfoundland and raised in Quebec, Hayward earned a BA from the University of King's College. Her master's thesis at Dalhousie University focused on the work of another Governor General's Literary Award-winning author, Marie-Claire Blais. Her 1980 doctoral thesis won the Prix Gabrielle Roy and served as the basis for her Governor General's Award-winning book, *La querelle du régionalisme au Québec*. Until her retirement, Hayward taught French at Queen's University, Kingston.

HUGH HAZELTON
(1946)

Vetiver by Joël Des Rosiers (TRANSLATION 2006)

MONTRÉAL / Well known both as a poet and a translator, Hazelton is also an authority on Latin American literature. His book, *Latinocanadá: A Critical Study of Ten Latin American Writers of Canada*, appeared in 2007 and was awarded the Best-Book-of-the-Year Award by the Canadian Association of Hispanists. He is professor emeritus of Spanish Translation and Latin American Civilization at Concordia University and former co-director of the Banff International Literary Translation Centre (BILTC). In 2016, he received the Linda Gaboriau Award for his work on behalf of literary translation in Canada.

HUGH HAZELTON Photo: Courtesy of / Reproduite avec la permission de Hugh Hazelton

Bien connu à titre de poète et de traducteur, Hazelton est une référence en matière de littérature latino-américaine. *Latinocanadá: A Critical Study of Ten Latin American Writers of Canada*, paru en 2007, a été nommé meilleur livre de l'année par l'Association canadienne des hispanistes. Hazelton est professeur émérite de traduction espagnole et de civilisation latino-américaine à l'Université Concordia, et ancien codirecteur du Centre international de traduction littéraire de Banff. En 2016, il a remporté le prix Linda-Gaboriau pour son travail dans le domaine de la traduction littéraire au Canada.

MICHAEL HEALEY
(1963)

The Drawer Boy (DRAMA 1999)

TORONTO / A playwright and actor, Healey was born in Toronto and raised in Brockville, Ontario. His first piece of theatre writing, a one-act solo performance called *Kicked,* was performed at the Fringe of Toronto Festival in 1996 and won a Dora Mavor Moore Award for Outstanding New Play. *The Drawer Boy* was Healey's first full-length play. Since being premiered in Toronto, the play has been translated into French, German, Japanese, Hindi and Portuguese. It won four Dora Awards and a Chalmers Award, in addition to a Governor General's Literary Award.

Dramaturge et acteur, Healey est né à Toronto et a grandi à Brockville, en Ontario. Sa première pièce de théâtre, un spectacle solo en un acte intitulé *Kicked*, a été présentée au Festival Fringe de Toronto en 1996 et a remporté un prix Dora-Mavor-Moore pour une nouvelle pièce exceptionnelle. *The Drawer Boy* est la première pièce en plusieurs actes de Healey. Depuis sa présentation à Toronto, la pièce a été traduite en français, en allemand, en japonais, en hindi et en portugais. Elle a été récompensée de quatre prix Dora et un prix Chalmers, en plus d'un Prix littéraire du Gouverneur général.

ANNE HÉBERT
(1916-2000)

Poèmes (POÉSIE 1960)
Les enfants du sabbat (ROMANS ET NOUVELLES 1975)
L'enfant changé des songes (ROMANS ET NOUVELLES 1992)

PARIS, FRANCE / L'une des écrivaines québécoises les plus renommées, Hébert est connue sur la scène internationale en tant que poète, dramaturge et romancière.

ANNE HÉBERT Photo: Harry Palmer

Son premier recueil de poésie, *Les Songes en équilibre*, lui a valu le prix David en 1942. En 1958, *Les chambres de bois* a remporté le prix Duvernay et le Prix France-Canada. En 1960, Hébert a été élue à la Société royale du Canada. Elle a reçu le Prix des libraires de France, un prix Femina ainsi qu'un prix Molson. L'Université de Toronto, l'Université de Guelph, l'Université du Québec à Montréal, l'Université McGill et l'Université Laval lui ont décerné des doctorats honorifiques. L'école primaire Anne-Hébert, à Vancouver, a été nommée en son honneur. En 2003, le Canada a émis un timbre-poste en sa mémoire.

One of Quebec's most influential writers, Hébert is known internationally as a poet, playwright and novelist. Her first book of poetry, *Les Songes en équilibres*, won the Prix David in 1942. In 1958, *Les chambres de bois* won the Prix Duvernay and the Prix France-Canada. In 1960, Hébert was elected a Fellow of the Royal Society of Canada. Her other awards include a Prix des libraires de France, a Prix Fémina and a Molson Prize, as well as honorary doctorates from the University of Toronto, the University of Guelph, the Université du Québec à Montréal, McGill University and the Université Laval. The Vancouver elementary school L'école Anne-Hébert is named in Hébert's honour. In 2003, a commemorative Canadian postage stamp was issued in her memory.

LOUIS-PHILIPPE HÉBERT
(1946)

Marie Réparatrice (LITTÉRATURE JEUNESSE – TEXTE 2015)

WENTWORTH-NORD, QUÉBEC / Auteur d'une vingtaine d'œuvres littéraires, Hébert a été éditeur pour les Éditions de La Grenouillère et le président fondateur de la première maison d'édition de logiciels en français au Québec. En 1985, il a reçu l'Ordre des francophones d'Amérique. En 2008, il a remporté le Grand Prix Québecor du Festival international de la poésie de Trois-Rivières et, en 2012, le premier prix au Festival de poésie de Montréal.

The author of over two dozen literary works, Hébert served as publisher of Éditions de la Grenouillère and as the founding director of Quebec's first French-language software publishing house. In 1985, Hébert received the Ordre des francophones d'Amérique. In 2008, he received the Grand Prix Québecor at the Festival international de la poésie and, in 2012, first prize at the Festival de poésie de Montréal.

STEVEN HEIGHTON
(1961)

The Waking Comes Late (POETRY 2016)

KINGSTON, ONTARIO / The author of over a dozen books, Heighton served as editor of the literary journal *Quarry Magazine* from 1988 to 1994. He has also worked as an instructor at the Summer Literary Seminars in St Petersburg, Russia, and as a writer-in-residence at numerous universities including Concordia University, McGill University, Queen's University, St Mary's University, the University of Ottawa and the University of Toronto. His other books include the short-story collections *The Dead are More Visible* and *Flight Paths of the Emperor*, the poetry collections *The Address Book* and *The Ecstasy of Skeptics*, and the novels *Afterlands* and *Every Lost Country*. His work has won numerous awards and has been translated into Italian, French, Japanese, German, Turkish, Arabic, Hungarian, Spanish, Russian and Lithuanian.

Auteur d'une dizaine d'ouvrages, Heighton a été rédacteur en chef pour le magazine littéraire *Quarry* de 1988 à 1994. Il a aussi enseigné dans le cadre de séminaires littéraires d'été à Saint-Pétersbourg, en Russie, et a été auteur en résidence à diverses universités y compris Concordia, McGill, Queen's, St Mary's, l'Université d'Ottawa et l'Université de Toronto. Heighton a publié les recueils de nouvelles *The Dead are More Visible* et *Flight Paths of the Emperor*, les recueils de poésie *The Address Book* et *The Ecstasy of Skeptics*, ainsi que les romans *Afterlands* et *Every Lost Country*. Ses écrits lui ont valu de nombreux prix et ont été traduits en italien, en français, en japonais, en allemand, en turc, en arabe, en hongrois, en espagnol, en russe et en lituanien.

JOYCE HEMLOW
(1906–2001)

The History of Fanny Burney (ACADEMIC NON-FICTION 1958)

MONTRÉAL / Greenshields Professor of English Language and Literature at McGill University, Hemlow was educated at Queen's University and Radcliffe College, where she completed her PhD in 1948. Her dissertation gave readers an increased appreciation of the novels of the nineteenth-century British author Frances (Fanny) Burney. When *The History of Fanny Burney* appeared ten years later, it not only won a Governor General's Award, it also won the James Tait Black

STEVEN HEIGHTON Photo: Mary Huggard

Memorial Prize in Britain. A Fellow of the Royal Society of Canada, Hemlow was responsible for establishing the Burney Papers Project at McGill University. The project is dedicated to the publication of a complete, scholarly edition of Burney's journals and letters.

Professeure Greenshields d'anglais et de littérature à l'Université McGill, Hemlow a fait ses études à l'Université Queen's et au Collège Radcliffe, où elle a obtenu un doctorat en 1948. Sa thèse a permis aux lecteurs d'apprécier davantage les romans de l'auteure britannique du XIXe siècle Frances (Fanny) Burney. Dix ans plus tard, lorsque *The History of Fanny Burney* est paru, il lui a valu un Prix du Gouverneur général ainsi qu'un prix James Tait Black Memorial en Grande-Bretagne. Membre de la Société royale du Canada, Hemlow a été responsable de la création du projet Burney à l'Université McGill, qui visait à publier une édition savante et complète des journaux et des lettres de Burney.

GILLES HÉNAULT
(1920-1996)

Signaux pour les voyants (POÉSIE 1972)

MONTRÉAL / L'ouvrage primé de Hénault est composé de poèmes écrits entre 1941 et 1962. Originaire de Saint-Majorique, dans les Cantons de l'Est du Québec, Hénault a été journaliste pour de nombreux périodiques, y compris *Le Devoir* et *La Presse*. Il a aussi été animateur à la radio et à la télévision. En raison de son affiliation au journal communiste *Combat*, il a eu des difficultés à trouver du travail pendant plusieurs années. De 1966 à 1971, il a dirigé le Musée d'art contemporain de Montréal. Hénault a remporté le prix Athanase-David en 1993.

Hénault's award-winning book contains poems written between 1941 and 1962. Born in St Majorique in Quebec's Eastern Townships, Hénault worked as a journalist with several newspapers, including *Le Devoir* and *La Presse*. He also worked as a radio and television broadcaster. The stigma attached to his affiliation with the communist newspaper *Combat* meant that for several years he found it difficult to find work. From 1966 to 1971, he served as director of Montreal's Musée d'art contemporain. He was awarded the Prix Athanase-David in 1993.

SARAH HENSTRA
(1972)

The Red Word (FICTION 2018)

TORONTO / Originally from Abbotsford, British Columbia, Henstra teaches English literature at Ryerson University in Toronto, where she specializes in twentieth-century British fiction. Her book, *The Counter-Memorial Impulse in Twentieth-Century English Fiction*, examines the idea of unmournable loss in the works of such writers as Doris Lessing and Jeanette Winterson. She is also the author of the young-adult novel *Mad Miss Mimic*. *The Red Word* was her first work of adult fiction.

Originaire d'Abbotsford, en Colombie-Britannique, Henstra enseigne la littérature anglaise à l'Université Ryerson, où elle est spécialiste des romans britanniques du XXᵉ siècle. Son livre *The Counter-Memorial Impulse in Twentieth-Century English Fiction* examine l'idée de la mort dont on ne peut faire le deuil dans les œuvres d'écrivains comme Doris Lessing et Jeanette Winterson. Elle a aussi écrit le roman pour jeunes adultes *Mad Miss Mimic*. *The Red Word* est son premier livre de fiction pour adultes.

THIERRY HENTSCH
(1944-2005)

Raconter et mourir (ÉTUDES ET ESSAIS 2003)

MONTRÉAL / Né en Suisse, Hentsch a étudié à l'Université de Lausanne et à l'Institut de hautes études internationales et du développement de Genève avant de se joindre à la Croix-Rouge dans le cadre de diverses missions en Europe et au Moyen-Orient. Il a ensuite enseigné la philosophie politique et les relations internationales à l'Université du Québec à Montréal. Parmi ses autres publications figurent *L'Orient imaginaire* (v.a. *Imagining the Middle East*), dans lequel il aborde les identités littéraires, culturelles, philosophiques et politiques occidentales par opposition à celles du Moyen-Orient. La traduction de ce livre a été récompensée d'un Prix littéraire du gouverneur général.

Born in Switzerland, Hentsch studied at the Université de Lausanne and at Geneva's Graduate Institute before serving with the Red Cross at various postings throughout Europe and the Middle East. Later, he became professor of political philosophy and international relations at the Université du Québec à Montréal. His other books include *L'Orient imaginaire* (translated into English as *Imagining the Middle East*), in which he discusses Western literary, cultural, philosophical and political identities, contrasting them to those in the Middle East. The book won a Governor General's Literary Award for its translator, Fred A. Reed.

ROBERT HILLES
(1951)

Cantos from a Small Room (POETRY 1994)

CALGARY / A native of Kenora, Ontario, Hilles has published over a dozen books of poetry and prose. After studying at the University of Calgary, he served as managing editor of *Dandelion*, Alberta's oldest literary magazine. In 1996, he served as the Department of Foreign Affairs' representative at Japan's International Poetry Festival. His other awards include a Writers Guild of Alberta George Bugnet Award for Best Novel (for *Raising of Voices*) and a Stephan G. Stephansson Award for Best Book of Poetry (for *New and Selected Poems*).

Hilles est originaire de Kenora, en Ontario. Après des études à l'Université de Calgary, il a été directeur de la rédaction du *Dandelion*, la plus ancienne revue littéraire de l'Alberta, et représentant du ministère des Affaires étrangères au Festival international de poésie du Japon en 1996. Il a publié une dizaine d'ouvrages de poésie et de prose. *Raising of Voices* lui a valu un prix George-Bugnet de la Guilde des écrivains de l'Alberta pour le meilleur roman. Hilles a en outre reçu un prix Stephan G.-Stephansson du meilleur livre de poésie pour *New and Selected Poems*.

JACK HODGINS
(1938)

The Resurrection of Joseph Bourne (FICTION 1979)

LANTZVILLE, BRITISH COLUMBIA / Born in Comox, British Columbia, Hodgins studied under Earle Birney at the University of British Columbia. Later, he taught high school in Nanaimo, before moving to the Creative Writing Department at the University of Victoria. On UBC's 75th anniversary, Hodgins was recognized as one of the University's 75 Most Distinguished Graduates. A Fellow of the Royal Society of Canada, Hodgins was the subject of a National Film Board of Canada film, *Jack Hodgins' Island*. In 2006, he received both a Lieutenant Governor's Award for Literary Excellence and a Terasen Lifetime Achievement Award. *The*

Resurrection of Joseph Bourne tells the fantastic tale of the arrival of a beautiful woman in the mythical Pulp Capital of the Western World on Vancouver Island, and the mysterious rebirth of the aged castaway, Joseph Bourne.

Né à Comox, en Colombie-Britannique, Hodgins a étudié sous la direction d'Earle Birney à l'Université de la Colombie-Britannique. Il a ensuite enseigné au secondaire à Nanaimo, avant de faire son entrée au Département de création littéraire de l'Université de Victoria. À l'occasion du 75ᵉ anniversaire de l'Université de la Colombie-Britannique, Hodgins a été reconnu comme l'un des 75 diplômés les plus distingués de l'Université. Membre de la Société royale du Canada, Hodgins a fait l'objet d'un court métrage produit par l'Office national du film du Canada, *Jack Hodgins' Island*. En 2006, il a été récompensé d'un Prix du lieutenant-gouverneur pour l'excellence dans les arts littéraires et d'un Terasen Lifetime Achievement Award pour une carrière exceptionnelle. *The Resurrection of Joseph Bourne* est un roman fantastique qui décrit l'arrivée d'une belle femme dans la mythique capitale de la pâte à papier du monde occidental, sur l'île de Vancouver, ainsi que la résurrection mystérieuse d'un vieil homme naufragé, Joseph Bourne.

GREG HOLLINGSHEAD
(1947)

The Roaring Girl: Stories (FICTION 1995)

EDMONTON / Born in Toronto, Hollingshead studied at the University of Toronto and the University of London. Later, he accepted a position as professor of English at the University of Alberta where he taught from 1975 to 2005. From 1999 until 2017, he served as Director of the Writing Studio at the Banff Centre for the Arts. His other awards include a 1998 Rogers Writers' Trust Fiction Prize for his novel *The Healer* and a 2007 Lieutenant Governor of Alberta's Gold Medal for Excellence in the Arts. In 2011–2012, he served as chair of the Writers' Union of Canada. Hollingshead was named a Member of the Order of Canada in 2012.

Originaire de Toronto, Hollingshead a étudié à l'Université de Toronto et à l'Université de Londres. Puis, de 1975 à 2005, il a enseigné l'anglais à l'Université de l'Alberta. De 1999 à 2017, il a dirigé le programme d'écriture au Centre des arts de Banff. Il a notamment reçu le prix Rogers de la Société d'encouragement aux écrivains du Canada en 1998 pour son roman *The Healer*, puis la médaille d'or du lieutenant-gouverneur de l'Alberta pour l'excellence dans les arts en 2007. En 2011 et 2012, il a été à la tête de la Writers' Union of Canada. Hollingshead a été décoré de l'Ordre du Canada en 2012.

GREG HOLLINGSHEAD Photo: John Burridge

DIDIER HOLTZWARTH
(1953)

Nucléus de Robert Bothwell (Traduction 1988)

Nouméa, Nouvelle-Calédonie / Originaire de France, Holtzwarth est devenu citoyen canadien en 1973. Après des études en traduction à l'Université de Montréal, il s'est spécialisé dans la traduction de textes scientifiques et techniques. Outre l'histoire de l'énergie atomique au Canada de Bothwell, *Nucléus*, Holtzwarth a aussi traduit *The Language of the Skies: The Bilingual Air Traffic Control Conflict in Canada* de Sandford Borins.

Born in France, Holtzwarth became a Canadian citizen in 1973. After studying translation at the Université de Montréal, he began specializing in the translation of scientific and other technical work. In addition to Bothwell's history of atomic energy in Canada, *Nucléus*, Holtzwarth is also translator of Sandford Borins' *The Language of the Skies: The Bilingual Air Traffic Control Conflict in Canada*.

DAVID HOMEL
(1952)

Why Must a Black Writer Write about Sex? by Dany Laferrière (Translation 1995)
Fairy Ring by Martine Desjardins, with Fred A. Reed (Translation 2001)

Montréal / A writer, translator, journalist and filmmaker, Homel was born and raised in Chicago. A two-time GG award winner for translation, he has seen his own novels translated into several languages and his articles appear in periodicals such as *The Globe and Mail*, *La Presse* and *The Gazette*. His other awards include a J. I. Segal Award and a Hugh MacLennan Prize.

Écrivain, traducteur, journaliste et cinéaste, Homel est né et a grandi à Chicago. Lauréat de deux prix de traduction du GG, il a vu ses propres romans traduits en plusieurs langues et ses articles paraître dans des périodiques tels que le *Globe and Mail*, *La Presse* et *The Gazette*. Outre son Prix littéraire du Gouverneur général, il a également remporté un prix J.-I.-Segal et un prix Hugh-MacLennan.

THOMAS HOMER-DIXON
(1956)

The Ingenuity Gap (Non-fiction 2001)

Toronto / Homer-Dixon holds the CIGI Chair of Global Systems at the Balsillie School of International Affairs in Waterloo, Ontario. Born in Victoria, he is a graduate of Carleton University and the Massachusetts Institute of Technology. In 1999, Homer-Dixon received the Northrop Frye Teaching Award for integrating teaching and research at the University of Toronto. Since joining the University of Waterloo in 2008, he has written mostly about threats to global security in the twenty-first century. In addition to his Governor General's Literary Award-winning book, *The Ingenuity Gap*, his books include *Environment, Scarcity, and Violence*, which won the American Political Science Association's Caldwell Prize in 2000, and *The Upside of Down: Catastrophe, Creativity, and the Renewal of Civilization*, which won Canada's National Business Book Award in 2006.

Homer-Dixon est titulaire de la Chaire d'études des systèmes internationaux du CIGI à la Balsillie School of International Affairs de Waterloo, en Ontario. Natif de Victoria, il est diplômé de l'Université Carleton et de l'Institut de technologie du Massachusetts. En 1999, Homer-Dixon a obtenu le prix Northrop-Frye pour son intégration de l'enseignement et de la recherche à l'université de Toronto. Depuis son arrivée à l'Université de Waterloo, en 2008, il a surtout écrit sur le sujet des menaces à la sécurité mondiale au XXIᵉ siècle. En plus de son livre lauréat d'un Prix littéraire du Gouverneur général, *The Ingenuity Gap*, il a écrit *Environment, Scarcity, and Violence*, qui lui a valu un prix Caldwell de l'American Political Science Association en 2000, et *The Upside of Down: Catastrophe, Creativity, and the Renewal of Civilization*, qui a été récompensé d'un Canada's National Business Book Award en 2006.

NICOLE HOUDE
(1945-2016)

Les Oiseaux de Saint-John Perse (Romans et nouvelles 1995)

Montréal / Originaire de Saint-Fulgence, au Québec, Houde est bachelière en anthropologie de l'Université de Montréal. En 1989, elle a reçu le prix Air Canada pour *L'Enfant de la batture*. Son roman récompensé d'un Prix littéraire du

Gouverneur général, *Les Oiseaux de Saint-John Perse*, aborde le sujet de la vieillesse avec tendresse et compassion.

Born in Saint-Fulgence, Québec, Houde graduated from the Université de Montréal with a BA in anthropology. In 1989, she received the Prix Air Canada for *L'Enfant de la batture*. Her Governor General's Literary Award-winning novel, *Les Oiseaux de Saint-John Perse*, addresses the subject of old age with tenderness and compassion.

ROBERT HUNTER
(1941–2005)

Occupied Canada, with Robert Calihoo (Non-fiction 1991)

Vancouver / The first president and first chairman of the Greenpeace Foundation, Hunter tells the story of the birth of Greenpeace in his book *Warriors of the Rainbow*. In *Occupied Canada*, he and Robert Calihoo tell the story of how a young man discovers his native roots when he goes to live with his father on the poverty-stricken Michel Indian Reserve in northern Alberta. Only after beginning work on the book did Hunter discover that his own great-great-grandmother was a Huron. A student of Marshall McLuhan, Hunter was a regular contributor to a variety of media outlets, including City TV in Toronto and the *Vancouver Sun* and the *North Shore News* in Vancouver.

Robert Hunter fut le premier président de la Fondation Greenpeace. Dans son livre *Warriors of the Rainbow*, il décrit la naissance de cette organisation. Dans *Occupied Canada*, lui et Robert Calihoo relatent l'histoire d'un jeune homme qui découvre ses origines autochtones lorsqu'il va vivre avec son père dans la réserve indienne Michel, frappée par la pauvreté, dans le Nord de l'Alberta. Ce n'est qu'après avoir commencé à écrire ce livre que Hunter a découvert que son arrière-arrière-grand-mère était huronne. Étudiant de Marshall McLuhan, Hunter a fréquemment contribué à divers médias, dont City TV à Toronto ainsi que le *Vancouver Sun* et le *North Shore News* à Vancouver.

GLEN HUSER
(1943)

Stitches (Children's Literature – Text 2003)

Edmonton / Huser spent his early life in Ashmont, Alberta. Later he studied at the Vancouver School of Art and the University of Alberta. As a high-school teacher and an elementary-school teacher-librarian, he developed an interest in children's literature. Eventually, he became a reviewer of children's literature for the *Edmonton Journal*. He also founded *Magpie,* a quarterly magazine created to showcase the writing and artwork of students. His award-winning book, *Stitches*, tells the story of a bullied teen and his friendship with a handicapped girl. A second young-adult novel, *Skinnybones and the Wrinkle Queen*, appeared in 2008.

Huser a passé sa jeunesse à Ashmont, en Alberta. Par la suite, il a étudié à la Vancouver School of Art et à l'Université de l'Alberta. Alors qu'il était enseignant au secondaire et enseignant-bibliothécaire au primaire, il s'est intéressé à la littérature jeunesse. Il est ensuite devenu critique de littérature jeunesse pour l'*Edmonton Journal*. Huser a fondé *Magpie,* un magazine trimestriel créé pour mettre en valeur l'écriture et les créations artistiques d'élèves du primaire. Son livre primé, *Stitches*, raconte l'histoire d'un adolescent victime de harcèlement, ainsi que de son amitié avec une fille handicapée. En 2008, Huser a publié un second roman pour jeunes adultes, *Skinnybones and the Wrinkle Queen*.

NANCY HUSTON
(1953)

Cantique des plaines (Romans et nouvelles 1993)

Paris, France / Née à Calgary, Huston s'est installée à Paris pour étudier à l'École des hautes études en sciences sociales, où elle a rédigé un mémoire de maîtrise sur le blasphème. Reconnue aujourd'hui principalement comme romancière et essayiste, Huston a également écrit plusieurs livres et pièces de théâtre pour enfants. Son premier roman, *Les variations Goldberg*, lui a valu le prix Contrepoint. Un roman ultérieur, *La virevolte*, a remporté le prix Louis-Hémon. Chevalier de l'Ordre des Arts et des Lettres en France, Huston a été nommée Officier de l'Ordre du Canada en 2005.

Born in Calgary, Huston moved to Paris to study at the École des hautes études en sciences sociales where she wrote a master's thesis on profanity. Known today primarily as a novelist and essayist, Huston has also written several children's books and plays. Her first novel, *Les variations Goldberg*, was awarded the Prix Contrepoint. A later novel, *La virevolte*, won the Prix Louis-Hémon. A Chevalier in l'Ordre des Arts et des Lettres in France, Huston was appointed an Officer of the Order of Canada in 2005.

BRUCE HUTCHISON
(1901–1992)

The Unknown Country (CREATIVE NON-FICTION 1942)
The Incredible Canadian (CREATIVE NON-FICTION 1952)
Canada (CREATIVE NON-FICTION 1957)

VICTORIA / Born in Prescott, Ontario and educated in Victoria, British Columbia, Hutchison worked for most of his life as a newspaper reporter and editor, first in Ottawa and later in Winnipeg, Victoria and Vancouver. A regular contributor to periodicals such as *The Saturday Evening Post, Collier's Weekly* and *The American Magazine*, Hutchison was widely regarded as one of Canada's foremost political commentators. In 1967, he was appointed an Officer of the Order of Canada. Today, the Bruce Hutchison Lifetime Achievement Award recognizes journalists who have made a major contribution to news reporting in British Columbia.

Originaire de Prescott, en Ontario, Hutchison a étudié à Victoria, en Colombie-Britannique. Pendant la plus grande partie de sa vie, il a travaillé comme journaliste et rédacteur en chef, d'abord à Ottawa puis à Winnipeg, Victoria et Vancouver. Collaborateur régulier pour des périodiques tels que *The Saturday Evening Post, Collier's Weekly* et *The American Magazine*, il était considéré comme l'un des principaux commentateurs politiques au Canada. En 1967, Hutchison a été fait Officier de l'Ordre du Canada. Aujourd'hui, le prix Bruce-Hutchison pour l'ensemble d'une carrière reconnaît les journalistes qui ont apporté une contribution majeure au journalisme d'actualité en Colombie-Britannique.

CÉLINE HUYGHEBAERT
(1978)

Le drap blanc (ROMANS ET NOUVELLES 2019)

MONTRÉAL / Née dans les Yvelines, en France, Céline Huyghebaert a émigré à Montréal en 2002, où elle a obtenu un doctorat ès arts de l'Université du Québec à Montréal. Elle est réputée pour sa capacité à intégrer le language dans les arts plastiques. Les œuvres de Huyghebaert ont été exposées au Canada et en France. *Le drap blanc* est son premier roman.

Born in the Yvelines region, in France, Huyghebaert moved to Montréal in 2002, where she completed her doctorate in arts at the Université du Québec à Montréal. An artist known especially for her ability to connect language with the visual arts, Huyghebaert has had her work displayed in both Canada and France. *Le drap blanc* is her first novel.

JOEL THOMAS HYNES
(1976)

We'll All Be Burnt in Our Beds Some Night (FICTION 2017)

ST JOHN'S / Hynes is known internationally as an actor, director, writer and musician. His first novel, *Down to the Dirt,* won the 2003 Percy James First Novel Award. It was adapted into a film and premiered at the Toronto International Film Festival. For adapting his third novel, *Say Nothing Saw Wood*, into the screenplay *Cast no Shadow*, Hynes won the Michael Weir Award for Best Atlantic Screenwriter. As an actor, Hynes has appeared in television series such as *Rookie Blue, Republic of Doyle, The Book of Negroes, Orphan Black* and *Mary Kills People*. In 2008, he was named Artist of the Year by the Newfoundland and Labrador Arts Council. *We'll All Be Burnt in Our Beds Some Night* tells the hard-luck story of Johnny Keough, who hitchhikes from Newfoundland to British Columbia to scatter the ashes of his girlfriend Madonna after she is killed in an accident.

Hynes a une réputation internationale en tant qu'acteur, réalisateur, auteur et musicien. En 2003, *Down to the Dirt* lui a valu le prix Percy-James pour un premier roman. Il a été adapté pour le cinéma et sa première a eu lieu au Festival international du film de Toronto. Hynes a reçu le prix Michael-Weir du

JOEL THOMAS HYNES Photo: David Leyes

meilleur scénariste en Atlantique pour avoir adapté son troisième roman, *Say Nothing Saw Wood*, pour le cinéma (*Cast no Shadow*). En tant qu'acteur, on a pu le voir dans les séries télévisées *Rookie Blue, Republic of Doyle, The Book of Negroes, Orphan Black* et *Mary Kills People*. En 2008, il a été nommé artiste de l'année par le Conseil des arts de Terre-Neuve-et-Labrador. *We'll All Be Burnt in Our Beds Some Night* raconte les déboires de Johnny Keough qui a traversé le Canada de Terre-Neuve à la Colombie-Britannique en autostop. Ce voyage a pour but de répandre les cendres de sa petite amie Madonna, décédée dans un accident.

JOHN IBBITSON
(1955)

The Landing (CHILDREN'S LITERATURE – TEXT 2008)

WASHINGTON, DC / Born in Gravenhurst, Ontario, Ibbitson graduated from the University of Toronto with a BA in English and from the University of Western Ontario with an MA in journalism. He has published as a playwright, a novelist and a non-fiction writer. As a journalist, he has worked for the *Ottawa Citizen*, the *National Post* and *The Globe and Mail*. In addition to winning a Governor General's Literary Award for Children's Literature, Ibbitson won the sixteenth annual Shaughnessy Cohen Prize for Political Writing for his biography of Canada's twenty-second Prime Minister, *Stephen Harper*.

Originaire de Gravenhurst, en Ontario, Ibbitson est titulaire d'un baccalauréat en anglais de l'Université de Toronto et d'une maîtrise en journalisme de l'Université Western. Il a publié en tant que dramaturge, romancier et auteur non romanesque. Il a en outre été journaliste pour l'*Ottawa Citizen*, le *National Post* et le *Globe and Mail*. En plus d'un Prix littéraire du Gouverneur général en littérature jeunesse, Ibbitson a aussi remporté le 16ᵉ prix annuel Shaughnessy-Cohen d'écriture politique pour sa biographie du 22ᵉ premier ministre du Canada, *Stephen Harper*.

JOHN IBBITSON Photo: Fred Lum, *The Globe and Mail*, September 13, 1999 / 13 septembre 1999

MICHAEL IGNATIEFF

(1947)

The Russian Album (Non-fiction 1987)

London, England / A graduate of the University of Toronto, Harvard University and the University of Oxford, Ignatieff taught at several universities, including the Universities of British Columbia, Toronto, Oxford, Cambridge and Harvard, before entering federal politics in 2006. After being elected Member of Parliament for Etobicoke-Lakeshore in Toronto, he served as Leader of the Liberal Party and as Leader of Her Majesty's Official Opposition. As a writer and broadcaster, Ignatieff has been influential on a wide range of issues relating to human rights, international affairs, nation building and nationalism. His numerous fiction and non-fiction titles have been translated into over a dozen languages. In 2016, he accepted the position of president and rector at the Central European University in Budapest, Hungary. His award-winning book, *The Russian Album*, tells the story of five generations of the Ignatieff family.

Diplômé de l'Université de Toronto, de l'Université Harvard et de l'Université d'Oxford, Ignatieff a enseigné à plusieurs universités, y compris l'Université de la Colombie-Britannique, l'Université de Toronto, l'Université d'Oxford, Cambridge et Harvard, avant de faire ses débuts en politique fédérale en 2006. D'abord élu député d'Etobicoke-Lakeshore à Toronto, il a été chef du Parti libéral puis chef de l'opposition officielle de Sa Majesté. En tant qu'écrivain et animateur, Ignatieff a exercé une grande influence sur un large éventail de questions liées aux droits de la personne, aux affaires internationales, à l'édification de la nation et au nationalisme. Ses nombreux titres romanesques et documentaires ont été traduits dans une dizaine de langues. En 2016, il a accepté le poste de président et recteur de l'Université d'Europe centrale à Budapest, en Hongrie. Son livre primé, *The Russian Album*, détaille la vie de cinq générations de la famille Ignatieff.

MICHAEL IGNATIEFF Photo: Philippe Landreville, Liberal Party of Canada / Parti libéral du Canada

SUZANNE JACOB
(1943)

Laura Laur (ROMANS ET NOUVELLES 1983)
La part de feu (POÉSIE 1998)

PARIS, FRANCE / Née à Amos, au Québec, Jacob a étudié au Collège Notre-Dame-de-l'Assomption à Nicolet et à l'Université de Montréal, avant de cofonder la maison d'édition Le Biocreux. Elle s'est ensuite fait connaître en tant que romancière, poétesse, essayiste et auteure-compositrice. Son roman primé, *Laura Laur,* raconte l'histoire de l'insaisissable Laura Laur du point de vue de cinq personnages différents. Laur, elle, ne prononce pas un seul mot. Jacob a également reçu le Prix Paris-Québec et le prix de poésie Félix-Antoine-Savard.

Born in Amos, Quebec, Jacob studied at the Collège Notre-Dame-de-l'Assomption in Nicolet and at the Université de Montréal before co-founding the publishing house Éditions Le Biocreux and making her mark as a novelist, poet, essayist and songwriter. Her award-winning novel, *Laura Laur,* tells the story of the elusive Laura Laur from the point of view of five different characters. Laur herself does not speak a single word. Jacob's other awards include the Prix Paris-Quebec and the Félix-Antoine-Savard Prize for poetry.

MATT JAMES
(1973)

Northwest Passage by Stan Rogers (CHILDREN'S LITERATURE – ILLUSTRATION 2013)

TORONTO / A painter, illustrator and musician, James showed his passion for art from an early age. While in grade school, his parents enrolled him in a YMCA cartooning class taught by the future stand-up comic Greg Morton. Later, he studied illustration at Sheridan College. In 2003, he held his first exhibition. His other awards include a New Mexico Book Award, a Boston Globe-Horn Book Award and a Marilyn Baillie Picture Book Award.

Peintre, illustrateur et musicien, James a manifesté une passion pour l'art dès son plus jeune âge. À l'école primaire, ses parents l'ont inscrit à un cours de caricature du YMCA donné par Greg Morton, futur monologuiste comique. Par la suite, il a étudié l'illustration au Collège Sheridan. En 2003, il a exposé ses œuvres pour la première fois. Parmi les prix qu'il a remportés figurent un New Mexico Book Award, un Boston Globe-Horn Book Award ainsi qu'un prix Marilyn-Baillie pour le meilleur livre d'images.

PAULETTE JILES
(1943)

Celestial Navigation (POETRY 1984)

SAN ANTONIO, TEXAS / A poet, novelist and journalist, Jiles was born in Salem, Missouri. Later, she studied at the University of Illinois before immigrating to Canada in 1969. Her best-selling novels include *Enemy Women*, set in a St Louis prison for the criminally insane during the American Civil War, and *Stormy Weather*, which takes place on an east-Texas dust farm during the Depression.

Poétesse, romancière et journaliste, Jiles est originaire de Salem, au Missouri. Elle a étudié à l'Université de l'Illinois avant d'immigrer au Canada, en 1969. Parmi ses romans à succès, citons *Enemy Women*, qui se déroule dans une prison de Saint-Louis pour criminels aliénés pendant la guerre de Sécession, et *Stormy Weather*, dont l'histoire se situe dans une vieille ferme de l'est du Texas pendant la Dépression.

JULIE JOHNSTON
(1941)

Hero of Lesser Causes (CHILDREN'S LITERATURE – TEXT 1992)
Adam and Eve and Pinch-Me (CHILDREN'S LITERATURE – TEXT 1994)

PETERBOROUGH, ONTARIO / As a teenager, Johnston wrote plays for her high-school theatre club and published a serial novel in her community newspaper. Later, after studying at the University of Toronto, she began writing short stories, feature articles and children's novels. Her other awards include a Vicky Metcalf Award for Children's Literature, a Young-Adult Canadian Book Award, a Joan Fassler Memorial Book Award, a Ruth Schwartz Children's Literature Award, and a Canadian Library Association Young-Adult Book Award.

Adolescente, Johnston a écrit des pièces pour le club de théâtre de son école secondaire et publié un roman-feuilleton dans le journal local. Après des études à l'Université de Toronto, elle a commencé à écrire des nouvelles, des articles de fond et des romans pour enfants. Johnston a reçu d'autres honneurs, notamment un prix Vicky-Metcalf de littérature jeunesse, un Prix du livre canadien pour jeunes adultes, un prix littéraire commémoratif Joan-Fassler, un prix Ruth-Schwartz de littérature pour la jeunesse, et un prix littéraire de l'Association canadienne des bibliothèques pour un roman destiné aux jeunes adultes.

D. G. (DOUGLAS GORDON) JONES
(1929–2016)

Under the Thunder the Flowers Light up the Earth (POETRY 1977)
Categorics by Normand de Bellefeuille (TRANSLATION 1993)

NORTH HATLEY, QUEBEC / A graduate of McGill University and Queen's University, Jones is widely recognized as one of Canada's most influential poets and translators. He won the A. M. Klein Prize for Poetry twice: first in 1988, for *Balthazar and Other Poems,* and again in 1995, for *The Floating Garden.* As a translator, he helped co-found the literary magazine *Ellipse: Writers in Translation.* After teaching English at the Université de Sherbrooke for over thirty years, he was appointed an Officer of the Order of Canada in 2007.

Diplômé de l'Université McGill et de l'Université Queen's, Jones est reconnu comme l'un des poètes et traducteurs les plus connus au Canada. Il a reçu à deux reprises le prix de poésie A. M.-Klein : une première fois, en 1988, pour *Balthazar and Other Poems,* puis en 1995 pour *The Floating Garden.* À titre de traducteur, il a participé à la création du magazine littéraire *Ellipse: Writers in Translation.* Après avoir enseigné l'anglais à l'Université de Sherbrooke pendant plus de 30 ans, il a été nommé Officier de l'Ordre du Canada en 2007.

STÉPHANE JORISCH
(1956)

Le monde selon Jean de ... de André Vandal (LITTÉRATURE JEUNESSE – ILLUSTRA-
TIONS 1993)
Charlotte et l'île du destin de Olivier Lasser (LITTÉRATURE JEUNESSE – ILLUSTRA-
TIONS 1999)
Jabberwocky by Lewis Carroll (CHILDREN'S LITERATURE – ILLUSTRATION 2004)
The Owl and the Pussycat by Edward Lear (CHILDREN'S LITERATURE – ILLUSTRA-
TION 2008)

MONTRÉAL / Originaire de Bruxelles, en Belgique, Jorisch a grandi à Lachine, au Québec, où il a été initié au monde de l'illustration par son père, lui-même

D. G. (DOUGLAS GORDON) JONES Photo: Shelly Grimson

illustrateur de bandes dessinées. Après des études en graphisme à l'Université Concordia et en design industriel à l'Université de Montréal, Jorisch s'est tourné vers l'illustration de livres. Illustrateur de plus de 80 livres, Jorisch a également travaillé comme scénographe pour le Cirque du Soleil. Il est le seul à avoir remporté quatre Prix littéraires du Gouverneur général pour l'illustration de livres en français et en anglais.

Born in Brussels, Belgium, Jorisch grew up in Lachine, Quebec, where he was introduced to the world of illustration by his comic-strip illustrator father. After completing degrees in graphics at Concordia University and industrial design at the Université de Montréal, Jorisch found himself drawn to book illustration. The illustrator of over eighty books, Jorisch has also worked as a staging designer for Cirque du Soleil. He is the only person to have won four Governor General's Literary Awards for book illustration in both French and English.

HERVÉ JUSTE
(1959)

Entre l'ordre et la liberté de Gérald Bernier et Daniel Salée (TRADUCTION 1995)

MONTRÉAL / Après avoir obtenu une maîtrise en anthropologie à l'Université de Montréal, Juste a été traducteur d'ouvrages en sciences sociales aux Éditions du Boréal. De 1990 à 1995, il a été cinq fois finaliste aux Prix littéraires du Gouverneur général avant de finalement remporter le prix pour sa traduction de *Entre l'ordre et la liberté : Colonialisme, pouvoir et transition vers le capitalisme dans le Québec du XIXe siècle*, une analyse de Gérald Bernier et Daniel Salée sur la fondation et les origines du Québec moderne. Il a ensuite été rédacteur pour le magazine *Sélection du Reader's Digest*, dont il est le rédacteur en chef depuis 2012.

After completing a master's degree in anthropology at the Université de Montréal, Juste worked as a translator of social science works for the publisher Éditions du Boréal. Between 1990 and 1995, he was a finalist for the Governor General's Literary Awards five times before finally winning for his translation of *Entre l'ordre et la liberté : Colonialisme, pouvoir et transition vers le capitalisme dans le Québec du XIXe siècle*, a study of the foundations and origins of modern Quebec by Gérald Bernier and Daniel Salée. Later Juste worked as an editor for *Sélection du Reader's Digest*. He was appointed editor-in-chief in 2012.

HIRO KANAGAWA Photo: Kristine Cofsky

HIRO KANAGAWA
(1963)

Indian Arm (DRAMA 2017)

PORT MOODY, BRITISH COLUMBIA / An actor and university instructor as well as a playwright, Kanagawa is widely known internationally for his roles in various television series, including *The X-Files, Smallville, iZombie* and *The Man in the High Castle.* Behind the scenes, he has worked as story editor for series such as *Da Vinci's Inquest* and *Da Vinci's City Hall.* His plays, including *The Patron Saint of Stanley Park* and *Tiger of Malaya*, have appeared in Vancouver, Ottawa and Toronto. Kanagawa holds a MFA from Simon Fraser University and has been awarded Jessie Richardson Theatre Awards for his acting and his playwriting.

Acteur, professeur d'université et dramaturge, Kanagawa est reconnu mondialement pour ses rôles dans diverses séries télévisées, notamment *The X-Files, Smallville, iZombie* et *The Man in the High Castle.* En marge de ces travaux, il a travaillé comme lecteur-analyste de scénarios pour des séries telles que *Da Vinci's Inquest* et *Da Vinci's City Hall.* Ses pièces de théâtre, y compris *The Patron Saint of Stanley Park* et *Tiger of Malaya*, ont été présentées à Vancouver, Ottawa et Toronto. Kanagawa a obtenu une maîtrise en beaux-arts de l'Université Simon Fraser. Il a également remporté un prix Jessie-Richardson en théâtre pour son interprétation et son écriture dramatique.

WELWYN WILTON KATZ
(1948)

The Third Magic (CHILDREN'S LITERATURE – TEXT 1988)

LONDON, ONTARIO / After graduating with an Honours BSc and a BEd, Katz worked as a high-school mathematics teacher before turning to writing full time. Many of her novels focus on otherworldly struggles between good and evil. One of her most popular novels, *False Face*, is set in the author's hometown of London, Ontario. Her Governor General's Award-winning book, *The Third Magic*, was inspired by the Welsh poem *The Spoils of Annwn* and describes a war between opposing spiritual forces in the world of Nwm. The author of some fifteen novels, her books have appeared around the world in over a dozen languages.

Titulaire d'un baccalauréat en sciences avec spécialisation et d'un baccalauréat en éducation, Katz a enseigné les mathématiques au secondaire avant de se consacrer à l'écriture à temps plein. Nombre de ses romans sont basés sur la thématique de la lutte métaphysique entre le bien et le mal. L'une de ses œuvres les plus populaires, *False Face*, se déroule dans sa ville natale, à London, en Ontario. Son livre lauréat d'un Prix du Gouverneur général, *The Third Magic*, s'inspire du poème gallois *The Spoils of Annwn* et décrit la guerre qui oppose des forces métaphysiques antagonistes dans le monde de Nwm. La quinzaine de romans qu'elle a écrit a été publiée partout dans le monde, dans une dizaine de langues.

M. T. (MILTON TERRENCE) KELLY
(1947)

A Dream Like Mine (FICTION 1987)

TORONTO / A poet, essayist and novelist, Kelly is a graduate of York University's Glendon College and the University of Toronto. He wrote his first novel, *My Vegetable Love*, while still a student. His play, *The Green Dolphin*, premiered at Theatre Passe Muraille in Toronto and his poetry book, *Country You Can't Walk In*, won the initial Toronto Arts Council Award. His award-winning novel, *A Dream Like Mine*, has been translated into French, Japanese, Danish and Polish. In 1991, it was adapted into the feature film, *Clearcut*.

Poète, essayiste et romancier, Kelly est diplômé du Collège Glendon de l'Université York ainsi que de l'Université de Toronto. Il a écrit son roman, *My Vegetable Love*, alors qu'il était encore étudiant. Sa pièce *The Green Dolphin* a été jouée pour la première fois au Théâtre Passe Muraille de Toronto. Son livre de poésie *Country You Can't Walk In* lui a valu le premier prix décerné par le Conseil des arts de Toronto. De plus, son roman primé, *A Dream Like Mine*, a été traduit en français, en japonais, en danois et en polonais. En 1991, il a été adapté en long métrage sous le titre *Clearcut*.

KEVIN KERR
(1968)

Unity (1918) (DRAMA 2002)

VANCOUVER / Born in Vancouver, Kerr grew up in Kamloops, British Columbia. He returned to Vancouver to study theatre at the University of British Columbia and at Langara College's Studio 58. He is a founding member and was an artistic associate of the Electric Company Theatre, a collective with which he has co-written several plays, including *Brilliant!*, *Studies in Motion* and *Tear the Curtain!* His award-winning play, Unity (1918), tells the story of how the Spanish flu epidemic of 1918 divided the town of Unity, Saskatchewan, and how the threat of illness isolated the town's citizens, both physically and mentally.

Né à Vancouver, Kerr a grandi à Kamloops, en Colombie-Britannique. Il est retourné à Vancouver pour étudier le théâtre à l'Université de la Colombie-Britannique et au Studio 58 du Collège Langara. Kerr est l'un des membres fondateurs et a été le directeur artistique de l'Electric Company Theatre, un collectif avec lequel il a coécrit de nombreuses pièces, notamment *Brilliant!*, *Studies in Motion* et *Tear the Curtain!* Sa pièce primée, Unity (1918), raconte comment l'épidémie de grippe espagnole de 1918 a divisé la ville de Unity, en Saskatchewan, et isolé les citoyens, tant physiquement que mentalement.

MURRAY KIMBER
(1964)

Josepha by Jim McGugan (CHILDREN'S LITERATURE – ILLUSTRATION 1994)

NELSON, BRITISH COLUMBIA / Born in Calgary, Kimber is a graduate of the Alberta College of Art and Design. In addition to his Governor General's Literary Award for Children's Illustration, he is the winner of an Elizabeth Mrazik-Cleaver Award and of a Ross Annett Award for Children's Literature.

Originaire de Calgary, Kimber est diplômé de l'Alberta College of Art and Design. Outre un Prix littéraire du Gouverneur général pour l'illustration de livres jeunesse, il a obtenu un prix Elizabeth-Mrazik-Cleaver et un prix Ross-Annett en littérature jeunesse.

ROSS KING
(1962)

The Judgment of Paris (NON-FICTION 2006)
Leonardo and the Last Supper (NON-FICTION 2012)

WOODSTOCK, ENGLAND / A writer of both fiction and non-fiction, King was born in Estevan, Saskatchewan. Before moving to England to work as a research fellow at University College, London, he studied at the University of Regina and York University. In 2002, he published *Michelangelo and the Pope's Ceiling,* the story of

ROSS KING Photo: Jerry Bauer

Michelangelo's work in the Sistine Chapel during a time of political and religious intrigue in the early sixteenth-century. In 2010, he published *Defiant Spirits*, the story of Canada's Group of Seven and its revolutionary approach to landscape painting between the two World Wars. Both of his Governor General's Literary Award-winning titles focus on important periods in the history of European art.

Auteur de romans et d'essais, King est né à Estevan, en Saskatchewan. Avant de déménager en Angleterre pour travailler comme chercheur universitaire au University College de Londres, il a étudié à l'Université de Regina et à l'Université York. En 2002, il a publié *Michelangelo and the Pope's Ceiling*, qui retrace l'histoire de l'œuvre de Michel-Ange dans la chapelle Sixtine à une époque d'intrigues politiques et religieuses, au début du XVIᵉ siècle. En 2010 est paru *Defiant Spirits*, qui relate l'histoire du Groupe des sept au Canada et son approche révolutionnaire de la peinture de paysages entre les deux guerres mondiales. Les deux titres de King lauréats d'un Prix littéraire du Gouverneur général se penchent sur des périodes importantes de l'histoire de l'art européen.

THOMAS KING
(1943)

The Back of the Turtle (FICTION 2014)

GUELPH, ONTARIO / A graduate of Chico State University in California and of the University of Utah, King's PhD thesis was one of the earliest academic works to explore native oral storytelling traditions as literature. After moving to Canada in 1980, King taught at the University of Lethbridge before becoming a professor of English at the University of Guelph. In addition to his numerous novels, he wrote and acted in the CBC radio show, *The Dead Dog Café Comedy Hour*. The show included adaptations from his novel *Green Grass, Running Water*. In 2004, King was appointed a Member of the Order of Canada

King est diplômé de l'Université d'État de Californie à Chico et de l'Université de l'Utah. Sa thèse de doctorat compte parmi les premiers travaux universitaires à avoir exploré l'art narratif oral traditionnel autochtone en tant que littérature. Après s'être installé au Canada en 1980, King a enseigné à l'Université de Lethbridge, puis a été professeur d'anglais à l'Université de Guelph. En plus de ses nombreux romans, il a écrit pour l'émission radiophonique *The Dead Dog Café Comedy Hour* de la CBC, à laquelle il a aussi participé en tant qu'acteur. L'émission présentait aussi des adaptations d'extraits de son roman *Green Grass, Running Water*. En 2004, King a reçu l'Ordre du Canada.

THOMAS KING Photo: Trina Koster

J. (JON) KLASSEN
(1981)

Cats' Night Out by Caroline Stutson (CHILDREN'S LITERATURE – ILLUSTRATION 2010)

LOS ANGELES, CALIFORNIA / Born in Winnipeg, Klassen grew up in Niagrara Falls and Toronto and studied animation at Sheridan College. In addition to his work illustrating children's books, he has worked on the animation of music videos such as U2's *I'll Go Crazy If I Don't Go Crazy Tonight* and feature films such as *Kung Fu Panda*. He has written and illustrated several of his own books, including *This Is Not My Hat* and *I Want My Hat Back*, and illustrated other texts including *Extra Yarn* by Mac Barnett and *The Dark* by Lemony Snicket. His other awards include a Caldecott Medal and a Kate Greenaway Award.

Originaire de Winnipeg, Klassen a grandi à Niagara Falls et à Toronto, et a étudié l'animation au Collège Sheridan. En plus d'illustrer des livres pour enfants, il a travaillé à l'animation de vidéoclips, comme celui de la chanson *I'll Go Crazy If I Don't Go Crazy Tonight* du groupe U2, et de films, comme *Kung Fu Panda*. Il a illustré plusieurs des livres qu'il a lui-même écrits, notamment *This Is Not My Hat* et *I Want My Hat Back*, ainsi que des ouvrages d'autres auteurs, y compris *Extra Yarn* de Mac Barnett et *The Dark* de Lemony Snicket. Parmi les prix qu'il a remportés, soulignons la médaille Caldecott de même qu'un prix Kate-Greenaway.

A. M. (ABRAHAM MOSES) KLEIN
(1909–1972)

The Rocking Chair and Other Poems (POETRY 1948)

MONTRÉAL / Born in the Ukraine and raised in Montréal, Klein studied classics and political science at McGill University and law at the Université de Montréal. For most of his life he worked as a lawyer, but also as an occasional lecturer in poetry at McGill. From 1938 to 1955, he served as editor of the *Canadian Jewish Chronicle*. For many years he also served as a public-relations consultant for the Montréal businessman Samuel Bronfman. As *The Canadian Encyclopedia* reports, Klein is widely recognized as the "first contributor of authentic Jewish poetry to the English language."[47] In 1990, Charlotte and Robert Melançon won a Governor General's award for their translation of Klein's 1951 semi-autobiographical novel, *The Second Scroll*.

J. (JON) KLASSEN Photo: Courtesy of / Reproduite avec la permission de Jon Klassen

Klein est né en Ukraine et a grandi à Montréal. Il a étudié les lettres classiques et les sciences politiques à l'Université McGill, et le droit à l'Université de Montréal. Il a passé la majeure partie de sa vie à exercer la profession d'avocat, mais il a aussi été chargé de cours occasionnel en poésie à McGill. De 1938 à 1955, Klein a été rédacteur pour l'hebdomadaire *Canadian Jewish Chronicle*. Pendant plusieurs années, il a été conseiller en relations publiques pour l'homme d'affaires montréalais Samuel Bronfman. Comme l'indique *L'Encyclopédie canadienne*, Klein est connu pour avoir été « le premier à faire profiter la langue anglaise de la poésie juive authentique[48] ». En 1990, Charlotte et Robert Melançon ont été récompensés d'un Prix du Gouverneur général pour leur traduction du roman semi-autobiographique de Klein, *The Second Scroll*, publié en 1951.

JOHN KRIZANC
(1956)

Prague (DRAMA 1987)

LOS ANGELES, CALIFORNIA / Born in Lethbridge, Alberta, Krizanc started writing poetry as a young man. His first major play, *Tamara*, is based on the diaries of the Polish artist Tamara Lempicka. The play takes place in a large house with actors performing simultaneous scenes in different rooms. Members of the audience follow the actors from room to room, choosing to observe some parts of the play and not others. Premiered at Strachan House in Trinity-Bellwoods Park, Toronto in 1981, the play won a Dora Mavor Moore Award. The play opened in Los Angeles in 1984, where it ran for nine years. Throughout his career, Krizanc has also worked as a writer, story consultant and producer for movies and television, including *Due South, Men with Brooms, Bomb Girls, Saving Hope* and *Rookie Blue*.

Originaire de Lethbridge, en Alberta, Krizanc a commencé à écrire de la poésie à un jeune âge. Sa grande pièce de théâtre, *Tamara*, s'inspire des journaux intimes de l'artiste polonaise Tamara Lempicka. Le décor de cette pièce est une grande maison où les acteurs jouent des scènes simultanées dans différentes pièces. Les spectateurs suivent les personnages d'une pièce de la maison à l'autre, choisissant d'observer certaines parties du spectacle plutôt que d'autres. Mise en scène pour la première fois à la résidence Strachan House dans le parc Trinity-Bellwoods, à Toronto, en 1981, cette pièce a remporté un prix Dora-Mavor-Moore. Sa première américaine a eu lieu à Los Angeles en 1984, où elle est restée à l'affiche pendant neuf ans. Tout au long de sa carrière, Krizanc a également été scénariste, scénariste-conseil et producteur pour plusieurs films et émissions de télévision, dont *Due South, Men with Brooms, Bomb Girls, Saving Hope* et *Rookie Blue*.

ROBERT KROETSCH

(1927–2011)

The Studhorse Man (FICTION 1969)

BINGHAMTON, NEW YORK / Born in Heisler, Alberta, Kroetsch is the author of over two dozen books of fiction, poetry and nonfiction. As a young man, he studied English and philosophy at the University of Alberta. After deciding that "To write is, in some metaphoric sense, to go North" and that "To go North is, in some metaphoric sense, to write," Kroetsch went north to feed his imagination.[49] Eventually, he completed an MA in American Literature at Middlebury College, Vermont, and a PhD at the University of Iowa. For many years, he taught at what was then called Harpur College, now the State University of New York at Binghamton. His award-winning novel, *The Studhorse Man*, tells the tall tale of an Alberta man who travels the countryside with his stud horse, wanting to keep alive the bloodline of his rare blue stallion. In 2004, Kroetsch was appointed an Officer of the Order of Canada.

Né à Heisler, en Alberta, Kroetsch a écrit une vingtaine de romans, d'ouvrages de poésie et d'essais. Il a étudié l'anglais et la philosophie à l'Université de l'Alberta. Après avoir décidé qu'« écrire, c'est, dans un sens métaphorique, aller vers le nord » et qu'« aller vers le nord, c'est, dans un sens métaphorique, écrire », Kroetsch est allé dans le Nord pour nourrir son imagination[50]. Il a obtenu une maîtrise en littérature américaine du Collège Middlebury, au Vermont, et un doctorat de l'Université de l'Iowa. Pendant plusieurs années, il a enseigné au Collège Harpur (aujourd'hui l'Université d'État de New York à Binghamton). Son roman primé, *The Studhorse Man*, raconte la légende d'un Albertain qui parcourt la campagne avec son cheval, désireux de garder vivante la lignée de son rare étalon bleu. En 2004, Kroetsch a été fait Officier de l'Ordre du Canada.

ANDRÉE LABERGE

(1953)

La rivière du loup (ROMANS ET NOUVELLES 2006)

QUÉBEC / Après avoir obtenu une maîtrise en travail social et un doctorat en épidémiologie, Laberge a travaillé pendant de nombreuses années dans le secteur de la santé publique. Ce n'est que plus tard qu'elle s'est mise à l'écriture. Son roman récompensé d'un Prix du Gouverneur général est un récit émouvant sur l'innocence de l'adolescence et l'amour paternel. Elle a aussi publié, entre autres, *Les oiseaux de verre, Le fin fond de l'histoire* et *Le fil ténu de l'âme.*

After earning a master's degree in social work and a doctorate in epidemiology, Laberge worked for many years in the public health sector. Later, she began writing. Her Governor General's Award-winning novel is a moving story of teenage innocence and fatherly love. Her other titles include *Les oiseaux de verre, Le fin fond de l'histoire* and *Le fil ténu de l'âme.*

MARIE LABERGE
(1950)

C'était avant la guerre à l'Anse à Gilles (THÉÂTRE 1981)

MONTRÉAL / Actrice, romancière et dramaturge, Laberge a d'abord étudié le journalisme à l'Université Laval. Par la suite, sa participation à la troupe de théâtre Les Treize l'a menée au Conservatoire d'art dramatique de Québec. De 1977 à 1980, elle a été administratrice du Théâtre du Trident. Sa pièce primée, *C'était avant la guerre à l'Anse à Gilles*, présente un témoignage émouvant sur le rôle des femmes au Québec dans les années 1930. Cette pièce a été traduite en anglais en 1986 sous le titre *Before the War, Down at L'Anse à Gilles*. Laberge a été nommée Chevalier (1988), puis Officier (1995) de l'Ordre des Arts et des Lettres en France. En 2004, elle a été faite chevalier de l'Ordre national du Québec et de l'Ordre de la Pléiade de l'Assemblée parlementaire de la Francophonie. Son recueil d'essais intitulé *Marie Laberge, dramaturge* est paru en 1989. Outre de nombreuses pièces et de multiples romans, Laberge a également écrit les paroles de la chanson *Le temps qui compte*, interprétée par Céline Dion.

An actress, novelist and playwright, Laberge initially studied journalism at the Université Laval. Later, her involvement with the theatre group La Troupe des Treize led her to enter the Conservatoire d'art dramatique de Québec. From 1977 to 1980, she served as administrator of the Théâtre du Trident. Her award-winning play, *C'était avant la guerre à l'Anse à Gilles*, gives a moving account of the role women played in Quebec during the 1930s. The play was translated into English as *Before the War, Down at L'Anse à Gilles*. In 1988, Laberge was named a Chevalier, and in 1995 an Officer, in the Ordre des Arts et des Lettres in France. In 2004, she was named a Chevalier in the Ordre national du Québec and a Chevalier in the Ordre de la Pléiade de l'Assemblée parlementaire de la francophonie. A collection of essays discussing Laberge's work appeared in 1989 under the title *Marie Laberge, dramaturge*. In addition to her numerous plays and novels, Laberge also wrote the lyrics for the Celine Dion song *Le temps qui compte*.

MARCEL LABINE
(1948)

Papiers d'épidémie (Poésie 1988)

Montréal / Poète prolifique, Labine est diplômé de l'Université de Montréal et a enseigné la littérature au Collège de Maisonneuve, à Montréal, de 1971 à 2004. Il a reçu un prix d'excellence de l'AEPCQ pour *Musiques, dernier mouvement*, ainsi que le Prix du Festival de la poésie de Montréal et le Grand Prix Québecor du Festival international de la poésie de Trois-Rivières pour *Le tombeau où nous courons*. En 2012, Labine a obtenu une bourse Gabrielle-Roy pour faire une résidence d'écriture à Petite-Rivière-Saint-François, au Québec.

A prolific poet, Labine graduated from the Université de Montréal and taught literature at the Collège de Maisonneuve in Montréal from 1971 to 2004. His other awards include AEPCQ's Prix d'excellence for *Musiques, dernier mouvement,* as well as a Prix du Festival de la poésie de Montréal and a Grand Prix Québecor du Festival International de la Poésie for *Le tombeau où nous courons*. In 2012, Labine won a Bourse Gabrielle-Roy to complete a writing residency in Petite-Rivière-Saint-François, Quebec.

DARCIA LABROSSE
(1956)

Venir au monde de Marie-Francine Hébert (Littérature jeunesse – illustrations 1987)

Montréal / Diplômée de l'école d'arts visuels du Musée des beaux-arts de Montréal, Labrosse a publié plus de 40 livres pour enfants, et a organisé bon nombre d'expositions d'art à son compte et conjointement au Canada et à l'étranger. Elle a aussi participé au projet d'intelligence artificielle IEML (Information Economy Meta Language) de l'Université d'Ottawa. Son projet artistique, le corpus Métal (Meta) Langage, est basé sur une série de tableaux réalisés en peinture électrostatique sur des feuilles d'aluminium, créant ainsi des œuvres qui résistent aux éléments et qui peuvent être exposées n'importe où.

A graduate of the School of Visual Arts at the Montréal Museum School of Fine Arts, Labrosse has published over forty children's books and has held numerous group and solo art exhibitions in Canada and around the world. She has also been involved in IEML (the Information Economy MetaLanguage project), an artificial intelligence project at the University of Ottawa. Her art project, the Metal (Meta) Language Corpus, involves a series of paintings done in electrostatic paint on sheets of aluminum, creating works that are impervious to the elements and that can be displayed anywhere.

KIM LAFAVE
(1955)

Amos's Sweater by Janet Lunn (CHILDREN'S LITERATURE – ILLUSTRATION 1988)

ROBERTS CREEK, BRITISH COLUMBIA / A Vancouver native, LaFave studied illustration at the Alberta College of Art before working as an illustrator in Toronto between 1978 and 1992. His illustrated books include *Shi-shi-etko, Ben Over Night, We'll All Go Sailing, A Bumblebee Sweater* and *Fishing with Gubby*. In addition to winning a Governor General's Literary Award, his illustrations for *Amos's Sweater* also won a Ruth Schwartz Children's Book Award and an Amelia Francis-Howard Gibbon Illustrators Award.

Originaire de Vancouver, LaFave a étudié l'illustration à l'Alberta College of Art avant de travailler comme illustratrice à Toronto de 1978 à 1992. Parmi les livres qu'elle a illustrés, nommons *Shi-shi-etko, Ben Over Night, We'll All Go Sailing, A Bumblebee Sweater* et *Fishing with Gubby*. En plus d'un Prix littéraire du Gouverneur général, ses illustrations dans *Amos's Sweater* lui ont valu un prix Ruth-Schwartz de littérature pour la jeunesse et un prix Amelia-Frances-Howard-Gibbon.

DANY LAFERRIÈRE
(1953)

Je suis fou de Vava (LITTÉRATURE JEUNESSE – TEXTE 2006)

MONTRÉAL / Né à Haïti où il a passé une partie de sa jeunesse, Laferrière a écrit pour le journal *Le petit samedi soir* et a également été chroniqueur radio. Il a immigré au Québec à la suite de l'assassinat de son ami et collègue journaliste Gasner Raymond. Les premiers romans de Laferrière, qui s'adressaient à un public adulte, ont connu un succès immédiat. Parmi ses nombreuses récompenses figurent un prix Médicis, le Grand Prix du livre de Montréal, le Grand Prix littéraire international Metropolis bleu et le Martin Luther King Jr. Achievement Award. En 2013, il est le premier Canadien élu à l'Académie française. En 2014, il est nommé officier de l'Ordre national du Québec et, en 2015, officier de l'Ordre du Canada.

DANY LAFERRIÈRE Photo: Mathieu Rivard

Born and raised in Haiti, Laferrière worked as a writer for the newspaper *Le petit samedi soir.* He also worked as a radio broadcaster. He immigrated to Quebec after the assassination of his colleague and friend, the journalist Gasner Raymond. His numerous awards include a Prix Médicis, a Grand Prix du livre de Montréal, a Grand Prix littéraire international Metropolis bleu, and a Martin Luther King Jr Achievement Award. In 2013, he became the first Canadian elected to the Académie française. In 2014, he was appointed an officer of the Ordre national du Québec and, in 2015, he was appointed an officer of the Order of Canada.

MAURICE LAGUEUX
(1940)

Le marxisme des années soixante (ÉTUDES ET ESSAIS 1982)

MONTRÉAL / Philosophe montréalais, Lagueux est diplômé de l'Université de Montréal, de l'Université Paris Nanterre et de l'Université McGill. Il a enseigné à l'Université de Montréal de 1967 à 2005 et a présidé l'Association canadienne de philosophie en 1982 et 1983. Connu surtout pour son apport à la philosophie de l'histoire, la philosophie de l'économie et la théorie de l'architecture, Lagueux a aussi écrit *Rationality and Explanation in Economics* et *Actualité de la philosophie de l'histoire.*

A Montréal philosopher, Lagueux is a graduate of the Université de Montréal, the Université de Paris Nanterre and McGill University. He taught at the Université de Montréal from 1967 to 2005 and served as president of the Canadian Philosophical Association in 1982–1983. Known especially for his contributions to the philosophy of history, the philosophy of economics and the theory of architecture, Lagueux's other books include *Rationality and Explanation in Economics* and *Actualité de la philosophie de l'histoire.*

ROBERT LALONDE
(1947)

Le petit aigle à tête blanche (ROMANS ET NOUVELLES 1994)

MONTRÉAL / Écrivain, comédien et professeur d'art dramatique, Lalonde a obtenu un baccalauréat du Séminaire de Sainte-Thérèse avant d'étudier au Conservatoire d'art dramatique de Montréal. Romancier primé, il est aussi traducteur et adapte des textes pour le théâtre. Lalonde a enseigné l'art dramatique au Cégep Lionel-Groulx, au Conservatoire d'art dramatique de Montréal et à l'Université du

Québec à Trois-Rivières. En tant qu'acteur, il a joué dans des films et des téléfilms tels que *La Sarrasine, Looking for Alexander Séraphin* et *Les Rescapés*.

A writer, actor and drama professor, Lalonde obtained a BA from the Séminaire de Sainte-Thérèse before studying at Montréal's Conservatoire d'art dramatique. An award-winning novelist, he is also a translator and adaptor of texts for theatre. Lalonde has taught drama at the Cégep Lionel-Groulx, at Montréal's Conservatoire d'art dramatique and at the Université du Québec à Trois-Rivières. As an actor, he has appeared in both film and television movies, including *La Sarrasine, Looking for Alexander Séraphin* and *Les Rescapés*.

RICHARD S. (STANTON) LAMBERT
(1894–1981)

Franklin of the Arctic (JUVENILE 1949)

TORONTO / A graduate of Oxford University, Lambert tutored at the Universities of Sheffield and London before becoming editor of the BBC's *Listener*. The author of over thirty books, Lambert wrote within a wide range of topics, including art, biography, children's adventure stories, film, radio and travel. Lambert's career at the BBC eventually had to end because of his on-going interest in para-psychology. After suing a governor of the BBC for defamation, Lambert immigrated to Canada where he became supervisor of Educational Broadcasts for the CBC. His book, *Franklin of the Arctic,* was the second book to receive a Governor General's Literary Award in the Juvenile category.

Diplômé de l'Université d'Oxford, Lambert a enseigné à l'Université de Sheffield et à l'Université de Londres avant de devenir rédacteur pour l'hebdomadaire *The Listener* publié par la BBC. Auteur de plus de 30 livres, Lambert a exploré une grande variété de genres, y compris l'art, les biographies, les récits d'aventure pour enfants, le cinéma, la radio et les voyages. La carrière de Lambert à la BBC a du prendre fin en raison de son intérêt marqué pour la parapsychologie. Après avoir poursuivi un administrateur de la BBC pour diffamation, Lambert a immigré au Canada, où il est devenu responsable des émissions éducatives à la CBC. *Franklin of the Arctic* est le second livre à avoir reçu le Prix littéraire du Gouverneur général dans la catégorie « Juvenile ».

YVAN LAMONDE
(1944)

Louis-Antoine Dessaulles 1818-1895 (ÉTUDES ET ESSAIS 1995)

MONTRÉAL / Les écrits de Lamonde portent en grande partie sur l'histoire des idées et sur l'influence américaine au Québec. Philosophe et historien de formation, Lamonde a enseigné l'histoire et la littérature à l'Université McGill. Lamonde a écrit plus d'une cinquantaine de livres. Il soutient que l'identité québécoise contemporaine est autant influencée par la culture nord-américaine que par la culture française et britannique ou le catholicisme romain. Il a remporté un prix Richard-Arès et un prix André-Laurendeau. Lamonde est membre de l'Académie des lettres du Québec et de l'Académie des arts, des lettres et des sciences humaines de la Société royale du Canada.

Much of Lamonde's writing focuses on the history of ideas and on American influences in Quebec. Trained as a philosopher and a historian, Lamonde taught history and literature at McGill University. The author of over fifty books, he has argued that contemporary Quebec identity is as much influenced by North American culture as by French and British culture or Roman Catholicism. His other awards include a Prix Richard-Arès and a Prix André-Laurendeau. Lamonde is a member of both the Académie des lettres du Québec and the Academy of Arts, Letters and Sciences of Canada.

GUSTAVE LANCTOT
(1883-1975)

Histoire du Canada: des origines au régime royal (AUTRES GENRES LITTÉRAIRES 1963)
Histoire du Canada: du régime royal au traité d'Utrecht, 1663-1713 (AUTRES GENRES LITTÉRAIRES 1963)

OTTAWA / Originaire de Saint-Constant, au Québec, Lanctot a fait ses études à l'Université de Montréal, à l'Université d'Oxford et à la Sorbonne, à Paris. Boursier Rhodes, il a fait partie de l'équipe de hockey canadienne de l'Université d'Oxford. En 1912, il a commencé à travailler aux Archives nationales du Canada. Pendant la Première Guerre mondiale, il s'est engagé dans le Corps expéditionnaire canadien, où il a atteint le rang de major. En 1937, on lui a confié les fonctions de sous-ministre des Archives publiques du Canada et d'archiviste fédéral.

Il a ensuite enseigné à l'Université d'Ottawa. Chevalier de la Légion d'honneur française et membre de la Société royale du Canada, Lanctot a également reçu l'insigne d'Officier de l'Ordre du Canada en 1967.

Born in Saint-Constant, Quebec, Lanctot was educated at the Université de Montréal, Oxford University and the Sorbonne in Paris. While a Rhodes Scholar, he played on the Oxford Canadians hockey team. He joined the National Archives of Canada in 1912. During the First World War, Lanctot served in the Canadian Expeditionary Force, rising to the rank of Major. In 1937, he became Dominion Archivist and Deputy Minister of the Canadian Archives. Later, he taught at the University of Ottawa. A Chevalier of the French Légion d'honneur and a Fellow of the Royal Society of Canada, Lanctot was made an Officer of the Order of Canada in 1967.

PATRICK LANE
(1939–2019)

Poems (POETRY 1978)

VICTORIA / Born in the mountain town of Sheep Creek near Nelson, British Columbia, Lane began writing while working in a succession of northern BC logging and mining camps. In 1966, he became co-founder of the small press Very Stone House. In 2007, he was awarded BC's fourth annual Lieutenant Governor's Award for Literary Excellence and, in 2013, he became an Officer of the Order of Canada. Among the titles mentioned in Lane's Order of Canada citation is his memoir, *There Is a Season*. Noted for its honesty and directness, the memoir addresses Lane's "own battle with addiction and has been a source of strength for those in recovery."[51] In 1994, fellow poet Susan Musgrave released *Because You Love Being a Stranger: 55 Poets Celebrate Patrick Lane*, a collection of poems marking Lane's 55th birthday.

Originaire de Nelson, en Colombie-Britannique, Lane a commencé à écrire alors qu'il arpentait le nord de la Colombie-Britannique, travaillant dans des mines et des camps de bûcherons. En 1966, il a cofondé la petite maison d'édition Very Stone House. En 2007, il a reçu le Prix du lieutenant-gouverneur de la Colombie-Britannique pour l'excellence littéraire et, en 2013, il a été élevé au rang d'Officier de l'Ordre du Canada. Parmi les titres mentionnés dans la citation de l'Ordre du Canada figurent ses mémoires, *There Is a Season*. Célébrées pour leur honnêteté et leur franchise, les mémoires de Lane, « qui racontent sa propre lutte contre la toxicomanie, ont insufflé la force aux personnes sur la voie de la guérison[52] ». En 1994, la poétesse Susan Musgrave a publié le recueil de poésie *Because You Love Being a Stranger: 55 Poets Celebrate Patrick Lane*, à l'occasion du cinquante-cinquième anniversaire de Lane.

PATRICK LANE Photo: Shelly Grimson

GILBERT LANGEVIN Photo: Josée Lambert, Groupe Ville-Marie Littérature

GILBERT LANGEVIN
(1938-1995)

Mon refuge est un volcan (Poésie 1978)

Montréal / Poète et auteur-compositeur, Langevin est né à La Doré, au Québec. En 1959, il a fondé les Éditions Atys. Il a ensuite cofondé les *Cahiers fraternalistes*. Au fil des ans, il a occupé divers postes à la bibliothèque Saint-Sulpice de Montréal, aux Presses de l'Université de Montréal et à la SRC. Auteur d'une trentaine de recueils de poésie, Langevin a également composé des pièces pour l'interprète québécoise Pauline Julien et pour le groupe de rock Offenbach. Il a reçu le prix Du Maurier pour *Un peu plus d'ombre au dos de la falaise* et le prix Alain-Grandbois pour *Le Cercle ouvert*.

A poet and songwriter, Langevin was born in La Doré, Quebec. In 1959, he founded the publishing house Éditions Atys. Later, he co-founded *Cahiers fraternalistes*. Over the years, he worked in various capacities at the Saint-Sulpice Library in Montréal, at Les Presses de l'Université de Montréal, and at the CBC. The author of over thirty collections of poetry, Langevin also composed songs for the Quebec singer Pauline Julien, and for the rock group Offenbach. His other awards include a Prix Du Maurier for *Un peu plus d'ombre au dos de la falaise* and a Prix Alain-Grandbois for *Le Cercle ouvert*.

JACQUES LANGUIRAND
(1931-2018)

Les insolites et les violons de l'automne (Théâtre 1962)

Montréal / Alors qu'il n'avait encore qu'une vingtaine d'années, Languirand a fondé sa propre compagnie théâtrale, le Théâtre de Dix heures. En 1962, il a reçu le premier Prix littéraire du Gouverneur général décerné dans la catégorie « Théâtre ». Par la suite, il a écrit le libretto de l'opéra *Louis Riel* et animé deux séries télévisées : *Vivre sa vie* et *Vivre ici maintenant*. De 1971 à 2014, il a présenté l'émission de radio *Par 4 chemins*. Membre, puis Officier de l'Ordre du Canada, Languirand a obtenu un doctorat honorifique de l'Université McGill en 2002 et a été nommé chevalier de l'Ordre national du Québec en 2004. En 2006, il a été récompensé d'un Prix du Gouverneur général pour les arts du spectacle, la plus haute distinction accordée dans ce domaine.

While still in his twenties, Languirand founded his own theatre company, Le Théâtre de Dix Heures. In 1962, he received the first Governor General's Literary Award given in the Théâtre category. Later, he wrote the libretto for the opera *Louis Riel* and hosted two TV series, *Vivre sa vie* and *Vivre ici maintenant.* From 1971 to 2014, he hosted his own radio program, *Par 4 chemins*. A Member, and later an Officer, of the Order of Canada, Languirand received an honorary doctorate from McGill University in 2002 and was made a Chevalier of the Ordre national du Québec in 2004. He received a Governor General's Performing Arts Award, Canada's highest honour in the performing arts, in 2006.

RENÉ LAPIERRE
(1953)

Pour les désespérés seulement (POÉSIE 2013)

SAINT-ANTOINE-SUR-RICHELIEU, QUÉBEC / Professeur de littérature à l'Université du Québec à Montréal pendant plus de 30 ans, Lapierre est connu à titre de poète et d'essayiste. Auteur de plus d'une vingtaine de livres, il a été récompensé d'un prix Victor-Barbeau en 2002, d'un prix de poésie Estuaire-Bistro Leméac en 2012 et d'un prix Alain-Grandbois en 2013.

A professor of literature at the Université du Québec à Montréal for over thirty years, Lapierre is known both as a poet and an essayist. The author of over twenty books, he received a Prix Victor-Barbeau in 2002, a Prix de poésie Estuaire-Bistro Leméac in 2012, and a Prix Alain-Grandbois in 2013.

GATIEN LAPOINTE
(1931-1983)

Ode au Saint-Laurent (POÉSIE 1963)

TROIS-RIVIÈRES, QUÉBEC / Né à Sainte-Justine-de-Dorchester, au Québec, Lapointe a étudié au Séminaire de Québec, à l'Université de Montréal et à l'Université de Paris. Il a ensuite enseigné au Collège militaire de Saint-Jean. En 1969, il s'est joint au corps professoral de l'Université du Québec à Trois-Rivières. Deux ans plus tard, il a fondé les Écrits des Forges, une maison d'édition consacrée essentiellement à la poésie. Outre le Prix littéraire du Gouverneur général, Lapointe a également remporté le prix Du Maurier, le Prix du Québec et le Prix du Club des poètes de Paris.

Born in Sainte-Justine-de-Dorchester, Quebec, Lapointe studied at the Séminaire de Québec, the Université de Montréal and the Université de Paris. He then taught at the Collège militaire de Saint-Jean. In 1969, he moved to the Université du Québec à Trois-Rivières. Two years later, he founded Écrits des Forges, a publishing house devoted primarily to poetry. In addition to his Governor General's Literary Award, Lapointe was the recipient of a Prix du Maurier, a Prix du Québec and a Prix du Club des poètes de Paris.

PAUL-MARIE LAPOINTE

(1929-2011)

Le réel absolu (POÉSIE 1971)

TORONTO / Originaire de Saint-Félicien, au Québec, Lapointe a étudié au Collège Saint-Laurent et à l'École des Beaux-arts de Montréal avant d'écrire pour *L'Événement-Journal*, *La Presse* et *Le Nouveau Journal*. Il a ensuite été rédacteur en chef du magazine *Maclean's* et directeur de l'information à la Société Radio-Canada. Parmi les autres distinctions qu'il a reçues figurent un prix de l'International Poetry Forum, un prix du journal *La Presse* et un prix Athanase-David.

Born in Saint-Félicien, Québec, Lapointe studied at the Collège Saint-Laurent and at the École des Beaux-Arts in Montréal before taking positions with *L'Evénement journal*, *La Presse* and *Le Nouveau Journal*. Later he served as editor-in-chief for *Maclean's* magazine and as director of the French-language news service of the Canadian Broadcasting Corporation. His other awards include an International Poetry Forum Prize, a Prix de La Presse and a Prix Athanase-David.

STÉPHANIE LAPOINTE

(1984)

Grand-père et la Lune, avec Rogé (LITTÉRATURE JEUNESSE – LIVRES ILLUSTRÉS 2016)
Jack et le temps perdu, avec Delphie Côté-Lacroix (LITTÉRATURE JEUNESSE – LIVRES ILLUSTRÉS 2019)

MONTRÉAL / En 2004, Stéphanie Lapointe a fait irruption sur la scène artistique québécoise en remportant la finale de l'émission de télé-réalité musicale *Star Académie*. Chanteuse, parolière et actrice, elle a participé à de nombreuses productions télévisées et cinématographiques. En 2006, sa chanson *La Mer* a remporté le MuchMusic Video Award (MMVA) dans la catégorie Best French

PAUL-MARIE LAPOINTE Photo: Josée Lambert, Groupe Ville-Marie Littérature

Video. En tant qu'auteur, elle est connue plus particulièrement pour sa série de littérature jeunesse, Fanny Cloutier. En 2016, *Grand-père et la Lune*, son premier livre lauréat d'un Prix littéraire du Gouverneur général, a également reçu le Grand Prix du Concours Lux.

In 2004, Lapointe burst onto the Quebec arts scene when she won the reality-television singing competition, *Star Académie*. A singer, songwriter and actress, she has appeared in numerous television and film productions. In 2006, she won the MuchMusic Video Award (MMVA) for Best French Video for her song *La Mer*. As an author, she is known especially for her Fanny Cloutier book series for young readers. In 2016, her first Governor General's Literary Award-winning book, *Grand-père et la Lune*, also won the Grand Prix du Concours Lux.

JON-ERIK LAPPANO
(1983)

Tokyo Digs a Garden, with Kellen Hattanaka (YOUNG PEOPLE'S LITERATURE – ILLUSTRATED BOOKS 2016)

GUELPH, ONTARIO / After graduating with a Bachelor of Environmental Studies from York University and a Masters of Education from the University of Toronto, Lappano served as program manager for Earth Day Canada and as managing editor for *Corporate Knights Magazine*. *Tokyo Digs a Garden* tells the story of a young boy who lives in a small house between giant buildings with his family and his cat, Kevin. As the city continues to grow up around him, he wonders whether he will ever have a chance to experience the natural world again. Lappano's latest book, *Maggie's Treasure*, appeared with Groundwood Books.

Diplômé de l'Université York et de l'Université de Toronto, Lappano a été directeur de la rédaction de *Corporate Knights Magazine*. *Tokyo Digs a Garden* est l'histoire d'un jeune garçon vivant dans une petite maison entourée de gratte-ciels, en compagnie de sa famille et de son chat, Kevin. Alors que la ville ne cesse de croître autour de lui, il se demande s'il lui sera jamais possible de faire à nouveau l'expérience de la nature. Le dernier livre de Lappano, *Maggie's Treasure*, est paru avec Groundwood Books.

MONIQUE LARUE Photo: Annik de Carufel

JEAN LAROSE
(1948)

La petite noirceur (ÉTUDES ET ESSAIS 1987)

MONTRÉAL / Né à Valleyfield, au Québec, Larose a étudié à l'Université de Montréal et à l'Université de Paris avant d'accepter un poste d'enseignement en littérature à l'Université de Montréal, en 1979. Collaborateur régulier des journaux *Le Devoir, Liberté* et *Ottawa Citizen*, et de Radio-Canada, Larose s'est vigoureusement opposé à une série de compressions budgétaires imposées à la SRC en 2002. Parmi ses autres récompenses figurent le prix AQAC-Olivieri en 1991 et le prix Victor-Barbeau en 1992.

Born in Valleyfield, Quebec, Larose studied at the Université de Montréal and the Université de Paris before accepting a position as professor of literature at the Université de Montréal in 1979. A regular contributor to *Le Devoir, Liberté*, the *Ottawa Citizen* and Radio-Canada, Larose argued vigorously against a series of budget cuts made to Radio-Canada in 2002. Other awards he has received include the Prix AQAC-Olivieri in 1991 and the Prix Victor-Barbeau in 1992.

MONIQUE LARUE
(1948)

La gloire de Cassiodore (ROMANS ET NOUVELLES 2002)

MONTRÉAL / Romancière, essayiste et critique littéraire, LaRue a étudié la philosophie avant d'obtenir un doctorat en littérature de l'École des hautes études à Paris, en 1976. Elle a par la suite enseigné au Cégep Édouard-Montpetit pendant plus de 30 ans. Native de Longueuil, au Québec, LaRue a également été critique littéraire pour les journaux *Spirale* et *Le Devoir*. Parmi ses romans les plus connus figurent *La cohorte fictive, Les faux fuyants, Copies conformes* et *La démarche du crabe*.

A novelist, essayist and literary critic, LaRue studied philosophy before earning her PhD in literature at the École des hautes études in Paris in 1976. Later, she taught at the Cégep Édouard-Montpetit for over thirty years. Born in Longueuil, Quebec, LaRue also served as a literary critic for the journals *Spirale* and *Devoir*. Among her best-known novels are *La cohorte fictive, Les faux fuyants, Copies conformes*, and *La démarche du crabe*.

MARGARET LAURENCE

(1926–1987)

A Jest of God (FICTION 1966)
The Diviners (FICTION 1974)

LAKEFIELD, ONTARIO / A native of Neepawa, Manitoba, Laurence received an honours degree in English from Winnipeg's United College (now the University of Winnipeg) in 1947. After working briefly as a journalist, she eventually settled in Lakefield, Ontario. Many of her novels and short stories are set on the Canadian prairies and emphasize the difficult and life-defining decisions women have had to make when living in less-than-ideal circumstances. Although several of her novels and short stories formed part of the curriculum at numerous Canadian high schools, Laurence was saddened when her prize-winning novel, *The Diviners,* was briefly banned from the high school library in Lakefield. After being diagnosed with terminal cancer, Laurence took her own life at the age of sixty. A Companion of the Order of Canada, Laurence served as the much-admired chancellor of Trent University in Peterborough from 1981 to 1983.

Originaire de Neepawa, au Manitoba, Laurence a obtenu un baccalauréat spécialisé en anglais du Winnipeg's United College (aujourd'hui l'Université de Winnipeg) en 1947. Après une brève carrière de journaliste, elle s'est installée à Lakefield, en Ontario. La plupart de ses romans et nouvelles ont pour décor les Prairies canadiennes. Ces textes mettent en relief les dures conditions poussant des femmes à prendre des décisions difficiles et lourdes de conséquences. Bien que plusieurs de ses romans et nouvelles fassent partie du programme d'études de nombreuses écoles secondaires canadiennes, Laurence a été profondément attristée lorsque son roman primé, *The Diviners*, a été brièvement proscrit de la bibliothèque de l'école secondaire de Lakefield. Après avoir reçu un diagnostic de cancer en phase terminale, Laurence a mis fin à ses jours à l'âge de soixante ans. Compagnon de l'Ordre du Canada, elle a tenu le poste prestigieux de chancelière de l'Université Trent à Peterborough de 1981 à 1983.

MARGARET LAURENCE Photo: Skipsey Photographers Vancouver, MPTV Images

LOUIS-DOMINIQUE LAVIGNE
(1949)

Les petits orteils (THÉÂTRE 1992)

MONTRÉAL / Scénariste, metteur en scène et comédien, Lavigne est diplômé de l'Université du Québec à Montréal et du Conservatoire d'art dramatique de Montréal. En 1973, il a cofondé le Théâtre Parminou. Scénariste prolifique, il a écrit plus de 40 pièces de théâtre. Il a remporté le prix Coup de cœur de la presse belge pour *Kobold!* et un prix OPUS pour son adaptation musicale du conte des frères Grimm, *L'histoire du petit tailleur*. Depuis 2001, il enseigne l'écriture dramatique à l'École nationale de théâtre du Canada.

A scriptwriter, director and actor, Lavigne is a graduate of the Université du Québec à Montréal and of the Conservatoire d'art dramatique in Montréal. In 1973, he co-founded the theatre company Théâtre Parminou. A prolific scriptwriter, he has written over forty stage plays. His other awards include a Belgian Press Coup de Cœur prize for *Kobold!* and an OPUS prize for his musical adaptation of the Brother Grimm's tale, *L'histoire du petit tailleur*. In 2001, Lavigne began teaching creative writing at the National Theatre School of Canada.

MISHKA LAVIGNE
(1984)

Havre (THÉÂTRE 2019)

GATINEAU, QUÉBEC / Mishka Lavigne est traductrice et dramaturge. Elle a traduit plus d'une douzaine de pièces et poèmes, à la fois du français vers l'anglais et de l'anglais vers le français. Elle a écrit *Havre*, sa pièce primée, alors qu'elle était artiste en résidence au Théâtre Catapulte à Ottawa lors de la saison 2015-2016, ainsi qu'au Centre des arts de Banff. Parmi ses autres pièces figurent *Cinéma* et *Vigile*, toutes deux écrites en français, ainsi qu'*Albumen*, écrite en anglais. Lavigne est membre du Comité de lecture anglophone de la Maison Antoine Vitez à Paris depuis 2015.

A translator as well as a playwright, Lavigne has translated more than a dozen plays and poems, both from French into English and from English into French. Her award-winning play about friendship, *Havre*, was written while Lavigne served as artist-in-residence at Le Théâtre Catapulte in Ottawa during the 2015–2016 season and while at the Banff Centre for the Arts. Her other plays include

MISHKA LAVIGNE Photo: Jonathan Lorange

Cinéma and *Vigile*, both written in French, and *Albumen*, written in English. Lavigne has served as a member of the English-language reading committee of Maison Antoine Vitez in Paris since 2015.

FRÉDÉRICK LAVOIE
(1983)

Avant l'après (ESSAIS 2018)

CHICOUTIMI, QUÉBEC / Écrivain et journaliste pigiste, Lavoie a vécu à Moscou, Mumbai et Chicago ainsi qu'à Chicoutimi, sa ville natale. Parmi ses autres publications figurent *Allers simples : Aventures journalistiques en Post-Soviétie, Ukraine à fragmentation* et *Frères amis, frères ennemis : Correspondances entre l'Inde et le Pakistan,* un recueil des lettres qu'il a échangées avec son frère cadet, Jasmin, alors qu'il travaillait en Inde.

A writer and freelance journalist, Lavoie has lived in Moscow, Bombay, Mumbai and Chicago, as well as his hometown of Chicoutimi. His other titles include *Allers simples : Aventures journalistiques en Post-Soviétie* and *Ukraine à fragmentation*, as well as *Frères amis, frères ennemis : correspondances entre l'Inde et le Pakistan*, a collection of letters he published together with his younger brother, Jasmin, while he was working in India.

JUDITH LAVOIE
(1968)

Mark Twain et la parole noire (ÉTUDES ET ESSAIS 2002)

MONTRÉAL / Professeure au Département de linguistique et de traduction à l'Université de Montréal, Lavoie se spécialise dans la traduction littéraire et juridique. Ses recherches ont surtout porté sur les traductions françaises de l'ouvrage *The Adventures of Huckleberry Finn* de Mark Twain et sur les traducteurs du XIXe siècle de l'œuvre de Twain, dont William Little Hughes, le premier traducteur à avoir fait connaître Twain aux lecteurs francophones. Lavoie est titulaire d'un doctorat en littérature et en traduction de l'Université McGill.

A professor in the Department of Linguistics and Translation at the Université de Montréal, Lavoie specializes in literary and legal translation. Much of her research has focused on French translations of Mark Twain's *The Adventures of Huckleberry Finn* and on Twain's nineteenth-century translators,

FRÉDÉRICK LAVOIE Photo: Alice Chiche

JUDITH LAVOIE Photo: Nancy Lessard

including William Little Hughes, the first translator to introduce Twain to French-speaking audiences. Lavoie holds a PhD in literature and translation from McGill University.

MICHEL LAVOIE
(1946)

C'est ma seigneurie que je réclame (Études et essais 2010)

Saint-Raphaël, Québec / Enseignant au Département d'histoire de l'Université de Sherbrooke, Lavoie a été directeur de la revue *Recherches amérindiennes au Québec* de 2005 à 2010. Fondé sur des années de travail minutieux et archivistique, *C'est ma seigneurie que je réclame* retrace l'histoire des 250 ans de la nation huronne.

A professor in the Department of History at the Université de Sherbrooke, Lavoie served as editor of the journal *Recherches amérindiennes au Québec* from 2005 to 2010. Based on years of careful, archival work, *C'est ma seigneurie que je réclame* tells the story of 250 years of the Huron nation.

IAIN LAWRENCE
(1955)

Gemini Summer (Children's Literature – Text 2007)

Gabriola Island, British Columbia / Perpetually on the move as a child, Lawrence lived in eleven different houses and attended nine different schools by the time he finished high school. After studying journalism in Vancouver and working for the *Prince Rupert Daily News*, he discovered he enjoyed the west coast so much that he decided to settle permanently in BC. The author of over a dozen books, Lawrence has won numerous awards for his writing, including a California Young-Reader Medal.

Lawrence a passé une enfance en perpétuel mouvement : à la fin de ses études secondaires, il avait habité dans onze maisons et fréquenté neuf écoles différentes. Après avoir étudié le journalisme à Vancouver et travaillé pour le *Prince Rupert Daily News*, il a réalisé qu'il aimait tant la côte Ouest qu'il a décidé de s'établir définitivement en Colombie-Britannique. Auteur d'une dizaine de livres, Lawrence a remporté de nombreux prix pour ses écrits, parmi lesquels la médaille California Young Reader.

JONARNO LAWSON
(1968)

Sidewalk Flowers, with Sydney Smith (CHILDREN'S LITERATURE – ILLUSTRATED
BOOKS 2015)

TORONTO / Born in Hamilton and raised in Dundas, Ontario, Lawson is the
author of over a dozen books for children and adults. He is a graduate of McGill
University and has won a Chalmer's Fellowship Award, in addition to four The
Lion and the Unicorn Awards for Excellence in North American Poetry.

Né à Hamilton, Lawson a grandi à Dundas, en Ontario. Il a écrit plus d'une dizaine
de livres pour enfants et adultes. Diplômé de l'Université McGill, il a obtenu une
bourse Chalmers de recherche artistique. Il est de plus lauréat de quatre prix d'excellence Lion et Unicorn dans le domaine de la poésie en Amérique du Nord.

IRVING LAYTON
(1912–2006)

A Red Carpet for the Sun (POETRY 1959)

MONTRÉAL / One of Canada's most influential poets, Layton immigrated with
his family to Montréal from Romania while still an infant. He graduated from
MacDonald College in 1939 with a BSc in Agriculture and enlisted in the Canadian
Army in 1942. After being discharged, he earned an MA in Political Science
and began teaching at a Jewish parochial high school in Montréal. His students
included Leonard Cohen and Moses Znaimer. Layton's poetry is often noted
for its anti-conservative, anti-romantic style and, as *The Canadian Encyclopedia*
notes, for its fearless, colourful battle "against bourgeois dullness."[53] He was made
an Officer of the Order of Canada in 1976 and nominated for the Nobel Prize for
Literature in 1981. Irving Layton Avenue in Montréal is named in his honour.

L'un des poètes les plus influents du Canada, Layton a quitté sa Roumanie natale
pour s'installer à Montréal avec sa famille alors qu'il était encore enfant. Il a
obtenu un baccalauréat en agriculture du Collège MacDonald en 1939 et s'est
engagé dans l'Armée canadienne en 1942. Après sa démobilisation, il a obtenu
une maîtrise en sciences politiques et a commencé à enseigner dans une école
secondaire paroissiale juive de Montréal. Parmi ses élèves ont figuré Leonard
Cohen et Moses Znaimer. On retient dans sa poésie un style anti-conservateur

IRVING LAYTON Photo: Terence Byrnes

et anti-romantique et, comme le note *L'Encyclopédie canadienne*, une lutte sans merci et haute en couleur « contre la vie sans éclat des bourgeois[54] ». Il a été décoré du titre d'Officier de l'Ordre du Canada en 1976 et a été nominé pour le prix Nobel de littérature en 1981. Une avenue à Montréal porte le nom de Irving Layton en son honneur.

JEAN LE MOYNE
(1913-1996)

Convergences (AUTRES GENRES LITTÉRAIRES 1961)

MONTRÉAL / Auteur, cinéaste et, par la suite, sénateur, Le Moyne est l'un des jeunes et ambitieux intellectuels catholiques de Montréal qui ont fondé la revue *La Relève* en 1934. En 1941, il a fait ses débuts à *La Presse* et, en 1951, à Radio-Canada. Il a occupé successivement les fonctions de rédacteur en chef de la *Revue moderne* (1953-1959), de recherchiste et scénariste à l'Office national du film du Canada (1959-1969) et de conseiller au Cabinet du premier ministre (1969-1978). En 1982, Le Moyne a été élevé au rang d'Officier de l'Ordre du Canada. Il a été nommé sénateur la même année et a occupé ce poste jusqu'à sa retraite, en 1988.

An author, a filmmaker and, eventually, a Senator, Le Moyne was one of the young, ambitious, Catholic intellectuals based in Montréal who founded the magazine *La Relève* in 1934. In 1941, he began working for *La Presse* and, in 1951, for Radio-Canada. From 1953 to 1959, he served as editor-in-chief of the *Revue Moderne* and, from 1959 to 1969, as a researcher and scriptwriter for the National Film Board of Canada. From 1969 to 1978, he served as an advisor in the Prime Minister's Office. In 1982, Le Moyne was appointed an Officer of the Order of Canada. He was appointed to the Senate the same year, a position he held until his retirement in 1988.

STEPHEN LEACOCK
(1869–1944)

My Discovery of the West (GENERAL LITERATURE 1937)

MONTRÉAL / Arguably the English-speaking world's best-known humorist during the first few decades of the twentieth century, Leacock was also a respected academic who served as William Dow Professor of Political Economy and Head of the Department of Economics and Political Science at McGill University. His

STEPHEN LEACOCK Photo: Hulton Archive, Getty Images

most famous books include *Sunshine Sketches of a Little Town* and *Arcadian Adventures with the Idle Rich*. The Stephen Leacock Building at McGill University is named in his honour. Since 1947, the Leacock Medal for Humour has been awarded annually in his memory.

Leacock est sans doute l'humoriste anglophone le plus connu au monde au cours des premières décennies du XXe siècle, mais il a également été un universitaire respecté. Il a été professeur et titulaire de la chaire William Dow en économie politique, et directeur du Département d'économie et de sciences politiques de l'Université McGill. Ses livres les plus connus sont *Sunshine Sketches of a Little Town* et *Arcadian Adventures with the Idle Rich*. Le pavillon Stephen-Leacock, à l'Université McGill, lui doit son nom. Depuis 1947, la médaille Leacock en humour est décernée chaque année en sa mémoire.

MARTINE LEAVITT
(1953)

Calvin (YOUNG PEOPLE'S LITERATURE – TEXT 2016)

HIGH RIVER, ALBERTA / A graduate of the University of Calgary and Vermont College, Leavitt is the author of numerous novels for young adults that have been published in Japan, Korea, Denmark, Germany, Switzerland, Italy and the Netherlands, as well as in North America. Part romance, part adventure story and part quest novel, *Calvin* tells the story of a young man stricken with schizophrenia who decides to walk across a frozen Lake Erie one January. Along the way, and after many adventures, he meets Susie, the girl of his dreams.

Diplômée de l'Université de Calgary et du Collège Vermont, Leavitt est l'auteure de nombreux romans pour jeunes adultes qui ont été publiés au Japon, en Corée, au Danemark, en Allemagne, en Suisse, en Italie, aux Pays-Bas et en Amérique du Nord. Dans son roman Calvin, Leavitt a su mélanger des genres littéraires aussi divers que romance, aventure et quête. Ce livre raconte l'histoire d'un jeune homme atteint de schizophrénie qui décide de traverser, à pied et en plein mois de janvier, un lac Érié gelé. Chemin faisant et après de nombreuses aventures, il rencontre Susie, la fille de ses rêves.

SUZANNE LEBEAU Photo: Patrice Laroche

SUZANNE LEBEAU
(1948)

Le bruit des os qui craquent (THÉÂTRE 2009)

MONTRÉAL / Dramaturge et actrice de renommée internationale, Lebeau est l'auteure de plus d'une vingtaine d'œuvres théâtrales qui ont été traduites dans une dizaine de langues. Avec son partenaire, Gervais Gaudreault, elle a fondé la compagnie de théâtre Le Carrousel, en 1975. Professeure très estimée, Lebeau a enseigné à l'École nationale de théâtre du Canada pendant treize ans. En 1993, elle a été auteure en résidence à la Chartreuse de Villeneuve-lez-Avignon, en France. En 1998, elle a été faite Chevalier de l'Ordre de la Pléiade et, en 2010, elle a obtenu le prix Athanase-David. En 2016, l'Office national du film du Canada a produit *Suzanne Lebeau*, un documentaire tourné sur scène, dans le décor de l'une des pièces de Lebeau.

An internationally renowned playwright and actress, Lebeau has authored more than two dozen theatrical works that have been translated into more than a dozen languages. Together with her partner, Gervais Gaudreaul, she founded the theatre company Le Carrousel in 1975. A much sought-after teacher, Lebeau taught at the National Theatre School of Canada for thirteen years. In 1993, she was appointed writer-in-residence at the Chartreuse de Villeneuve-lez-Avignon in France. In 1998, she was named a Chevalier in the French Order of La Pléiade and, in 2010, she received the Prix Athanase-David. In 2016, the National Film Board of Canada released *Suzanne Lebeau*, a documentary produced on the set of one of Lebeau's plays.

PERRINE LEBLANC
(1980)

L'homme blanc (ROMANS ET NOUVELLES 2011)

MONTRÉAL / Diplômée de l'Université Laval et de l'Université de Montréal, Leblanc a travaillé dans l'industrie de l'édition montréalaise pendant plusieurs années avant de se tourner vers la création littéraire. *L'homme blanc* est son premier roman. Après le succès critique et commercial du livre, une édition révisée a été publiée en France sous le titre *Kolia*. Le second roman de Leblanc, *Malabourg*, est paru en 2014.

PERRINE LEBLANC Photo: Frédérick Duchesne

A graduate of the Université Laval and the Université de Montréal, Leblanc worked in the Montréal publishing industry for several years before turning to writing. *L'homme blanc* was her first novel. Following the book's critical and commercial success, a revised edition was published in France under the title, *Kolia*. Leblanc's second novel, *Malabourg*, was published in 2014.

LAZER LEDERHENDLER
(1950)

Nikolski by Nicolas Dickner (TRANSLATION 2008)
The Party Wall by Catherine Leroux (TRANSLATION 2016)

MONTRÉAL / A four-time finalist for a Governor General's Literary Award as well as a two-time winner, Lederhendler has taught English and film at the Collège international des Marcellines in Montréal. His translation of *The Immaculate Conception* by Gaétan Soucy won the Quebec Writers' Federation's Prize for Translation in 2006.

Quatre fois finaliste aux Prix littéraires du Gouverneur général et deux fois lauréat, Lederhendler a enseigné l'anglais et le cinéma au Collège international des Marcellines de Montréal. Sa traduction de l'ouvrage *L'Immaculée Conception* de Gaétan Soucy, sous le titre *The Immaculate Conception,* a remporté le prix de la meilleure traduction de la Quebec Writers' Federation en 2006.

DENNIS LEE
(1939)

Civil Elegies and Other Poems (POETRY 1972)

TORONTO / Together with Dave Godfrey, Lee founded the House of Anansi Press in 1967. He also served as the press's editorial director until 1972. A graduate of the University of Toronto, he taught English at Victoria College from 1963 until 1967. He is the author of over three dozen books of poetry for both children and adults. Some of his best-known titles include his 1979 work *The Gods*, his 1992 collection *Riffs*, his 1996 collection *Nightwatch*, and his 2017 collection *The Dennis Lee Omnibus*. In 2001, Lee was appointed the city of Toronto's first Poet Laureate, a position he held until 2004. Younger readers especially will know him as the author of the children's book *Alligator Pie* and as the writer of many of the songs for the 1980s television show *Fraggle Rock*. In 1993, Lee was appointed an Officer of the Order of Canada.

Avec Dave Godfrey, Lee a fondé la maison d'édition House of Anansi Press en 1967, dont il a été le directeur de la rédaction jusqu'en 1972. Diplômé de l'Université de Toronto, il a enseigné l'anglais au Collège Victoria de 1963 à 1967. Il a écrit plus de 35 livres de poésie pour enfants et adultes. Parmi ses titres les plus populaires figurent *The Gods* (1979), *Riffs* (1992), *Nightwatch* (1996) et *The Dennis Lee Omnibus* (2017). De 2001 à 2004, Lee a été le poète officiel de la ville de Toronto. Les plus jeunes lecteurs le connaissent surtout en tant qu'auteur du livre pour enfants *Alligator Pie* et comme auteur de plusieurs des chansons de l'émission de télévision *Fraggle Rock* diffusée dans les années 1980. En 1993, Lee a été nommé Officier de l'Ordre du Canada.

ANNE LEGAULT
(1958)

La visite des sauvages (THÉÂTRE 1986)

MONTRÉAL / Originaire de Lachine, au Québec, Legault a étudié l'art dramatique au Conservatoire d'art dramatique de Montréal. Sa pièce primée, *La visite des sauvages*, raconte le retour d'une femme mourante au moment de sa propre naissance. Guidé par un ange, ce retour dans le passé lui permet de découvrir ses origines. Legault a aussi signé les pièces *La République des animaux, a fairy story*, basée sur le roman *La ferme des animaux* de George Orwell; *La balance*, inspirée de *Henry V* de Shakespeare; et *Conte d'hiver '70*, qui relate l'histoire de Québécois ordinaires pris dans la tourmente de la crise d'Octobre 1970.

Born in Lachine, Quebec, Legault studied drama at the Conservatoire d'art dramatique du Québec in Montréal. Her award-winning play, *La visite des sauvages*, tells the story of a dying woman's return, while being guided by an angel, to the time of her own birth so she can learn about her origins. Some of Legault's other plays include *La République des animaux, a fairy story*, based on George Orwell's *Animal Farm*, *La balance*, based on Shakespeare's *Henry V*, and *Conte d'hiver '70*, the story of several ordinary Quebecers caught up in the 1970 October Crisis.

DOUGLAS LEPAN
(1914–1998)

The Net and the Sword (POETRY 1953)
The Deserter (FICTION 1964)

TORONTO / A graduate of both the University of Toronto and the University of Oxford, LePan taught for three years at Harvard University before moving to London to serve as a personal advisor to General McNaughton. In 1943, he enlisted in the Royal Canadian Horse Artillery. His experiences fighting in the Italian campaign informed much of his later writing. Following the war, LePan served as a Canadian diplomat, holding posts in London, Washington and Ottawa. It was during this period that his first two books of poetry appeared. In the 1950s, he was seconded from the Department of External Affairs to serve as Secretary to the Royal Commission on Canada's Economic Prospects (the Gordon Commission) and was largely responsible for drafting the Commission's final report. Later, he taught at Queen's University before moving to the University of Toronto, where he served as principal of University College. His 1964 Governor General's Award for *The Deserter*, which was selected over Margaret Laurence's *The Stone Angel,* remains controversial even today. LePan's release of *Far Voyages*, a collection of gay love poetry dedicated to the much younger Patrick Fabbri, also caused something of a sensation when it appeared in 1990. An Officer of the Order of Canada and a winner of the Royal Society of Canada's Lorne Pierce Medal, LePan is one of only a handful of Governor General's Award winners who have won awards for both poetry and fiction.

Diplômé de l'Université de Toronto et de l'Université d'Oxford, LePan a enseigné à l'Université Harvard pendant trois ans avant de déménager à Londres pour agir à titre de conseiller personnel du général McNaughton. En 1943, il s'est enrôlé dans la Royal Canadian Horse Artillery. Ses expériences de combat lors de la campagne d'Italie ont inspiré nombre de ses écrits ultérieurs. Après la guerre, LePan a été diplomate canadien, occupant des postes à Londres, Washington et Ottawa. C'est à cette époque que sont parus ses deux premiers recueils de poésie. Au cours des années 1950, il a été détaché du ministère des Affaires extérieures pour agir à titre de secrétaire de la Commission royale d'enquête sur les perspectives économiques du Canada (la « Commission Gordon ») et a été en grande partie responsable de la rédaction du rapport final de la Commission. Il a ensuite enseigné à l'Université Queen's, puis est retourné à l'Université de Toronto pour occuper la fonction de directeur de University College. Le Prix du Gouverneur général qu'il a reçu en 1964 pour *The Deserter*, préféré au roman *The Stone Angel* de Margaret Laurence, demeure controversé encore aujourd'hui. En 1990, la publication de *Far Voyages*, un recueil de poèmes d'amour gai dédié à Patrick Fabbri, beaucoup plus jeune, a également fait sensation. Officier de l'Ordre du Canada et récipiendaire de la médaille Lorne-Pierce de la Société royale du Canada, LePan est l'un des rares lauréats à avoir remporté un Prix du Gouverneur général à la fois pour un ouvrage de poésie et un roman.

CATHERINE LEROUX
(1979)

Nous qui n'étions rien de Madeleine Thien (Traduction 2019)

Montréal / Originaire de Rosemère, au Québec, Catherine Leroux est à la fois romancière et traductrice. Après des études en philosophie, elle a travaillé comme correspondante pour Radio-Canada à Toronto. Elle est l'auteure des romans *La marche en forêt* et *Le mur mitoyen*. Sa collection de nouvelles interconnectées, *Madame Victoria*, est parue en 2018. Parmi ses nombreuses traductions figurent *Corps conducteurs* (sa traduction de *Us Conductors*, de Sean Michaels) et *Le saint patron des merveilles* (sa traduction de *Fabrizio's Return*, de Mark Frutkin). *Nous qui n'étions rien* est une traduction du roman primé de Madeleine Thien, *Do Not Say We Have Nothing*.

A native of Rosemère, Quebec, Leroux works as a novelist as well as a translator. After graduating with a degree in philosophy, she served as the Toronto correspondent for Radio-Canada. Her novels include *La marche en forêt* and *Le mur mitoyen*. Her interconnected short-story collection, *Madame Victoria,* appeared in 2018. Her many translations include *Corps conducteurs* (her translation of Sean Michaels' *Us Conductors*) and *Le saint patron des merveilles* (her translation of *Fabrizio's Return* by Mark Frutkin). *Nous qui n'étions rien* is a translation of Madeleine Thien's Governor General's Literary Award-winning novel, *Do Not Say We Have Nothing*.

GEORGES LEROUX
(1945)

Wanderer (Études et essais 2011)

Montréal / Leroux a enseigné la philosophie à l'Université du Québec à Montréal de 1969 jusqu'à son départ à la retraite, en 2006. Spécialiste de la philosophie grecque ancienne, il est reconnu dans le monde entier pour ses traductions des œuvres de Platon et de Plotin. Membre de la Société royale du Canada et de l'Académie des lettres du Québec, Leroux est aussi l'auteur de *Partita pour Glenn Gould : Musique et forme de vie*. En 2011, Donald Winkler a remporté un Prix littéraire du Gouverneur général pour sa traduction de cet ouvrage, intitulée *Partita for Glenn Gould: An Inquiry into the Nature of Genius*. *Wanderer : Essai sur*

GEORGES LEROUX Photo: Nathalie St-Pierre, Service des communications UQAM

le Voyage d'hiver *de Franz Schubert* est un autre essai de Leroux, dédié au dernier cycle de chansons de Schubert.

Leroux served as a professor of philosophy at the Université du Québec à Montréal from 1969 until his retirement in 2006. A specialist in ancient Greek philosophy, he is recognized internationally for his translations of the works of Plato and Plotinus. A member of the Royal Society of Canada and of the Académie des lettres du Québec, Leroux is also the author of *Partita pour Glenn Gould: Musique et forme de vie.* In 2011, the book's translator, Donald Winkler, won a Governor General's Literary Award for his translation of *Partita for Glenn Gould: An Inquiry into the Nature of Genius. Wanderer: Essai sur le* Voyage d'Hiver *de Franz Schubert*, is Leroux's essay on Schubert's last song cycle.

NICOLE LEROUX
(1948)

L'hiver de Léo Polatouche (Littérature jeunesse – texte 2004)

Montréal / Léo Polatouche est un écureuil volant. Comme les autres membres de sa famille, il se produit dans une célèbre troupe acrobatique. Mais parce qu'une de ses pattes n'a pas grandi normalement, il a honte de ses performances et finit par s'enfuir. Cocréatrice de la revue *Prisme*, Leroux a travaillé pendant plus de vingt-cinq ans comme psychoéducatrice avec des enfants ayant un handicap et des difficultés d'apprentissage. *L'hiver de Léo Polatouche* est son premier livre.

Léo Polatouche is a flying squirrel. Like other members of his family, he performs as part of a famous acrobatic troupe, but because he has a bad leg he feels ashamed of his performances and eventually runs away. A co-creator of *Prism* magazine, Leroux worked for over twenty-five years as a special-education teacher, helping children with handicaps and learning disabilities. *L'hiver de Léo Polatouche* is her first book.

KENNETH LESLIE
(1892–1974)

By Stubborn Stars and Other Poems (Poetry 1938)

Boston, Massachusetts / Born in Pictou, Nova Scotia, Leslie was a child prodigy who was admitted to Dalhousie University at the age of fourteen. He later received an MA from the University of Nebraska. After moving to New York, he met with mixed success, writing a musical that collapsed during rehearsals and losing large amounts of money in the stock market in the 1920s. A Christian socialist, Leslie later became active as founder and editor of *The Protestant Digest* (later *The Protestant*), a large-circulation journal discussing religion and politics that published such well-known contributors as Paul Tillich and Reinhold Niebuhr.

Né à Pictou, en Nouvelle-Écosse, Leslie était un enfant prodige. Il a été admis à l'Université Dalhousie à l'âge de quatorze ans, et a, par la suite, obtenu une maîtrise de l'Université du Nebraska. Leslie s'est ensuite installé à New York, où il a connu un succès mitigé : il a monté une comédie musicale qui s'est effondrée au cours des répétitions, et a perdu beaucoup d'argent sur les marchés boursiers dans les années 1920. Socialiste chrétien, Leslie a fondé et dirigé *The Protestant Digest* (plus tard renommé *The Protestant*), une revue à grand tirage traitant de religion et de politique qui publiait des articles d'auteurs connus, tels que Paul Tillich et Reinhold Niebuhr.

MIREILLE LEVERT
(1956)

Sleep Tight, Mrs. Ming by Sharon Jennings (CHILDREN'S LITERATURE – ILLUSTRATION 1993)
An Island in the Soup (CHILDREN'S LITERATURE – ILLUSTRATION 2001)

MONTRÉAL / Levert decided to become an artist at age twelve. Encouraged by her teachers, she took a fine arts degree at the Université du Québec à Montréal. As her interest in children's literature grew, she began illustrating and writing especially for children. Many of her books have been translated into English. Her whimsical and cheerful illustrations are typically done in bright watercolors and have been exhibited in Canada, the United States, France, Italy and Japan.

Mireille Levert a décidé de devenir artiste dès l'âge de douze ans. Encouragée par ses professeurs, elle a étudié les beaux-arts à l'Université du Québec à Montréal. Poussée par un intérêt croissant pour la littérature pour enfants, elle se mit à écrire et illustrer spécifiquement dans ce domaine. Plusieurs de ses livres ont été traduits en anglais. Ses illustrations fantaisistes et joyeuses sont peintes dans des couleurs vives, à l'aquarelle. Elles ont été le sujet d'expositions au Canada, aux États-Unis, en France, en Italie et au Japon.

MIREILLE LEVERT Photo: Jean-François Bérubé

RON LIGHTBURN
(1954)

Waiting for the Whales by Sheryl McFarlane (Children's Literature – Illustration 1992)

VICTORIA / Born in Cobourg, Ontario, Lightburn moved to British Columbia as a child. After attending the Alberta College of Art, he moved to Victoria to pursue a career in illustration. Since then, his children's books have been published in nine countries and translated into eight languages. In 2005, Lightburn's paintings from the children's book *A Poppy Is to Remember* were selected by Library and Archives Canada to help commemorate the 60th anniversary of the end of the Second World War.

Originaire de Cobourg, en Ontario, Lightburn est arrivé en Colombie-Britannique lorsqu'il était enfant. Après avoir fréquenté l'Alberta College of Art, il a emménagé à Victoria pour poursuivre une carrière en illustration. Depuis, ses livres pour enfants ont été publiés dans neuf pays et traduits en huit langues. En 2005, les illustrations de Lightburn tirées du livre pour enfants *A Poppy Is to Remember* ont été choisies par Bibliothèque et Archives Canada pour commémorer le 60ᵉ anniversaire de la fin de la Seconde Guerre mondiale.

TIM LILBURN
(1950)

Kill-site (Poetry 2003)

SASKATOON / Born in Regina, Lilburn spent several years in Africa before joining the Jesuit order. After leaving the order, he became founder of JackPine Press, a small press dedicated to producing handmade chapbooks. Later, he accepted a teaching position at the University of Victoria. His books of poetry include *Kill-site, To the River, Moosewood Sandhills,* and *Orphic Politics.* Many of his essays are anthologized in *Living in the World as if It Were Home.* In addition to his Governor General's Literary Award, Lilburn has received a Canadian Authors Association Award, a Saskatchewan Book-of-the-Year Award, and a Saskatchewan Nonfiction Award. He was elected a Fellow of the Royal Society of Canada in 2014.

Né à Regina, Lilburn a passé plusieurs années en Afrique avant d'entrer dans l'ordre des Jésuites. Après avoir quitté cet ordre, il a lancé la JackPine Press, une petite maison d'édition consacrée à la publication artisanale de chapbooks. Il a ensuite enseigné à l'Université de Victoria. Parmi ses recueils de poésie figurent *Kill-site, To the River, Moosewood Sandhills* et *Orphic Politics*. Plusieurs de ses essais sont rassemblés dans *Living in the World as if It were Home*. Outre un Prix littéraire du Gouverneur général, Lilburn a remporté un prix de la Canadian Authors Association, un Prix du livre de l'année de la Saskatchewan ainsi qu'un Saskatchewan Book Award pour une œuvre non romanesque. Il est membre de la Société royale du Canada depuis 2014.

JEAN-FRANÇOIS LISÉE
(1958)

Dans l'œil de l'aigle (ÉTUDES ET ESSAIS 1990)

MONTRÉAL / Lisée est titulaire d'une licence en droit et d'une maîtrise en communications de l'Université du Québec à Montréal, ainsi que d'un diplôme en journalisme du Centre de formation des journalistes à Paris. Dans les années 1980, il a été journaliste à Washington et à Paris. Il a, par la suite, été conseiller pour les premiers ministres québécois Jacques Parizeau et Lucien Bouchard, et a dirigé le Centre d'études et de recherches internationales de l'Université de Montréal. En 2012, il a été élu à l'Assemblée nationale du Québec. *Dans l'œil de l'aigle* résume trois décennies de relations entre le Québec, son mouvement indépendantiste et les États-Unis.

A graduate of the Université du Québec à Montréal and of the Centre de formation des journalists in Paris, Lisée holds degrees in law and journalism, as well as a diploma in communication studies. In the 1980s, he worked as a reporter in Washington and Paris. Later, he served as a special advisor to Quebec premiers Jacques Parizeau and Lucien Bouchard, and as executive director of the Centre for International Studies at the Université de Montréal. In 2012, he was elected a member of the National Assembly of Quebec. *Dans l'œil de l'aigle* discusses three decades of relations between Quebec, its independence movement and the United States.

DOROTHY LIVESAY Photo: Ron Dobson

DOROTHY LIVESAY
(1909–1996)

Day and Night (POETRY 1944)
Poems for People (POETRY 1947)

NEW WESTMINSTER, BRITISH COLUMBIA / Born in Winnipeg and educated at the University of Toronto, the Sorbonne and the University of British Columbia, Livesay worked as a social worker in Montréal and as a teacher in Northern Rhodesia (now Zambia). She also served as a writer-in-residence at several Canadian universities, including the University of Alberta, the University of Victoria, and St John's College, Winnipeg. A founding member of the League of Canadian Poets, she was made an Officer of the Order of Canada in 1986. The BC Book Prize for Poetry is awarded annually in her honour.

Originaire de Winnipeg, Livesay a étudié à l'Université de Toronto, à la Sorbonne et à l'Université de la Colombie-Britannique. Elle a été travailleuse sociale à Montréal et enseignante en Rhodésie du Nord (aujourd'hui la Zambie). Elle a également été auteure en résidence à plusieurs universités canadiennes, dont l'Université de l'Alberta, l'Université de Victoria et le Collège St John's, à Winnipeg. Membre fondatrice de la Ligue des poètes canadiens, elle a été décorée du titre d'Officier de l'Ordre du Canada en 1986. Le prix de poésie BC Book Prize est décerné en son honneur.

JOHN A. (ALLEN) LIVINGSTON
(1923–2006)

Rogue Primate (NON-FICTION 1994)

CARP, ONTARIO / The author of half a dozen books, including *The Fallacy of Wildlife Conservation* and *Canada: A Natural History*, Livingston worked as a broadcaster, lecturer and environmentalist. For many, he was best known for providing the voice-overs for the *Hinterland Who's Who* series of television shorts that aired on Canadian television during the 1960s and 1970s. After serving in the Royal Canadian Navy during the Second World War, Livingston began writing essays promoting conservation. Later, he worked as managing director of the Audubon Society of Canada (now called Nature Canada).

Auteur de sept livres, dont *The Fallacy of Wildlife Conservation* et *Canada: A Natural History*, Livingston a également été animateur, conférencier et environnementaliste. Plusieurs le connaissent surtout pour avoir été le narrateur de la série *Hinterland Who's Who* diffusée à la télévision canadienne au cours des années 1960 et 1970. Après avoir servi dans la Marine royale du Canada pendant la Seconde Guerre mondiale, Livingston a commencé à rédiger des essais pour promouvoir la protection de la faune et de l'environnement. Il a plus tard été le directeur général de l'Audubon Society of Canada (aujourd'hui Nature Canada).

FRANÇOISE LORANGER
(1913–1995)

Encore cinq minutes suivi de *Un cri qui vient de loin* (THÉÂTRE 1967)

MONTRÉAL / Romancière, dramaturge et poète, Loranger a commencé à rédiger des textes radiophoniques à la fin des années 1930. Son premier roman, *Mathieu,* est paru en 1949 et a contribué à l'avènement de la Révolution tranquille au Québec. *Encore cinq minutes* a été l'une des premières pièces de théâtre québécoises sur la thématique du féminisme dans le Canada français. La biographie *Françoise Loranger : La recherche d'une identité*, de Jean-Pierre Crête, a été publié en 1974.

A novelist, dramatist and poet, Loranger began writing radio scripts in the late 1930s. Her first novel, *Mathieu,* appeared in 1949 and helped usher in Quebec's Quiet Revolution. *Encore cinq minutes,* was one of the first Quebec stage plays focusing on feminism in French Canada. *Françoise Loranger: La Recherche d'une identité,* by Jean-Pierre Crête, appeared in 1974.

KEVIN LORING
(1974)

Where the Blood Mixes (DRAMA 2009)

LYTTON, BRITISH COLUMBIA / Kevin Loring is a member of the Nlaka'pamux First Nation in British Columbia. An actor as well as a playwright, Loring has appeared in several films and television series, including *Da Vinci's Inquest, Arctic Air, Health Nutz* and *Pathfinder*. He also appeared in an all-First Nations production of Shakespeare's *King Lear* at the National Arts Centre in 2012. Loring studied acting at Studio 58 at Langara College in Vancouver. His award-winning drama, *Where the Blood Mixes*, focuses on the long shadow cast by Canada's residential-school system and of one man's experience of loss and redemption.

KEVIN LORING Photo: Ian Redd Photography

Nlaka'pamux de la Première Nation Lytton en Colombie-Britannique, Kevin Loring est acteur et dramaturge. Il a joué dans plusieurs films et séries télévisées, notamment *Da Vinci's Inquest, Arctic Air, Health Nutz* et *Pathfinder*. Il a aussi joué dans une production entièrement autochtone de *King Lear* de Shakespeare au Centre national des Arts, en 2012. Loring a étudié l'interprétation au Studio 58 du Collège Langara, à Vancouver. Sa pièce primée, *Where the Blood Mixes*, dépeint les effets intergénérationnels du régime des pensionnats autochtones. Elle décrit également l'expérience d'un homme face à la perte et la rédemption.

ARTHUR R. M. (REGINALD MARSDEN) LOWER
(1889–1988)

Colony to Nation (ACADEMIC NON-FICTION 1946)
This Most Famous Stream (ACADEMIC NON-FICTION 1954)

WINNIPEG / A native of Barrie, Ontario, Lower studied at the University of Toronto and Harvard University. He also served as an officer in the Royal Navy during the First World War. After teaching briefly at Tufts College and Harvard University, he returned to Canada to teach at the University of Manitoba, where he served as chair of the Department of History. Later he taught at Queen's University, remaining there until his retirement in 1959. One of Canada's foremost historians, Lower was elected to the Royal Society of Canada in 1941 and appointed a Companion of the Order of Canada in 1968.

Originaire de Barrie, en Ontario, Lower a étudié à l'Université de Toronto et à l'Université Harvard. Il a été officier dans la Marine royale pendant la Première Guerre mondiale. Après avoir enseigné brièvement au Collège Tufts et à l'Université Harvard, il est revenu au Canada pour enseigner à l'Université du Manitoba, où il a dirigé le Département d'histoire. Il a ensuite été professeur à l'Université Queen's jusqu'à sa retraite, en 1959. L'un des plus grands historiens du Canada, Lower a fait son entrée à la Société royale du Canada en 1941 et a été nommé Compagnon de l'Ordre du Canada en 1968.

ARTHUR R. M. (REGINALD MARSDEN) LOWER Photo: Harry Palmer

MALCOLM LOWRY Photo: John Springer Collection, Getty Images

MALCOLM LOWRY

(1909–1957)

Hear Us O Lord from Heaven Thy Dwelling Place (Fiction 1961)

Dollarton, British Columbia / Written in Lowry's ramshackle home in Dollarton, just north of Vancouver, *Hear Us O Lord from Heaven Thy Dwelling Place* contains a collection of seven loosely interrelated stories set in British Columbia. It is also one of only a handful of posthumously published books that have won Governor General's Literary Awards. Lowry's earlier novel, *Under the Volcano*, appears on *The Guardian's* list of 100 Best Novels and as one of the *Modern Library's* 100 Best English-language Novels of the Twentieth Century.

Hear Us O Lord from Heaven Thy Dwelling Place a été écrit dans la maison délabrée de Lowry à Dollarton, au nord de Vancouver. Ce roman est constitué de sept histoires vaguement reliées entre elles qui se déroulent en Colombie-Britannique. C'est l'un des rares livres publiés à titre posthume à avoir remporté un Prix littéraire du Gouverneur général. Son roman précédent, *Under the Volcano*, figure sur la liste des 100 meilleurs romans du journal *The Guardian* et également sur la liste des 100 meilleurs romans de langue anglaise du XXᵉ siècle de la Modern Library.

JANET LUNN

(1928–2017)

The Hollow Tree (Children's Literature – Text 1998)

Hillier, Ontario / Born in Dallas, Texas, Lunn (née Swoboda) moved to Canada as a student and never left. Recognized for her young-adult fiction, Lunn is also known for her children's picture books and for her non-fiction writing. Although not strictly autobiographical, many of her stories were inspired by the events and people in her life. The first children's author to serve as chair of the Writers' Union of Canada, Lunn was a Member of the Order of Ontario and the Order of Canada.

Née à Dallas, au Texas, Lunn (née Swoboda) s'est installée au Canada pour y étudier et n'en est jamais repartie. Lunn s'est fait connaître pour ses romans pour jeunes adultes, mais aussi pour ses livres d'images pour enfants et ses écrits documentaires. Bien qu'elles ne soient pas entièrement autobiographiques, plusieurs

ANN-MARIE MACDONALD Photo: Canadian Stage

de ses histoires ont été inspirées par les événements et les personnes qui l'ont marquée. Première auteure jeunesse à présider la Writers' Union of Canada, Lunn est membre de l'Ordre de l'Ontario et de l'Ordre du Canada.

ANN-MARIE MACDONALD
(1958)

Goodnight Desdemona (Good Morning Juliet) (DRAMA 1990)

TORONTO / Born in Baden Sölingen in the former West Germany, MacDonald lived the first few years of her life at the Royal Canadian Air Force Station, 4-Wing. After studying at Carleton University and the National Theatre School of Canada, MacDonald hosted two of CBC's prime-time documentary programs: *Doc Zone* and *Life and Times*. Her play, *Goodnight Desdemona (Good Morning Juliet)*, premiered at the Nightwood Theatre in Toronto. It won not only a Governor General's Literary Award, but also a Chalmers Award and a Canadian Authors' Association Award. In 2015, MacDonald was appointed the inaugural Mordecai Richler Reading-Room Writer-in-Residence at Concordia University.

Originaire de l'ancienne Allemagne de l'Ouest, MacDonald a passé les premières années de sa vie sur la base de l'Aviation royale canadienne à Baden-Söllingen. Après des études à l'Université Carleton et à l'École nationale de théâtre du Canada, MacDonald a animé deux émissions documentaires diffusées à la CBC aux heures de grande écoute : *Doc Zone* et *Life and Times*. La représentation de sa pièce *Goodnight Desdemona (Good Morning Juliet)*, a eu lieu au Nightwood Theatre de Toronto. Elle lui a valu, outre un Prix littéraire du Gouverneur général, un prix Chalmers et un prix de la Canadian Authors' Association. En 2015, MacDonald a été la première écrivaine en résidence Mordecai-Richler à l'Université Concordia.

GWENDOLYN MACEWEN
(1941–1987)

The Shadow-Maker (POETRY 1969)
Afterworlds (POETRY 1987)

TORONTO / MacEwen's first published poem appeared in *The Canadian Forum* when she was just seventeen. Her first book of poetry, *The Drunken Clock*, appeared when she was twenty. Her two novels, like much of her poetry, contain a blend of fantasy, mystery and history. Books about MacEwen include Rosemary Sullivan's *Shadow Maker*, which won the Governor General's Award for

GWENDOLYN MACEWEN Photo: Shelly Grimson

Non-fiction in 1995, and Jan Bartley's *Gwendolyn MacEwen and Her Works*. Gwendolyn MacEwen Park in the Annex neighbourhood of Toronto is named in MacEwen's memory.

MacEwen a publié son premier poème dans *The Canadian Forum* alors qu'elle n'avait que dix-sept ans. Son premier livre de poésie, *The Drunken Clock,* est paru trois ans plus tard. Ses deux romans, comme plusieurs de ses poèmes, allient fantaisie, mystère et histoire. Parmi les ouvrages qui ont été écrits sur MacEwen figurent la biographie *Shadow Maker: The Life of Gwendolyn MacEwen* par Rose-mary Sullivan, qui a été récompensée d'un Prix littéraire du Gouverneur général pour un essai en 1995, ainsi que *Gwendolyn MacEwen and Her Works* par Jan Bart-ley. Le parc Gwendolyn MacEwen, près de l'Université de Toronto, a été nommé ainsi en sa mémoire.

DANIEL MACIVOR
(1962)

I Still Love You (DRAMA 2006)

HALIFAX / Born in Sydney, Nova Scotia, MacIvor studied at Dalhousie Univer-sity in Halifax and at George Brown College in Toronto. Later, he served as writer-in-residence at the National Theatre School in Montréal and at the Tarra-gon Theatre in Toronto. MacIvor is a dramatist and independent filmmaker. His plays have been translated into French, Portuguese, Spanish, Czech, German and Japanese, and have been performed regularly across Europe and North Amer-ica. MacIvor is also a Chalmers Award laureate and a winner of two Dora Mavor Moore Awards. His independent films include *Past Perfect*, *Wilby Wonderful* and *Whole New Thing*.

Né à Sydney, en Nouvelle-Écosse, MacIvor a étudié à l'Université Dalhousie, à Halifax, ainsi qu'au Collège George Brown, à Toronto, avant d'être auteur en résidence à l'École nationale de théâtre de Montréal et au Tarragon Theatre de Toronto. MacIvor est dramaturge et réalisateur de films indépendants. Ses pièces ont été traduites en français, en portugais, en espagnol, en tchèque, en allemand et en japonais, et ont été jouées régulièrement en Europe et en Amérique du Nord. MacIvor est lauréat d'un prix Chalmers et de deux prix Dora-Mavor-Moore. Parmi ses films indépendants, figurent *Past Perfect*, *Wilby Wonderful* et *Whole New Thing*.

DANIEL MACIVOR Photo: Guntar Kravis

FRANK MACKINNON

(1919–2006)

The Government of Prince Edward Island (ACADEMIC NON-FICTION 1951)

CHARLOTTETOWN / MacKinnon graduated from McGill University with an honours degree in Economics and Political Science. Later, he graduated from the University of Toronto with an MA and a PhD. After lecturing at Carleton College, Ottawa, he was appointed principal of Prince of Wales College, Charlottetown. His book, *The Government of Prince Edward Island,* was initially tied with W. L. MacDonald's *The Pope and His Critics*, until a special panel broke the tie. Also known for his 1976 book, *The Crown in Canada*, MacKinnon was appointed an Officer of the Order of Canada in 1969.

Bachelier en sciences économiques et politiques de l'Université McGill, MacKinnon possède aussi une maîtrise et un doctorat de l'Université de Toronto. Après avoir été chargé de cours au Collège Carleton, à Ottawa, il a été nommé directeur du Collège Prince of Wales, à Charlottetown. Bien que son livre, *The Government of Prince Edward Island*, ait d'abord été primé à égalité avec celui de W. L. MacDonald, *The Pope and His Critics*, un jury spécial trancha finalement en sa faveur. MacKinnon est également connu pour son ouvrage *The Crown in Canada* (1976), et a reçu l'insigne d'Officier de l'Ordre du Canada en 1969.

HUGH MACLENNAN

(1907–1990)

Two Solitudes (FICTION 1945)
The Precipice (FICTION 1948)
Cross-country (CREATIVE NON-FICTION 1949)
Thirty & Three (CREATIVE NON-FICTION 1954)
The Watch that Ends the Night (FICTION 1959)

MONTRÉAL / Born in Glace Bay, Nova Scotia, MacLennan is generally recognized as the first major English-speaking writer to attempt a successful portrayal of Canada's national character. Educated at Dalhousie University and later as a Rhodes Scholar at Oxford, MacLennan eventually completed a PhD in classics at Princeton University. Upon his return to Canada, he began teaching history and Latin at Lower Canada College in Montréal. Eventually, he moved to McGill's English Department where he taught for many years. Most of MacLennan's

HUGH MACLENNAN Photo: Harry Palmer

writing focuses on events in Canada, including the destruction of the city of Halifax during the First World War in *Barometer Rising*, relations between French and English Canadians in *Two Solitudes*, differences between life in Canada and the United States in *The Precipice*, and an attempt to reconstruct the history of Canada following a nuclear holocaust in *Voices in Time*. In *Two Solitudes,* MacLennan seems to be writing of himself when he relates Paul's epiphany that Canada is an ideally rich subject for authors who grew up here: "No one had dug underneath so far, that was the trouble. Proust wrote only of France, Dickens laid nearly all his scenes in London, Tolstoi was pure Russian. Hemingway let his heroes roam the world, but everything he wrote smelled of the United States. … But Canada was a country that no one knew."[55] In 1987, MacLennan became the first Canadian to receive Princeton University's James Madison Medal. He is one of only two authors who have won five Governor General's Literary Awards.

Originaire de Glace Bay, en Nouvelle-Écosse, MacLennan est généralement reconnu comme le premier grand écrivain anglophone à avoir tenté de définir avec succès l'identité nationale canadienne. Il a d'abord étudié à l'Université Dalhousie, puis a été boursier Rhodes à l'Université d'Oxford avant d'obtenir un doctorat en études classiques de l'Université Princeton. À son retour au Canada, il a enseigné l'histoire et le latin au Lower Canada College, à Montréal. Par la suite, il a enseigné dans le Département d'anglais de l'Université McGill durant de nombreuses années. Les écrits de MacLennan portent sur des événements survenus au Canada, notamment la destruction de la ville d'Halifax pendant la Première Guerre mondiale, dans *Barometer Rising*; les relations entre Canadiens français et anglais, dans *Two Solitudes*; les différences entre la vie au Canada et celle aux États-Unis, dans *The Precipice*; et une tentative de reconstruire l'histoire du Canada à la suite d'une catastrophe nucléaire, dans *Voices in Time*. Dans *Two Solitudes,* MacLennan semble décrire ses propres opinions lorsqu'il décrit l'épiphanie de Paul. Selon celui-ci, le Canada est un sujet idéalement riche pour les auteurs qui ont grandi dans ce pays : « Personne jusqu'à maintenant n'avait sondé ce mystère, là résidait tout le problème. Proust n'avait écrit qu'au sujet de la France, Dickens avait situé presque toutes ses intrigues à Londres, Tolstoï était cent pour cent russe, Hemingway permettait à ses héros de courir le monde, mais tout ce qu'il écrivait exprimait l'âme américaine… Mais le Canada, lui, était un pays que personne ne connaissait[56]. » En 1987, MacLennan est devenu le premier Canadien à recevoir la médaille James-Madison remise par l'Université Princeton. Il est l'un des deux seuls auteurs à avoir remporté cinq Prix littéraires du Gouverneur général.

JOAN MACLEOD
(1954)

Amigo's Blue Guitar (DRAMA 1991)

TORONTO / An internationally successful playwright, MacLeod graduated with a BA in creative writing from the University of Victoria and an MA in fine arts from the University of British Columbia. For several years, she was playwright-in-residence at Tarragon Theatre in Toronto. Her plays include *Jewel, Amigo's Blue Guitar, Toronto, The Hope Slide,* and *Mississippi*, all of which premiered at Tarragon. *Little Sister* and *The Shape of a Girl* were written for young audiences and have played widely in Canada and internationally. In addition to her Governor General's Literary Award, MacLeod is the recipient of two Chalmers Canadian Play Awards.

Dramaturge de renommée internationale, MacLeod est titulaire d'un baccalauréat en création littéraire de l'Université de Victoria et d'une maîtrise en beaux-arts de l'Université de la Colombie-Britannique. Pendant de nombreuses années, elle a été dramaturge en résidence au Tarragon Theatre à Toronto. Elle a notamment écrit les pièces *Jewel, Amigo's Blue Guitar, The Hope Slide, Toronto*, et *Mississippi*, toutes présentées en première au Tarragon Theatre. *Little Sister* et *The Shape of a Girl* s'adressent à un jeune public et ont été présentées partout au Canada et à l'étranger. MacLeod est non seulement lauréate d'un Prix littéraire du Gouverneur général, mais également de deux prix Chalmers pour la meilleure pièce.

MARGARET MACMILLAN
(1943)

Paris 1919 (NON-FICTION 2003)

OXFORD, ENGLAND / The Warden of St Antony's College and a professor of international history at Oxford University, MacMillan is the author of *Women of the Raj, Nixon in China, The Uses and Abuses of History* and *The War that Ended Peace.* Her award-winning history of events following the First World War, *Paris 1919,* also appeared under the title, *Peacemakers: The Paris Conference of 1919 and Its Attempt to End War.* MacMillan is a Fellow of the Royal Society of Literature and a Senior Fellow of Massey College, Toronto. She is also the recipient of honorary degrees from the Royal Military College, Ryerson University, the University of King's College, the University of Western Ontario and

MARGARET MACMILLAN Photo: Courtesy of / Reproduite avec la permission de Margaret MacMillan

the University of Calgary. In 2006, she was appointed an Officer, and in 2016 a Companion, of the Order of Canada.

Directrice du Collège St Antony's et professeure d'histoire internationale à l'Université d'Oxford, MacMillan est l'auteure des ouvrages *Women of the Raj*, *Nixon in China*, *The Uses and Abuses of History* et *The War that Ended Peace*. Son récit qui lui a valu un prix, *Paris 1919*, décrit les événements qui ont suivi la Première Guerre mondiale. Il est aussi paru sous le titre *Peacemakers: The Paris Conference of 1919 and Its Attempt to End War*. MacMillan est membre de la Royal Society of Literature et agrégée supérieure du Collège Massey, à Toronto. Elle est en outre récipiendaire de doctorats honorifiques du Collège militaire royal, de l'Université Ryerson, de l'Université du King's College, de l'Université Western et de l'Université de Calgary. En 2006, elle a été nommée Officier, puis, en 2016, Compagnon de l'Ordre du Canada.

JAY MACPHERSON
(1931–2012)

The Boatman (POETRY 1957)

TORONTO / Born in Britain, Macpherson was brought to Newfoundland at the outbreak of the Second World War as a "war guest" when she was just nine years old. Educated at Carleton University, McGill University, the University of London and the University of Toronto, Macpherson was a student of Northrop Frye and a teacher of Margaret Atwood. After being appointed to the English Department at Victoria College, Toronto, she became widely recognized for her teaching and editorial work, as well as for her poetry. In addition to her Governor General's Literary Award medal, Macpherson was a recipient of *Poetry* magazine's Levinson Prize and of the University of Western Ontario President's Medal.

Originaire de Grande-Bretagne, Macpherson est arrivée à Terre-Neuve au début de la Seconde Guerre mondiale comme « invitée de guerre » alors qu'elle n'avait que 9 ans. Diplômée de l'Université Carleton, de l'Université McGill, de l'Université de Londres et de l'Université de Toronto, Macpherson a eu pour professeur Northrop Frye et a elle-même enseigné à Margaret Atwood. Après avoir intégré le Département d'anglais du Collège Victoria, à Toronto, elle est rapidement devenue célèbre pour son travail en tant qu'enseignante et éditrice, ainsi que pour sa poésie. En plus d'un Prix littéraire du Gouverneur général, Macpherson a remporté le prix Levinson de la revue *Poetry* et la Médaille du président de l'Université Western.

JAY MACPHERSON Photo: Courtesy of / Reproduite avec la permission de Victoria University Library (Toronto)

MARION MACRAE

(1921–2008)

Hallowed Walls, with Anthony Adamson (NON-FICTION 1975)

TORONTO / Born in Apple Hill, Ontario, MacRae studied at the Ontario College of Art and the University of Illinois before becoming an instructor at OCA and at the University of Toronto. Together with her collaborator, Anthony Adamson, she worked on the Upper Canada Village project and the Dundurn Castle restoration project, as well as on their award-winning history of Ontario ecclesiastical architecture, *Hallowed Walls*.

Née à Apple Hill, en Ontario, MacRae a étudié à l'Ontario College of Art et à l'Université de l'Illinois avant d'être chargée de cours à l'OCA et à l'Université de Toronto. Avec son collaborateur, Anthony Adamson, elle a pris part au projet de l'Upper Canada Village et participé à la restauration du château Dundurn. Ils ont aussi rédigé ensemble *Hallowed Walls*, leur histoire qui leur a valu le prix de l'architecture ecclésiastique ontarienne.

LOUISE MAHEUX-FORCIER

(1929-2015)

Une forêt pour Zoé (ROMANS ET NOUVELLES 1969)

MONTRÉAL / Maheux-Forcier a étudié la musique à Montréal et à Paris avant de se consacrer à l'écriture. Elle s'est alors fait connaître en tant que romancière et scénariste. Son premier roman, *Amadou*, a fait couler beaucoup d'encre. L'un des premiers romans québécois à aborder ouvertement le thème de l'homosexualité, il lui a valu le Prix du Cercle du livre de France en 1963. En 1982, Maheux-Forcier a été admise à l'Académie des lettres du Québec et à la Société royale du Canada. En 1986, elle a été décorée de l'Ordre du Canada.

Maheux-Forcier trained originally in music, both in Montréal and Paris. Later, she became known as a novelist and screenwriter. Her much-discussed first novel, *Amadou,* was one of the first Quebec novels to raise gay themes openly, winning the prix du Cercle du livre de France in 1963. In 1982, Maheux-Forcier was appointed a Member of the Académie des lettres du Québec. She became a Fellow of the Royal Society of Canada that same year and, in 1986, she was appointed a Member of the Order of Canada.

ANTONINE MAILLET Photo: Harry Palmer

ANTONINE MAILLET
(1929)

Don L'Original (Romans et nouvelles 1972)

Montréal / Qualifiée d'« âme de la littérature acadienne contemporaine[57] », Maillet a vu le jour à Bouctouche, au Nouveau-Brunswick. Elle a étudié à l'Université Saint-Joseph de Moncton, à l'Université de Montréal et à l'Université Laval. Son roman de 1979, *Pélagie-la-Charrette*, raconte l'histoire du retour du peuple acadien à la suite de son expulsion en 1755. Ce livre l'a immédiatement rendue célèbre en France, où il s'est vendu à plus d'un million d'exemplaires. Maillet est Compagnon de l'Ordre du Canada et membre de la Société royale du Canada, Officier des Arts et des Lettres en France, et cumule plus de 30 doctorats honorifiques. Elle est membre du Conseil privé de la Reine pour le Canada depuis 1992. En 2005, elle a reçu l'Ordre du Nouveau-Brunswick. De 1989 à 2001, elle a été chancelière de l'Université de Moncton. L'école élémentaire Antonine-Maillet à Oshawa, en Ontario, a été nommée en son honneur.

Called "the soul of contemporary Acadian literature,"[58] Maillet was born in Bouctouche, New Brunswick. Later, she studied at Saint Joseph's University in Moncton, as well as at the Université de Montréal and the Université Laval. Her 1979 novel, *Pélagie-la-Charrette*, tells the story of the eventual homecoming of the Acadian people, following their 1755 expulsion. The book brought Maillet immediate fame in France, where it sold over a million copies. Maillet is a Companion of the Order of Canada, a Fellow of the Royal Society of Canada, an Officier des Arts et des Lettres de France and the recipient of over thirty honorary degrees. In 1992, she became a member of the Queen's Privy Council for Canada and, in 2005, she was awarded the Order of New Brunswick. Between 1989 and 2001, she served as Chancellor of the Université de Moncton. L'école élémentaire Antonine-Maillet in Oshawa, Ontario, is named in her honour.

ANDRÉ MAJOR
(1942)

Les Rescapés (Romans et nouvelles 1976)

Montréal / Après *L'épouvantail* et *L'épidémie, Les Rescapés* est le dernier volume d'une trilogie romanesque portant sur le thème des survivants. Ce livre raconte l'histoire de quatorze personnes dans un petit village du Québec qui luttent pour survivre aux forces de la nature tandis qu'ils se débattent avec leurs propres lacunes et faiblesses. Originaire de Montréal, c'est en 1961 que Major s'est fait connaître en publiant deux recueils de poèmes : *Le Froid se meurt* et *Holocauste à deux voix*. En 1963, il a participé à la création de la revue *Parti Pris* et, en 1973, il a fait ses débuts à Radio-Canada comme réalisateur d'émissions culturelles. En 1992, il a reçu le prix Athanase-David.

Les Rescapés follows *L'épouvantail* and *L'épidemie* as the third part of Major's trilogy about survivors. The book tells the story of fourteen people in a small Quebec village as they struggle to survive the forces of nature, as well as their own shortcomings and weaknesses. A Montréal native, Major first came to prominence in 1961 with the publication of two collections of poetry, *Le Froid se meurt* and *Holocauste à deux voi*. In 1963, he helped found the magazine *Parti Pris* and, in 1973, he began working for Radio-Canada as a producer of cultural programs. In 1992, he was awarded the Prix Athanase-David.

ROBERT MAJZELS
(1950)

Just Fine by France Daigle (Translation 2000)

Montréal / A novelist, poet and playwright as well as a translator, Majzels taught at Concordia University and the University of Calgary. As a young man, he was active in political theatre and spent time advocating for democratic reforms in the Philippines. For two years, he studied Chinese in Beijing. His play *This Night the Kapo* won the Dorothy Silver Award in 1991 and came first in the 1994 Canadian Jewish Playwriting Competition.

Romancier, poète, dramaturge et traducteur, Majzels a enseigné à l'Université Concordia et à l'Université de Calgary. Plus jeune, il a été actif dans le milieu du théâtre politique et a plaidé en faveur de réformes démocratiques aux Philippines. Pendant deux ans, il a étudié le chinois à Beijing. Sa pièce *This Night the Kapo* lui a valu un prix Dorothy-Silver en 1991 et s'est classée première au concours Canadian Jewish Playwriting Competition en 1994.

PAUL CHANEL MALENFANT
(1950)

Des ombres portées (POÉSIE 2001)

RIMOUSKI, QUÉBEC / Diplômé de l'Université de Montréal et de l'Université Laval, Malenfant a commencé à enseigner à l'Université du Québec à Rimouski en 1983. Il a publié une dizaine de recueils de poésie, deux romans et de nombreux articles dans des magazines et des revues savantes. Membre de l'Union des écrivaines et des écrivains québécois, il a également été récompensé d'un prix Alain-Grandbois pour son recueil de poésie *Fleuves* et d'un Grand Prix de la Société Radio-Canada pour *Des ombres portées*.

A graduate of the Université de Montréal and the Université Laval, Malenfant began teaching at the Université du Québec à Rimouski in 1983. He has published over a dozen collections of poetry, two novels, and numerous articles in both magazines and scholarly journals. He is a member of the Union des écrivaines et des écrivains québécois. His other awards include a Prix Alain Grandbois for his collection of poetry, *Fleuves*, and a Grand Prix Société Radio-Canada for *Des ombres portées*.

ELI MANDEL
(1922–1992)

An Idiot Joy (POETRY 1967)

TORONTO / Born in Estevan, Saskatchewan, Mandel served overseas in the Army Medical Corps during the Second World War. Commentators have remarked that the war, along with the discovery of the horrors of the death camps, had a profound effect on Mandel, resulting in a pervasive pessimism that runs through much of his poetry. As *The Concise Oxford Companion to Canadian Literature* notes, in Germany there was Auschwitz, but on the Canadian prairies Mandel found that there was "a sun that kills 'cattle and rabbits … in the poisoned slow air.'"[59] After graduating from the University of Saskatchewan and the University of Toronto, Mandel taught at several universities, including the University of Alberta and York University.

Né à Estevan, en Saskatchewan, Mandel a servi outre-mer dans le Service de santé de l'Armée royale canadienne pendant la Seconde Guerre mondiale. Des analystes ont noté que la guerre et la découverte des horreurs des camps de concentration ont eu un effet profond sur Mandel, qui s'est traduit par un pessimisme omniprésent qui imprègne une grande partie de sa poésie. Comme le souligne *The Concise Oxford Companion to Canadian Literature*, en Allemagne, il y avait Auschwitz, mais dans les Prairies canadiennes, Mandel a constaté qu'il y a « un soleil qui tue le bétail et les lapins ... dans l'air lentement empoisonné[60] ». Diplômé de l'Université de la Saskatchewan et de l'Université de Toronto, Mandel a enseigné dans différentes universités, dont York et l'Université de l'Alberta.

MIRIAM MANDEL
(1930–1982)

Lions at Her Face (POETRY 1973)

EDMONTON / Born in Rockglen, Saskatchewan, Mandel (née Minovitch) graduated from the University of Saskatchewan with a degree in English. *Lions at Her Face* was her first book of poetry. For much of her life she was troubled by depression, resulting in her eventual suicide. In the words of *The Canadian Encyclopedia*, her poetry "explores her personal suffering with courage and honesty."[61] In 1984, Sheila Watson paid tribute to Mandel by editing a posthumous collection of her work entitled *Collected Poems of Miriam Mandel*.

Originaire de Rockglen, en Saskatchewan, Mandel (née Minovitch) est diplômée en anglais de l'Université de la Saskatchewan. *Lions at Her Face* était son premier livre de poésie. Elle a souffert de dépression une grande partie de sa vie, ce qui l'a menée au suicide. Selon *L'Encyclopédie canadienne*, sa poésie « exprime sa souffrance personnelle avec courage et honnêteté[62] ». En 1984, Sheila Watson a rendu hommage à Mandel en publiant, à titre posthume, l'ensemble de son œuvre dans un ouvrage intitulé *Collected Poems of Miriam Mandel*.

RACHEL MANLEY
(1947)

Drumblair (NON-FICTION 1997)

TORONTO / Born in England and raised in Jamaica, Manley is a member of one of Jamaica's most influential families. Her grandfather, Norman Washington Manley, was a key figure in Jamaica's struggle for independence and founder of the People's National Party. He also served as Chief Minister and Premier of Jamaica before independence. Her father, Michael Manley, served as Jamaica's Prime Minister for

RACHEL MANLEY Photo: Courtesy of / Reproduite avec la permission de Cookie Kincaid

thirteen years. Manley herself is known not just for the trilogy of books she has written about her famous family but also for her poetry.

Née en Angleterre, Manley a grandi en Jamaïque. Elle appartient à l'une des familles les plus influentes de ce pays. Son grand-père, Norman Washington Manley, a été une figure emblématique de la lutte pour l'indépendance de la Jamaïque, et a fondé le Parti national du peuple. Il a aussi été ministre en chef et premier ministre de la Jamaïque avant l'indépendance. Son père, Michael Manley, a été premier ministre de la Jamaïque pendant treize ans. Rachel Manley est connue non seulement pour la trilogie qu'elle a écrite sur sa célèbre famille, mais aussi pour sa poésie.

JOVETTE MARCHESSAULT
(1938-2012)

Le voyage magnifique d'Émily Carr (THÉÂTRE 1990)

MONTRÉAL / Romancière, dramaturge, peintre et sculpteure, Marchessault est une pionnière de la littérature gaie et féministe au Canada. Cofondatrice de la maison d'édition Squawtach Press et chargée de cours à l'Université du Québec à Montréal, elle a collaboré aux publications *Châtelaine*, *Le Devoir*, *La Vie en rose*, *La Nouvelle Barre du jour*, *Fireweed* et *13 Moon*. Nombre de ses œuvres ont pour thème les femmes artistes et les écrivaines, notamment Gertrude Stein, Alice B. Toklas, Violette Leduc et Emily Carr. En 1993, Marchessault a été reçue au Conseil des arts et des lettres du Québec. Un portrait d'elle réalisé par l'artiste Robert Laliberté fait partie de la collection nationale de portraits des Canadian Lesbian and Gay Archives.

A novelist, playwright, painter and sculptor, Marchessault helped pioneer gay and feminist literature throughout Canada. A co-founder of Squawtach Press and a lecturer at the Université du Québec à Montréal, she also contributed to publications such as *Châtelaine*, *Le Devoir*, *La Vie en rose*, *La Nouvelle barre du jour*, *Fireweed* and *13 Moon*. Many of her works focus on women authors and artists, including Gertrude Stein, Alice B. Toklas, Violette Leduc and Emily Carr. In 1993, Marchessault was inducted into the Conseil des arts et des lettres du Québec. A portrait of Marchessault by artist Robert Laliberté hangs in the Canadian Lesbian and Gay Archives' National Portrait Collection.

GILLES MARCOTTE

(1925-2015)

Une littérature qui se fait (AUTRES GENRES LITTÉRAIRES 1962)

MONTRÉAL / Professeur de littérature à l'Université de Montréal de 1966 à 1997, Marcotte a aussi travaillé comme réalisateur à Radio-Canada et scénariste à l'Office national du film du Canada. Diplômé de l'Université de Montréal et de l'Université Laval, il a publié une vingtaine de livres et a été critique littéraire pour *L'actualité*, *La Tribune*, *Le Devoir* et *La Presse*. Titulaire d'un doctorat honorifique de l'Université de Guelph, il est aussi lauréat de la médaille Lorne-Pierce, du Prix Québec-Paris et du prix Athanase-David.

A professor of literature at the Université de Montréal from 1966 to 1997, Marcotte worked as a producer for Radio-Canada and as a scriptwriter for the National Film Board of Canada. A graduate of the Université de Montréal and the Université Laval, he authored more than two dozen books and wrote regularly as a literary critic for periodicals such as *L'actualité*, *La Tribune*, *Le Devoir* and *La Presse*. His other awards include an honorary doctorate from the University of Guelph, a Lorne-Pierce Medal, a Prix Quebec-Paris and an Athanase-David Prize.

MICHÈLE MARINEAU

(1955)

Cassiopée ou l'été polonais (LITTÉRATURE JEUNESSE – TEXTE 1988)
La route de Chlifa (LITTÉRATURE JEUNESSE – TEXTE 1993)

MONTRÉAL / Poétesse, romancière et traductrice, Marineau a étudié l'histoire de l'art, la médecine et la traduction à l'Université de Montréal, avant de travailler comme réviseure et traductrice pigiste. Plus tard, elle a été éditrice de la collection « Littérature jeunesse » aux Éditions Québec Amérique. Ses livres ont été publiés, souvent en version traduite, en France, au Danemark, aux Pays-Bas, en Suède, en Espagne et au Canada.

A poet, novelist and translator, Marineau studied art history, medicine and translation at the Université de Montréal before working as a freelance editor and translator. Later, she served as editor of the Littérature jeunesse collection at Éditions Québec/Amérique. Her books have been published, often in translation, in France, Denmark, the Netherlands, Sweden and Spain, as well as in Canada.

MICHÈLE MARINEAU Photo: Martine Doyon

ANDRÉ MAROIS Photo: Julia Marois

ANDRÉ MAROIS

(1959)

Le voleur de sandwichs, avec Patrick Doyon (LITTÉRATURE JEUNESSE – LIVRES ILLUSTRÉS 2015)

MONTRÉAL / Né à Créteil, en France, Marois a travaillé pendant une décennie comme concepteur-rédacteur à Paris avant d'immigrer à Montréal, en 1992. Auteur de plus de 40 ouvrages, il est surtout connu pour ses romans policiers pour adultes et ses histoires policières pour enfants. En 2013, Marois a été récompensé d'un Prix des libraires du Québec pour son roman de science-fiction *Les voleurs de mémoire.* Son roman pour adultes *Bienvenue à Meurtreville,* à propos d'une série de meurtres commis dans une petite ville, est paru en 2016.

Born and raised in Créteil, France, Marois worked for a decade as a copywriter in Paris before immigrating to Montréal in 1992. The author of over forty books, he is known especially for his crime novels for adults and his detective stories for children. In 2013, Marois was awarded a Prix des Libraires du Québec for his science-fiction novel, *Les Voleurs de mémoire.* His adult novel, *Bienvenue à Meurtreville,* about a series of small-town murders, appeared in 2016.

ANNE MARRIOTT

(1913–1997)

Calling Adventurers! (POETRY 1941)

VICTORIA / Born in Victoria and educated at the University of British Columbia, Marriott wrote her most influential poem, *The Wind Our Enemy*, while still in her twenties. The poem gives voice to the hardship and devastation so many families experienced on the Canadian prairies during the depression years of the 1930s. Her Governor General's Award-winning poem of a decade later, *Calling Adventurers*, treats a similarly quintessential Canadian subject: the heroism and romance of the Canadian bush pilot. The published version of the poem is based largely on the choruses of *Payload*, a documentary drama written for the CBC and broadcast on November 8, 1940. After working for a short time in Ottawa for the National Film Board, Marriott returned to British Columbia where she was active as a writer and educator.

Originaire de Victoria et diplômée de l'Université de la Colombie-Britannique, Marriott a rédigé son poème le plus marquant, *The Wind Our Enemy*, alors qu'elle n'avait qu'une vingtaine d'années. L'œuvre exprime les difficultés et la dévastation qu'ont vécues de nombreuses familles des Prairies canadiennes durant la Grande Dépression des années 1930. Son poème lauréat d'un Prix du Gouverneur général, *Calling Adventurers!*, traite d'un sujet tout aussi typiquement canadien : l'héroïsme et le romantisme du pilote de brousse canadien. La version publiée du poème s'inspire en grande partie des chœurs de *Payload*, un documentaire dramatique écrit pour la CBC et diffusé le 8 novembre 1940. Marriott a travaillé brièvement à Ottawa pour l'Office national du film, puis est retournée en Colombie-Britannique, où elle a poursuivi sa carrière d'écrivaine et de pédagogue.

ÉMILE MARTEL
(1941)

Pour orchestra et poète seul (POÉSIE 1995)

PARIS, FRANCE / Poète et traducteur, Martel a obtenu un baccalauréat de l'Université Laval et un doctorat de l'Université de Salamanque en Espagne. Il a enseigné brièvement à l'Université de l'Alaska et à l'Université de Victoria, avant d'entreprendre une carrière de diplomate qui l'a mené en Amérique centrale, au Mexique, en Espagne et en France. En 1999, Martel a été nommé président du Centre québécois de PEN International.

A poet and translator, Martel graduated with a BA from the Université Laval and a PhD from the University of Salamanque in Spain. After teaching briefly at the University of Alaska and the University of Victoria, he began a career as a diplomat, serving in a variety of locations in Central America, Mexico, Spain and France. In 1999, Martel was appointed president of PEN International's Québec Centre.

SUZANNE MARTEL
(1924-2012)

Une belle journée pour mourir (LITTÉRATURE JEUNESSE – TEXTE 1994)

MONTRÉAL / Romancière, nouvelliste et chroniqueuse, Martel (née Chouinard) a étudié à l'Université de Toronto et a travaillé brièvement comme journaliste avant de se marier et de fonder une famille. Son premier livre, paru en 1963 sous le titre *Quatre Montréalais en l'an 3000*, est l'un des premiers romans de science-fiction

publié au Québec. En 1971, Martel a fondé *Safari*, une publication hebdomadaire pour les jeunes. Elle a notamment remporté un prix David (1968), un prix
Ruth-Schwartz de littérature pour la jeunesse (1981) ainsi qu'un Prix de littérature
de jeunesse du Conseil des arts du Canada (1982).

A novelist, short-story writer and columnist, Martel (née Chouinard) studied at
the University of Toronto and worked briefly as a journalist before marrying and
raising her family. In 1963, her first book appeared, entitled *Quatre Montréalais
en l'an 3000*. The book was one of the first science-fiction novels published in
Quebec. In 1971, Martel founded the weekly children's publication, *Safari*. Her
other awards include a 1968 Prix David, a 1981 Ruth Schwartz Children's Book
Award, and a 1982 Canada Council Children's Literature Prize.

CLAIRE MARTIN
(1914-2014)

La joue droite (ROMANS ET NOUVELLES 1966)

OTTAWA / Claire Faucher (née Montreuil), qui publie sous le pseudonyme de
Claire Martin, a d'abord été animatrice radio. À ce titre, elle a annoncé aux auditeurs canadiens-français le jour de la Victoire en Europe, qui a marqué la fin de la
Seconde Guerre mondiale. Auteure en résidence à l'Université d'Ottawa de 1945
à 1972, Martin a également été présidente de la Société des écrivains canadiens.
Son roman primé, *Dans un gant de fer : La joue droite*, est le deuxième volet de
son récit autobiographique, *Dans un gant de fer*, publié en 1965. Reconnue comme
« l'un des plus importants écrivains de sa génération » dans sa citation à titre de
récipiendaire de l'Ordre du Canada[63], en 1984, Martin a été nommée officier de
l'Ordre national du Québec en 2007. Deux ans plus tard, l'Université Laval lui a
décerné un doctorat honorifique.

Publishing under the pen name Claire Martin, Claire Faucher (née Montreuil)
worked originally as a radio broadcaster, announcing Victory in Europe Day to
French Canadian listeners at the end of the Second World War. A writer-in-residence at the University of Ottawa from 1945 to 1972, Martin also served as president of the Société des ecrivains canadiens. Her award-winning novel, *La joue
droite: dans un gant de fer II*, was preceded by an earlier volume, *Dans un gant de
fer*, in 1965. Recognized as "one of the most important writers of her generation"
in her 1984 Order of Canada citation,[64] Martin was appointed an Officer of the
Ordre national du Québec in 2007. In 2009, she received an honorary doctorate
from the Université Laval.

RACHEL MARTINEZ
(1961)

Glenn Gould de Kevin Bazzana (TRADUCTION 2005)

QUÉBEC / Diplômée de l'Université McGill, Martinez est membre de l'Ordre des traducteurs, terminologues et interprètes agréés du Québec ainsi que de l'Association des traducteurs et traductrices littéraires du Canada, et siège au conseil d'administration de cette dernière. Parmi la quarantaine d'auteurs qu'elle a traduits figurent Maude Barlow, Douglas Coupland, Thomas King, Susin Nielsen, John Ralston Saul, Jeff Rubin et Margaret Somerville.

A McGill University graduate, Martinez is a member of the Ordre des traducteurs, terminologues et interprètes agréés du Québec and of the Association des traducteurs et traducteurs littéraires du Canada. She also sits on the board of the Literary Translators Association of Canada. Maude Barlow, Douglas Coupland, Thomas King, Susin Nielsen, John Ralston Saul, Jeff Rubin and Margaret Somerville are among the over forty authors she has translated.

JIRINA MARTON
(1946)

Bella's Tree by Janet Russell (CHILDREN'S LITERATURE – ILLUSTRATION 2009)

COLBORNE, ONTARIO / Born in Prague, Czechoslovakia (now the Czech Republic), Marton's first aspiration was to become a ballerina. After she attended her first ballet class, the teacher told her mother never to bring her back. Later, Marton studied at the School of Applied Art in Prague. Escaping from Czechoslovakia in 1979, she lived in Paris for six years before immigrating to Canada in 1985. Working initially as a book designer, she later began illustrating books for French and Japanese publishing companies before turning to children's illustration full time. Her artwork has been exhibited in Canada, Europe and Japan.

Née à Prague, en Tchécoslovaquie (aujourd'hui la République tchèque), Marton a d'abord rêvé de devenir ballerine. Mais après son premier cours de ballet, la professeure a dit à sa mère de ne jamais la ramener. Plus tard, Marton a étudié à l'École d'arts appliqués de Prague. Après avoir fui la Tchécoslovaquie en 1979, elle a vécu à Paris pendant six ans avant d'immigrer au Canada, en 1985. D'abord dessinatrice-maquettiste de livres, elle a par la suite commencé à illustrer des

JIRINA MARTON Photo: Gunter Kravis

ouvrages pour des maisons d'édition françaises et japonaises avant de se consacrer à temps plein à l'illustration jeunesse. Ses œuvres ont été exposées au Canada, en Europe et au Japon.

GENEVIÈVE MATIVAT
(1972)

À l'ombre de la grande maison (LITTÉRATURE JEUNESSE – TEXTE 2013)

LAVAL, QUÉBEC / Le livre de Mativat récompensé d'un Prix littéraire du Gouverneur général est un conte d'amitié et de liberté. Il raconte l'histoire de Dany, une esclave qui vit sur une plantation de coton dans le Missouri, et la façon dont la guerre civile peut être source de défis, mais aussi de nouvelles occasions. Après des études en droit, Mativat a travaillé pendant 10 ans aux Éditions Pierre Tisseyre. *À l'ombre de la grande maison* est son 10e livre pour jeunes lecteurs.

Mativat's Governor General's Literary Award-winning book is a tale of friendship and freedom. The book tells the story of Dany, a slave girl who lives on a cotton plantation in Missouri, and how the civil war brings with it new opportunities and challenges. After graduating in law, Mativat worked for ten years at the publishing house Éditions Pierre Tisseyre. *À l'ombre de la grande maison* was her tenth book for young readers.

JULIE MAZZIERI
(1975)

Le discours sur la tombe de l'idiot (ROMANS ET NOUVELLES 2009)

VELONE-ORNETO, FRANCE / Exaspérés par l'idiot du village, le maire et son adjoint le jettent dans un puits. Trois jours plus tard, l'idiot reprend connaissance et commence à crier du fond du puits pour que tous l'entendent. Que fera le maire? Mazzieri a obtenu un doctorat de l'Université McGill en 2005. Quatre ans plus tard, elle publiait *Le discours sur la tombe de l'idiot*. Elle a enseigné la traduction à l'Université McGill.

Exasperated by the village idiot, the town mayor and his deputy throw the idiot into a well. Three days later, the idiot regains consciousness and starts screaming from the bottom of the well for all to hear. What is the mayor to do? After receiving her PhD from McGill University in 2005, Mazzieri published *Le discours sur la tombe de l'idiot* four years later. She has taught translation at McGill.

JULIE MAZZIERI Photo: Philippe Matsas photographe

CHRISTINA MCCALL
(1935–2005)

Trudeau and Our Times, Volume I, with Stephen Clarkson (NON-FICTION 1990)

TORONTO / After graduating from high school, McCall studied English at the University of Toronto's Victoria College. Later she had a successful career as an author and journalist, working in various capacities at *Maclean's, Saturday Night, Châtelaine* and *The Globe and Mail.* McCall's books include *The Unlikely Gladiators: Pearson and Diefenbaker Remembered* and an edited collection of essays by former *Maclean's* editor Ralph Allen, entitled *The Man from Oxbow.* Together with her first husband, Peter Newman, she helped edit Newman's 1963 book, *Renegade in Power: The Diefenbaker Years.* Together with her second husband, Stephen Clarkson, she wrote *Trudeau and Our Times.*

McCall a étudié l'anglais au Collège Victoria de l'Université de Toronto. Plus tard, elle a fait carrière comme auteure et journaliste, occupant divers postes à *Maclean's,* au *Saturday Night,* à *Châtelaine* et au *Globe and Mail.* Parmi les écrits de McCall figurent *The Unlikely Gladiators: Pearson and Diefenbaker Remembered* et un recueil d'essais publié par l'ancien rédacteur en chef du *Maclean's,* Ralph Allen, et intitulé *The Man from Oxbow.* Elle a participé à la rédaction du livre de son premier mari, Peter Newman, *Renegade in Power: The Diefenbaker Years* (1963). Elle a rédigé *Trudeau and Our Times* avec son deuxième époux, Stephen Clarkson.

COLIN MCDOUGALL
(1917–1984)

Execution (FICTION 1958)

MONTRÉAL / Born in Montréal, McDougall studied at McGill University before being sent overseas as part of the Princess Patricia's Canadian Light Infantry during the Second World War. During the war, he rose to be Commander of B Company and was awarded the Distinguished Service Order. His novel, *Execution*, grew out of a short story he published in *Maclean's* magazine entitled "The Firing Squad." The story was based loosely on McDougall's own wartime experiences and on the real-life execution of Canadian Private Harold Pringle. Upon his return to Montréal, McDougall worked for many years as Registrar at McGill University.

Originaire de Montréal, McDougall a étudié à l'Université McGill avant d'être envoyé outre-mer en tant que membre du régiment Princess Patricia's Canadian Light Infantry pendant la Seconde Guerre mondiale. Durant la guerre, il est devenu commandant de la compagnie B et a reçu l'Ordre du service distingué. Son roman *Execution* est né d'une nouvelle qu'il a publiée dans le magazine *Maclean's* sous le titre « The Firing Squad ». Cette histoire tire son inspiration de l'expérience de McDougall de la guerre, ainsi que de sa réaction à l'exécution du soldat canadien Harold Pringle. À son retour à Montréal, McDougall a été registraire à l'Université McGill pendant de nombreuses années.

FRANKLIN DAVEY MCDOWELL
(1888–1965)

The Champlain Road (FICTION 1939)

TORONTO / Born in Bowmanville on the edge of Lake Ontario, McDowell began his writing career by working as a journalist for *The Toronto World*, the *Winnipeg Free Press* and the *Toronto Mail and Empire*. In 1923, he joined the staff of the Canadian National Railway. His first novel, *The Champlain Road*, tells the story of the battles between the Hurons and the Iroquois in the seventeenth century. As noted in *The Globe and Mail*, because of McDowell's sympathetic treatment of Jesuit martyrs, at least one protestant Toronto library declined to stock the book.[65] McDowell's subsequent publications include a second novel, *Forges of Freedom,* published in 1943, as well as numerous short stories published in both Canadian and American magazines.

Né à Bowmanville, au bord du lac Ontario, McDowell a commencé sa carrière d'écrivain en tant que journaliste pour *The Toronto World*, le *Winnipeg Free Press* et le *Toronto Mail and Empire*. En 1923, il s'est joint à l'équipe du Canadien National. Son premier roman, *The Champlain Road*, s'inspire des affrontements entre les Hurons et les Iroquois au XVIIe siècle. Selon le *Globe and Mail*, en raison de la sympathie de McDowell à l'égard des martyrs jésuites, au moins une bibliothèque protestante de Toronto a refusé de se procurer le livre[66]. Les publications subséquentes de McDowell comprennent un deuxième roman, *Forges of Freedom*, publié en 1943, ainsi que plusieurs nouvelles parues dans des revues canadiennes et américaines.

EDGAR W. (WARDELL) MCINNIS

(1899–1973)

The Unguarded Frontier (ACADEMIC NON-FICTION 1942)
The War: Fourth Year (ACADEMIC NON-FICTION 1944)

TORONTO / Born in Charlottetown, McInnis served as an artilleryman with the Canadian Expeditionary Force in France during the First World War. After completing an undergraduate degree at the University of Toronto, he studied at Oxford University as a Rhodes Scholar. Although he wrote primarily as a historian, McInnis also recorded many of his wartime experiences in two collections of poetry: *Poems Written at "The Front"* and *The Road to Arras*. Before becoming a founding faculty member at York University in 1960, he taught for several years at Oberlin College, Bowden College and the University of Toronto. In 1964, he was appointed Dean of Graduate Studies at York.

Originaire de Charlottetown, McInnis a été artilleur au sein du Corps expéditionnaire canadien, en France, pendant la Première Guerre mondiale. Après avoir obtenu un diplôme de premier cycle de l'Université de Toronto, il a étudié à l'Université d'Oxford en tant que boursier Rhodes. Bien qu'il ait écrit principalement à titre d'historien, McInnis a aussi consigné bon nombre de ses expériences de guerre dans deux recueils de poésie : *Poems Written at "The Front"* et *The Road to Arras*. Avant de se joindre au corps professoral de l'Université York, en 1960, il a enseigné pendant plusieurs années au Collège Oberlin, au Collège Bowden et à l'Université de Toronto. En 1964, il a été nommé doyen des études de cycle supérieur à l'Université York.

DON MCKAY

(1942)

Night Field (POETRY 1991)
Another Gravity (POETRY 2000)

ST JOHN'S / An author, poet, professor and modern-day nomad, McKay studied at Bishop's University, the University of Western Ontario and Swansea University College in Wales. Later, he taught English and creative writing at the University of Western Ontario and creative writing at the University of New Brunswick. In 1975, McKay co-founded the poetry publishing house Brick Books with Stan Dragland. Much of his work emphasizes what has come to be called geopoetry, a genre of poetry that examines nature through the eyes of the non-human. In 2008, McKay was appointed a Member of the Order of Canada for his lasting contributions to Canadian literature and for having had "a major influence on many emerging writers and poets across the nation."[67]

Auteur, poète, enseignant et nomade des temps modernes, McKay a fait ses études à l'Université Bishop's, à l'Université Western et au Swansea University College (aujourd'hui l'Université de Swansea), au Pays de Galles. Par la suite, il a enseigné l'anglais et la création littéraire à l'Université Western, puis la création littéraire à l'Université du Nouveau-Brunswick. En 1975, avec Stan Dragland, McKay a fondé la maison d'édition Brick Books. Celle-ci se spécialise dans la poésie. Une grande partie de son travail met l'accent sur ce que l'on appelle désormais la géopoésie, un genre de poésie qui scrute la nature avec des yeux non humains. En 2008, McKay a reçu l'Ordre du Canada pour son apport soutenu à la littérature canadienne et pour avoir eu « une grande influence sur un bon nombre d'écrivains et de poètes émergents au Canada[68] ».

DARREL J. MCLEOD
(1957)

Mamaskatch (Non-Fiction 2018)

Sooke, British Columbia / Originally from Treaty 8 territory in Northern Alberta, McLeod has served as chief negotiator of land claims for the federal government and as executive director of education and international affairs for the Assembly of First Nations. He holds degrees in French literature and education from the University of British Columbia in Vancouver. Mamaskatch is McLeod's heartbreaking but ultimately uplifting story about human resiliency. The book tells the story of his childhood and adolescence, his strong family ties, and the legacy of the residential school system in Western Canada.

Originaire du territoire issu du Traité n° 8, en Alberta du Nord, McLeod a été négociateur en chef pour le gouvernement fédéral en matière de revendications territoriales et directeur de l'éducation et des affaires internationales à l'Assemblée des Premières Nations. Il est diplômé en littérature française et en éducation de l'Université de la Colombie-Britannique à Vancouver. Avec Mamaskatch, McLeod écrit une histoire déchirante mais inspirante sur la résilience humaine. Ce livre relate son enfance et son adolescence, ainsi que ses liens familiaux étroits, et il décrit l'héritage du système des pensionnats indiens dans l'Ouest canadien.

MARSHALL MCLUHAN Photo: Erik Christensen, The Canadian Press / La Presse Canadienne

MARSHALL MCLUHAN

(1911–1980)

The Gutenberg Galaxy (NON-FICTION 1962)

TORONTO / Born in Edmonton, McLuhan received his PhD in literature from Cambridge University in 1943. During his long career teaching English at the University of Toronto, he became famous for his work in the emerging field of communications studies. For McLuhan, "hot" media (including print and radio) were high in content and low in sensory involvement. "Cool" media (including television and film) were low in content and high in sensory participation. Credited with introducing the phrases "the global village," "the medium is the message," and "turn on, tune in, drop out," McLuhan also introduced the term "surfing" twenty years before the introduction of the internet to refer to the rapid, irregular scanning of heterogeneous bodies of information.

Né à Edmonton, McLuhan a obtenu un doctorat en littérature de l'Université Cambridge en 1943. Au cours de sa longue carrière de professeur d'anglais à l'Université de Toronto, il est devenu célèbre pour ses travaux dans le domaine émergent des études en communication. McLuhan fait la distinction entre un média « chaud » (comme la presse écrite et la radio), riche en information et qui se prête moins à la participation sensorielle du lecteur ou de l'auditeur, et un média « froid » (comme la télévision et le cinéma), relativement pauvre en information et qui exige de l'usager une plus grande participation sensorielle. C'est à lui que l'on doit les expressions « village mondial », « le médium est le message » et « allumez-vous et lâchez tout ». Vingt ans avant les débuts d'Internet, McLuhan a également lancé le terme « naviguer » pour désigner le balayage rapide et irrégulier d'un ensemble hétérogène d'informations.

MARIE MCPHEDRAN

(1904–1974)

Cargoes on the Great Lakes (JUVENILE 1952)

TORONTO / Born in Sault Ste Marie, Ontario, McPhedran was inspired to write a story about freighter traffic on the Great Lakes by her young son. To research the book, she travelled on several freighters, often as the only passenger. The result was her reporting about some two thousand miles of commercial waterway, from Lake Superior, through the Great Lakes and their canals, to the St Lawrence

Seaway. Educated at the University of Toronto, her writings include two other children's books: *Golden North* and *David and the White Cat*.

Originaire de Sault Ste. Marie, en Ontario, McPhedran a eu l'idée d'écrire une histoire sur le trafic des navires marchands sur les Grands Lacs grâce à son jeune fils. Pour s'y préparer, elle a voyagé sur plusieurs de ces navires, souvent comme seule passagère. C'est ainsi qu'elle a pu décrire quelque 2 000 miles de voies navigables commerciales, du lac Supérieur à la Voie maritime du Saint-Laurent, en passant par les Grands Lacs et leurs canaux. Diplômée de l'Université de Toronto, elle a signé deux autres livres jeunesse : *Golden North* et *David and the White Cat*.

CHARLOTTE MELANÇON
(1946)

Le second rouleau de A. M. Klein, avec Robert Melançon (TRADUCTION 1990)
Les sources du moi de Charles Taylor (TRADUCTION 1998)

CANTON DE HATLEY, QUÉBEC / Diplômée de l'Université de Montréal et du Centre d'Études Supérieures de la Renaissance de Tours, en France, Melançon a traduit les textes de nombreux auteurs de renom, notamment Emily Dickinson, A. M. Klein, Alberto Manguel, Northrop Frye et Charles Taylor. En plus d'avoir remporté deux Prix littéraires du Gouverneur général, elle a obtenu un prix John-Glassco pour sa traduction de *Northrop Frye on Shakespeare* (intitulée *Shakespeare et son théâtre*). En 1997 et 1998, elle a été présidente de l'Association des traducteurs et traductrices littéraires du Canada.

A graduate of the Université de Montréal and of the Centre d'Études supérieures de la Renaissance in Tours, France, Melançon has translated the work of numerous well-known authors, including Emily Dickinson, A. M. Klein, Alberto Manguel, Northrop Frye and Charles Taylor. In addition to winning two Governor General's Literary Awards, she also won a John Glassco Prize for her translation of *Northrop Frye on Shakespeare* (as *Shakespeare et son théâtre*). In 1997–1998, she served as president of the Association des Traducteurs et Traductrices Littéraires du Canada.

ROBERT MELANÇON
(1947)

Peinture aveugle (POÉSIE 1979)
Le second rouleau de A. M. Klein, avec Charlotte Melançon (TRADUCTION 1990)

Canton de Hatley, Québec / Diplômé de l'Université de Montréal et de l'Université de Tours, en France, Melançon a été nommé professeur de français à l'Université de Montréal en 1972. Depuis, il a publié en tant que poète, critique littéraire et traducteur. De 1977 à 1980, il a signé une chronique hebdomadaire dans *Le Devoir*. Il a notamment reçu un prix Victor-Barbeau du meilleur essai pour *Exercices de désœuvrement* et un prix Alain-Grandbois pour *Le paradis des apparences*.

After graduating from the Université de Montréal and the Université de Tours in France, Melançon was appointed Professor of French at the Université de Montréal in 1972. Since then, he has published as a poet, a literary critic and a translator. Between 1977 and 1980, he wrote a weekly column for *Le Devoir*. His other awards include a Prix Victor-Barbeau de l'essai for *Exercices de désœuvrement* and a Prix Alain-Grandbois for *Le Paradis des apparences*.

LUC MELANSON
(1968)

Le grand voyage de Monsieur de Gilles Tibo (Littérature jeunesse – illustrations 2002)

Laval, Québec / Après avoir obtenu un baccalauréat en beaux-arts avec une spécialisation en arts graphiques de l'Université du Québec à Montréal, Melanson s'est dédié exclusivement à l'illustration, sauf lorsqu'il joue de la batterie pour le groupe rockabilly Les Mauvaises Mines. Parmi ses clients figurent *The Globe and Mail*, *The Walrus*, *GQ*, *The Boston Globe*, *The New York Observer*, *The New York Times*, le *Reader's Digest*, *The Wall Street Journal* et *The Washington Post*. Son premier livre pour enfants, *Topsy-Turvy Town*, est paru en 2010.

After graduating with a Bachelor of Fine Arts degree in graphic arts from the University du Québec à Montréal, Melanson has dedicated himself exclusively to illustration work, except for the time he spends playing the drums for the rockabilly band, Les Mauvaises Mines. Some of his clients include *The Globe and Mail*, *The Walrus*, *GQ*, *The Boston Globe*, *The New York Observer*, *The New York Times*, *Reader's Digest*, *The Wall Street Journal* and *The Washington Post*. His first children's book, *Topsy-Turvy Town*, appeared in 2010.

CAROLINE MEROLA Photo: Jacques Van de Voorde

CAROLINE MEROLA
(1962)

Lili et les poilus (LITTÉRATURE JEUNESSE – ILLUSTRATIONS 2011)

MONTRÉAL / Artiste prolifique depuis son enfance, Merola a écrit et illustré plus de 40 livres, dont plusieurs ont été traduits en anglais, en tchèque, en espagnol, en coréen et en arabe. Outre *Lili et les poilus*, elle a illustré d'autres livres populaires tels que *Prince Olivier et le dragon, Abracadabra, Le Monde de Margot, Comme ci, comme ça!* et *Ça commence ici!*

A prolific artist since she was a child, Merola is the author and illustrator of over forty books, many of which have been translated into English, Czech, Spanish, Korean and Arabic. In addition to *Lili et les poilus*, some of her best-loved titles include *Prince Olivier et le dragon, Abracadabra, Le Monde de Margot, Comme ci, comme ça!* and *Ça commence ici!*

NEGA MEZLEKIA
(1958)

Notes from the Hyena's Belly (NON-FICTION 2000)

TORONTO / Born in Jijiga, Ethiopia, Mezlekia came of age during the brutal reign of Mengistu Haile Mariam, the socialist military dictator who deposed Emperor Haile Selassie in 1974. Mezlekia's award-winning book, *Notes from the Hyena's Belly*, is part autobiography and part social history. It tells the story of Mezlekia's time as a child soldier in war-torn Ethiopia and of the Red Terror, during which as many as half a million people were killed. After immigrating to Canada as a political refugee, Mezlekia earned a master's degree in civil and structural engineering from the University of Waterloo and a doctorate in engineering from McGill University. His other books include *The God Who Begat a Jackal* and *The Unfortunate Marriage of Azeb Yitades.*

Originaire de Jijiga, en Éthiopie, Mezlekia a grandi sous le règne brutal de Mengistu Haile Mariam, le dictateur militaire socialiste qui a renversé l'empereur Haile Selassie en 1974. Le livre primé de Mezlekia, *Notes from the Hyena's Belly*, est à la fois une autobiographie et une histoire sociale. Il raconte l'époque où Mezlekia était un enfant soldat en Éthiopie lors de la guerre et sous la terreur rouge. Ces événements ont fait un demi-million de victimes. Après avoir immigré au Canada

NEGA MEZLEKIA Photo: Taras Kovaliv, The Canadian Press / La Presse Canadienne

en tant que réfugié politique, Mezlekia a obtenu une maîtrise en génie civil et structurel de l'Université de Waterloo ainsi qu'un doctorat en génie de l'Université McGill. Il a aussi publié *The God Who Begat a Jackal* et *The Unfortunate Marriage of Azeb Yitades*.

ANDRÉE A. MICHAUD
(1957)

Le ravissement (ROMANS ET NOUVELLES 2001)
Bondrée (ROMANS ET NOUVELLES 2014)

SAINT-SÉBASTIEN-DE-FRONTENAC, QUÉBEC / Michaud a étudié la philosophie, le cinéma et la linguistique à l'Université Laval et à l'Université du Québec à Montréal. Plus tard, elle a travaillé comme réviseure et rédactrice. En plus de ses deux romans lauréats d'un Prix littéraire du Gouverneur général, son œuvre comprend d'autres romans, tels que *La femme de Sath, Portraits d'après modèles* et *Lazy Bird*. Son roman *Mirror Lake* lui a valu le prix Ringuet en 2006 et a été adapté au grand écran en 2013.

As a young woman, Michaud studied philosophy, cinema and linguistics at the Université Laval and the Université du Québec à Montréal. Later she worked as an editor, as well as an author. In addition to her two Governor General's Literary Award-winning novels, her other titles include *La femme de Sath, Portraits d'après modèles* and *Lazy Bird*. Her novel *Mirror Lake* won the 2006 Prix Ringuet and was adapted into a film in 2013.

JOHN MIGHTON
(1957)

Possible Worlds & A Short History of Night (DRAMA 1992)
Half Life (DRAMA 2005)

TORONTO / A mathematician as well as a playwright, Mighton completed degrees in philosophy and mathematics at the University of Toronto and McMaster University before taking up a research position at the Fields Institute in Toronto. His plays have won numerous awards, including a Chalmers Award, a Dora Mavor Moore Award and a Siminovitch Prize in Theatre. His play, *Possible Worlds,* served as the basis for a feature film of the same name directed by Robert Lepage. The founder of JUMP (Junior Undiscovered Math Prodigies), a charitable organiza-tion that educates students in mathematics, Mighton served as an advisor for the

ANDRÉE A. MICHAUD Photo: Marianne Deschênes

JOHN MIGHTON Photo: Chris Chapman

feature film, *Good Will Hunting*. In 2010, he was appointed an Officer of the Order of Canada.

Mathématicien et dramaturge, Mighton a fait des études en philosophie et en mathématiques à l'Université de Toronto et à l'Université McMaster, avant de devenir chercheur au Fields Institute de Toronto. Ses pièces ont été récompensées à maintes reprises, notamment d'un prix Chalmers, d'un prix Dora-Mavor-Moore et d'un prix Siminovitch en théâtre. Sa pièce *Possible Worlds* a inspiré un long métrage du même nom réalisé par Robert Lepage. Fondateur de JUMP (Junior Undiscovered Math Prodigies), un organisme de bienfaisance qui enseigne les mathématiques aux enfants, Mighton a en outre été conseiller pour le film *Good Will Hunting* (v.f. *Le destin de Will Hunting*). En 2010, il a été nommé Officier de l'Ordre du Canada.

ROY MIKI
(1942)

Surrender (POETRY 2002)

VANCOUVER / A third-generation Japanese Canadian, Miki studied at the University of Manitoba, Simon Fraser University and the University of British Columbia before being appointed a professor of English at SFU, a position he held until his retirement. His books of poetry include *Saving Face*, *Random Access File*, *There* and *Mannequin Rising*, in addition to his award-winning collection, *Surrender*. He is also the author of *Redress: Inside the Japanese Canadian Call for Justice*, *In Flux: Transnational Shifts in Asian Canadian Writing* and *Dolphin SOS*, an award-winning children's book written in collaboration with his wife, Slavia Miki. In 2006, Miki was appointed a Member of the Order of Canada and, in 2009, a Member of the Order of British Columbia.

Canadien d'origine japonaise de troisième génération, Miki a étudié à l'Université du Manitoba, à l'Université Simon Fraser et à l'Université de la Colombie-Britannique avant d'être nommé professeur d'anglais à l'Université Simon Fraser, un poste qu'il a occupé jusqu'à sa retraite. Parmi les recueils de poésie qu'il a publiés figurent *Saving Face*, *Random Access File*, *There* et *Mannequin Rising*, ainsi que son recueil primé, *Surrender*. Il est aussi l'auteur de *Redress: Inside the Japanese Canadian Call for Justice*, *In Flux: Transnational Shifts in Asian Canadian Writing* et *Dolphin SOS*, un livre jeunesse primé écrit en collaboration avec son épouse, Slavia Miki. Miki a été décoré de l'Ordre du Canada en 2006 et de l'Ordre de la Colombie-Britannique en 2009.

ROY MIKI Photo: Glen Lowry

ROHINTON MISTRY Photo: Shevaun Williams

ROHINTON MISTRY
(1952)

Such a Long Journey (FICTION 1991)

TORONTO / Born in Bombay (now Mumbai), India, Mistry graduated from Bombay University with a degree in mathematics and economics, and from the University of Toronto with a degree in English and philosophy. While still a student, he won two Hart House Literary Prizes. In addition to winning a Governor General's Literary Award, *Such a Long Journey* also won a W. H. Smith Books in Canada First-Novel Award and a Commonwealth Writers Prize. A film version of *Such a Long Journey* was released in 1998. Mistry's later novel, *A Fine Balance*, won the Giller Prize and was the first Canadian book to be recommended by the Oprah Winfrey Book Club.

Né à Bombay (maintenant Mumbai), en Inde, Mistry est diplômé en mathématiques et en économie de l'Université de Mumbai de même qu'en anglais et en philosophie de l'Université de Toronto. Alors qu'il était étudiant, il a remporté deux prix littéraires Hart House. En plus d'un Prix littéraire du Gouverneur général, *Such a Long Journey* a aussi été récompensé d'un prix W. H. Smith Books in Canada pour un premier roman ainsi que d'un prix Commonwealth Writers. Une version cinématographique de *Such a Long Journey* a vu le jour en 1998. Son deuxième roman, *A Fine Balance*, lui a valu le prix Giller et a été le premier roman canadien à être sélectionné par le club de lecture d'Oprah Winfrey.

HÉLÈNE MONETTE
(1960-2015)

Thérèse pour joie et orchestre (POÉSIE 2009)

MONTRÉAL / Originaire de Saint-Philippe de Laprairie, au Québec, Monette a étudié les arts, l'histoire de l'art et la littérature à l'Université de Montréal et à l'Université Concordia. Elle a ensuite cofondé le magazine *Ciel variable*, devenu plus tard *CV Photo*. Outre *Thérèse pour joie et orchestre,* Monette est aussi connue pour son roman *Le goudron et les plumes* (1993), qui lui a valu le Grand Prix du livre de Montréal, de même que pour plusieurs recueils de poésie, dont *Plaisirs et paysages kitsch, Le blanc des yeux* et *Le jardin de la nuit.*

Born in Saint-Philippe de Laprairie, Quebec, Monette studied art, art history and literature at the Université de Montréal and Concordia University. Afterwards, she became co-founder of the magazine *Ciel variable*, later re-branded as *CV Photo*. In addition to *Thérèse pour joie et orchestre,* Monette is known for her 1993 novel *Le goudron et les plumes*, which won a Grand Prix du livre de Montréal, as well as for several collections of poetry, including *Plaisirs et paysages kitsch, Le blanc des yeux* and *Le jardin de la nuit.*

DENIS MONIÈRE
(1947)

Le développement des idéologies au Québec (ÉTUDES ET ESSAIS 1977)

MONTRÉAL / Originaire de Saint-Jean d'Iberville, au Québec, Monière est diplômé de l'Université d'Ottawa et de la Fondation nationale des sciences politiques de Paris. Auteur de plus de trente livres, la plupart portant sur la politique québécoise, il a enseigné les sciences politiques à l'Université de Montréal de 1978 jusqu'à sa retraite. Parmi ses autres livres figurent *Votez pour moi, Démocratie médiatique et représentation politique* et *Radioscopie de l'information télévisée au Canada.*

Born in Saint-Jean d'Iberville, Quebec, Monière is a graduate of the University of Ottawa and of the Fondation nationale des sciences politiques in Paris. The author of over thirty books, mostly about Quebec politics, he taught political science at the Université de Montréal from 1978 until his retirement. His other books include *Votez pour moi, Démocratie médiatique et représentation politique* and *Radioscopie de l'information télévisée au Canada.*

CHARLES MONTPETIT
(1958)

Temps mort (LITTÉRATURE JEUNESSE – TEXTE 1989)

MONTRÉAL / Né à Montréal, Montpetit a publié son premier roman, *Moi ou la planète*, à l'âge de quinze ans. Il a ensuite été illustrateur et directeur artistique pour les revues scientifiques populaires *La Puce à l'oreille* et *Je me petit-débrouille*. Il aussi collaboré aux revues *Femme, Solaris* et *La Nouvelle Barre du jour* à titre de journaliste. *Temps mort* est un récit de science-fiction qui raconte l'histoire d'un monde au bord du désastre nucléaire. Marianne, la jeune héroïne, doit trouver le courage de faire ce qui est nécessaire pour sauver le monde.

Born in Montréal, Montpetit published his first novel, *Moi ou la planète*, at age fifteen. Later, he worked as an illustrator and art director for the popular science magazines *La Puce à l'oreille* and *Je me petit-débrouille*. As a journalist, Montpetit has contributed to *Femme*, *Solaris* and *La Nouvelle Barre du jour*. *Temps mort* tells the science-fiction story of a world on the brink of nuclear disaster. It falls to Marianne, the young heroine, to find the courage to do what needs to be done to save the world.

BRIAN MOORE

(1921–1999)

The Luck of Ginger Coffey (FICTION 1960)
The Great Victorian Collection (FICTION 1975)

MONTREAL / Described in the *Los Angeles Times* as "one of the few genuine masters of the contemporary novel,"[69] Moore was born in Belfast and wrote often of life in Northern Ireland during the second half of the twentieth century. He also wrote tellingly of the immigrant experience in Canada. However, decades after he immigrated, first to Canada and later to the United States, he often returned to Irish themes. In 1971, Moore wrote *The Revolution Script*, a fictionalized account of the FLQ kidnapping of James Cross and the 1970 October Crisis. Several of his novels and screenplays have been produced as feature films, including *The Luck of Ginger Coffey* in 1964 and *Black Robe* in 1991.

Considéré par le *Los Angeles Times* comme « l'un des rares maîtres du roman contemporain[70] », Moore est né à Belfast et a souvent écrit sur la vie en Irlande du Nord dans la seconde moitié du XXᵉ siècle. Il a aussi dépeint, de manière révélatrice, l'expérience des immigrants au Canada. Cependant, plusieurs décennies après son immigration au Canada, puis aux États-Unis, le thème de l'Irlande a souvent refait surface dans ses œuvres. En 1971, Moore a signé *The Revolution Script*, un récit fictif de l'enlèvement de James Cross par le FLQ et de la crise d'Octobre de 1970. Nombre de ses romans et scénarios ont été produits sous forme de longs métrages, notamment *The Luck of Ginger Coffey* (1964) et *Black Robe* (v.f. *Robe noire*) (1991).

BRIAN MOORE Photo: The Canadian Press / La Presse Canadienne

CHRISTOPHER MOORE
(1950)

Louisbourg Portraits (NON-FICTION 1982)
From Then to Now (CHILDREN'S LITERATURE – TEXT 2011)

TORONTO / Moore began his professional life as a researcher with the Historic Sites Service of Parks Canada. His first posting was to the Fortress of Louisbourg in Nova Scotia, Canada's largest historic-site reconstruction. Since then, Moore has been a regular columnist for *Canada's History* magazine. One of Canada's most accessible and versatile history writers, he has worked with the Royal Ontario Museum, the Canadian War Museum, the Canadian Broadcasting Corporation, the National Film Board of Canada and the Historica-Dominion Institute. A graduate of the University of British Columbia and the University of Ottawa, Moore has also served as Chair of the Writers' Union of Canada.

Moore a débuté sa carrière de chercheur au Service des lieux historiques nationaux de Parcs Canada. Il a d'abord été affecté à la forteresse de Louisbourg, en Nouvelle-Écosse, la plus importante reconstruction d'un lieu historique au Canada. Depuis, Moore est chroniqueur régulier pour le magazine *Canada's History* (v.f. *Histoire Canada*). L'un des écrivains-historiens les plus polyvalents et au style le plus accessible au Canada, il a travaillé avec le Musée royal de l'Ontario, le Musée canadien de la guerre, la Société Radio-Canada, l'Office national du film du Canada et l'Institut Historica-Dominion. Diplômé de l'Université de la Colombie-Britannique et de l'Université d'Ottawa, Moore a également présidé la Writers' Union of Canada.

PAUL MORIN
(1959)

The Orphan Boy by Tololwa Marti Mollel (CHILDREN'S LITERATURE – ILLUSTRATION 1990)

ROCKWOOD, ONTARIO / A native of Calgary, Morin studied design and illustration at Grant MacEwan College, Sheridan College and the Ontario College of Art. Later he worked in advertising, eventually founding his own gallery. His art has been exhibited at the Museum of Civilization in Gatineau, Quebec, as well as at other museums across Canada. Known especially for his work with traditional

PAUL MORIN Photo: Steve Wolff

cultures and for incorporating his interests in anthropology and mythology into his art, Morin has won over two dozen national and international awards.

Né à Calgary, Morin a étudié le design et l'illustration au Collège MacEwan, au Collège Sheridan et à l'Ontario College of Art. Plus tard, il a travaillé dans le domaine de la publicité, avant de fonder sa propre galerie. Ses œuvres ont été exposées au Musée canadien de l'histoire à Gatineau, au Québec, ainsi que dans d'autres musées au Canada. Connu surtout pour son travail intégrant des cultures traditionnelles et pour avoir incorporé à son art son intérêt pour l'anthropologie et la mythologie, Morin a remporté une vingtaine de prix nationaux et internationaux.

W. L. (WILLIAM LEWIS) MORTON
(1908–1980)

The Progressive Party in Canada (ACADEMIC NON-FICTION 1950)

WINNIPEG / Born in Gladstone, Manitoba, Morton studied at the University of Manitoba and as a Rhodes Scholar at Oxford University. Afterwards, he returned to Manitoba to teach history at St John's College, United College and Brandon College. From 1950 to 1964, he was professor and head of the Department of History at the University of Manitoba. Later, he moved east to become the first Master of Champlain College in Peterborough, Ontario. In 1977, Morton was elected Chancellor of Trent University. Among his numerous honours are his membership in the Royal Society of Canada, his appointment as an Officer of the Order of Canada, honorary degrees from several Canadian universities and his induction into the Manitoba Order of the Buffalo Hunt.

Natif de Gladstone, au Manitoba, Morton a fréquenté l'Université du Manitoba et a été boursier Rhodes à l'Université d'Oxford. Il est retourné au Manitoba pour enseigner l'histoire aux collèges St John's, United et Brandon. De 1950 à 1964, il a été professeur au Département d'histoire de l'Université du Manitoba, qu'il dirigeait par ailleurs. Puis, il est devenu le premier maître du Collège Champlain de Peterborough, en Ontario. En 1977, Morton a été nommé chancelier de l'Université Trent. Il est membre de la Société royale du Canada et de l'Ordre du Buffalo Hunt du Manitoba, Officier de l'Ordre du Canada ainsi que titulaire de nombreux doctorats honorifiques d'universités canadiennes.

WAJDI MOUAWAD Photo: Neil Mota

WAJDI MOUAWAD
(1968)

Littoral (THÉÂTRE 2000)
Inflammation du verbe vivre (THÉÂTRE 2016)

MONTRÉAL / Originaire du Liban, Mouawad avait 9 ans lorsque sa famille a fui la guerre civile pour se réfugier en France. Cinq ans plus tard, ils ont immigré au Canada. Diplômé de l'École nationale de théâtre du Canada, Mouawad a été fait Chevalier de l'Ordre des Arts et des Lettres en France en 2002 et Officier de l'Ordre du Canada en 2009. Ses pièces *Littoral* et *Incendies* ont toutes deux été adaptées au cinéma.

Born in Lebanon, Mouawad's family escaped the Lebanese civil war by fleeing to France when he was nine years old. Five years later they immigrated to Canada. A graduate of the National Theatre School of Canada, Mouawad became a Chevalier in l'Ordre des Arts et des Lettres in France in 2002 and an Officer of the Order of Canada in 2009. Both *Littoral* and another of Mouawad's plays, *Incendies*, have been adapted into feature films.

ERIN MOURÉ
(1955)

Furious (POETRY 1988)

MONTRÉAL / One of Canada's most successful experimental poets, Mouré is also a multi-lingual translator, having worked on English translations of Galician, French, Spanish and Portuguese poetry. Born in Calgary, Mouré produced her first collections of poetry while living in Vancouver. With more than fifteen books to her credit, she is the recipient of an honorary doctorate in literature from Brandon University.

L'une des poétesses expérimentales les plus célèbres du Canada, Mouré est aussi une traductrice plurilingue ayant traduit en anglais des œuvres de poésie galicienne, française, espagnole et portugaise. Née à Calgary, Mouré a rédigé ses premiers recueils de poésie à Vancouver. Avec plus de quinze livres à son actif, elle possède un doctorat honorifique en littérature de l'Université de Brandon.

FARLEY MOWAT
(1921–2014)

Lost in the Barrens (JUVENILE 1956)

COBOURG, ONTARIO / One of Canada's most successful authors, Mowat's books have sold over seventeen million copies and have been translated into more than fifty languages. His first book, *People of the Deer*, tells the story of Canada's Inuit. The book made Mowat an instant celebrity when it appeared in 1952. His 1963 book, *Never Cry Wolf,* helped usher in the growing environmental movement of the 1960s and 1970s. Although controversial because of his commitment to "never let the facts get in the way of the truth,"[71] Mowat was the recipient of countless awards and honours. In 1981, he was made an Officer of the Order of Canada and, in 2002, the Sea Shepherd Conservation Society named one of their boats after him.

Mowat est l'un des auteurs canadiens les plus lus. Ses livres se sont vendus à plus de dix-sept millions d'exemplaires et ont été traduits dans une cinquantaine de langues. Son premier ouvrage, *People of the Deer*, raconte l'histoire des Inuits du Canada. Le livre a rendu Mowat célèbre dès sa parution, en 1952. Son livre *Never Cry Wolf* (1963) a contribué à l'émergence du mouvement environnemental des années 1960 et 1970. Bien qu'il fût controversé en raison de sa détermination à « ne jamais laisser les faits faire obstacle à la vérité[72] », Mowat a reçu d'innombrables prix et distinctions. En 1981, il a été nommé Officier de l'Ordre du Canada et, en 2002, la Sea Shepherd Conservation Society a donné son nom à l'un de ses navires.

ROBIN MULLER
(1953)

The Magic Paintbrush (CHILDREN'S LITERATURE – ILLUSTRATION 1989)

TORONTO / A Toronto native, Muller began his first publishing house at the age of eight by producing a neighbourhood newspaper. Later, he became interested in children's books while working in a publisher's warehouse. In *The Magic Paintbrush*, Muller tells the story of the inevitable struggle between good and evil through the story of Nib, a young orphan boy, who wants to be a painter and is given a magic paintbrush. Muller's other awards include an Alquin Book Design Award, a Canadian Magazine Award and a New York Art Director's Award. He is also an Ezra Jack Keats Memorial Award medalist and a recipient of the Ontario Society of Painters Award for Best Painting. His work has been exhibited in the National Portrait Gallery in London, England, and in the National Gallery of Scotland in Edinburgh.

Originaire de Toronto, Muller s'est lancé dans l'édition à l'âge de 8 ans en produisant un journal de quartier. Plus tard, il s'est intéressé aux livres pour enfants alors qu'il travaillait dans l'entrepôt d'un éditeur. Dans *The Magic Paintbrush*, Muller utilise l'histoire d'un jeune orphelin, Nib, qui veut devenir peintre et reçoit un pinceau magique pour illustrer. Muller a notamment remporté un prix Alquin pour la conception de livres, un Prix du magazine canadien, un New York Art Director's Award, un prix CNIB Torgi et un prix littéraire de l'IODE. Il est également lauréat de la médaille commémorative Ezra Jack Keats et du prix de la meilleure peinture remis par l'Ontario Society of Painters. Ses œuvres ont été exposées à la National Portrait Gallery de Londres, en Angleterre, et à la National Gallery d'Écosse à Édimbourg.

RHONDA MULLINS
(1966)

Twenty-One Cardinals by Jocelyne Saucier (TRANSLATION 2015)

MONTRÉAL / A French-to-English translator, Mullins holds a BA in communications and a BSc in political science from the University of Ottawa. She also holds an MA in media studies from Concordia University. Before winning her 2015 Governor General's Literary Award, Mullins was a three-time finalist, in 2007, 2013 and 2014. Her translation of Jocelyne Saucier's *Il pleuvait des oiseaux* (*And the Birds Rained Down*), was a CBC Canada Reads selection. She has taught translation at McGill University.

Traductrice du français vers l'anglais, Mullins est bachelière en communications et en sciences politiques de l'Université d'Ottawa. Elle est aussi titulaire d'une maîtrise en études des médias de l'Université Concordia. Avant de remporter un Prix littéraire du Gouverneur général en 2015, Mullins a été finaliste à trois reprises, en 2007, 2013 et 2014. Sa traduction du livre de Jocelyne Saucier *Il pleuvait des oiseaux* (*And the Birds Rained Down*e) a été finaliste à Canada Reads, une joute littéraire radiophonique sur les ondes de la CBC. Mullins a enseigné la traduction à l'Université McGill.

ALICE MUNRO Photo: Peter Muhly, Getty Images

ALICE MUNRO

(1931)

Dance of the Happy Shades (FICTION 1968)
Who Do You Think You Are? (FICTION 1978)
The Progress of Love (FICTION 1986)

CLINTON, ONTARIO / Canada's most famous short-story writer had her first story, "The Dimensions of a Shadow," published when she was just nineteen. A quarter century later, her stories were appearing regularly in *The New Yorker* magazine and were being translated into over twenty languages. Although it may be temping to think of Munro's writings as quintessentially Canadian, there is also a universality about them that has appealed to readers around the world. In addition to her three Governor General's Awards, Munro won the Giller Prize twice, the Commonwealth Writers' Prize, the Canada-Australia Literary Prize and the Man Booker International Prize for lifetime achievement. She received her Nobel Prize for Literature in 2013.

Alice Munro est la plus célèbre nouvelliste canadienne. Elle a publié sa première nouvelle, *The Dimensions of a Shadow*, à l'âge de 19 ans. Un quart de siècle plus tard, ses histoires paraissaient régulièrement dans le *New Yorker* et étaient traduites dans plus de 20 langues. Bien que l'on puisse croire que les écrits de Munro sont essentiellement canadiens, ils présentent un caractère universel qui a séduit les lecteurs du monde entier. Outre trois Prix du Gouverneur général, Munro a reçu le prix Giller à deux reprises, le prix Commonwealth Writers, le Prix littéraire Canada-Australie et le prix international Man Booker pour l'ensemble de sa carrière, avant d'obtenir le prix Nobel de littérature en 2013.

ROSS MUNRO

(1913–1990)

Gauntlet to Overlord (ACADEMIC NON-FICTION 1945)

OTTAWA / As lead war correspondent for the Canadian Press in Europe during the Second World War, Munro reported numerous battles, including several from the Allied campaign in Sicily and the D-Day landings. He was also present at the 1942 raid on Dieppe: "For eight hours, under intense Nazi fire from dawn into a sweltering afternoon, I watched Canadian troops fight the blazing, bloody battle of Dieppe."[73] After his return to Canada, he became publisher of the *Vancouver Daily*

ROSS MUNRO Photo: Capt. Frank Royal, Department of National Defence Canada, Library and Archives Canada PA-136201, August 1943 / Ministère de la Défense nationale Canada, Bibliothèque et Archives Canada PA-136201, août 1943.

Province, the *Edmonton Journal* and the *Winnipeg Tribune*. When members of the 1945 Academic Nonfiction jury found it impossible to choose between Munro's *Gauntlet to Overlord* and Joy Tranter's *Plowing the Arctic*, a tie-breaking committee ruled in favour of Munro. In 1946, Munro received the Order of the British Empire and, in 1975, the Order of Canada. The Ross Munro Media Awards for Canadian Military Writing are awarded in his honour.

En tant que correspondant de guerre principal de la Presse canadienne en Europe pendant la Seconde Guerre mondiale, Munro a relaté de nombreuses batailles, dont plusieurs lors de la campagne des Alliés en Sicile, ainsi que lors du débarquement du jour J. Il était également présent lors du raid de 1942 sur Dieppe : « Pendant huit heures, sous le feu intense des nazis, de l'aube à l'après-midi, sous une chaleur écrasante, j'ai vu les troupes canadiennes livrer la bataille sanglante et flamboyante de Dieppe[74]. » De retour au Canada, il est devenu l'éditeur du *Vancouver Daily Province*, de l'*Edmonton Journal* et du *Winnipeg Tribune*. Les membres du jury de 1945 pour la catégorie « Non-fiction » étant incapables de choisir entre *Gauntlet to Overlord* de Munro et *Plowing the Arctic* de Joy Tranter, un comité spécial a tranché en faveur de Munro. En 1946, Munro a reçu l'Ordre de l'Empire britannique et, en 1975, l'Ordre du Canada. Le Prix Média Ross Munro a été créé pour lui rendre hommage. Il est décerné pour un écrit portant sur des questions de sécurité et de défense.

COLLEEN MURPHY
(1954)

The December Man (L'homme de décembre) (DRAMA 2007)
Pig Girl (DRAMA 2016)

TORONTO / Murphy has served as playwright-in-residence at the University of Alberta, at the Factory Theatre and the Necessary Angel Theatre in Toronto, and at the Finborough Theatre in London, England. She has also been a writer-in-residence at the University of Guelph, Wilfrid Laurier University, McMaster University and the University of Regina. Born in Rouyn-Noranda, Quebec, Murphy was raised in Northern Ontario. Her work as a filmmaker has played in festivals around the world. She won the Carol Bolt Award for Drama twice and she has twice won prizes in the CBC Literary Competition.

Murphy a été dramaturge en résidence à l'Université de l'Alberta ainsi qu'au Factory Theatre et au Necessary Angel Theatre à Toronto, de même qu'au Finborough Theatre à Londres, en Angleterre. Elle a également été auteure en résidence à l'Université de Guelph, à l'Université Wilfrid Laurier, à l'Université

McMaster et à l'Université de Regina. Originaire de Rouyn-Noranda, au Québec, Murphy a grandi dans le Nord de l'Ontario. Ses œuvres cinématographiques ont été présentées dans de nombreux festivals de par le monde. Elle a remporté deux fois le prix de théâtre Carol-Bolt et, à autant de reprises, le Prix littéraire de la CBC.

GABRIEL NADEAU-DUBOIS
(1990)

Tenir tête (ÉTUDES ET ESSAIS 2014)

MONTRÉAL / Figure de proue du mouvement étudiant de protestation en 2012 contre la hausse des frais de scolarité dans les universités québécoises, Nadeau-Dubois est diplômé de l'Université du Québec à Montréal. Son livre lauréat d'un Prix littéraire du Gouverneur général, *Tenir tête*, est un mémoire des événements de 2012. Son prix de 25 000 $ a servi à financer l'opposition au projet d'oléoduc Énergy Est. En 2013, Nadeau-Dubois a reçu le prix Impératif français pour son travail visant à favoriser l'accessibilité aux études postsecondaires au Québec.

A leading figure in the 2012 Quebec student-protest movement opposing tuition increases at Quebec universities, Nadeau-Dubois is a graduate of the Université du Québec à Montréal. His Governor General's Literary Award-winning book, *Tenir tête*, is a memoir of the events of 2012. His $25,000 prize was donated to help fund opposition to the Energy East pipeline project. In 2013, Nadeau-Dubois was awarded the Prix impératif français for his work in support of the accessibility of post-secondary education in Quebec.

JANICE NADEAU
(1977)

Nul poisson où aller de Marie-Francine Hébert (LITTÉRATURE JEUNESSE – ILLUSTRATIONS 2004)
Ma meilleure amie de Gilles Tibo (LITTÉRATURE JEUNESSE – ILLUSTRATIONS 2008)
Harvey de Hervé Bouchard (LITTÉRATURE JEUNESSE – ILLUSTRATIONS 2009)

MONTRÉAL / Nadeau a étudié l'illustration en France, à l'École supérieure des arts décoratifs de Strasbourg, le graphisme à l'Université du Québec à Montréal et le cinéma à l'Université de Montréal. En plus de son travail d'illustratrice de livres, Nadeau a adapté le premier de ses titres lauréats d'un Prix du Gouverneur général, *Nul poisson où aller*, pour en faire son premier film d'animation. Ce court métrage a été coréalisé par Nicola Lemay et produit par l'Office national du film du Canada. Son second film, *Mamie*, est une coproduction de Folimage et de l'Office national du fil du Canada.

Nadeau studied illustration in France at the École supérieure des arts décoratifs de Strasbourg, graphic design at the Université du Québec à Montréal and film studies at the Université de Montréal. In addition to her work as a book illustrator, Nadeau has adapted the first of her Governor General's Award-winning titles, *Nul poisson où aller*, into *No Fish Where to Go*, her first animated film. The film was co-directed by Nicola Lemay and produced by the National Film Board of Canada. Her second film, *Mamie*, is a co-production between Folimage and the National Film Board of Canada.

PIERRE NEPVEU
(1946)

Romans-fleuves (POÉSIE 1997)
Intérieurs du Nouveau Monde (ÉTUDES ET ESSAIS 1998)
Lignes aériennes (POÉSIE 2003)

MONTRÉAL / Poète, essayiste et romancier, Nepveu a enseigné la littérature au Département d'études françaises de l'Université de Montréal pendant plus de 30 ans. Il a pris sa retraite en 2009. En plus de trois Prix littéraires du Gouverneur général, il a remporté un prix Athanase-David en 2005. En 2011, il a été décoré de l'Ordre du Canada.

A poet, essayist and novelist, Nepveu taught literature in the French Studies Department at the Université de Montréal for over thirty years. He retired in 2009. In addition to his three Governor General's Literary Awards, Nepveu was awarded the Prix Athanase-David in 2005. In 2011, he became a Member of the Order of Canada.

JOHN NEWLOVE
(1938–2003)

Lies (POETRY 1972)

TORONTO / An editor, writer and poet, Newlove was born in Regina and raised in Kamsack, Saskatchewan. Together with Eli Mandel, he is considered one of the dominant voices of Canadian prairie poetry during the second half of the twentieth century. Appointed as one of the first writers-in-residence at the Regina Public Library, Newlove later served in similar positions at the University of Toronto and at Loyola College in Montréal. Between 1970 and 1974, he worked as an editor at McClelland and Stewart in Toronto. In addition to winning a Governor General's Literary Award in 1972, Newlove won the Saskatchewan Writers' Guild Founders Award in 1984 and the Literary Press Group Award in 1986.

Rédacteur, écrivain et poète, Newlove est né à Regina et a grandi à Kamsack, en Saskatchewan. Avec Eli Mandel, il est considéré comme l'une des principales voix de la poésie des Prairies canadiennes pendant la seconde moitié du XXᵉ siècle. L'un des premiers auteurs en résidence à la Bibliothèque publique de Regina, Newlove a par la suite occupé des postes similaires à l'Université de Toronto et au Collège Loyola, à Montréal. De 1970 à 1974, il a été rédacteur chez McClelland & Stewart, à Toronto. En plus d'un Prix littéraire du Gouverneur général en 1972, Newlove a reçu le Saskatchewan Writers' Guild Founders Award en 1984 et le Literary Press Group Award en 1986.

BP (BARRIE PHILLIP) NICHOL
(1944–1988)

Beach Head (POETRY 1970)
The Cosmic Chef (POETRY 1970)
Still Water (POETRY 1970)
The True Eventual Story of Billy the Kid (POETRY 1970)

TORONTO / A Vancouver native, bpNichol emphasized something he called "borderblur," the intentional blurring of distinctions between poetry, novels, short stories, musical scores, comic book art and other genres normally kept distinct. Throughout his career, Nichol collaborated with members of the Toronto Research Group (including Steve McCaffery) and with the poetry ensemble The Four Horsemen (including Rafael Barreto-Rivera, Paul Dutton and Steve McCaffery). Together with Dennis Lee and David Young, Nichol worked as a writer on the Jim Henson television show *Fraggle Rock*. A street in Toronto, bpNichol Lane, is named in his honour.

Originaire de Vancouver, bpNichol a insisté sur le brouillage intentionnel des frontières entre poèmes, romans, nouvelles, partitions musicales, bandes dessinées et autres genres normalement distincts. Tout au long de sa carrière, Nichol a collaboré avec les membres du Toronto Research Group, y compris Steve McCaffery, et avec l'ensemble de poésie The Four Horsemen, dont font partie Rafael

Barreto-Rivera, Paul Dutton et Steve McCaffery. Avec Dennis Lee et David Young, Nichol a écrit pour l'émission de télévision de Jim Henson, *Les Fraggle Rock*. À Toronto, l'allée bpNichol (bpNichol Lane) porte son nom.

CECILY NICHOLSON
(1974)

Wayside Sang (POETRY 2018)

BURNABY, BRITISH COLUMBIA / A gallery manager as well as a poet, Nicholson has worked as an administrator for the Vancouver-based artist co-operative centre Gallery Gachet, and as a programmer at the Surrey Art Gallery. She has also served as a member of the research ethics board for Emily Carr University of Art and Design, as a writer-in-residence at Simon Fraser University and as part of the Joint Effort prison abolitionist group. Her book of poetry, *From the Poplars*, won the Dorothy Livesay Poetry Prize in 2015.

Galeriste et poétesse, Nicholson a été administratrice de la Gallery Gachet, un centre coopératif d'artistes à Vancouver, ainsi que programmatrice à la galerie d'art de Surrey. Elle a également été membre du comité d'éthique de la recherche de l'Université d'art et de design Emily-Carr à Vancouver, auteure en résidence à l'Université Simon Fraser et membre du groupe Joint Effort, qui milite pour l'abolition des prisons. Son livre de poésie *From the Poplars* lui a valu le prix de poésie Dorothy-Livesay en 2015.

SUSIN NIELSEN
(1964)

The Reluctant Journal of Henry K. Larsen (CHILDREN'S LITERATURE – TEXT 2012)

VANCOUVER / A noted screenwriter, Nielsen got her start writing for television shows such as *Degrassi Junior High* before moving on to other series, including *The Adventures of Shirley Holmes, Edgemont, Heartland, Robson Arms* and *Arctic Air*. Her numerous children's books and novels include *Word Nerd, Dear George Clooney: Please Marry My Mom* and the GG-nominated *We Are All Made of Molecules*. Her writings have been translated into French, Italian, German, Norwegian, Swedish, Portuguese, Polish, Dutch and Korean.

Scénariste de renom, Nielsen a d'abord écrit pour des séries télévisées comme *Degrassi Junior High*, *The Adventures of Shirley Holmes, Edgemont, Heartland,*

SUSIN NIELSEN Photo: Tallulah Photography

Robson Arms et *Arctic Air*. Elle a également écrit de nombreux romans et livres pour enfants, dont *Word Nerd, Dear George Clooney: Please Marry My Mom* et *We Are All Made of Molecules*, finaliste aux Prix du Gouverneur général. Ses écrits ont été traduits en français, en italien, en allemand, en norvégien, en suédois, en portugais, en polonais, en néerlandais et en coréen.

ANDREW NIKIFORUK
(1955)

Saboteurs (NON-FICTION 2002)

CALGARY / An award-winning investigative journalist, Nikiforuk has written about the economics of energy in Canada for over three decades. A contributing editor to the independent newspaper *The Tyee*, he has also published in periodicals as diverse as *Maclean's, Canadian Business, Châtelaine, The Globe and Mail's Report on Business, Equinox* and *Harrowsmith*. Over the years, Nikiforuk has won seven National Magazine Awards. He has also earned top honours for his investigative writing from the Association of Canadian Journalists.

Andrew Nikiforuk est un journaliste d'enquête primé. Il a écrit des articles sur l'économie de l'énergie au Canada pendant plus de trois décennies. Collaborateur à la rédaction pour le journal indépendant *The Tyee*, il a également publié dans divers périodiques, tels que *Maclean's, Canadian Business, Châtelaine, The Globe and Mail's Report on Business, Equinox* et *Harrowsmith*. Au fil des ans, Nikiforuk a remporté sept Prix du magazine canadien. Ses enquêtes poussées lui ont valu les plus grands honneurs de l'Association canadienne des journalistes.

LISE NOËL
(1944)

L'intolérance (ÉTUDES ET ESSAIS 1989)

MONTRÉAL / Diplômée de l'Université de Montréal et de l'Université d'Aix-en-Provence, en France, Lise Noël a fait ses recherches doctorales sur l'Inquisition européenne. Dans *L'intolérance*, elle soutient qu'au XVIe siècle, l'intolérance est provoquée principalement par des opinions ou des comportements considérés comme malvenus, tandis qu'aujourd'hui, l'intolérance est plus susceptible d'être fondée sur les origines ou l'ethnicité d'une personne. Membre de l'Union des écrivaines et des écrivains québécois, Noël a enseigné l'histoire au niveau collégial et contribué à plusieurs périodiques, y compris *Le Devoir, Liberté* et *The Gazette*.

A graduate of the Université de Montréal and the Université d'Aix-en-Provence in France, Noël did her doctoral research on the European Inquisition. In *L'intolérance*, she argues that in the sixteenth century, intolerance arose primarily as a result of unwelcome opinions or behavior. Today, intolerance is more likely to be based on a person's background, nationality or race. A member of the Union of Quebecois writers, Noël has taught history at the college level and has contributed to numerous periodicals, including *Le Devoir, Liberté* and *The Gazette*.

MICHEL NOËL
(1944)

Pien (LITTÉRATURE JEUNESSE – TEXTE 1997)

LÉVIS, QUÉBEC / Romancier, poète et dramaturge, Michel Noël est diplômé de l'École normale de Hull et de l'Université Laval. En 1983, il a rédigé sa thèse de doctorat sur la gastronomie des Premières Nations aux XVIᵉ et XVIIᵉ siècles. D'origine algonquine, Noël est l'auteur de plus de cinquante livres, dont des romans, des livres jeunesse, des livres d'art, des pièces de théâtre, des ouvrages de référence et des recueils de poésie. De 1977 à 1980, il a dirigé le Service de l'artisanat et des métiers d'art du ministère de la Culture du Québec. En 1998, il a été nommé citoyen du monde par l'Association canadienne pour les Nations Unies. Il a été fait Chevalier de l'Ordre des Arts et des Lettres en France en 2003 et chevalier de l'Ordre national du Québec en 2011.

A novelist, poet and playwright, Noël is a graduate of the École normale de Hull and of the Université Laval. He completed his PhD thesis on First Nations' gastronomy in the sixteenth and seventeenth centuries in 1983. Primarily of Algonquin descent, Noël is the author of over fifty books, including novels, children's books, art books, plays, reference works and collections of poetry. From 1977 to 1980, he served as director of the Service de l'artisanat et des métiers d'art for the Quebec Ministry of Culture. In 1998, he was named a Global Citizen by the United Nations Association in Canada. In 2003, he was made a Chevalier in the Ordre des Arts et des Lettres of France and, in 2011 a Chevalier in the Ordre national du Québec.

ALDEN NOWLAN

(1933–1983)

Bread, Wine and Salt (POETRY 1967)

SAINT JOHN, NEW BRUNSWICK / Called "one of the most original voices of his generation" by *The Canadian Encyclopedia*, Nowlan was born in Windsor, Nova Scotia.[75] He grew up in poverty and left school at the age of ten. By fourteen, he was working at a local sawmill. Even so, he maintained a passion for reading and would hitchhike the thirty kilometres to the nearest library to check out books. Remembered as a dramatist and novelist as well as a poet, Nowlan received the University of Western Ontario's President's Medal for Short Fiction in 1970 and 1972. In 1977, he received the Canadian Authors Association's Silver Medal for Poetry and, in 1978, he received the Queen's Silver Jubilee Medal for his contributions to the arts. He is often cited for his observation that "The day the child realizes that all adults are imperfect, he becomes an adolescent; the day he forgives them, he becomes an adult; the day he forgives himself, he becomes wise."[76]

Qualifié de « l'une des voix les plus originales de sa génération[77] » par *L'Encyclopé-die canadienne*, Nowlan est originaire de Windsor, en Nouvelle-Écosse. Il a grandi dans la pauvreté et a quitté l'école à dix ans. À quatorze ans, il travaillait à la scierie locale. Néanmoins passionné de lecture, il faisait de l'autostop pour se rendre à la bibliothèque la plus près, à 30 kilomètres de chez lui. Dramaturge, romancier et poète, Nowlan a reçu la Médaille du président de l'Université Western pour une nouvelle en 1970 et 1972. En 1977, la Canadian Authors Association l'a récompensé d'une médaille d'argent pour sa poésie et, en 1978, il a reçu la Médaille du jubilé de diamant de la reine pour ses contribution artistiques. Nowlan est célèbre pour avoir dit : « Le jour où l'enfant réalise que tous les adultes sont imparfaits, il devient un adolescent; le jour où il leur pardonne, il devient un adulte; le jour où il se pardonne, il devient sage[78]. »

PAULE NOYART

(1937)

Histoire universelle de la chasteté et du célibat de Elizabeth Abbott (TRADUCTION 2002)
Le miel d'Harar de Camilla Gibb (TRADUCTION 2009)

BROMONT, QUÉBEC / Écrivaine et traductrice d'origine belge, Noyart (qui a aussi publié sous les noms de Paule Pierre et Paule Pierre-Noyart) a étudié au Conservatoire d'art dramatique et à l'École des Beaux-Arts de Namur. Avant son émigration, elle a été animatrice radio et actrice au Théâtre du Carrousel de Bruxelles et au Théâtre Royal, entre autres. Parmi ses traductions figurent les œuvres d'Elizabeth Abbott, de Stephen Crane, de Marian Engel, de Camilla Gibb, d'Evelyn Lau, de Yann Martel et de Mordecai Richler.

A writer and translator, Noyart (who has also published as Paule Pierre and as Paule Pierre-Noyart) was born in Belgium. Later she studied in Namur at the Conservatoire d'art dramatique and the École des Beaux-Arts. Before emigrating, she worked as a radio host and an actress at several theatres, including at Brussels' Théâtre du Carrousel and at the Théâtre Royal. Authors whose work she has translated include Elizabeth Abbott, Stephen Crane, Marian Engel, Camilla Gibb, Evelyn Lau, Yann Martel and Mordecai Richler.

MORGAN NYBERG

(1944)

Galahad Schwartz and the Cockroach Army (CHILDREN'S LITERATURE – TEXT 1987)

NEW WESTMINSTER, BRITISH COLUMBIA / Born in Port Arthur, Ontario, Nyberg grew up in farming country, just south of Vancouver. After graduating from the University of British Columbia, he worked as a labourer before becoming a teacher of English as a Foreign Language in Ecuador, Portugal and the Sultanate of Oman. Noted for his work as a novelist and poet as well as for his work as a children's author, his first book, *The Crazy Horse Suite,* was performed on stage as a verse play in New York and broadcast on CBC Radio. His post-apocalyptic series, *The Raincoast Saga,* is set on Canada's west coast following a global economic collapse and devastating pandemic.

Né à Port Arthur, en Ontario, Nyberg a grandi à la campagne, au sud de Vancouver. Après avoir obtenu un diplôme de l'Université de la Colombie-Britannique, il a travaillé comme ouvrier. Il est ensuite devenu professeur d'anglais comme langue étrangère en Équateur, au Portugal et au Sultanat d'Oman. Il est connu en tant que romancier, poète et auteur jeunesse. Sa première pièce, *The Crazy Horse Suite*, écrite en vers, a été représentée pour la première fois à New York et diffusée à la radio de la CBC. Sa série post-apocalyptique, *The Raincoast Saga*, se déroule sur la côte Ouest du Canada à la suite d'un effondrement économique mondial et d'une pandémie dévastatrice.

ANNE-MARIE OLIVIER
(1973)

Venir au monde (THÉÂTRE 2018)

QUÉBEC / Directrice artistique de la compagnie de théâtre Bienvenue aux dames! et codirectrice générale du Théâtre du Trident, Anne-Marie Olivier a eu une influence considérable sur le théâtre au Québec. Après avoir terminé des études à l'Université de Montréal en 1992 et au Conservatoire d'art dramatique de Québec en 1997, Olivier a été comédienne et auteure. Nombre de ses pièces, chansons et poèmes explorent des thèmes urbains, comme la pauvreté, l'alcoolisme et la violence conjugale. Elle a en outre été saluée pour son interprétation remarquable dans *Les trois sœurs* d'Anton Chekhov et dans *Forêt* de Wajdi Mouawad, autre lauréat d'un Prix du Gouverneur général.

As artistic director of the theatre company Bienvenue aux dames! and co-executive director of Théâtre du Trident, Olivier has had a significant influence on Quebec theatre. After graduating from the Université de Montréal in 1992 and from the Conservatoire d'Art Dramatique de Québec in 1997, Olivier worked as both an actress and author. Many of her plays, songs and poems explore urban themes, including poverty, alcoholism and marital violence. She has also been praised for her performances in *Les trois sœurs* by Anton Chekhov and in *Forêt* by Wajdi Mouawad, another Governor General award laureate.

MICHAEL ONDAATJE Photo: Jeff Nolte

MICHAEL ONDAATJE
(1943)

The Collected Works of Billy the Kid (POETRY 1970)
There's a Trick with a Knife I'm Learning to Do (POETRY 1979)
The English Patient (FICTION 1992)
Anil's Ghost (FICTION 2000)
Divisadero (FICTION 2007)

TORONTO / Perhaps best known for his novel *The English Patient*, Ondaatje is also the author of numerous other novels, short-story collections and books of poetry. Born in Ceylon (now Sri Lanka), he immigrated to England before settling in Canada. An Officer of the Order of Canada and a foreign honorary member of the American Academy of Arts and Letters, Ondaatje taught English Literature for many years at the University of Western Ontario in London and at Glendon College in Toronto. He is one of only two authors who have won five Governor General's Literary Awards.

Michael Ondaatje est connu principalement pour son roman *The English Patient* (v.f. *Le patient anglais*). Il est l'auteur de nombreux autres romans, recueils de nouvelles et livres de poésie. Originaire du Ceylan (aujourd'hui le Sri Lanka), il a immigré en Angleterre avant de s'installer au Canada. Officier de l'Ordre du Canada et membre honoraire étranger de l'Académie américaine des arts et des lettres, Ondaatje a enseigné la littérature anglaise pendant plusieurs années à l'Université Western de London, en Ontario, et au Collège Glendon de Toronto. Il est l'un des deux seuls auteurs à avoir remporté cinq Prix littéraires du Gouverneur général.

KENNETH OPPEL
(1967)

Airborn (CHILDREN'S LITERATURE – TEXT 2004)

TORONTO / Kenneth Oppel was born in Port Alberni, British Columbia. After deciding at age twelve that he wanted to be a writer, Oppel spent the next few years writing stories. One was about a boy obsessed with video games. A family friend offered to send the story to Roald Dahl. He did and *Collin's Fantastic Video Adventure* was published a year later, in 1985. Oppel wrote his second novel, *The Live-Forever Machine,* while still a student at the University of Toronto.

Oppel's other awards include a Michael L. Printz Honor Book Award and a Canadian Library Association's Book-of-the-Year-for-Children Award.

Kenneth Oppel est né à Port Alberni, en Colombie-Britannique. Après avoir décidé, à l'âge de douze ans, qu'il voulait devenir écrivain, Oppel s'est immédiatement consacré à l'écriture. L'une de ses histoires faisait le portrait d'un garçon obsédé par les jeux vidéo. Un ami de la famille a proposé d'envoyer le texte à Roald Dahl. C'est ce qu'il a fait, de sorte que *Collin's Fantastic Video Adventure* est paru l'année suivante, en 1985. Oppel a écrit son second roman, *The Live-Forever Machine*, alors qu'il étudiait à l'Université de Toronto. Oppel a obtenu le prix littéraire Michael-L.-Printz ainsi que le prix du livre jeunesse de l'année décerné par l'Association canadienne des bibliothèques.

FERNAND OUELLET
(1926)

Le bas Canada, 1791-1840 (ÉTUDES ET ESSAIS 1976)

OTTAWA / Décrit comme « l'historien qui a le plus contribué à transformer l'histoire canadienne-française depuis la Deuxième Guerre mondiale », Ouellet « attire l'attention des historiens canadiens sur les classes plutôt que sur la nation, ainsi que sur les structures et les tendances sociales et économiques[79] ». Originaire du Lac-Bouchette, au Québec, Ouellet a enseigné l'histoire dans plusieurs universités, dont Laval, Carleton, York et l'Université d'Ottawa. Membre de la Société royale du Canada et Officier de l'Ordre du Canada, Ouellet a collaboré à la revue *Histoire sociale* de 1971 à 1988. Il a aussi été président de la Société historique du Canada en 1970. Son livre récompensé d'un Prix du Gouverneur général, *Le Bas-Canada, 1791-1840*, a été abrégé et traduit en anglais en 1980 sous le titre *Lower Canada, 1791-1840*.

Called "the most important figure in the transformation of French Canadian history since WW II," Ouellet "shifted Canadian historians' attentions from nation to class and from dramatic events to social and economic structures and tendencies."[80] Born in Lac Bouchette, Quebec, Ouellet taught history at several universities, including the Université Laval, Carleton University, the University of Ottawa and York University. A Fellow of the Royal Society of Canada and an Officer of the Order of Canada, Ouellet served as the editor of *Histoire Sociale* from 1971 to 1988 and as president of the Canadian Historical Association in 1970. His Governor General's Award-winning book, *Le bas Canada, 1791-1840*, was abridged and translated into English in 1980 as *Lower Canada, 1791–1840*.

PIERRE OUELLET Photo: Nathalie St-Pierre

PIERRE OUELLET
(1950)

À force de voir (ÉTUDES ET ESSAIS 2006)
Hors-temps (ÉTUDES ET ESSAIS 2008)

SAINT-JEAN-SUR-RICHELIEU, QUÉBEC / Poète, romancier et essayiste, Ouellet est titulaire de la Chaire de recherche du Canada en esthétique et poétique à l'Université du Québec à Montréal. Il a également été professeur invité à plusieurs universités en France, au Mexique et au Japon. Auteur de plus d'une trentaine de livres, il a dirigé de nombreuses revues. Ouellet est membre de la Société royale du Canada depuis 2004 et a reçu le prix Athanase-David en 2015.

A poet, novelist and essayist, Ouellet holds a Canada Research Chair in aesthetics and poetics at the Université du Québec à Montréal. He has also been a visiting professor at several universities in France, Mexico and Japan. The author of over three dozen books and the editor of several journals, Ouellet was elected a Fellow of the Royal Society of Canada in 2004 and was awarded Quebec's Prix Athanase-David in 2015.

FERNAND OUELLETTE
(1930)

Lucie ou un midi en novembre (ROMANS ET NOUVELLES 1985)
Les heures (POÉSIE 1987)

MONTRÉAL / Ouellette est l'une des cinq personnes à avoir décliné un Prix littéraire du Gouverneur général. Il l'a refusé peu après que le premier ministre Pierre Trudeau eut imposé la *Loi sur les mesures de guerre*, en 1970. Le prix lui a été décerné pour *Les Actes retrouvés*, un livre qui traite autant du pouvoir, de la violence et de la tolérance que de la poésie. Après la défaite de la souveraineté du Québec au référendum de 1980, il a accepté ce même honneur pour deux autres ouvrages en 1985 et 1987. Cofondateur de la revue *Liberté*, Ouellette a obtenu un prix Athanase-David en 1987, un prix Ludger-Duvernay de la Société Saint-Jean-Baptiste en 1994 ainsi qu'un prix Alain-Grandbois de l'Académie des lettres du Québec en 2006. En 2005, il a été nommé chevalier de l'Ordre national du Québec. Ses écrits sont conservés à Bibliothèque et Archives Canada, à Ottawa.

FERNAND OUELLETTE Photo: Josée Lambert, Groupe Ville-Marie Littérature

One of only five people who have declined Governor General's Literary Awards, Ouellette did so shortly after Prime Minister Pierre Trudeau imposed the War Measures Act in 1970. The award had been offered for *Les Actes retrouvés*, a book that is as much about power, violence and tolerance as about poetry. Following the defeat of Quebec sovereignty in the 1980 Quebec referendum, Ouellette accepted Governor General's awards in both 1985 and 1987. A co-founder of the journal *Liberté*, Ouellette also received a Prix Athanase-David in 1987, a Société Saint-Jean-Baptiste's Prix Duvernay in 1994, and a Prix Alain-Grandbois de L'Académie des letters du Québec in 2006. In 2005, he was made a Chevalier in the Ordre national du Québec. His papers are housed at the National Library and Archives of Canada in Ottawa.

MICHEL OUELLETTE
(1961)

French Town (THÉÂTRE 1994)

GATINEAU, QUÉBEC / Originaire de Smooth Rock Falls, en Ontario, Ouellette s'est installé au Québec en 1994. Auteur de plus de 40 pièces de théâtre, il a aussi écrit deux livres pour enfants. Parmi ses œuvres théâtrales figurent *Le Bateleur, Requiem : Suivi de Fausse route, Le Testament du couturier, La Guerre au ventre* et *Dans le ventre de l'ogre*. La pièce primée de Ouellette, *French Town*, raconte l'histoire de la famille Bédard et la façon dont les trois enfants de la famille, devenus adultes, se souviennent différemment des événements qui ont suivi le décès de leur mère. Ouellette a également remporté le Prix du consulat général de France pour *French Town* et le prix Trillium pour *Le testament du couturier*.

Raised in Smooth Rock Falls, Ontario, Ouellette relocated to Quebec in 1994. The author of over forty plays, he has also written two children's books. Some of his theatre titles include *Le Bateleur, Requiem suivi de Fausse route, Le Testament du couturier, La Guerre au ventre*, and *Dans le ventre de l'ogre*. Ouellette's award-winning play, *French Town*, tells the story of the Bédard family and how the family's three adult children remember events differently following the death of their mother. Ouellette's other awards include the Prix du consulat général de France for *French Town* and the Prix Trillium for *Le testament du couturier*.

MADELEINE OUELLETTE-MICHALSKA
(1930)

L'échappée des discours de l'œil (ÉTUDES ET ESSAIS 1981)

MONTRÉAL / Née à Saint-Alexandre de Kamouraska, au Québec, Ouellette-Michalska est diplômée de l'Université de Montréal, de l'Université du Québec à Montréal et de l'Université de Sherbrooke. Connue en tant que romancière, poète et dramaturge, Ouellette-Michalska a commencé sa carrière comme collaboratrice pour des périodiques tels que *L'actualité, Perspectives, Le Devoir* et *Châtelaine*. Ses écrits ont été traduits en anglais, en italien, en espagnol, en turc, en chinois, en serbe et en roumain. Elle a remporté un prix Molson, un Prix France-Québec, le Grand Prix de la Montérégie et un prix Arthur-Buies. Ouellette-Michalska est membre de l'Académie des lettres du Québec et de la Société des Gens de Lettres de France.

Born in Saint-Alexandre de Kamouraska, Quebec, Ouellette-Michalska is a graduate of the Université de Montréal, the Université du Québec à Montréal and the Université de Sherbrooke. Known for her work as a novelist, poet and playwright, Ouellette-Michalska began her career as a contributor to periodicals such as *L'actualité, Perspectives, Le Devoir* and *Châtelaine*. Her writings have been translated into English, Italian, Spanish, Turkish, Chinese, Serbian and Romanian. Her other awards include a Molson Prize, a Prix France-Québec, a Grand Prix de la Montérégie and a Prix Arthur-Buies. Ouellette-Michalska is a member of the Académie des lettres du Québec and of the Société des Gens de Lettres de France.

SUSAN OURIOU
(1955)

Pieces of Me by Charlotte Gingras (TRANSLATION 2009)

CALGARY / An award-winning writer and translator, Ouriou graduated with an MA in translation studies from the École Supérieure d'Interprètes et de Traducteurs, part of the Université Sorbonne Nouvelle, Paris 3. Later, she became co-founder of the Banff International Literary Translation Centre. Ouriou has translated over thirty books from French and Spanish into English, either by herself or together with co-translator Christelle Morelli. She is the author of the novels *Damselfish*, which appeared in 2003, and *Nathan*, which appeared in 2016. In 2012, Ouriou was appointed a Chevalier of France's Ordre des Arts et Lettres in recognition of her work as a writer, translator and interpreter.

Écrivaine et traductrice primée, Ouriou est titulaire d'une maîtrise en traduction de l'École Supérieure d'Interprètes et de Traducteurs, rattachée à l'Université Sorbonne Nouvelle – Paris 3. Elle a ensuite cofondé le Centre international de traduction littéraire de Banff. Ouriou a traduit plus de 30 livres du français et de l'espagnol vers l'anglais, seule ou avec Christelle Morelli. Elle a écrit les romans *Damselfish*, en 2003, et *Nathan*, en 2016. En 2012, Ouriou a été nommée Chevalier de l'Ordre des Arts et des Lettres en France pour son travail d'écrivaine, de traductrice et d'interprète.

P. K. (PATRICIA KATHLEEN) PAGE
(1916–2010)

The Metal and the Flower (POETRY 1954)

CANBERRA, AUSTRALIA / A novelist and painter as well as a poet, Page's most famous titles include her autobiographical memoir written in verse, *Hand Luggage*. *The Essential P. K. Page* appeared in 2008. Born in England, Page moved with her family to Canada where she lived in half a dozen cities before marrying the Canadian diplomat W. Arthur Irwin. As an artist, she exhibited under the name P. K. Irwin. In 1977, she was made an Officer of the Order of Canada. She was promoted to Companion in 1998. In 2006, she was elected a Fellow of the Royal Society of Canada. A poetry prize is awarded annually by *The Malahat Review* in Page's honour.

P. K. Page est romancière, peintre et poète. Parmi ses œuvres les plus connues figurent ses mémoires autobiographiques écrits en vers, *Hand Luggage*. *The Essential P. K. Page* est paru en 2008. Née en Angleterre, Page a déménagé avec sa famille au Canada, où elle a vécu dans une demi-douzaine de villes avant d'épouser le diplomate canadien W. Arthur Irwin. En tant qu'artiste, elle a exposé sous le nom de P. K. Irwin. Elle a été décorée du titre d'Officier de l'Ordre du Canada en 1977, puis du titre de Compagnon en 1998. En 2006, elle a été reçue à la Société royale du Canada. Chaque année, le magazine littéraire *Malahat Review* décerne un prix de poésie en son honneur.

P. K. (PATRICIA KATHLEEN) PAGE Photo: Alex Waterhouse-Hayward

MORRIS PANYCH Photo: Alex Waterhouse-Hayward

MORRIS PANYCH
(1952)

The Ends of the Earth (DRAMA 1994)
Girl in the Goldfish Bowl (DRAMA 2004)

VANCOUVER / A playwright, actor and director, Panych has acted in over fifty plays. He has also appeared in a number of television series, including the *X-Files*. Many of the plays he has written are famous for their dark humor and quirky observations, oscillating between hope and despair. Panych's first play, *Last Call – A Postnuclear Cabaret,* premiered at the Tamahnous Theatre in Vancouver in 1982. His *Girl in a Goldfish Bowl* premiered twenty years later at Vancouver's Arts Club Theatre. In addition to winning a Governor General's Award, the play also won a Jessie Richardson Award and a Dora Mavor Moore Award.

Dramaturge, comédien et metteur en scène, Panych a joué dans plus de cinquante pièces de théâtre. On l'a aussi vu à la télévision, notamment dans *The X-Files.* Plusieurs des pièces qu'il a écrites sont reconnues pour leur humour noir et leurs remarques excentriques, oscillant entre espoir et désespoir. La première pièce de Panych, *Last Call – A Postnuclear Cabaret,* a d'abord été présentée au Tamahnous Theatre de Vancouver, en 1982. Sa pièce *Girl in a Goldfish Bowl* a été montée vingt ans plus tard au Arts Club Theatre de Vancouver. Outre un Prix du Gouverneur général, elle lui a valu un prix Jessie-Richardson et un prix Dora-Mavor-Moore.

JEAN PAPINEAU
(1950-1995)

La mémoire postmoderne de Mark A. Cheetham (TRADUCTION 1992)

MONTRÉAL / Papineau a étudié la philosophie à l'Université de Montréal avant de l'enseigner au Collège Ahuntsic, à partir de 1976. Membre du comité de rédaction du magazine d'art *Parachute*, il a aussi enseigné les arts visuels à l'Université d'Ottawa.

Papineau studied philosophy at the Université de Montréal before taking up a teaching position in philosophy at the Collège Ahuntsic in 1976. A member of the editorial board of the art magazine *Parachute*, he also taught visual arts at the University of Ottawa.

DAVID PAQUET
(1978)

Porc-épic (Théâtre 2010)

Montréal / Paquet a étudié l'art dramatique et l'écriture à l'École nationale de théâtre du Canada. Sa pièce primée, *Porc-épic*, explore les difficultés que nous éprouvons tous à être en relation les uns avec les autres, à la fois aimant et blessant nos proches. Le titre de la pièce s'inspire de l'allégorie des porcs-épics qui ont tendance à se déplacer ensemble pour se réchauffer, malgré le fait qu'ils finissent inévitablement par se piquer entre eux. Paquet a aussi écrit les pièces *2 h 14*, *Appels entrants illimités*, *Le brasier* et *Papiers mâchés*.

Paquet studied drama and writing at the National Theatre School of Canada. His award-winning play, *Porc-épic*, explores the difficulties we all have relating to each other, both loving and hurting those who are closest to us. The title of the play reminds readers of the allegory of porcupines whose tendency is to move together for warmth, despite the fact that they inevitably end up poking each other. Paquet's other plays include *2h14*, *Appels entrants illimités*, *Le brasier* and *Papiers mâchés*.

SUZANNE PARADIS
(1936)

Un goût de sel (Poésie 1983)

Québec / Poétesse, essayiste et romancière, Paradis a été consultante littéraire pour *Le Devoir* et chroniqueure de poésie pour *Le Soleil*. Elle a aussi été recherchiste et rédactrice pour le *Dictionnaire des œuvres littéraires du Québec*. Membre de l'Académie canadienne-française et de la Commission consultative des arts, elle a rédigé plus d'une vingtaine de livres, y compris *Femme fictive, femme réelle*, un portrait détaillé de tous les personnages féminins créés par des romanciers québécois. Paradis a reçu le Prix de la province de Québec, le Prix France-Québec et le prix Du Maurier.

A poet, essayist and novelist, Paradis worked as a literary consultant for *Le Devoir* and as a poetry columnist for *Le Soleil*. She also worked as a researcher and editor for the *Dictionnaire des œuvres littéraires du Québec*. A member of the Académie canadienne-française and of the Commission consultative des arts, she is the author of over twenty books, including *Femme fictive, femme réelle*, a comprehensive examination of all the female characters created by Quebec novelists. Paradis' other awards include a Prix de la province de Québec, a Prix France-Québec and a Prix Du Maurier.

ARLEEN PARÉ
(1946)

Lake of Two Mountains (POETRY 2014)

VICTORIA / A master of the mixed-genre book, Paré is both a novelist and a poet. Her first book, *Paper Trail*, won the Victoria Butler Book Prize. Her third book, *Lake of Two Mountains*, tells the story of a lake and the many relationships built up around it. The book won both a Governor General's Literary Award and a CBC Bookie Prize. Paré's later poetry collection, *The Girls with Stone Faces*, describes the lives and art of two well-known twentieth-century sculptors, Florence Wyle and Frances Loring. Among her several degrees, Paré holds a Master of Fine Arts degree in poetry from the University of Victoria.

Spécialiste du livre aux genres mixtes, Paré est à la fois romancière et poétesse. Son premier ouvrage, *Paper Trail*, a été récompensé d'un prix littéraire Victoria-Butler. Son troisième livre, *Lake of Two Mountains*, raconte l'histoire d'un lac et des nombreuses relations qui se sont tissées autour de lui. Il a valu à Paré un Prix littéraire du Gouverneur général de même qu'un prix Bookie de la CBC. Son recueil de poésie *The Girls with Stone Faces* décrit la vie et l'œuvre de deux sculpteures célèbres du XXᵉ siècle, Florence Wyle et Frances Loring. Paré a reçu de nombreux diplômes, dont une maîtrise en beaux-arts (poésie) de l'Université de Victoria.

FRANÇOIS PARÉ
(1949)

Les littératures de l'exiguïté (ÉTUDES ET ESSAIS 1993)

WATERLOO, ONTARIO / Originaire de Longueil, au Québec, Paré a fait ses études à l'Université de Montréal et à l'Université d'État de New York à Buffalo. Il a ensuite enseigné à l'Université de Guelph et à l'Université de Waterloo. Lorsqu'il était à Buffalo, il a rencontré Michel Foucault et Hubert Aquin, qui l'ont influencé. D'abord intéressé par la littérature française du XVIᵉ siècle, Paré s'est ensuite tourné vers la littérature des minorités culturelles. Il a publié *Les littératures de l'exiguïté* en 1992, *Théories de la fragilité* en 1994, *Traversées* (avec François Ouellet) en 2000, et *Frontières flottantes/Shifting Boundaries* (avec Jaap Lintvelt) en 2001. En 2010, il a été admis à la Société royale du Canada.

Born in Longueil, Quebec, Paré studied at the Université de Montréal and the State University of New York, Buffalo. Later, he accepted teaching positions at the University of Guelph and the University of Waterloo. While a graduate student in Buffalo, he met and was influenced by Michel Foucault and Hubert Aquin. Originally interested in sixteenth-century French literature, Paré later turned his attention to the literature of cultural minorities. He published *Les littératures de l'exiguïté* in 1992, *Théories de la fragilité* in 1994, *Traversées* (with François Ouellet) in 2000, and *Frontières flottantes / Shifting Boundaries* (with Jaap Lintvelt) in 2001. In 2010, he was elected a Fellow of the Royal Society of Canada.

AMANDA PARRIS
(1985)

Other Side of the Game (Drama 2019)

Toronto / Known to CBC audiences throughout English Canada as a television and radio host, Parris is founder of the critically acclaimed multi-arts collective T-Dot Renaissance, and co-founder of the award-winning alternative education organization Lost Lyrics. In Toronto, she has served as playwright-in-residence at Cahoots Theatre Company and at Alameda Theatre Company. She holds a BA in Political Science and Women's Studies from York University and an MA in the Sociology of Education from the University of Toronto. In 2014, she was named one of Grenada's Top 40 under the age of 40. In 2018, she was named a Local Hero of Toronto Film by *Now Magazine*.

Les auditeurs anglophones de la CBC au Canada connaissent bien Amanda Parris pour ses fonctions de présentatrice à la télévision et à la radio. Elle a également fondé le collectif multi-arts réputé T-Dot Renaissance, et co-fondé l'organisation d'éducation alternative Lost Lyrics, qui a elle-même reçu des prix. À Toronto, elle a occupé la position de dramaturge en résidence à la Cahoots Theatre Company, ainsi qu'à l'Alameda Theatre Company. Elle a obtenu un BA en Sciences Politiques et en Women's Studies de l'Université de York, ainsi qu'un MA en Sociologie de l'Éducation de l'Université de Toronto. En 2014, elle a été inclue au Top 40 des moins de quarante ans de Grenada. En 2018, elle fut nommée Local Hero of Toronto Film par *Now Magazine*.

AMANDA PARRIS Photo: Courtesy of / Reproduite avec la permission de CBC/Radio-Canada

JOHN PASS

(1947)

Stumbling in the Bloom (POETRY 2006)

MADEIRA PARK, BRITISH COLUMBIA / Born in Sheffield, England, Pass moved to Canada with his family in 1953. While studying at the University of British Columbia, he developed an interest in the work of Walt Whitman, Ezra Pound and William Carlos Williams. The author of over a dozen books of poetry, Pass's poems have appeared in magazines and anthologies in Canada, the United States, the United Kingdom, Ireland and the Czech Republic. Prior to his retirement, he taught English at Capilano University in North Vancouver.

Originaire de Sheffield, en Angleterre, Pass est arrivé au Canada avec sa famille en 1953. Pendant ses études à l'Université de la Colombie-Britannique, il s'est intéressé aux travaux de Walt Whitman, Ezra Pound et William Carlos Williams. Pass est l'auteur d'une dizaine d'ouvrages de poésie. Ses poèmes sont également parus dans des revues et des anthologies au Canada, aux États-Unis, au Royaume-Uni, en Irlande et en République tchèque. Avant de prendre sa retraite, il a enseigné l'anglais à l'Université Capilano, à North Vancouver.

KIT PEARSON

(1947)

Awake and Dreaming (CHILDREN'S LITERATURE – TEXT 1997)

VANCOUVER / Pearson is best known for her young-adult novels, including the *Guests of War* Trilogy (*The Sky is Falling*, *Looking at the Moon* and *The Lights Go on Again*) and her Governor General's Award-winning book, *Awake and Dreaming*. A graduate of the University of British Columbia's library science program, Pearson worked for several years as a librarian in St Catharine's, Ontario, and at the North York Public Library. Later, she completed studies for an MA at the Simmons College Center for the Study of Children's Literature in Boston. Her other awards include a BC Lieutenant Governor's Award for Literary Excellence, a Canadian Library Association Children's Books-of-the-Year Award and a Vicky Metcalf Award for a writer whose body of work has been inspirational to Canadian youth.

Kit Pearson est surtout connue pour ses romans pour jeunes adultes, notamment la trilogie *The Guests of War* (*The Sky is Falling*, *Looking at the Moon* et *The Lights Go on Again*), ainsi que pour son livre lauréat d'un Prix du Gouverneur général, *Awake and Dreaming*. Diplômée du programme de bibliothéconomie de l'Université de la Colombie-Britannique, Pearson a travaillé pendant plusieurs années comme bibliothécaire à St. Catharines, en Ontario, et à la bibliothèque publique de North York. Elle a par la suite fait une maîtrise au Center for the Study of Children's Literature du Collège Simmons, à Boston. Elle a, entre autres, reçu le Prix du lieutenant-gouverneur de la Colombie-Britannique pour excellence littéraire, le prix du livre jeunesse de l'année de l'Association canadienne des bibliothèques et le prix Vicky-Metcalf remis à un auteur dont l'ensemble de l'œuvre a été une source d'inspiration pour la jeunesse canadienne.

MARYSE PELLETIER
(1946)

Duo pour voix obstinées (THÉÂTRE 1985)

MONTRÉAL / Actrice, romancière et dramaturge, Pelletier a étudié à l'Université Laval et au Conservatoire d'art dramatique de Québec. Née à Cabano, au Québec, elle a écrit principalement pour le théâtre, mais aussi pour le cinéma et la télévision, et souvent pour un jeune public. La pièce *Duo pour voix obstinées* a été présentée en première au Théâtre d'Aujourdhui, à Montréal, en 1985. Pelletier a également reçu le Grand Prix littéraire du *Journal de Montréal*, un Prix d'excellence Télé-Québec et un prix Alvine-Bélisle.

An actress, novelist and dramatist, Pelletier studied at the Université Laval and the Conservatoire d'art dramatique in Quebec. Born in Cabano, Quebec, she has written mostly for theatre, but also for film and television and often for children. *Duo pour voix obstinées* premiered in 1985 at the Théâtre d'Aujourdhui in Montréal. Pelletier's other awards include a Grand prix du journal de Montréal, a Prix d'excellence Télé-Québec and a Prix Alvine-Bélisle.

STÉPHANIE PELLETIER
(1980)

Quand les guêpes se taisent (ROMANS ET NOUVELLES 2013)

MÉTIS-SUR-MER, QUÉBEC / Originaire de Sept-Îles, Pelletier a grandi à Métis-sur-Mer et a étudié la création littéraire à l'Université du Québec à Rimouski. *Quand les guêpes se taisent* est son premier roman. Elle a publié son second roman, intitulé *Dagaz*, en 2014.

Born in Sept-Îles and raised in Métis-sur-Mer, Pelletier studied creative writing at the Université du Québec à Rimouski. *Quand les guêpes se taisent* was her first novel. Her second, entitled *Dagaz*, appeared in 2014.

PIERRE PERRAULT
(1927-1999)

Au cœur de la rose, pièce en trois actes (THÉÂTRE 1964)
Chouennes (POÉSIE 1975)
Le mal du Nord (ÉTUDES ET ESSAIS 1999)

MONTRÉAL / Qualifié de « classique du cinéma canadien[81] », le documentaire de Perrault de 1963, *Pour la suite du monde,* raconte l'histoire d'une chasse traditionnelle au béluga à L'Isle-aux-Coudres. Coréalisé avec Michel Brault, il est le premier film canadien à avoir été présenté au Festival de Cannes. Fils d'un marchand de bois montréalais, le jeune Perrault a été renvoyé de deux des meilleures écoles privées de Montréal avant d'obtenir son diplôme du Collège Sainte-Marie. Il a ensuite exercé en tant qu'avocat pendant deux ans, puis a abandonné le droit pour travailler comme cinéaste, dramaturge, poète, scénariste pour la télévision et producteur de radio. Son premier recueil, *Portulan*, lui a valu le prix du Grand Jury des lettres canadiennes pour une œuvre de poésie en 1961. Sa pièce primée, *Au cœur de la rose*, a d'abord été produite pour la SRC en 1958, mais a été jouée sur scène par la compagnie montréalaise Les Apprentis-Sorciers, en 1963. Officier de l'Ordre national du Québec, Perrault est récipiendaire de doctorats honorifiques de l'Université Laval, de l'Université Lumière Lyon II et de l'Université de Sherbrooke.

Called a "landmark in Canadian film,"[82] Perrault's 1963 documentary, *Pour la suite du monde,* tells the story of a traditional beluga whale hunt on the Île aux Coudres. Co-directed with Michel Brault, the film was the first Canadian film to appear at the Cannes Film Festival. The son of a Montréal lumber merchant, the young Perrault was infamously asked to leave two of Montréal's best private schools before finally graduating from the Collège Saint-Marie. Later, he worked for two years as a lawyer before abandoning law to work as a filmmaker, playwright, poet, television scriptwriter and radio producer. His first book, *Portulan*, won the Grand Jury des lettres canadiennes prize for poetry in 1961. His award-winning play *Au cœur de la rose* began as a production for the French CBC in 1958, but was premiered on stage with the Montréal company Les Apprentis-Sorciers in 1963.

PIERRE PERRAULT Photo: Josée Lambert, Groupe Ville-Marie Littérature

An Officer of the Ordre national du Québec, Perrault received honorary doctorates from the Université Laval, the Université Lumière Lyon II and the Université de Sherbrooke.

JOSEPHINE PHELAN
(1905–1979)

The Ardent Exile (CREATIVE NON-FICTION 1951)

TORONTO / A native of Hamilton, Ontario, Phelan received her BA and MA in history from the University of Toronto before attending the Ontario College of Education. Later, after teaching high school and working in the publishing industry in Montréal, she returned to the University of Toronto to obtain a degree in library science. While working as a librarian at the Toronto Public Library, she began writing books and articles on a variety of historical topics. Published in 1951, *The Ardent Exile* not only won a Governor General's Literary Award, it also won the University of British Columbia's Medal for Popular Biography. Phelan's other books include *The Boy Who Ran Away* and *The Bold Heart*.

Originaire d'Hamilton, en Ontario, Josephine Phelan a obtenu un baccalauréat et une maîtrise en histoire de l'Université de Toronto, avant de fréquenter l'Ontario College of Education. Après avoir enseigné au secondaire et travaillé dans le domaine de l'édition à Montréal, elle est retournée à l'Université de Toronto pour étudier la bibliothéconomie. Alors qu'elle travaillait comme bibliothécaire à la Bibliothèque publique de Toronto, elle a commencé à écrire des livres et des articles sur une variété de sujets historiques. Publié en 1951, *The Ardent Exile* a non seulement été récompensé d'un Prix littéraire du Gouverneur général, mais il a aussi remporté la médaille de l'Université de la Colombie-Britannique pour une biographie populaire. Phelan a aussi publié *The Boy Who Ran Away* et *The Bold Heart*.

WENDY PHILLIPS
(1959)

Fishtailing (CHILDREN'S LITERATURE – TEXT 2010)

RICHMOND, BRITISH COLUMBIA / A journalist, high-school teacher and librarian, Phillips began writing her first novel while wandering the hills around her hometown of Kamloops at age eleven, recording her thoughts in a notebook. Her first published book, *Fishtailing,* tells the story of Natalie, Kyle, Tricia and Miguel, four fictional Vancouver high-school students. Written in free verse, the book gives a

WENDY PHILLIPS Photo: Ramon Klose

graphic account of how they react to violence and bullying in their school and in their home lives, and how events have the potential to fishtail out of control.

Wendy Phillips est journaliste, enseignante au secondaire et bibliothécaire. Elle a commencé à écrire son premier roman alors qu'elle arpentait les collines de sa ville natale de Kamloops à l'âge de onze ans, consignant ses pensées dans un cahier. Son premier ouvrage publié, *Fishtailing*, raconte l'histoire de Natalie, Kyle, Tricia et Miguel, quatre élèves fictifs d'une école secondaire de Vancouver. Écrit en vers libres, le livre offre un compte-rendu imagé de la façon dont ils réagissent à la violence et à l'intimidation à l'école et à la maison, et de la manière dont les événements peuvent devenir incontrôlables.

ALPHONSE PICHÉ
(1917-1998)

Poèmes 1946-1968 (POÉSIE 1976)

TROIS-RIVIÈRES, QUÉBEC / Né à Chicoutimi, Piché a cofondé la Société des écrivains de la Mauricie en 1980. Le recueil rétrospectif *Poèmes 1946-1968* réunit les œuvres de trois recueils de poèmes antérieurs de Piché : *Ballades de la petite extrace*, *Remous* et *Voie d'eau*. L'Université du Québec à Trois-Rivières lui a décerné un doctorat honorifique en 1988. L'année suivante, le prix de poésie Alphonse-Piché a été instauré en son honneur. Il est décerné chaque année à un poète pour une première œuvre publiée. En 1992, Piché a été décoré de l'Ordre du Canada.

Born in Chicoutimi, Piché was co-founder of the Société des écrivains de la Mauricie in 1980. A retrospective collection, *Poèmes 1946-1968* combines work from three of Piché's earlier collections: *Ballades de la petite extrace*, *Remous* and *Voie d'eau*. He received an honorary doctorate from the Université du Québec à Trois-Rivières in 1988. In 1989, the Prix de poésie Alphonse-Piché was created in his honour. The prize is given each year to a poet for his or her first published work. In 1992, Piché was appointed a Member of the Order of Canada.

CAROLINE PIGNAT
(1970)

Greener Grass (CHILDREN'S LITERATURE – TEXT 2009)
The Gospel Truth (CHILDREN'S LITERATURE – TEXT 2015)

OTTAWA / Born in Dublin, Ireland, Pignat was raised in Ottawa. She learned how to write while composing letters to send to family members still living in Ireland. In *Greener Grass*, Pignat tells the story of Kit Byrne, a young girl trying to survive the Irish potato famine of 1847. The book is followed by a sequel, *Wild Geese*, in which Kit flees Ireland for the new world. In *The Gospel Truth,* Pignat gives voice to several characters living on a southern slave plantation in 1858. Written in free verse, the book involves the arrival of a mysterious man from Canada. A teacher with the Ottawa Catholic School Board, Pignat is also the recipient of two Red Maple Honour Book Awards and a Canadian Library Association's Young-Adult Book-of-the-Year Honour Book Award.

Originaire de Dublin, en Irlande, Pignat a grandi à Ottawa. Elle a appris à écrire en rédigeant des lettres aux membres de sa famille demeurés en Irlande. Dans *Greener Grass*, Pignat raconte l'histoire de Kit Byrne, une jeune fille qui tente de survivre à la famine de la pomme de terre de 1847, en Irlande. Dans la suite du livre, *Wild Geese*, Kit fuit l'Irlande pour le Nouveau Monde. Dans un autre roman, *The Gospel Truth,* Pignat donne la parole à plusieurs esclaves vivant sur une plantation du Sud en 1858. Écrit en vers libres, le livre raconte l'arrivée sur cette plantation d'un homme mystérieux venu du Canada. Pignat est enseignante à l'Ottawa Catholic School Board. Elle a reçu deux prix Red Maple et le prix du livre jeunesse de l'année de l'Association canadienne des bibliothèques.

JEAN-GUY PILON
(1930)

Comme eau retenue (POÉSIE 1969)

MONTRÉAL / Né à Saint-Polycarpe, au Québec, Pilon a obtenu un diplôme en droit de l'Université de Montréal en 1954. Cofondateur de la revue *Liberté*, il a aussi participé à la fondation des Éditions de l'Hexagone, qu'il a dirigées pendant un certain temps. Il a plus tard travaillé pour la Société Radio-Canada, d'abord comme réalisateur puis à titre de directeur des émissions culturelles, un poste qu'il a occupé de 1970 à 1985. Pilon a été reçu à la Société royale du Canada en 1967 et a été nommé Officier de l'Ordre du Canada en 1987. L'année suivante, il a été fait chevalier de l'Ordre national du Québec.

Born in Saint-Polycarpe, Quebec, Pilon graduated with a degree in law from the Université de Montréal in 1954. A co-founder of the journal *Liberté*, he also co-founded and helped to run the Montréal publishing house Hexagone. Later he worked with Radio-Canada, eventually rising to be head of cultural programming, a position he held from 1970 to 1985. In 1967, Pilon was elected a Fellow of the Royal Society of Canada. He became an Officer of the Order of Canada in 1987 and, a year later, a Chevalier in the Ordre national du Québec.

JEAN-PAUL PINSONNEAULT
(1923-1978)

Les terres sèches (ROMANS ET NOUVELLES 1964)

MONTRÉAL / Originaire de Waterloo, au Québec, Pinsonneault a été rédacteur en chef du mensuel *Lectures* et directeur littéraire des Éditions Fides, avant de se faire connaître comme dramaturge, scénariste et romancier. Parmi ses romans les plus connus figurent *Jérôme Aquin*, *Le mauvais pain*, *Les terres sèches* et *Les abîmes de l'aube*. *Les terres sèches* a été l'un des premiers romans québécois à aborder ouvertement le thème de l'homosexualité. En plus d'un Prix du Gouverneur général, ce roman a valu à Pilon un Prix France-Canada en 1964.

Born in Waterloo, Quebec, Pinsonneault served as editor-in-chief of the monthly journal *Lectures*, and as literary director of Les Éditions Fides before becoming known as a playwright, scriptwriter and novelist. His best-known novels include *Jérôme Aquin*, *Le mauvais pain*, *Les terres sèches* and *Les abîmes de l'aube*. *Les terres sèches* was one of the first Quebec novels to focus on openly gay themes. In addition to a Governor General's Award, *Les terres sèches* also won the 1964 Prix France-Canada.

MICHEL PLEAU
(1964)

La lenteur du monde (POÉSIE 2008)

QUÉBEC / Sixième poète officiel du Parlement du Canada, Pleau a obtenu un poste d'écrivain en résidence Québec-Paris à Paris, et un autre poste d'écrivain en résidence du Conseil des arts et des lettres du Québec à Montréal. Il a étudié à l'Université Laval et à l'Université du Québec à Montréal, avant d'enseigner la création littéraire à l'Université Laval. En 1997, une île du réservoir de Caniapiscau, dans le Nord-du-Québec, a été baptisée du titre de son recueil de poésie, *La traversée de la nuit*.

Canada's sixth Parliamentary Poet Laureate, Pleau also served as a Quebec-Paris writer-in-residence in Paris and as a Conseil des arts et des lettres du Québec writer-in-residence in Montréal. Before teaching creative writing at the Université Laval, Pleau studied at the Université Laval and the Université du Québec à Montréal. In 1997, an island in Quebec's Caniapiscau Reservoir was named in honour of Pleau's poetry collection, *La traversée de la nuit*.

DANIEL POLIQUIN
(1953)

L'Indien malcommode de Thomas King (TRADUCTION 2014)
Un barbare en Chine nouvelle de Alexandre Trudeau (TRADUCTION 2017)

OTTAWA / Diplômé de l'Université d'Ottawa et de l'Université Carleton, Poliquin a été traducteur pour le gouvernement fédéral pendant plusieurs années, d'abord au sein de la fonction publique puis à la Chambre des communes. Il a par ailleurs enseigné l'allemand à l'Université Carleton et la traduction à l'Université d'Ottawa. Ses romans les plus connus comptent *L'Écureuil noir*, *L'Homme de paille* et *La Kermesse*. Il a traduit les œuvres d'auteurs tels que Matt Cohen, Douglas Glover, Jack Kerouac, W. O. Mitchell et Mordecai Richler. Titulaire de doctorats honorifiques de l'Université d'Ottawa et de l'Université Carleton, Poliquin est Chevalier de l'Ordre des Arts et des Lettres en France et Officier de l'Ordre du Canada.

A graduate of the University of Ottawa and Carleton University, Poliquin worked for years as a translator for the federal government, first in the federal public service and later in the House of Commons. He also taught German at Carleton University and translation at the University of Ottawa. Poliquin's best-known novels include *L'Écureuil noir*, *L'Homme de paille* and *La Kermesse*. Authors he has translated include Matt Cohen, Douglas Glover, Jack Kerouac, W. O. Mitchell and Mordecai Richler. A recipient of honorary degrees from the University of Ottawa and Carleton University, Poliquin is also a Chevalier in l'Ordre des Arts et des Lettres in France and an Officer of the Order of Canada.

SHARON POLLOCK
(1936)

Blood Relations and Other Plays (Drama 1981)
Doc (Drama 1986)

Calgary / One of Canada's most prolific and often-produced playwrights, Pollock has worked as an actor, director, playwright, dance librettist, dramaturge, artistic director and administrator for plays produced throughout Canada and around the world. She is the recipient of numerous awards recognizing excellence in drama, including a Canada-Australia Award for her body of work, two Governor General Literary Awards for Drama, a Japan Foundation Award and a National Theatre School of Canada's Gascon Thomas Award. In 2012, she was appointed an Officer of the Order of Canada.

L'une des dramaturges canadiennes les plus prolifiques et les plus souvent produites, Pollock a travaillé comme actrice, metteure en scène, auteure dramatique, librettiste, directrice artistique et administratrice pour des pièces jouées au Canada et dans le monde. Elle a reçu de nombreux prix d'excellence en art dramatique, dont un Prix littéraire Canada-Australie pour l'ensemble de son œuvre, deux Prix littéraires du Gouverneur général dans la catégorie « Drama », un Japan Foundation Award et un prix Gascon-Thomas de l'École nationale de théâtre du Canada. En 2012, elle a été nommée Officier de l'Ordre du Canada.

PAMELA PORTER
(1956)

The Crazy Man (Children's Literature – Text 2005)

Sidney, British Columbia / Born in Albuquerque, New Mexico, Porter studied at the Southern Methodist University in Dallas and at the University of Montana before marrying into a fourth-generation Saskatchewan farm family. A poet as well as a novelist, Porter's work has earned her over a dozen provincial, national and international awards, including a *Vallum* Magazine Poem-of-the-Year Award and a Prism International Grand Prize in Poetry. Porter teaches writing at the University of Victoria.

Née à Albuquerque, au Nouveau-Mexique, Porter a fait des études à l'Université Southern Methodist de Dallas et à l'Université du Montana avant d'épouser un agriculteur de quatrième génération originaire de la Saskatchewan. Poétesse et romancière, les écrits de Porter lui ont valu une douzaine de récompenses provinciales, nationales et internationales, dont le prix du magazine *Vallum* pour le meilleur poème de l'année et le Grand Prix de poésie du *Prism International*. Porter enseigne l'écriture à l'Université de Victoria.

JACQUES POULIN
(1937)

Les grandes marées (ROMANS ET NOUVELLES 1978)

QUÉBEC / L'un des romanciers québécois les plus lus, Jacques Poulin est originaire de Saint-Gédéon-de-Beauce, au Québec. Il a été conseiller en orientation professionnelle au secondaire et traducteur pour le gouvernement fédéral, avant de déménager à Paris pour se consacrer à l'écriture. Il a remporté le prix David en 1995 et le prix Gilles-Corbeil en 2008. *Les grandes marées* est l'histoire d'un traducteur de bandes dessinées affable qui vit sur une île déserte. Sa solitude est interrompue par une série de personnes bien intentionnées mais peu utiles.

One of Quebec's most widely read novelists, Poulin was born in Saint-Gédéon de Beauce, Quebec. He worked as a high-school counselor and as a government translator before moving to Paris to devote himself to writing. He received the Prix David in 1995 and the Prix Gilles-Corbeil in 2008. *Les grandes marées* is the story of a gentle, comic-strip translator living on a deserted island. Eventually his solitude is interrupted by the interventions of a series of well-meaning but unhelpful people.

STÉPHANE POULIN
(1961)

Benjamin & la saga des oreillers (LITTÉRATURE JEUNESSE – ILLUSTRATIONS 1989)
Poil de serpent, dent d'araignée de Danielle Marcotte (LITTÉRATURE JEUNESSE –
    ILLUSTRATIONS 1997)

MONTRÉAL / Après des études en arts graphiques au Collège Ahuntsic, à Montréal, Stéphane Poulin a publié son premier livre, *ah! belle cité!/a beautiful city: abc*, en 1985. Les peintures qu'on découvre dans ce livre ont été exposées à la galerie L'Art français, à Montréal. Par la suite, Poulin a illustré plus d'une centaine de livres jeunesse. Les livres de la série « Joséphine » font partie de ses livres les plus populaires. On y trouve notamment *As-tu vu Joséphine?*, lauréat d'un Prix de littérature de jeunesse du Conseil des arts du Canada, et *Peux-tu attraper Joséphine?*, qui a remporté un prix Elizabeth-Mrazik-Cleaver pour un album illustré canadien.

After studying graphic arts at the Collège Ahuntsic in Montréal, Poulin published his first book, *ah! belle cité!/a beautiful city: abc*, in 1985. The paintings from the book were shown at the Galerie l'Art Français in Montréal. Since then, Poulin has illustrated over a hundred books for children and young people. Among his most popular books in the Joséphine series are *As-tu vu Joséphine?*, which won a Canada Council Children's Literature Prize, and *Peux-tu attraper Joséphine?*, which won an Elizabeth Mrazik-Cleaver Canadian Picture-Book Award.

JOËL POURBAIX
(1958)

Le mal du pays est un art oublié (POÉSIE 2015)

MONTRÉAL / Pourbaix a écrit plus d'une dizaine d'ouvrages de poésie, notamment *Séquences initiales*, *Labyrinthe 5*, *Les morts de l'infini* et *Dictature de la solitude*. Originaire de Québec, il a été journaliste à Radio-Canada et a œuvré dans l'industrie du livre pendant de nombreuses années. Il est membre de l'Union des écrivaines et des écrivains québécois.

Pourbaix is the author of over a dozen books of poetry, including *Séquences initiales*, *Labyrinthe 5*, *Les morts de l'infini*, and *Dictature de la solitude*. Born in Québec City, he worked as a reporter for Radio-Canada and in the book trade for many years. He is a member of the Union des écrivaines et des écrivains québécois.

E. J. (EDWIN JOHN) PRATT
(1882–1964)

The Fable of the Goats and Other Poems (POETRY 1937)
Brébeuf and His Brethren (POETRY 1940)
Towards the Last Spike (POETRY 1952)

TORONTO / Born in Western Bay, Newfoundland, Pratt is generally regarded as the leading English-language Canadian poet of his generation. A Companion of the Order of St Michael and St George, a Fellow of the Royal Society of Canada and an honorary president of the Canadian Authors' Association, Pratt focused his poetry not only on life in Newfoundland but on many of the great events of Canadian history. After training for the ministry as a young man, he completed

E. J. (EDWIN JOHN) PRATT Photo: Courtesy of / Reproduite avec la permission de Victoria University Library (Toronto)

a PhD at Victoria College, Toronto, where he taught for most of his life. Many of his students were struck by his fresh approach to writing poetry. As Pratt told his students, "Rhyme and meter do not make a poem ... The real flesh and blood of poetry lies in turns of phrase, vivid images, new and unusual thoughts and manners of expressing them."[83]

Né à Western Bay, à Terre-Neuve, Pratt est généralement considéré comme le plus grand poète canadien de langue anglaise de sa génération. Il est Compagnon de l'Ordre de St-Michel et de St-George, membre de la Société royale du Canada et président honoraire de la Canadian Authors' Association. La poésie de Pratt est axée non seulement sur la vie à Terre-Neuve, mais aussi sur de grands événements de l'histoire canadienne. Après avoir suivi une formation pour devenir pasteur dans sa jeunesse, il a obtenu un doctorat du Collège Victoria, à Toronto, où il a enseigné pendant une grande partie de sa vie. Nombre de ses élèves ont été frappés par son approche novatrice de la poésie. Pratt leur disait d'ailleurs : « La rime et le mètre ne font pas un poème ... L'essence même de la poésie réside dans les tournures de phrase, les images vives, les pensées nouvelles et inhabituelles, et la manière de les exprimer[84]. »

PIERRE PRATT
(1962)

Les fantaisies de l'oncle Henri de Bénédicte Froissart (LITTÉRATURE JEUNESSE – ILLUSTRATIONS 1990)
Mon chien est un éléphant de Rémy Simard (LITTÉRATURE JEUNESSE – ILLUSTRATIONS 1994)
Monsieur Ilétaitunefois de Rémy Simard (LITTÉRATURE JEUNESSE – ILLUSTRATIONS 1998)

MONTRÉAL / Après des études en graphisme au Collège Ahuntsic de Montréal, Pratt a travaillé comme illustrateur pour différents magazines, dont *L'actualité* et *Châtelaine*, et comme illustrateur de livres pour divers éditeurs. Il a ensuite commencé à illustrer ses propres livres pour enfants. Entre autres récompenses, Pratt a obtenu trois Prix du livre M. Christie, un prix Unicef, une Pomme d'Or de la Biennale internationale de l'illustration de Bratislava, un Boston Globe-Horn Book Award et un Prix TD.

After studying graphic design at the Collège Ahuntsic in Montréal, Pratt worked as an illustrator for a variety of magazines, including *L'actualité* and *Châtelaine*, and as a book illustrator for various publishers. Later, he began illustrating many of his own children's titles. His numerous awards include three Mr. Christie's Book

Awards, a Unicef Award, a Pomme d'Or from the Biennale de Bratislava, a Boston Globe-Horn Book Award, and a TD Award.

KATE PULLINGER
(1961)

The Mistress of Nothing (FICTION 2009)

LONDON, ENGLAND / Born in Cranbrook, British Columbia, Pullinger writes as enthusiastically for new forms of electronic media as she does for traditional book audiences. In 2014, she collaborated with novelist Neil Bartlett in the production of a new digital war memorial, *Letter to an Unknown Soldier*. Inspired by the statue of the unknown soldier on Platform 1 at Paddington train station in London, the project resulted in letters being written to an unknown soldier by some 22,000 Londoners. A selection of these letters was then published in a book of the same name. Pullinger also collaborated with director Jane Campion in their novelization of the film *The Piano*.

Originaire de Cranbrook, en Colombie-Britannique, Pullinger écrit avec autant d'enthousiasme pour les nouvelles formes de médias électroniques qu'elle le fait pour les formes plus traditionnelles. En 2014, elle a collaboré avec le romancier Neil Bartlett pour créer un nouveau monument de guerre virtuel, *Letter to an Unknown Soldier*. Inspiré par la statue du soldat inconnu du quai 1 de la gare de Paddington, à Londres, ce projet a offert la possibilité à 22 000 personnes d'écrire des lettres au soldat inconnu. Une partie de ces lettres ont ensuite été publiées dans un livre du même nom. Pullinger a aussi collaboré avec la réalisatrice Jane Campion pour transposer son film *Le Piano* en roman.

ALFRED PURDY
(1918–2000)

The Cariboo Horses (POETRY 1965)
The Collected Poems of Al Purdy (POETRY 1986)

AMELIASBURG, ONTARIO / Born in Wooler, Ontario, Purdy was among the most famous of Canada's twentieth-century "working class poets" or "poets of the people." After serving for six years in the RCAF during the Second World War, Purdy travelled the country extensively, eventually publishing a semi-autobiographical novel, *Splinter in the Heart*, followed by his 1993 autobiography, *Reaching for the Beaufort Sea*. In 1968, he published an edited collection of essays on

KATE PULLINGER Photo: Mathieu Bourgois

Canadian-American relations entitled *The New Romans*. In 1982, he received the Order of Canada and, in 1987, the Order of Ontario.

Né à Wooler, en Ontario, Purdy comptait parmi les plus célèbres « poètes du peuple » ou « poètes de la classe ouvrière » du XXe siècle au Canada. Après avoir servi durant six ans dans l'Aviation royale du Canada pendant la Seconde Guerre mondiale, Purdy a voyagé aux quatre coins du pays, publiant plus tard un roman semi-autobiographique, *Splinter in the Heart*, puis l'autobiographie *Reaching for the Beaufort Sea* en 1993. En 1968, il a publié un recueil d'essais sur les relations canado-américaines intitulé *The New Romans*. Il a reçu l'Ordre du Canada en 1982 et l'Ordre de l'Ontario en 1987.

PAUL QUARRINGTON
(1953–2010)

Whale Music (FICTION 1989)

TORONTO / Raised in the Toronto suburb of Don Mills, Quarrington became famous as much for his highly regarded magazine articles as for his work as a novelist, playwright and screenwriter. Throughout his career he collaborated with numerous other writers and musicians, including Martin Worthy, Dan Hill, Nino Ricci, John Krizanc, Robert Lantos and others. Quarrington's winning book, *Whale Music*, was pronounced "the greatest rock'n'roll novel ever written" by no less an authority than *Penthouse* magazine.[85] Quarrington's film adaptation of the book, in which actor Maury Chaykin portrays the drug-addled Desmond Howl, was co-written with director Richard Lewis and appeared in 1994.

Issu de la banlieue torontoise de Don Mills, Quarrington est devenu célèbre autant pour ses articles de magazine très appréciés du public que pour son travail à titre de romancier, dramaturge et scénariste. Tout au long de sa carrière, il a collaboré avec de nombreux écrivains et musiciens, dont Martin Worthy, Dan Hill, Nino Ricci, John Krizanc et Robert Lantos. Le livre primé de Quarrington, *Whale Music*, a été sacré « plus grand roman rock'n'roll jamais écrit[86] » par le magazine *Penthouse*. Il a coécrit, avec le réalisateur Richard Lewis, l'adaptation cinématographique du roman, parue en 1994, et dans laquelle le comédien Maury Chaykin interprète le toxicomane Desmond Howl.

PAUL QUARRINGTON Photo: Fred Lum, The Canadian Press / La Presse Canadienne

PASCALE QUIVIGER
(1969)

Le cercle parfait (Romans et nouvelles 2004)

Chiusdino, Italie / Originaire de Montréal, Quiviger a étudié la philosophie à l'Université de Montréal et les beaux-arts à l'Université Concordia avant de déménager à Rome afin de se spécialiser dans la gravure. Auteure et artiste, elle a enseigné le dessin en Italie et en Angleterre. Parmi ses autres ouvrages figurent *Ni sols ni ciels, Un point de chute, Si tu m'entends* et *Le voyage*.

Born in Montréal, Quiviger studied philosophy at the Université de Montréal and fine arts at Concordia University before moving to Rome to specialize in engraving. Both an author and artist, she has taught drawing in Italy and England. Some of her other titles include *Ni sols ni ciels, Un point de chute, Si tu m'entends*, and *Le voyage*.

THOMAS H. (HEAD) RADDALL
(1903–1994)

The Pied Piper of Dipper Creek and Other Tales (Fiction 1943)
Halifax (Creative Non-fiction 1948)
The Path of Destiny (Academic Non-fiction 1957)

Liverpool, Nova Scotia / Born in England and raised in Nova Scotia, Raddall is remembered as both a novelist and a popular historian. Although his father was killed in action in the First World War, his family survived the great Halifax explosion of December 6, 1917, when a Norwegian ship in Halifax Harbour collided with a French cargo ship fully loaded with wartime explosives. The explosion was the largest man-made blast prior to the introduction of nuclear weapons. Raddall later wrote about these and other experiences in his autobiography, *In My Time*. *The Pied Piper of Dipper Creek and Other Tales* was the first collection of short stories to win a Governor General's Literary Award.

Thomas Raddall est né en Angleterre et a grandi en Nouvelle-Écosse. On se souvient de Raddall tant comme romancier que comme historien populaire. Bien que son père ait été tué au combat au cours de la Première Guerre mondiale, sa famille a survécu à la grande explosion du 6 décembre 1917, à Halifax, lorsqu'un navire norvégien dans le port d'Halifax est entré en collision avec un cargo français entièrement chargé d'explosifs de guerre. Ce fut la plus grande explosion d'origine humaine avant les armes nucléaires. Raddall relate cette expérience et bien d'autres dans son autobiographie, *In My Time*. *The Pied Piper of Dipper Creek and Other Tales* a été le premier recueil de nouvelles à remporter un Prix littéraire du Gouverneur général.

JAMES REANEY
(1926–2008)

The Red Heart (POETRY 1949)
A Suit of Nettles (POETRY 1958)
Twelve Letters to a Small Town (POETRY 1962)
The Killdeer and Other Plays (DRAMA 1962)

LONDON, ONTARIO / Born in South Easthope, Ontario, Reaney taught English for many years at the University of Manitoba. Later, he completed his PhD at the University of Toronto under the direction of Northrop Frye. In 1960, he moved to the University of Western Ontario, where he began to be noticed for his stage plays, in addition to the poetry for which he was already well known. A recipient of honorary degrees from Carleton University, McMaster University, Brock University and the University of Western Ontario, Reaney was made an Officer of the Order of Canada in 1976. He was elected to the Royal Society of Canada in 1978.

Originaire de South Easthope, en Ontario, Reaney a enseigné l'anglais à l'Université du Manitoba pendant plusieurs années. Il a ensuite fait son doctorat à l'Université de Toronto sous la direction de Northrop Frye. En 1960, il est allé enseigner à l'Université Western, où il s'est fait remarquer pour ses pièces de théâtre, en plus de la poésie pour laquelle il était déjà bien connu. Titulaire de doctorats honorifiques des universités Carleton, McMaster, Brock et Western, Reaney a obtenu l'insigne d'Officier de l'Ordre du Canada en 1976. Deux ans plus tard, il a été reçu à la Société royale du Canada.

FRED A. REED
(1939)

Imagining the Middle East by Thierry Hentsch (TRANSLATION 1992)
Fairy Ring by Martine Desjardins, with David Homel (TRANSLATION 2001)
Truth or Death by Thierry Hentsch (TRANSLATION 2005)

MONTRÉAL / An international journalist and award-winning translator, Reed has regularly written about the Middle East for periodicals and newspapers including *The Globe and Mail, Maclean's, Le Devoir* and *La Presse*, as well as for CBC radio and Radio-Canada television. He is the author of *Anatolia Junction* (on the Muslim theologian, Bediuzzaman Said Nursi), *Shattered Images* (an examination of the origins of radical iconoclasm in Christianity and Islam), and *Then We Were One* (an autobiographical essay). He has also collaborated with the filmmaker, Jean-Daniel Lafond, on two feature-length documentaries: *Salam Iran – A Persian Letter* and *American Fugitive – The Truth about Hassan*. Reed divides his time between Montréal, Turkey and Morocco.

Journaliste international et traducteur primé, Reed a beaucoup écrit sur le Moyen-Orient pour des périodiques tels que le *Globe and Mail, Maclean's, Le Devoir* et *La Presse*. Il a aussi été journaliste pour la radio et la télévision de Radio-Canada. Il est l'auteur d'*Anatolia Junction*, portant sur Bediuzzaman Said Nursi; de *Shattered Images*, une analyse des origines de l'iconoclasme radical dans le christianisme et l'islam; et de *Then We Were One*, un essai autobiographique. Reed a collaboré avec le cinéaste Jean-Daniel Lafond à la réalisation de deux longs métrages documentaires : *Salam Iran – A Persian Letter* et *American Fugitive – The Truth about Hassan*. Reed partage son temps entre Montréal, la Turquie et le Maroc.

BARBARA REID
(1957)

The Party (CHILDREN'S LITERATURE – ILLUSTRATION 1997)

TORONTO / A children's book illustrator, Reid studied at the Ontario College of Art. Her books have been published in over a dozen countries and have been translated into over half a dozen languages. Most of her illustrations are made by first creating a series of relief images in plasticine, a type of modeling clay. Each is then photographed to record a unique, three-dimensional image. Among Reid's many awards are an Ezra Jack Keats Award, a Vicky Metcalf Award for Literature for Young People, and a Ruth and Sylvia Schwartz Award. In 2013, Reid was appointed a Member of the Order of Canada.

Illustratrice de livres pour enfants, Reid a fait des études à l'Ontario College of Art. Ses livres ont été publiés dans plus d'une dizaine de pays et ont été traduits dans une demi-douzaine de langues. Reid commence son processus d'illustration par des esquisses. Elle façonne ensuite attentivement l'image avec de la pâte à modeler colorée. Les images tridimensionnelles uniques qui en résultent sont ensuite photographiées. Parmi les prix qu'elle a remportés figurent un prix Ezra-Jack-Keats, un prix Vicky-Metcalf de littérature jeunesse et un prix Ruth-et-Sylvia-Schwartz. En 2013, elle a été décorée de l'Ordre du Canada.

RAZIEL REID
(1990)

When Everything Feels like the Movies (CHILDREN'S LITERATURE – TEXT 2014)

VANCOUVER / "Darling," she said, "we're a train wreck." "Sweetheart," I said, "train wrecks always make the front page."[87] Making the front page is something Reid did with his first book, *When Everything Feels like the Movies*. A graduate of the New York Film Academy and the youngest author ever to have won in the category of Children's Literature, Reid wrote his award-winning novel in response to the murder of a gay California teenager, Lawrence King. The book provoked strong feelings both from Reid's detractors, who called for his Governor General's Literary Award to be revoked, and from his supporters, who lobbied successfully to have Reid appointed to teach creative writing at the University of British Columbia.

« Chéri, dit-elle, nous sommes un désastre. » « Mon cœur, ai-je répondu, les désastres font toujours la une[88]. » La une, c'est ce que Reid a fait lorsqu'il a publié son premier livre, *When Everything Feels like the Movies*. Diplômé de la New York Film Academy et le plus jeune lauréat dans la catégorie « Children's Literature », Reid a écrit son roman primé en réponse au meurtre d'un adolescent californien gai, Lawrence King. Le livre a provoqué de vives réactions tant chez les détracteurs de Reid, qui ont demandé la révocation de son Prix littéraire du Gouverneur général, que chez ses partisans, qui ont obtenu que Reid enseigne la création littéraire à l'Université de la Colombie-Britannique.

RAZIEL REID Photo: Ash McGregor

FRANÇOIS RICARD
(1947)

La littérature contre elle-même (ÉTUDES ET ESSAIS 1985)

MONTRÉAL / Originaire de Shawinigan, au Québec, Ricard est diplômé de l'Université Laval, de l'Université McGill et de l'Université Aix-Marseille. Cofondateur des Éditions du Sentier, il a dirigé la revue littéraire *Liberté* et a été directeur littéraire des Éditions du Boréal Express. *La littérature contre elle-même* renferme une série d'essais publiés à l'origine dans la revue *Liberté*. Deux des autres ouvrages de Ricard, *The Lyric Generation* et *Gabrielle Roy*, ont remporté un Prix littéraire du Gouverneur général en traduction. Ricard a été élu à la Société royale du Canada en 1989 et nommé chevalier de l'Ordre national du Québec en 1997.

Born in Shawinigan, Quebec, Ricard is a graduate of the Université Laval, McGill University and Aix-Marseille Université. A co-founder of the publishing house Éditions du Sentier, Ricard served as editor of the literary journal *Liberté* and as literary editor for the publishing house, Éditions du Boréal Express. *La littérature contre elle-même* contains a collection of essays originally published in the journal *Liberté*. Two of Ricard's other books, *The Lyric Generation* and *Gabrielle Roy*, won Governor General's Literary Awards in translation. In 1989, Ricard was elected a Fellow of the Royal Society of Canada and, in 1997, he was made a Chevalier of the Ordre national du Québec.

NINO RICCI
(1959)

Lives of the Saints (FICTION 1990)
The Origins of Species (FICTION 2008)

TORONTO / Ricci's first novel, *Lives of the Saints,* spent seventy-five weeks on *The Globe and Mail*'s bestseller list. It also won major literary awards in Canada, the United States, the United Kingdom and France. Later, it was followed by two sequels, *In a Glass House* and *Where She has Gone*, and was adapted into a television movie starring Sophia Loren and Kris Kristofferson. A graduate of York University and Concordia University, Ricci has served as president of PEN Canada and as a writer-in-residence at institutions across North America. He was appointed a Member of the Order of Canada in 2011.

NINO RICCI Photo: Paul-Antoine Taillefer

Le premier roman de Ricci, *Lives of the Saints,* a figuré sur la liste des bestsellers du *Globe and Mail* pendant 75 semaines. Il lui a aussi valu de prestigieux prix littéraires au Canada, aux États-Unis, au Royaume-Uni et en France. *Lives of the Saints* a été adapté pour la télévision. La série qui en a été tirée met en vedette Sophia Loren et Kris Kristofferson. Ce livre est le premier d'une trilogie, dont l'histoire se poursuit dans *In a Glass House* et *Where She has Gone*. Diplômé de l'Université York et de l'Université Concordia, Ricci a été président de PEN Canada. Il a également été auteur en résidence et professeur invité dans différents établissements en Amérique du Nord. Il est membre de l'Ordre du Canada depuis 2011.

DAVID ADAMS RICHARDS

(1950)

Nights Below Station Street (FICTION 1988)
Lines on the Water (NON-FICTION 1998)

TORONTO / A novelist, short-story writer, essayist, poet and playwright, Richards was born in Newcastle, New Brunswick. In addition to his two Governor General's Awards, he has received a Giller Prize, an Alden Nowland Award for Excellence in the Arts, and two Gemini Awards for scriptwriting. In 2009, he was made a Member of the Order of Canada. The David Adams Richards Prize for Fiction is awarded annually by the Writers' Federation of New Brunswick in his honour. In 2014, Halifax songwriter Dan MacCormack released an album of songs inspired by Richards' novels. Entitled *Symphony of Ghosts*, the title comes from a line in Richards' novel, *Mercy Among the Children*. Richards was appointed a Senator in 2017.

Romancier, nouvelliste, essayiste, poète et dramaturge, Richards est né à Newcastle, au Nouveau-Brunswick. En plus de ses deux Prix du Gouverneur général, il a remporté un prix Giller, un prix Alden-Nowland pour l'excellence dans les arts et deux prix Gémeaux pour la meilleure écriture de série ou minisérie dramatique. En 2009, il a reçu l'Ordre du Canada. Chaque année, en son honneur, la Writers' Federation of New Brunswick décerne le prix David-Adams-Richards pour une œuvre de fiction. En 2014, l'auteur-compositeur Dan MacCormack, d'Halifax, a composé un album de chansons inspirées des romans de Richards. Le titre, *Symphony of Ghosts*, est tiré d'un passage de son ouvrage *Mercy Among the Children*. Richards a été nommé sénateur en 2017.

E. M. (EVELYN MAY) RICHARDSON
(1902–1976)

We Keep a Light (CREATIVE NON-FICTION 1945)

BON PORTAGE ISLAND, NOVA SCOTIA / Born on Emerald Isle and raised on Cape Sable Island, Richardson (née Fox) graduated with a BA from Dalhousie University. She then taught school for several years before marrying Morrill Richardson, the lighthouse keeper on Bon Portage Island. Together, they lived and worked on the island for thirty-five years, raising their three children there. In addition to *We Keep a Light*, Richardson published several other titles, including *No Small Tempest*, *Living Island* and *A Voyage to Australia*. The Evelyn Richardson Memorial School in Shag Harbour is named in Richardson's honour and the annual Evelyn Richardson Memorial Literary Award is given to a Nova Scotia writer of nonfiction in her memory.

Originaire d'Emerald Isle et ayant grandi à Cape Sable Island, Richardson (née Fox) est bachelière de l'Université Dalhousie. Elle a enseigné pendant de nombreuses années avant d'épouser Morrill Richardson, le gardien de phare de l'île du Bon Portage. Ils ont tous deux vécu et travaillé sur l'île pendant 35 ans, et ils y ont élevé leurs trois enfants. Outre *We Keep a Light*, Richardson a publié plusieurs autres titres, y compris *No Small Tempest*, *Living Island* et *A Voyage to Australia*. L'école élémentaire Evelyn Richardson Memorial School à Shag Harbour porte son nom et le prix littéraire Evelyn-Richardson est remis en sa mémoire à un auteur néo-écossais d'ouvrages non romanesques.

MORDECAI RICHLER
(1931–2001)

Cocksure (FICTION 1968)
Hunting Tigers Under Glass (NON-FICTION 1968)
St Urbain's Horseman (FICTION 1971)

MONTRÉAL / One of Canada's most influential and uncompromising writers, Richler was part novelist, part social historian and part social critic. After dropping out of Sir George Williams College (now Concordia University), Richler moved to Paris and then to London. While in Europe, he began writing the series of novels about the Montréal neighborhood in which he grew up that made him famous. Upon his return to Canada, Richler became at first captivated and then appalled

MORDECAI RICHLER Photo: Dick Loek, The Canadian Press / La Presse Canadienne

by the separatist movement in Quebec. Although later novels such as *Solomon Gursky was Here* and *Barney's Version* continued to appeal to adult readers, among younger readers Richler remains best known for his stories about Jacob Two-Two, the youngest of five children who has to say everything twice because people don't hear him the first time.

L'un des écrivains les plus influents et les plus intransigeants du Canada, Richler fut à la fois romancier, historien social et critique social. Après avoir abandonné le Collège Sir George Williams (aujourd'hui l'Université Concordia), Richler a déménagé à Paris, puis à Londres. En Europe, il a commencé à écrire une série de romans sur le quartier montréalais dans lequel il a grandi. C'est cette série qui l'a rendu célèbre. À son retour au Canada, Richler a d'abord été captivé, puis consterné par le mouvement séparatiste au Québec. Bien que ses romans ultérieurs tels que *Solomon Gursky was Here* et *Barney's Version* aient continué de plaire aux lecteurs adultes, Richler reste plus connu parmi les jeunes lecteurs pour ses histoires sur Jacob Deux-Deux, le benjamin de cinq enfants qui doit tout dire deux fois parce que les gens ne l'entendent pas la première fois.

RINGUET
(1895-1960)

Thirty Acres (FICTION 1940)

MONTRÉAL / Né Philippe Panneton à Trois-Rivières, au Québec, Ringuet a d'abord étudié à l'Université Laval, puis à l'Université de Montréal. Après plusieurs années d'études aux cycles supérieurs, à Paris, il est retourné à Montréal, où il a pratiqué comme médecin et fait partie de la Faculté de médecine de l'Université de Montréal. Membre fondateur et président de l'Académie canadienne-française, il a publié sous le nom de jeune fille de sa mère, Ringuet. Son premier livre, *Writing… in the Style of…*, renferme une série de parodies littéraires d'écrivains célèbres. En 1956, il a été nommé ambassadeur du Canada au Portugal. Il est décédé à Lisbonne en 1960. Outre un Prix littéraire du Gouverneur général, il a également remporté le prix Duvernay et la médaille Lorne-Pierce. Le prix Ringuet, décerné par l'Académie des lettres du Québec, a été créé en son honneur.

Born Philippe Panneton in Trois-Rivières, Quebec, Ringuet was educated at the Université Laval and, later, at the Université de Montréal. After several years of postgraduate study in Paris, he returned to Montréal where he worked both as a doctor and as a member of the medical faculty at the Université de Montréal. A founding member and later president of L'Académie canadienne-française, he published under his mother's maiden name, Ringuet. His first book, *Writing … in the Style of …*, contains a series of literary parodies of famous writers. In 1956, he was appointed Canada's ambassador to Portugal. He died in Lisbon in 1960. His other awards include a Prix Duvernay and a Lorne Pierce medal. The Prix Ringuet, awarded by the Académie des lettres du Québec, was created in his honour.

CHARLES RITCHIE
(1906–1995)

The Siren Years (Non-fiction 1974)

Ottawa / One of the most influential diplomats of his generation, Ritchie served as Canada's Ambassador to Germany, the United States, the United Nations and NATO before finishing his career as High Commissioner to the United Kingdom. Born in Halifax, he kept diaries from a young age, four volumes of which appeared following his retirement: *The Siren Years*, *An Appetite for Life*, *Diplomatic Passport* and *Storm Signals*. In the words of *The Canadian Encyclopedia*, "The diaries, like the man, are cool, elegant and cynical about human nature but generous to individuals."[89]

L'un des diplomates les plus influents de sa génération, Ritchie a été ambassadeur du Canada en Allemagne, aux États-Unis, aux Nations Unies et à l'OTAN avant de terminer sa carrière comme haut-commissaire au Royaume-Uni. Originaire d'Halifax, il a tenu un journal personnel dès son plus jeune âge, qu'il a publié en quatre volumes après sa retraite : *The Siren Years*, *An Appetite for Life*, *Diplomatic Passport* et *Storm Signals*. Selon *L'Encyclopédie canadienne*, « ses journaux personnels, comme lui, sont posés, élégants et cyniques à propos de la nature humaine, mais sont généreux pour les personnes[90] ».

YVON RIVARD
(1945)

Les silences du corbeau (Romans et nouvelles 1986)
Aimer, enseigner (Études et essais 2013)

Montréal / Originaire de Saint-Thècle, au Québec, Rivard a enseigné à l'Université McGill pendant 35 ans. Romancier, essayiste et scénariste, il a aussi travaillé pour la revue *Liberté* et pour la Société Radio-Canada. En 1994, *Le bout cassé de tous les chemins* lui a valu le prix Gabrielle-Roy. Il a aussi remporté deux Grands Prix du livre de Montréal, pour *Le Milieu du jour* en 1994 et pour *Le siècle de Jeanne* en 2005.

CHARLES RITCHIE Photo: Harry Palmer

Born in Saint-Thècle, Quebec, Rivard taught for thirty-five years at McGill University. A novelist, essayist and scriptwriter, he also worked for the journal *Liberté* and for the Canadian Broadcasting Corporation. His other awards include a Prix Gabrielle Roy, for *Le bout cassé de tous les chemins* in 1994, and two Grand Prix du livre de Montréal, for *Le Milieu du jour* in 1994 and *Le Siècle de Jeanne* in 2005.

THOMAS B. (BEATTIE) ROBERTON
(1879–1936)

T. B. R. (General Literature 1936)

Winnipeg / Thomas Roberton was the first recipient of Canada's Governor General's Literary Award for General Literature. He emigrated from Glasgow, Scotland in 1910. After working as a farm labourer and printer, he joined the *Winnipeg Free Press* as a columnist in 1918, eventually rising to the position of Assistant Editor-in-Chief. For many years, he wrote a series of columns under the headings, *The Passing World* and *Under the Dome*, referring to activities taking place under the dome of the Manitoba legislative building in Winnipeg. He died in 1936, the same year his award-winning collection of essays was assembled and published. The award was accepted on his behalf by his son, George. A companion volume, *A Second Helping of Newspaper Pieces*, appeared in 1937.

Thomas Roberton fut le premier lauréat d'un Prix littéraire du Gouverneur général dans la catégorie « General Literature ». Après avoir quitté Glasgow, en Écosse, en 1910, Roberton a d'abord travaillé comme ouvrier agricole et imprimeur, puis s'est joint au *Winnipeg Free Press* à titre de chroniqueur en 1918, avant d'accéder au poste de rédacteur en chef adjoint. Pendant de nombreuses années, il a rédigé une série de chroniques sous les titres *The Passing World* et *Under the Dome*, en référence aux activités qui se déroulent sous le dôme du Palais législatif du Manitoba, à Winnipeg. Il est décédé en 1936; cette même année, son recueil d'essais primé a été assemblé et publié. Son fils George a accepté le prix en son nom. Un ouvrage complémentaire, *A Second Helping of Newspaper Pieces*, est paru en 1937.

THOMAS B. (BEATTIE) ROBERTON Photo: *Winnipeg Free Press*

BRUCE ROBERTS
(1946)

Fidèles éléphants de Yukio Tsuchiya (LITTÉRATURE JEUNESSE – ILLUSTRATIONS 2001)

MONTRÉAL / Illustrateur de plus d'une dizaine de livres jeunesse, Roberts a exposé dans une myriade de lieux, des galeries de musées aux laveries, des bistros de Paris au Stampede de Calgary. À l'âge de 5 ans, il a émigré de l'Angleterre avec sa famille. Il a entamé sa carrière d'artiste au *Washington Post*. Ses livres illustrés portent sur des sujets allant du loufoque au sérieux. *Les Malheurs du Lion* raconte l'histoire d'un triangle amoureux entre une mouche domestique, un lion et une abeille qui se rencontrent dans un bar à jus. *Noir, Blanc ou Poil de carotte* est un recueil primé de récits de jeunes du secondaire sur le racisme et les préjugés. *Le chasseur de loups-marins* a été écrit par la fille d'un chasseur des îles de la Madeleine, et son histoire controversée prend la défense de la chasse au phoque. Son livre lauréat d'un Prix du Gouverneur général, *Fidèles éléphants*, s'inspire d'une histoire vraie. Il dépeint les efforts de gardiens de zoo japonais pour sauver les éléphants du zoo de Tokyo lors du bombardement de 1943. En plus de son travail d'illustrateur et d'artiste professionnel, Roberts a enseigné le dessin à des personnes âgées et à des enfants au Canada et en Belgique, ainsi qu'à de jeunes créateurs de niveau universitaire.

The illustrator of over a dozen children's books, Roberts has exhibited at a wide range of venues, from museum galleries to laundromats, from bistros in Paris to the Calgary Stampede. Together with his family, he emigrated from England at the age of five. Later, he began his career as an artist at *The Washington Post*. His illustrated books have focused on subjects from the zany to the serious. *Les Malheurs du Lion* tells the story of a love triangle between a housefly, a lion and a bee who meet at a juice bar. *Noir, Blanc ou Poil de carotte* is an award-winning collection of secondary-school children's stories about prejudice. *Le chasseur de loups-marins* tells a controversial story in support of the seal hunt, written by the daughter of a hunter from Îles de la Madeleine. Roberts' Governor General's Award-winning book, *Fidèles éléphants*, tells the true Japanese story of zoo keepers' efforts to save their elephants during the bombing of Tokyo in 1943. In addition to his work as a professional illustrator and artist, Roberts has taught drawing to seniors and to children in both Canada and Belgium, and to young designers at the university level.

BRUCE ROBERTS Photo: Yves Beaulieu

DAVID ALEXANDER ROBERTSON
(1977)

When We Were Alone, with Julie Flett (YOUNG PEOPLE'S LITERATURE – ILLUS-
TRATED BOOKS 2017)

WINNIPEG / Based in Winnipeg, Robertson is a writer and graphic novelist who
also works in the field of Indigenous education. In 2015, he won the John Hirsch
Award for Most Promising Manitoba Writer. His first novel, *The Evolution of Alice,*
was selected for Manitoba's On-the-Same-Page Award in 2016. A member of the
Norway House Cree Nation, Robertson is especially known for his two series of
graphic novels, *Seven Generations* and *Tales from Big Spirit. When We Were Alone*
also won the McNally Robinson Book for Young People Award.

Basé à Winnipeg, Robertson est un écrivain et un auteur de bandes dessinées.
Il œuvre également dans le domaine de l'éducation autochtone. En 2015, il a
remporté le prix John-Hirsch décerné à l'écrivain manitobain le plus prometteur.
Un prix a été décerné à son premier roman, *The Evolution of Alice*, par le club
de lecture manitobain On the Same Page en 2016. Membre de la Nation crie de
Norway House, Robertson est surtout connu pour ses deux séries de romans illustrés, *7 Générations* et *Tales from Big Spirit*. Son titre primé, *When We Were Alone*,
lui a aussi valu le prix McNally-Robinson pour meilleur livre jeunesse.

RÉJEAN ROBIDOUX
(1928-2017)

Roger Martin du Gard et la religion (AUTRES GENRES LITTÉRAIRES 1964)

OTTAWA / Originaire de Sorel, au Québec, Robidoux a étudié la philosophie et la
théologie à Rome, ainsi que la littérature à l'Université Laval et à la Sorbonne. Il a
par la suite enseigné la littérature à l'Université d'Ottawa pendant de nombreuses
années. Sa biographie primée du romancier français Roger Martin du Gard, Prix
Nobel de littérature en 1937, a été saluée par les membres du jury comme un modèle
d'écriture biographique, et reconnue tant pour son intelligence que pour sa valeur
littéraire. Robidoux est membre de la Société royale du Canada depuis 1980.

Born in Sorel, Quebec, Robidoux studied philosophy and theology in Rome,
as well as literature at both the Université Laval and the Sorbonne. He later
taught literature for many years at the University of Ottawa. His award-winning

biography of the 1937 Nobel Prize winner for literature, French novelist Roger Martin du Gard, was praised by jury members for being a model of biographical writing, noted both for its scholarship and its literary merit. Robidoux was elected a Fellow of the Royal Society of Canada in 1980.

RÉGINE ROBIN
(1939)

Le réalisme socialiste (ÉTUDES ET ESSAIS 1986)

MONTRÉAL / Originaire de Paris, Robin est diplômée de la Sorbonne, de l'Université de Dijon et de l'École des hautes études en sciences sociales de Paris. Elle a immigré au Canada en 1974 et a enseigné à l'Université Laval, à l'Université de Montréal, à l'Université de Sherbrooke et à l'Université du Québec à Montréal. En 1990, Robin a cofondé le Centre interuniversitaire d'analyse de discours et de sociocritique des textes (CIADEST). Membre de la Société royale du Canada depuis 1988, elle a été faite Chevalier de l'Ordre des Palmes académiques de France en 1994.

Born in Paris, Robin is a graduate of the Sorbonne, the Université de Dijon and the École des hautes études en sciences sociales de Paris. She emigrated from France to Canada in 1974 and taught at the Université Laval, the Université de Montréal, the Université de Sherbrooke and the Université du Québec à Montréal. In 1990, Robin co-founded the Centre interuniversitaire d'analyse de discours et de socio-critique des textes (CIADEST). She was elected a Fellow of the Royal Society of Canada in 1988 and made a Chevalier of the Ordre des Palmes Académiques in France in 1994.

J. D. (JOHN DANIEL) ROBINS
(1884–1952)

The Incomplete Anglers (CREATIVE NON-FICTION 1943)

TORONTO / Born in Windsor, Ontario, Robins obtained a BA and an MA from Victoria University, Toronto, and a PhD from the University of Chicago. Returning to Toronto, he worked initially at Victoria University as a Lecturer in German. Later he transferred to the English Department where he eventually served as professor and head. In addition to his humorous, semi-fictional account of a fishing trip in Algonquin Park which became a bestseller in the midst of the Second World War, Robins is remembered for his novel, *Cottage Cheese*, and for his best-selling book, *A Pocketful of Canada*.

J. D. (JOHN DANIEL) ROBINS Photo: Marcel Ray Photographers, Victoria University Archives (Toronto) 1987.052
P204

Né à Windsor, en Ontario, Robins est titulaire d'un baccalauréat et d'une maîtrise de l'Université Victoria, à Toronto, et d'un doctorat de l'Université de Chicago. De retour à Toronto, il a d'abord été chargé de cours d'allemand à l'Université Victoria. Il a ensuite enseigné au sein du Département d'anglais, qu'il a plus tard dirigé. Son récit humoristique en partie fictif d'un voyage de pêche dans le parc Algonquin est devenu un succès de librairie en pleine Seconde Guerre mondiale. Robins est également connu pour son roman *Cottage Cheese* et pour son livre à succès *A Pocketful of Canada*.

YVES ROBY
(1939)

Histoire économique du Québec 1851-1896, avec Jean Hamelin (ÉTUDES ET ESSAIS 1972)

QUÉBEC / Après avoir terminé ses études de premier cycle à l'Université Laval, Roby a fait des études supérieures à la Sorbonne de Paris et à l'Université de Rochester à New York. Il a par la suite enseigné l'histoire à l'Université Laval, se spécialisant dans les questions relatives à la migration franco-américaine en Amérique du Nord. Parmi les ouvrages qu'il a publiés figurent *Histoire générale des États-Unis, 1607-1945*; *Histoire d'un rêve brisé? Les Canadiens français aux États-Unis*; et *Les Franco-Américains de la Nouvelle-Angleterre*.

After completing his undergraduate studies at the Université Laval, Roby did graduate work at the Sorbonne in Paris and at the University of Rochester in New York. He then taught history at Laval, specializing in issues relating to Franco-American migration in North America. His books include *Histoire générale des États-Unis, 1607-1945*; *Histoire d'un rêve brisé? Les Canadiens français aux États-Unis*; and *Les Franco-Américains de la Nouvelle-Angleterre*.

ROGÉ
(1972)

Le gros monstre qui aimait trop lire de Lili Chartrand (LITTÉRATURE JEUNESSE – ILLUSTRATIONS 2006)
Grand-père et la Lune, avec Stéphanie Lapointe (LITTÉRATURE JEUNESSE – LIVRES ILLUSTRÉS 2016)

MONTRÉAL / Dans sa jeunesse, Roger Girard a été directeur artistique d'une agence de publicité montréalaise. Il s'est par la suite consacré à l'illustration de

ROGÉ Photo: Sarah-Maude Ravenelle

livres, à la peinture et à l'écriture, empruntant le nom de plume de Rogé. Ses livres, dont *The French Fry King* et *Mingan My Village*, ont été traduits dans une dizaine de langues. Son premier ouvrage lauréat d'un Prix du Gouverneur général, *Le gros monstre qui aimait trop lire*, a été traduit en anglais sous le titre *Taming Horrible Harry*. Le *New York Times* a nommé son livre de 2014, *Haiti My Country* (v.f. *Haïti mon pays*), dans sa liste des 10 meilleurs livres illustrés pour enfants de l'année.

As a young man, Roger Girard worked as art director for a Montréal advertising agency. Later, he turned to book illustration, painting and writing, using the pen name, Rogé. His books – which include *The French Fry King* and *Mingan My Village* – have been translated into more than a dozen languages. His first Governor General's Award-winning book, *Le gros monstre qui aimait trop lire*, was translated into English under the title *Taming Horrible Harry*. His 2014 book, *Haiti My Country,* was listed on *The New York Times Book Review*'s annual list of the Ten Best Illustrated Children's Books of the year.

LEON ROOKE
(1934)

Shakespeare's Dog (Fiction 1983)

Victoria / Born in Roanoke Rapids, North Carolina, Rooke is a novelist, short-story writer and playwright. He received the Canada-Australia Literary Prize in 1981 and was co-founder of the annual Eden Mills Writers' Festival, held in Eden Mills, Ontario. In 2007, Rooke was appointed a Member of the Order of Canada. *Shakespeare's Dog* is the story of Shakespeare's life as told by the family dog, Hooker.

Né à Roanoke Rapids, en Caroline du Nord, Rooke est un romancier, nouvelliste et dramaturge. Il a remporté le Prix littéraire Canada-Australie en 1981 et a cofondé le Eden Mills Writers' Festival, qui a lieu à Eden Mills, en Ontario. En 2007, Rooke a été décoré de l'Ordre du Canada. *Shakespeare's Dog* est l'histoire de la vie de Shakespeare racontée par le chien de la famille, Hooker.

JOE ROSENBLATT
(1933)

Top Soil (POETRY 1976)

TORONTO / An artist as well as a poet, Rosenblatt dropped out of school in grade ten. The author of over twenty books of poetry, he has been a writer-in-residence at universities in Canada and Italy and his work has been translated into French, Dutch, Italian, Spanish and Swedish. Two of his books contain collections of both poetry and drawings: *The Joe Rosenblatt Reader* and *The Voluptuous Gardener*. Others, such as *Doctor Anaconda's Solar Fun Club,* focus on his arwork alone. Between 1972 and 1983, he worked as senior editor for the literary magazine *Jewish Dialog.*

Artiste et poète, Rosenblatt a abandonné l'école en 10ᵉ année. Auteur d'une vingtaine de livres de poésie, il a été écrivain en résidence à diverses universités canadiennes et italiennes. Ses écrits ont été traduits en français, en néerlandais, en italien, en espagnol et en suédois. Le meilleur de son œuvre poétique et artistique est réuni dans deux recueils : *The Joe Rosenblatt Reader* et *The Voluptuous Gardener*. Il a également publié plusieurs recueils de dessins, dont *Doctor Anaconda's Solar Fun Club*. De 1972 à 1983, il a été rédacteur en chef de la revue littéraire *Jewish Dialog.*

IAN ROSS
(1968)

fareWel (DRAMA 1997)

WINNIPEG / An award-winning dramatist celebrated for his portrayal of the aboriginal experience in Manitoba, Ross studied at the University of Manitoba, graduating with a BA in film and theatre studies. Since then, he has written for film, television, theatre and radio. He is perhaps best known for his humorous radio segments, "Joe from Winnipeg," many of which were compiled into the books *Joe from Winnipeg* and *The Book of Joe*. Ross's Governor General's Award-winning play, *fareWel*, tells the story of the fictional Partridge Crop Reserve, whose members are forced to decide what to do when their welfare cheques go missing and their chief abandons them to go gambling in Las Vegas. Ross's other awards include a James Buller Award and a John Hirsch Award for Most Promising Manitoba Writer.

Dramaturge primé pour sa représentation de l'expérience autochtone au Manitoba, Ross a étudié à l'Université du Manitoba, où il a obtenu un baccalauréat en cinéma et en théâtre. Par la suite, il a écrit pour le cinéma, la télévision, le théâtre et la radio. Il est sans doute mieux connu pour ses segments radio humoristiques « Joe from Winnipeg », dont plusieurs ont été compilés dans les livres *Joe from Winnipeg* et *The Book of Joe*. Sa pièce lauréate d'un Prix du Gouverneur général, *fareWel*, raconte l'histoire de la réserve fictive de Partridge Crop, dont les membres sont forcés de faire des choix lorsque leurs chèques d'aide sociale disparaissent et que leur chef les abandonne pour aller jouer à Las Vegas. Ross a également remporté un prix James-Buller ainsi qu'un prix John-Hirsch décerné à l'écrivain manitobain le plus prometteur.

ALAIN ROY
(1965)

Glenn Gould de Mark Kingwell (TRADUCTION 2012)

MONTRÉAL / En 2000, Roy a fondé *L'Inconvénient*, une revue culturelle vouée à la littérature, aux arts et à la société. Il a écrit *Gabrielle Roy : L'idylle et le désir fantôme* de même que de nombreux recueils d'essais parmi lesquels figure *La culture québécoise est-elle en crise?* Le premier roman de Roy, *L'impudeur*, est paru en 2008.

In 2000, Roy founded *L'Inconvénient*, a journal devoted to literature, the arts and society. He is also the author of *Gabrielle Roy : L'idylle et le désir fantôme*, as well as several books of essays, including *La culture québécoise est-elle en crise?* Roy's first novel, *L'impudeur*, appeared in 2008.

ANDRÉ ROY
(1944)

Action Writing (POÉSIE 1985)

MONTRÉAL / Poète, critique littéraire et essayiste, Roy est l'un des premiers écrivains ouvertement gais du Québec. De 1972 à 1974, il a été codirecteur du magazine culturel *Hobo-Québec*. De 1979 à 1983, il a été rédacteur en chef de *Spirale*. Il a également été rédacteur aux Éditions de l'Hexagone, auteur de textes pour la Société Radio-Canada et pour Radio-Québec, ainsi que secrétaire-trésorier et vice-président de l'Union des écrivaines et des écrivains québécois. Ses écrits littéraires sont conservés à Bibliothèque et Archives nationales du Québec à Montréal.

One of Quebec's earliest openly gay writers, Roy published extensively as a poet, literary critic and essayist. Between 1972 and 1974, he served as an editor of the cultural magazine *Hobo-Québec*. Between 1979 and 1983, he served as editor-in-chief of *Spirale*. He also served as an editor with the publishing house Éditions de l'Hexagone, as a writer for CBC and Radio-Québec, and as secretary-treasurer and vice-president of the Union des écrivaines et des écrivains québécois. His literary papers are held in the Bibliothèque et Archives nationales du Québec in Montréal.

GABRIELLE ROY
(1909-1983)

The Tin Flute (FICTION 1947)
Street of Riches (FICTION 1957)
Ces enfants de ma vie (ROMANS ET NOUVELLES 1977)

MONTRÉAL / L'une des auteures les plus respectées et les plus influentes du Canada, Roy est née et a grandi à Saint-Boniface, au Manitoba, qui est aujourd'hui une banlieue de Winnipeg. Après avoir enseigné au Manitoba, elle a fait des séjours à Paris, à Montréal et à Québec, où ses romans ont encouragé les Québécois à porter un regard nouveau sur la vie et la culture canadiennes-françaises. Son roman le plus célèbre, *Bonheur d'occasion*, est paru en 1945. Deux ans plus tard, il a été traduit en anglais sous le titre *The Tin Flute*. En plus d'être récompensé d'un Prix littéraire du Gouverneur général et d'une médaille Lorne-Pierce de la Société royale du Canada, l'ouvrage a été vendu à plus de 750 000 exemplaires à titre de livre du mois de la Literary Guild of America. À l'instar de plusieurs de ses autres écrits, ce roman a contribué à poser les jalons de la Révolution tranquille au Québec dans les années 1960.

One of Canada's most respected and influential authors, Roy was born and raised in Saint Boniface, Manitoba, now a suburb of Winnipeg. After teaching in Manitoba, she spent time in Paris, Montréal and Québec City, where her novels encouraged Quebecers to look afresh at French-Canadian life and culture. Her most famous novel, *Bonheur d'occasion*, was published in 1945. It was translated into English two years later under the title *The Tin Flute*. As well as receiving a Governor General's Literary Award and a Royal Society of Canada's Lorne Pierce Medal, the book sold over three-quarters of a million copies as a featured book-of-the-month of the Literary Guild of America. Along with many of her other writings, the novel helped lay the foundation for Quebec's Quiet Revolution in the 1960s.

GABRIELLE ROY Photo: Yousuf Karsh, Image courtesy of the Estate of Yousuf Karsh /
Image reproduite avec la permission de la succession de Yousuf Karsh

JOSEPH LISTER RUTLEDGE
(1885–1957)

Century of Conflict (ACADEMIC NON-FICTION 1956)

TORONTO / Born in Winnipeg, Rutledge graduated from the University of Toronto before working most of his life as a journalist and editor, first for the *London Advertiser* and later for *Maclean's*, *The Canadian* and the Canadian edition of *Liberty*. Although posthumous Governor General's Awards were discouraged during the 1950s, at the time of Rutledge's sudden death, the judges had already made their decision in favor of *Century of Conflict* and the award was allowed to stand.

Originaire de Winnipeg, Rutledge est diplômé de l'Université de Toronto. Durant la majeure partie de sa vie, il a travaillé comme journaliste et rédacteur, d'abord pour le *London Advertiser*, puis pour *Maclean's*, *The Canadian* et l'édition canadienne de *Liberty*. Bien que la remise de Prix du Gouverneur général à titre posthume ait été découragée dans les années 1950, au moment de la mort subite de Rutledge, les juges avaient déjà pris leur décision en faveur de *Century of Conflict* et ce choix a pu être maintenu.

MICHEL SAINT-GERMAIN
(1951)

No Logo de Naomi Klein (TRADUCTION 2001)

MONTRÉAL / Traducteur professionnel depuis plus de 30 ans, Saint-Germain a traduit plus de 150 ouvrages de l'anglais au français et du français à l'anglais. Il a notamment traduit *Les prodiges* de Malcolm Gladwell, *Contrats sacrés* de Caroline Myss, *En plein cœur* de Louise Penny et *No Logo* de Naomi Klein. Saint-Germain est diplômé de l'Université du Québec à Montréal et membre de l'Union des écrivaines et des écrivains québécois.

A professional translator for over thirty years, Saint-Germain has translated over 150 works from English to French and French to English. Included in his translations are Malcolm Gladwell's *Les prodiges*, Caroline Myss's *Contrats sacrés*, Louise Penny's *En plein cœur* and Naomi Klein's *No Logo*. Saint-Germain is a graduate of the Université du Québec à Montréal and a member of the Union des écrivaines et des écrivains québécois.

CHANTAL SAINT-JARRE
(1953)

Du sida (Études et essais 1994)

Montréal / Diplômée en philosophie de l'Université du Québec à Montréal et en littérature comparée de l'Université de Montréal, Chantal Saint-Jarre a enseigné dans divers établissements, y compris à l'Université du Québec à Montréal, à l'Université de Sherbrooke, à l'Université du Québec à Hull et à l'Université de Montréal. En 1997, elle a accepté un poste au Cégep de Saint-Laurent en tant que professeure de littérature. Elle est membre de l'Union des écrivaines et des écrivains québécois depuis 1994.

A graduate in philosophy from the Université du Québec à Montréal and in comparative literature from the Université de Montréal, Saint-Jarre has taught at a variety of institutions, including the Université du Québec à Montréal, the Université de Sherbrooke, the Université du Québec à Hull and the Université de Montréal. In 1997, she accepted a position as professor of literature at the Cégep de Saint-Laurent. She has been a member of the Union des écrivaines et des écrivains québécois since 1994.

LORI SAINT-MARTIN
(1959)

Un parfum de cèdre de Ann-Marie MacDonald, avec Paul Gagné (Traduction 2000)
Dernières notes de Tamas Dobozy, avec Paul Gagné (Traduction 2007)
Solomon Gursky de Mordecai Richler, avec Paul Gagné (Traduction 2015)
Le Monde selon Barney de Mordecai Richler, avec Paul Gagné (Traduction 2018)

Montréal / Professeure de littérature à l'Université du Québec à Montréal, Saint-Martin a publié plusieurs recueils de nouvelles, un roman et une dizaine de livres savants sur la littérature québécoise. Avec Paul Gagné, elle a traduit près d'une centaine d'ouvrages romanesques et documentaires de l'anglais vers le français, qui leur ont valu un prix John-Glassco et trois prix en traduction de la Quebec Writers' Federation. Elle traduit aussi de l'espagnol vers le français.

A professor of literature at the Université du Québec à Montréal, Saint-Martin is the author of several short-story collections, a novel and a dozen scholarly books about Quebec literature. Together with Paul Gagné, she is the co-translator of nearly one hundred works of fiction and non-fiction from English into French. Their awards include a John-Glassco Prize and three QWF Translation Prizes.

JEAN-PAUL SAINTE-MARIE
(1921)

Les Enfants d'Aataentsic de Bruce Trigger, avec Brigitte Chabert Hacikyan (Traduction 1991)

Montréal / Né à Ottawa, Sainte-Marie a été membre du Barreau du Québec de 1947 à 1976. Pendant ses études en droit du travail à l'Université du Québec à Montréal, il s'est intéressé à l'histoire des peuples autochtones du Québec. Sa traduction primée, qu'il a réalisée avec Brigitte Chabert Hacikyan, a fait connaître aux lecteurs francophones un des livres d'histoire majeurs sur la nation huronne, de ses débuts jusqu'aux années 1660.

Born in Ottawa, Sainte-Marie was a member of the Quebec Bar from 1947 to 1976. While studying labour law at the Université du Québec à Montréal, he became interested in the history of Quebec's native people. His award-winning translation, done together with Brigitte Chabert Hacikyan, makes available to French-language readers a major history of the Huron nation, from its inception to the 1660s.

G. (GEORGE) HERBERT SALLANS
(1895–1960)

Little Man (Fiction 1942)

Vancouver / Sallans worked for most of his life as a journalist, holding positions in Winnipeg, Saskatoon, Windsor and Hamilton before serving for twelve years as Managing Editor of the *Vancouver Sun*. Born in Horning's Mills in Dufferin County, Ontario, and educated at Wesley College, Winnipeg, Sallans also served in the Canadian Field Artillery during the First World War. With the outbreak of the Second World War, he was appointed Director of Information for the Army. His award-winning novel, *Little Man*, which also received the Ryerson Press Fiction Award, is a partly autobiographical account of a Canadian soldier who was gassed during the First World War. The book was a controversial choice for a Governor General's Award, with *The Globe and Mail* going so far as to say that "in neither writing nor general structure could it be reasonably considered the equal" of other Canadian novels published that year.[91] The judges obviously disagreed.

Sallans a travaillé comme journaliste la majeure partie de sa vie, à Winnipeg, Saskatoon, Windsor et Hamilton, avant d'occuper le poste de rédacteur en chef du *Vancouver Sun* pendant douze ans. Originaire de Horning's Mills, dans le comté de Dufferin, en Ontario, et formé au Collège Wesley de Winnipeg, Sallans a servi dans l'Artillerie canadienne de campagne pendant la Première Guerre mondiale. Au début de la Seconde Guerre mondiale, il a été nommé directeur de l'information de l'Armée. Son roman primé, *Little Man*, qui lui a aussi valu un prix Ryerson Press pour une œuvre de fiction, est le récit en partie autobiographique d'un soldat canadien qui a été asphyxié au gaz durant la Première Guerre mondiale. Le choix de ce livre à titre de lauréat d'un Prix du Gouverneur général a été controversé, le *Globe and Mail* allant jusqu'à affirmer que « ni l'écriture ni la structure générale [de *Little Man*] ne peuvent raisonnablement être considérées comme étant égales » aux autres romans canadiens publiés la même année[92]. De toute évidence, les juges n'étaient pas du même avis.

L. G. (LAURA GOODMAN) SALVERSON
(1890–1970)

The Dark Weaver (FICTION 1937)
Confessions of an Immigrant's Daughter (GENERAL LITERATURE 1939)

WINNIPEG / Born in Winnipeg of Icelandic parents, Salverson (nee Guðmundsdóttir) was among the first to chronicle the experiences of many immigrant families living on the Canadian prairies in the late nineteenth and early twentieth centuries. The harsh climate, foreign customs and changing expectations of generations of immigrants are sensitively portrayed throughout her writings, most of which received immediate recognition upon publication. Salverson received her first Governor General's Award for her novel *The Dark Weaver*. She received her second for *Confessions of an Immigrant's Daughter*, the first autobiography to win an award. Her *Confessions* tells the story of Salverson's life up until the release of her first novel, *The Viking Heart*, in 1923.

Née à Winnipeg de parents islandais, Salverson (née Guðmundsdóttir) fut l'une des premières à relater les expériences de nombreuses familles d'immigrants vivant dans les Prairies canadiennes à la fin du XIXᵉ siècle et au début du XXᵉ siècle. Le climat rigoureux, les coutumes étrangères et les nouvelles espérances de générations d'immigrants sont dépeints avec sensibilité dans ses écrits, dont la plupart furent très bien accueillis dès leur parution. Son premier Prix littéraire du

L. G. (LAURA GOODMAN) SALVERSON Photo: Library and Archives Canada, Laura Goodman Salverson fonds, LMS-0016, Accession 1971-03, box 12, file 1 / Bibliothèque et Archives Canada, Fonds Laura-Goodman-Salverson, LMS-0016, Acquisition 1971-03, boîte 12, dossier 1

Gouverneur général lui a été attribué pour son roman *The Dark Weaver* et son second, pour *Confessions of an Immigrant's Daughter*, première autobiographie à remporter un prix. Ses *Confessions* retracent la vie de Salverson jusqu'à la publication de son premier roman, *The Viking Heart*, en 1923.

ALLEN SAPP

(c.1928–2015)

The Song Within My Heart by David Bouchard (CHILDREN'S LITERATURE – ILLUSTRATION 2003)

NORTH BATTLEFORD, SASKATCHEWAN / One of Canada's foremost twentieth-century artists, Sapp helped pioneer the new native-arts style, incorporating traditional aboriginal themes with European realism. Elected to the Royal Canadian Academy of Arts in 1975 and appointed an Officer of the Order of Canada in 1987, Sapp was also the recipient of a National Aboriginal Achievement Award. Books about his work include *Two Spirits Soar* (by W. P. Kinsella), *A Cree Life* (by John Warner and Thecla Bradshaw) and *Through the Eyes of the Cree* (by the Allen Sapp Gallery in North Battleford). Documentaries focusing on his art include *Allen Sapp, By Instinct a Painter* and *On the Road Again* (both by the CBC), and *Colours of Pride* (by the National Film Board of Canada). Born on the Red Pheasant Reserve in north-central Saskatchewan, Sapp was the recipient of honorary degrees from both the University of Regina and the University of Saskatchewan.

Sapp est un pionnier des arts autochtones nouveaux qui intègre des thèmes autochtones traditionnels au réalisme de l'art européen. Il compte d'ailleurs parmi les artistes canadiens les plus en vue du XXe siècle. Nommé à l'Académie royale des arts du Canada en 1975 et fait Officier de l'Ordre du Canada en 1987, Sapp a reçu le Prix national d'excellence décerné aux Autochtones. Parmi les livres qui ont été écrits sur son œuvre, citons *Two Spirits Soar* (de W. P. Kinsella), *A Cree Life* (de John Warner et Thecla Bradshaw), et *Through the Eyes of the Cree* (de la Allen Sapp Gallery à North Battleford). Des documentaires sur son art ont également été produits, notamment *Allen Sapp, By Instinct a Painter* et *On the Road Again* (tous deux de la CBC), ainsi que *Colours of Pride* (de l'Office national du film du Canada). Né sur la réserve de Red Pheasant, dans le Centre-Nord de la Saskatchewan, Sapp a obtenu des doctorats honorifiques de l'Université de Regina et de l'Université de la Saskatchewan.

ALLEN SAPP Photo: Fred Chartrand, The Canadian Press / La Presse Canadienne

ROBYN SARAH
(1949)

My Shoes Are Killing Me (POETRY 2015)

MONTRÉAL / A poet, short-story writer and essayist, Sarah was born in New York City to Canadian parents. Later, she grew up in Montréal. After studying philosophy and English at McGill University and graduating from the Conservatoire de Musique du Québec, she co-founded the small press Villeneuve Publications. She also taught English at Champlain Regional College in St-Lambert, Quebec. In 2000 and 2001, she contributed a monthly column on poetry to the *Montreal Gazette*.

Poétesse, nouvelliste et essayiste, Sarah est née à New York de parents canadiens et a grandi à Montréal. Après avoir étudié la philosophie et l'anglais à l'Université McGill et obtenu son diplôme du Conservatoire de musique du Québec, elle a cofondé la petite maison d'édition Villeneuve Publications. Elle a enseigné l'anglais au Collège régional Champlain de Saint-Lambert, au Québec. En 2000 et 2001, elle a contribué une chronique mensuelle sur la poésie au *Montreal Gazette*.

SONIA SARFATI
(1960)

Comme une peau de chagrin (LITTÉRATURE JEUNESSE – TEXTE 1995)

MONTRÉAL / Romancière, scénariste et journaliste, Sarfati est née à Toulouse, en France, mais elle a déménagé à Montréal avec sa famille lorsqu'elle était enfant. Elle a étudié le journalisme à l'Université de Montréal. Collaboratrice régulière à *La Presse*, elle a remporté de nombreux prix de journalisme avant d'entamer sa carrière d'auteure jeunesse. En 1990, elle a obtenu le prix Alvine-Bélisle pour son recueil de nouvelles *Sauvetages*.

A novelist, screenwriter and journalist, Sarfati was born in Toulouse, France, but moved to Montréal with her family as a child. Later, she studied journalism at the Université de Montréal. A regular contributor to *La Presse*, she won several journalism awards before beginning her career as a children's author. In 1990, she received the Prix Alvine-Bélisle for her collection of short stories, *Sauvetages*.

JOHN RALSTON SAUL
(1947)

The Unconscious Civilization (NON-FICTION 1996)

TORONTO / Born in Ottawa, Saul is the author of numerous works of fiction and non-fiction, including *Voltaire's Bastards, The Doubter's Companion, The Birds of Prey* and *The Collapse of Globalism*. His books have been translated into some twenty-eight languages in some thirty-seven countries. Between 1999 and 2005, Saul served as Canada's vice-regal consort to Governor General Adrienne Clarkson. A long-time champion of freedom of expression, he served as president of PEN International from 2009 to 2015. Appointed a Companion of the Order of Canada and a Chevalier in l'Ordre des Arts et des Lettres in France, he is the recipient of numerous honorary degrees.

Originaire d'Ottawa, Saul est l'auteur de nombreux ouvrages documentaires et de fiction, notamment *Voltaire's Bastards, The Doubter's Companion, The Birds of Prey* et *The Collapse of Globalism*. Ses livres ont été traduits en 28 langues et publiés dans 37 pays. Saul est l'époux d'Adrienne Clarkson, gouverneure générale du Canada de 1999 à 2005. Défenseur de longue date de la liberté d'expression, il a été président de PEN International de 2009 à 2015. Compagnon de l'Ordre du Canada et Chevalier de l'Ordre des Arts et des Lettres en France, il est titulaire de nombreux doctorats honorifiques.

FÉLIX-ANTOINE SAVARD
(1896-1982)

Le barachois (AUTRES GENRES LITTÉRAIRES 1959)

QUÉBEC / Devenu prêtre catholique en 1922, Savard a été vicaire dans plusieurs paroisses avant d'être nommé chargé de cours à la Faculté des arts de l'Université Laval, en 1943. De 1950 à 1957, il a été doyen de cette même faculté. Romancier, essayiste, dramaturge et poète, il a été élu à la Société royale du Canada en 1945 et admis à l'Académie canadienne-française en 1954. *Le barachois* est le premier livre à avoir obtenu un Prix littéraire du Gouverneur général dans la catégorie « Autres genres littéraires ».

Admitted to the Catholic priesthood in 1922, Savard served as a curate in several parishes before being appointed a lecturer in the Faculty of Arts at the Université

Laval in 1943. From 1950 to 1957, he served as Dean of the Faculty. A novelist, essayist, playwright and poet, he was elected a Fellow of the Royal Society of Canada in 1945 and a member of the Académie canadienne-française in 1954. *Le barachois* was the first book to receive a Governor General's Literary Award in the category Autres genres littéraires.

MICHEL SAVARD
(1953)

Forages (POÉSIE 1982)

RIMOUSKI, QUÉBEC / Originaire de Rivière-du-Loup, au Québec, Savard est diplômé en littérature française de l'Université du Québec à Rimouski. Il a travaillé comme animateur et producteur radio dans la région du Bas-du-Fleuve, au Québec. Son premier recueil de poésie, *Forages*, explore les thèmes immuables de la vie, de la mort et de l'amour.

Born in Rivière-du-Loup, Quebec, Savard graduated from the Université du Québec à Rimouski with a degree in French literature. He later worked as a broadcaster and radio producer in the Bas-du-Fleuve region of Quebec. *Forages* focuses on the eternal themes of life, death and love and was Savard's first collection of poetry.

GLORIA SAWAI
(1932–2011)

A Song for Nettie Johnson (FICTION 2002)

EDMONTON / Born in Minneapolis, Minnesota, Sawai (née Ostrem) arrived in Canada as an infant. Well known for her humorous short stories, her most widely anthologized work tells the story of how Jesus drops by for mid-morning coffee with a Moose Jaw housewife in "The Day I Sat with Jesus on the Sundeck and a Wind Came Up and Blew My Kimono Open and He Saw My Breasts." Her work has been published in Canada, England, the United States, Denmark, Japan and Mexico.

Née à Minneapolis, au Minnesota, Sawai (née Ostrem) est arrivée au Canada lorsqu'elle était enfant. Célèbre pour ses nouvelles humoristiques, son histoire la plus connue et la plus souvent intégrée dans une anthologie, « The Day I Sat with Jesus on the Sundeck and a Wind Came Up and Blew My Kimono Open and He Saw

GLORIA SAWAI Photo: Kevin Frayer, The Canadian Press / La Presse Canadienne

My Breasts », raconte comment Jésus s'arrête prendre un café, en matinée, chez une femme au foyer de Moose Jaw. Ses écrits ont été publiés au Canada, en Angleterre, aux États-Unis, au Danemark, au Japon et au Mexique.

JACOB SCHEIER
(1980)

More to Keep Us Warm (POETRY 2008)

TORONTO / A poet, essayist and journalist, Scheier is a regular contributor to Toronto's weekly alternative *NOW Magazine.* He is a past writer-in-residence at the Writer's Trust of Canada's Berton House and at the Banff Centre for the Arts. *More to Keep Us Warm* was his first book of poetry.

Poète, essayiste et journaliste, Scheier collabore régulièrement à l'hebdomadaire torontois *NOW*. Il a été auteur en résidence à la retraite pour écrivains Berton House de la Société d'encouragement aux écrivains du Canada ainsi qu'au Centre des arts de Banff. *More to Keep Us Warm* est son premier livre de poésie.

DAVID SCHINKEL
(1944)

Le Don, avec Yves Beauchesne (LITTÉRATURE JEUNESSE – TEXTE 1987)

MONTRÉAL / Originaire de l'Ontario, Schinkel a régulièrement collaboré avec Yves Beauchesne, avant le décès de ce dernier en 1992. *Le Don* est le quatrième ouvrage jeunesse qu'ils ont écrit ensemble. Outre un Prix littéraire du Gouverneur général en 1987, le livre a été récompensé d'un prix Alvine-Belisle la même année.

An Ontario native, Schinkel collaborated regularly with Yves Beauchesne prior to Beauchesne's death in 1992. *Le Don* was the fourth book for young readers the two wrote together. In addition to winning a Governor General's Literary Award in 1987, the book also won the Alvine-Belisle Prize that same year.

DIANE SCHOEMPERLEN Photo: Mark Raynes Roberts

DIANE SCHOEMPERLEN

(1954)

Forms of Devotion (FICTION 1998)

KINGSTON, ONTARIO / A novelist, short-story writer, teacher and editor, Schoemperlen studied at Lakehead University and then at the Banff Centre for the Arts under W. O. Mitchell and Alice Munro. Later, she taught creative writing at St Lawrence College and at the Kingston School of Writing. She began teaching in the Humber School of Writing Correspondence Program in 2015. Her most popular books include *In the Language of Love, Our Lady of the Lost and Found* and *At a Loss for Words.* Her Governor General's Award-winning book, *Forms of Devotion,* has been translated into French (as *Encyclopédie du monde visible*), German (as *Formen der Zuneigung*) and Spanish (as *Formas de Devoción*). Schoemperlen's memoir, *This Is Not My Life: A Memoir of Love, Prison, and Other Complications,* appeared in 2016.

Nouvelliste, romancière, enseignante et éditrice, Schoemperlen a étudié à l'Université Lakehead puis au Centre des arts de Banff sous la direction de W. O. Mitchell et d'Alice Munro. Par la suite, elle a enseigné la création littéraire au Collège St Lawrence et à la Kingston School of Writing. En 2015, elle a commencé à enseigner à la Humber School for Writers dans le cadre du programme de correspondance. Parmi ses livres les plus populaires figurent *In the Language of Love, Our Lady of the Lost and Found* et *At a Loss for Words.* Son titre lauréat d'un Prix du Gouverneur général, *Forms of Devotion,* a été traduit en français (*Encyclopédie du monde visible*), en allemand (*Formen der Zuneigung*) et en espagnol (*Formas de Devoción*). Les mémoires de Schoemperlen, *This Is Not My Life: A Memoir of Love, Prison, and Other Complications,* sont parus en 2016.

WILLIAM SCLATER

(1907–1980)

Haida (CREATIVE NON-FICTION 1947)

TORONTO / During the Second World War, Sclater served as a Lieutenant Commander in the Royal Canadian Navy. Following the war, he returned to Toronto and entered business. He wrote *Haida* because he believed it important to tell the story of one of Canada's most famous World War II fighting ships and crew. During the war, Haida sank more enemy tonnage than any other Canadian warship. Designated a National Historic Site in 1984, the ship is now open as a museum in Hamilton, Ontario. In 2018, Haida was designated the ceremonial flagship of the Royal Canadian Navy.

Pendant la Seconde Guerre mondiale, Sclater a été capitaine de corvette au sein de la Marine royale canadienne. Après la guerre, il est retourné à Toronto et s'est lancé en affaires. Il a écrit *Haida* parce qu'il croyait qu'il était important de raconter l'histoire de l'un des navires de combat et de l'un des équipages canadiens les plus célèbres de la Seconde Guerre mondiale. Pendant la guerre, le Haida a coulé plus de tonnage ennemi que tout autre navire de guerre canadien. Désigné lieu historique national en 1984, le navire est amarré à Hamilton, en Ontario, et est désormais ouvert au public. En 2018, le Haida a été officiellement désigné comme le navire amiral de la Marine royale canadienne.

STEPHEN SCOBIE
(1943)

McAlmon's Chinese Opera (POETRY 1980)

VICTORIA / A poet and essayist, Scobie emigrated from Scotland in 1965. After completing a PhD at the University of British Columbia, he co-founded Longspoon Press in 1980 and taught at the University of Alberta. Later, he was appointed a professor of English at the University of Victoria. In 1986, he received a Prix Gabrielle Roy for Canadian Criticism and, in 1995, he was elected a Fellow of the Royal Society of Canada.

Poète et essayiste, Scobie a quitté l'Écosse en 1965. Après avoir obtenu un doctorat de l'Université de la Colombie-Britannique, il a cofondé Longspoon Press, en 1980, et enseigné à l'Université de l'Alberta. Il a ensuite été professeur d'anglais à l'Université de Victoria. En 1986, il a remporté le prix Gabrielle-Roy pour un ouvrage de critique portant sur la littérature canadienne. En 1995, il a été élu membre de la Société royale du Canada.

FRANK R. (FRANCIS REGINALD) SCOTT
(1899–1985)

Essays on the Constitution (NON-FICTION 1977)
The Collected Poems of F. R. Scott (POETRY 1981)

MONTRÉAL / An influential law professor and activist as well as a poet, Scott studied as an undergraduate at Bishop's University in Lennoxville, Quebec, before attending Oxford as a Rhodes Scholar. Eventually he returned to McGill, first as a law student, then as a professor and then as Dean of Law. Influenced by the Conscription Crisis of 1917, the Great Depression of the 1930s, the Duplessis regime of the 1950s and the ideals of the Student Christian Movement, Scott became a noted figure in socialist circles. A signatory to the 1933 Regina Manifesto, he served as national chairman of the Co-operative Commonwealth Federation (the predecessor of the New Democratic Party) from 1942 to 1950.

Professeur de droit, militant influent et poète, Scott a étudié à l'Université Bishop's de Lennoxville, au Québec, avant de rejoindre Oxford en qualité de boursier Rhodes. Il s'est ensuite inscrit à l'Université McGill pour y étudier le droit. Il y devint par la suite enseignant, puis doyen. Influencé par la crise de la conscription de 1917, la Grande Dépression des années 1930, le régime Duplessis des années 1950 et les idéaux du Mouvement chrétien des étudiants, Scott est devenu une figure notoire dans les cercles socialistes. Signataire du Manifeste de Regina de 1933, il a été président national de la Fédération du commonwealth coopératif (prédécesseur du Nouveau Parti démocratique) de 1942 à 1950.

HOWARD SCOTT
(1952)

The Euguelion by Louky Bersianik (TRANSLATION 1997)
Descent into Night by Edem Awumey, with Phyllis Aronoff (TRANSLATION 2018)

MONTRÉAL / A past president of the Literary Translators' Association of Canada, Scott has translated a wide range of Quebec writers, including the poet Madeleine Gagnon, the science-fiction writer Élisabeth Vonarburg, Canada's sixth Parliamentary Poet Laureate, Michel Pleau, and Innu poet Natasha Kanapé Fontaine. He frequently co-translates with Phyllis Aronoff. *The Great Peace of Montreal of 1701* by Gilles Havard, co-translated with Aronoff, won a Quebec Writers' Federation

Translation Award in 2001. A graduate of Concordia University, Scott was born in southwestern Ontario. He moved to Quebec in 1975.

Ancien président de l'Association des traducteurs et traductrices littéraires du Canada, Scott a traduit les écrits de nombreux écrivains québécois, dont la poétesse Madeleine Gagnon, l'auteure de science-fiction Élisabeth Vonarburg, le sixième poète officiel du Parlement du Canada, Michel Pleau, et la poétesse innue Natasha Kanapé Fontaine. Il cotraduit régulièrement avec Phyllis Aronoff. Le livre *The Great Peace of Montreal of 1701* de Gilles Havard, qu'il a traduit avec Aronoff, a été récompensé d'un prix en traduction de la Quebec Writers' Federation en 2001. Diplômé de l'Université Concordia, Scott est né dans le Sud-Ouest de l'Ontario. Il s'est installé au Québec en 1975.

DJANET SEARS
(1959)

Harlem Duet (DRAMA 1998)

TORONTO / Born in London, England, Sears moved to Canada with her family in 1974. After completing a Bachelor of Fine Arts degree at York University, she studied at the Canadian Film Centre and at New York University. Written as a prequel to Shakespeare's *Othello, Harlem Duet* had its premiere at Toronto's Tarragon Theatre in 1997. In addition to winning a Governor General's Literary Award, the play won four Dora Mavor Moore Awards and a Floyd S. Chalmers Award for outstanding new play. A founding member of Toronto's Obsidian Theatre, Sears has taught playwriting and drama at the University of Toronto.

Originaire de Londres, en Angleterre, Sears a déménagé au Canada avec sa famille en 1974. Elle a obtenu un baccalauréat en beaux-arts de l'Université York avant d'étudier au Canadian Film Centre et à l'Université de New York. Écrite comme un antépisode d'*Othello* de Shakespeare, *Harlem Duet* a été jouée en première au Tarragon Theatre de Toronto en 1997. En plus d'un Prix littéraire du Gouverneur général, la pièce a remporté quatre prix Dora-Mavor-Moore et un prix Floyd S.-Chalmers décerné à une nouvelle pièce de théâtre exceptionnelle. Membre fondateur de l'Obsidian Theatre de Toronto, Sears a enseigné l'écriture dramatique et le théâtre à l'Université de Toronto.

DJANET SEARS Photo: Courtesy of / Reproduite avec la permission de Djanet Sears

ROBERT-LIONEL SÉGUIN
(1920-1982)

La civilisation traditionnelle de l'"habitant" aux 17e et 18e siècles (Autres genres littéraires 1967)

QUÉBEC / Né à Rigaud, au Québec, Séguin a publié une dizaine d'ouvrages sur l'histoire de la Nouvelle-France. Après avoir terminé ses études de premier cycle à l'Université de Montréal, il a obtenu trois doctorats : un premier en histoire (Université Laval, 1961), un second en sciences sociales (Université René Descartes, à Paris, 1972), et un dernier en ethnologie (Université de Strasbourg, en France, 1981). En 1971, Séguin a fondé le Centre de documentation en civilisation traditionnelle à l'Université du Québec, qu'il a dirigé jusqu'à son décès. Au cours de sa vie, il a amassé une collection de plus de 35 000 objets historiques qui témoignent de la vie quotidienne de la fondation de la Nouvelle-France jusqu'au début du XXe siècle. Sa collection se trouve maintenant en grande partie au Musée québécois de culture populaire de Trois-Rivières, au Québec.

Born in Rigaud, Quebec, Séguin authored over a dozen books on the history of New France. After completing his undergraduate work at the Université de Montréal, he completed three doctorates: one in history at the Université Laval in 1961, one in the social sciences at the University Réné Descartes in Paris in 1972, and one in ethnology at the Université de Strasbourg in Strasbourg, France in 1981. In 1971, Séguin presided over the founding of the Centre de documentation en civilisation traditionnelle at the Université du Québec. He served as the Centre's director until his death. During his lifetime, he also amassed a collection of over 35,000 historical objects relating to daily life from the founding of New France up to the early twentieth century. Most of the collection now resides in the Musée québécois de culture populaire in Trois-Rivières, Quebec.

LIONEL SHAPIRO
(1908–1958)

The Sixth of June (FICTION 1955)

MONTRÉAL / Born in Montréal, Shapiro graduated from McGill University with an honours BA in psychology. As a war correspondent with the *Montreal Gazette* during the Second World War, he landed in France on D-Day, attached to the Second British Army. He entered Berlin with the first wave of American troops a year later. His romantic war-time novel, *The Sixth of June,* was adapted into the Hollywood film, *D-Day the Sixth of June,* in 1956.

Originaire de Montréal, Shapiro est titulaire d'un baccalauréat spécialisé en psychologie de l'Université McGill. En tant que correspondant de guerre pour le *Montreal Gazette* pendant la Seconde Guerre mondiale, il a débarqué en France le jour J avec la Deuxième armée britannique. L'année suivante, il est entré à Berlin avec la première vague des troupes américaines. Son roman de guerre romantique, *The Sixth of June,* a été adapté au cinéma sous le titre *D-Day the Sixth of June* (v.f. *Au sixième jour*), en 1956.

EDITH LAMBERT SHARP
(1911–1974)

Nkwala (JUVENILE 1958)

PENTICTON, BRITISH COLUMBIA / Born in rural Manitoba, Sharp dropped out of high school but later studied for a time at the Vancouver School of Art. Afterwards, she worked as a director at the Okanagan Summer School of the Arts. Her novel, *Nkwala,* tells the story of the people of BC's Okanagan Valley prior to the arrival of European settlers.

Née dans une région rurale du Manitoba, Sharp a abandonné l'école secondaire, mais a étudié pendant un certain temps à la Vancouver School of Art. Plus tard, elle a dirigé l'Okanagan Summer School of the Arts. Son roman *Nkwala* raconte l'histoire des habitants de la vallée de l'Okanagan, en Colombie-Britannique, avant l'arrivée des colons européens.

JASON SHERMAN
(1962)

Three in the Back, Two in the Head (DRAMA 1995)

TORONTO / A graduate of York University, Sherman served as playwright-in-residence at Toronto's Tarragon Theatre from 1992 to 1999 and at Toronto's Soulpepper Theatre in 2002 and 2003. His first professional productions were *A Place like Pamela* and *To Cry Is Not So*, both in 1991. *The League of Nathans* followed in 1992, winning a Floyd S. Chalmers Canadian Play Award in 1993. A planned play entitled *The Message,* about Marshall McLuhan's final years, was put on hold in 2003 following the threat of a lawsuit from the McLuhan family.

Diplômé de l'Université York, Sherman a été dramaturge en résidence au Tarragon Theatre à Toronto de 1992 à 1999, puis au Soulpepper Theatre en 2002 et 2003. Ses premières pièces jouées par des comédiens professionnels ont été *A Place like Pamela* et *To Cry Is Not So*, toutes deux en 1991. Deux ans plus tard, *The League of Nathans* (1992) lui a valu un prix Floyd S.-Chalmers pour une pièce canadienne. L'une de ses œuvres, *The Message,* qui traite des dernières années de la vie de Marshall McLuhan, a dû être mise en suspens en 2003 en raison d'une menace de poursuite de la part de la famille de McLuhan.

CAROL SHIELDS

(1935–2003)

The Stone Diaries (FICTION 1993)

WINNIPEG / A poet, biographer and playwright, as well as a novelist and short-story writer, Shields served as writer-in-residence and, later, as Chancellor of the University of Winnipeg. She also taught at the University of Manitoba. In addition to winning a Governor General's Literary Award, *The Stone Diaries* won the 1995 Pulitzer Prize for Fiction. In 2001, her biography, *Jane Austen*, won the Charles Taylor prize for non-fiction. A Companion of the Order of Canada, a Fellow of the Royal Society of Canada, and the recipient of over a dozen honorary doctorates, Shields was made a Chevalier in l'Ordre des Arts et des Lettres in France in 2000. The Carol Shields Auditorium in the Winnipeg Central Library, the Carol Shields Memorial Labyrinth in Winnipeg and the University of Winnipeg Foundation's Carol Shields Writer-in-Residence program are all named in her memory.

Poétesse, biographe, dramaturge, romancière et nouvelliste, Shields a été auteure en résidence puis chancelière de l'Université de Winnipeg. Elle a aussi enseigné à l'Université du Manitoba. Outre un Prix littéraire du Gouverneur général, *The Stone Diaries* a remporté le prix Pulitzer (fiction) en 1995. En 2001, sa biographie, *Jane Austen*, lui a valu le prix Charles-Taylor pour une œuvre non romanesque. Compagnon de l'Ordre du Canada, membre de la Société royale du Canada et titulaire d'une dizaine de doctorats honorifiques, Shields a été faite Chevalier de l'Ordre des Arts et des Lettres en France en 2000. Le Carol Shields Auditorium de la Bibliothèque centrale de Winnipeg, le labyrinthe Carol Shields à Winnipeg et le programme d'écriture en résidence Carol Shiels de la Fondation de l'Université de Winnipeg honorent sa mémoire.

CAROL SHIELDS Photo: Jeff DeBooy, The Canadian Press / La Presse Canadienne

ERIN SHIELDS

(1977)

If We Were Birds (DRAMA 2011)

TORONTO / Known as both a playwright and actor, Shields is a founding member of Groundwater Productions. She has also served as playwright-in-residence at both the Tarragon Theatre and the Nightwood Theatre in Toronto. Her other plays include *Soliciting Temptation*, *Montparnasse*, *The Unfortunate Misadventures of Masha Galinski* and *The Epic of Gilgamesh*. In addition to her Governor General's Literary Award, Shields is the recipient of an Alberta Theatre Projects' Enbridge playRites Award.

Dramaturge et comédienne, Shields est membre fondatrice de la compagnie de théâtre Groundwater Productions et a été dramaturge en résidence au Tarragon Theatre ainsi qu'au Nightwood Theatre de Toronto. Parmi ses autres pièces figurent *Soliciting Temptation*, *Montparnasse*, *The Unfortunate Misadventures of Masha Galinski* et *The Epic of Gilgamesh*. Outre un Prix littéraire du Gouverneur général, Shields est également lauréate d'un prix Enbridge de l'Alberta Theatre Projects.

AKI SHIMAZAKI

(1954)

Hotaru (ROMANS ET NOUVELLES 2005)

MONTRÉAL / Originaire de Gifu, au Japon, Shimazaki a enseigné à l'école maternelle et donné des cours d'anglais avant d'immigrer au Canada, en 1981. Elle a vécu à Vancouver et à Toronto avant de s'installer à Montréal. Ses romans ont été traduits en anglais, en serbe, en hongrois, en japonais et en allemand. Son premier roman fut le premier d'une série de cinq livres intitulée *Le Poids des secrets*. Cette série comprend les romans *Tsubaki*, *Hamaguri*, *Tsubame*, *Wasurenagusa* et *Hotaru*. Elle a également reçu un prix Ringuet pour *Hamaguri* et un Prix Canada-Japon pour *Wasurenagusa*.

Born in Gifu, Japan, Shimazaki taught nursery school and English classes before immigrating to Canada in 1981. She lived in Vancouver and Toronto before settling in Montréal. Her novels have been translated into English, Serbian, Hungarian, Japanese and German. Her first novel turned out to be the first of a five-book series

AKI SHIMAZAKI Photo: D. R.

entitled *Le Poids des secrets.* The series comprises the novels *Tsubaki, Hamaguri, Tsubame, Wasurenagusa* and *Hotaru.* Her other awards include a Prix Ringuet, for *Hamaguri,* and a Prix Canada-Japan, for *Wasurenagusa.*

MAGGIE SIGGINS
(1942)

Revenge of the Land (NON-FICTION 1992)

REGINA / A past chair of the Writers' Union of Canada, Siggins has written about several influential Saskatchewan families. In 1985, she wrote *A Canadian Tragedy*, the story of Saskatchewan MLA Colin Thatcher and his involvement in the murder of his wife, JoAnn. In 1991, Siggins wrote *Revenge of the Land*, the story of several generations of hardship on a Saskatchewan farm. In 1994, she wrote *Riel: A Life of Revolution*, her best-selling biography of Canada's one, true revolutionary. The book was followed in 2008 by *Marie-Anne*, Siggins' biography of Marie-Anne Lagimodière, Riel's grandmother. Both *Revenge of the Land* and *A Canadian Tragedy* have been adapted for television.

Ancienne présidente de la Writers' Union of Canada, Siggins a écrit sur plusieurs familles influentes de la Saskatchewan. En 1985, elle a publié *A Canadian Tragedy*, qui relate l'histoire du député Colin Thatcher et son implication dans le meurtre de son épouse, JoAnn. En 1991, Siggins a écrit *Revenge of the Land*, l'histoire de plusieurs générations en proie à la misère sur une ferme de la Saskatchewan. En 1994 est parue sa biographie la plus vendue, *Riel: A Life of Revolution*, suivie de *Marie-Anne*, en 2008, la biographie de Marie-Anne Lagimodière, grand-mère de Riel. *Revenge of the Land* et *A Canadian Tragedy* ont tous deux été adaptés pour la télévision.

DANIELLE SIMARD
(1952)

J'ai vendu ma sœur (LITTÉRATURE JEUNESSE – TEXTE 2003)

MERCIER, QUÉBEC / Simard a hérité de la passion de sa mère pour la lecture et du talent de son père pour le dessin. Diplômée de l'Université du Québec à Montréal, elle a travaillé comme graphiste pendant quinze ans avant de se tourner vers l'écriture. Son premier livre pour enfants, *La revanche du dragon*, s'inspire de l'amour de son fils de dix ans pour les jeux vidéo. Elle a depuis écrit plus de soixante livres jeunesse, dont plusieurs ont été nommés pour des prix. Le personnage de Julien Potvin, inspiré par l'époux de Simard, Daniel, apparaît dans douze d'entre eux.

Simard inherited a love of reading from her mother and a talent for drawing from her father. A graduate of the Université du Québec à Montréal, she worked as a graphic designer for fifteen years before turning her hand to writing. Her first children's novel, *La revanche du dragon*, was inspired by her ten-year-old son's love of video games. She has since written over sixty children's books, many of which have been nominated for awards. A dozen of them feature Julien Potvin, a character inspired by Simard's husband, Daniel.

JEAN-JACQUES SIMARD
(1945)

La Réduction (ÉTUDES ET ESSAIS 2004)

QUÉBEC / Simard a enseigné à l'Université Laval à compter de 1976 et jusqu'à sa retraite, en 2011. Critique du projet d'aménagement hydroélectrique de la baie James, il a agi à titre de conseiller auprès de plusieurs groupes inuits et autochtones lors de leurs négociations avec le gouvernement du Québec. Il a également publié *La longue marche des technocrates* et *Tendances nordiques : Les changements sociaux 1970-1990 chez les Cris et les Inuit du Québec.*

Simard taught at the Université Laval from 1976 until his retirement in 2011. A critic of the James Bay hydroelectric development plan, he served as an advisor to several Inuit and aboriginal groups during their negotiations with the Quebec government. His other publications include *La longue marche des technocrates* and *Tendances nordiques: Les changements sociaux 1970-1990 chez les Cris et les Inuit du Québec.*

JEFFREY SIMPSON
(1949)

Discipline of Power (NON-FICTION 1980)

TORONTO / A long-time columnist for *The Globe and Mail*, Simpson graduated from Queen's University in 1971 with a degree in history and political science. Later, he worked as a parliamentary intern for Member of Parliament Ed Broadbent. In addition to his Governor General's Literary Award, Simpson is the recipient of a National Magazine Award for political writing, a National Newspaper Award for

JEFFREY SIMPSON Photo: Fred Lum, *The Globe and Mail*, February 9, 1998 / 9 février 1998

column writing, a Hyman Solomon Award for excellence in public-policy journalism and a Donner Prize for the best public-policy book by a Canadian author. In January 2000, he was appointed an Officer of the Order of Canada.

Chroniqueur de longue date au *Globe and Mail*, Simpson a obtenu un diplôme en histoire et en sciences politiques de l'Université Queen's en 1971. Il a ensuite été stagiaire parlementaire pour le député Ed Broadbent. Lauréat d'un Prix littéraire du Gouverneur général, Simpson a aussi remporté un Prix du magazine canadien pour la rédaction politique, le prix de la meilleure chronique au Concours canadien de journalisme, un prix Hyman-Solomon pour l'excellence journalistique dans le domaine des politiques publiques ainsi qu'un prix Donner, qui récompense le meilleur ouvrage canadien sur les politiques publiques. En janvier 2000, il a été décoré du titre d'Officier de l'Ordre du Canada.

JOSEF SKVORECKY
(1924–2012)

The Engineer of Human Souls (FICTION 1984)

TORONTO / One of Czechoslovakia's and Canada's most important anti-communist voices, Skvorecky spent half his life in his native Czechoslovakia advocating for democracy. He spent the other half in Canada, supporting dissident Czech writers after the Warsaw Pact's invasion of Czechoslovakia in 1968. Together with his wife, the writer and actress Zdena Salivarova, Skvorecky founded 68 Publishers, North America's most important distributor of censored Czech and Slovak writings. In 1990, the couple received the Order of the White Lion from one of the authors they had helped champion years earlier, Czechoslovakia's first post-communist president, Vaclav Havel. Skvorecky's first two novels, *The Cowards* and *The End of the Nylon Age*, were banned by the communists in the 1950s. The title of Skvorecky's award-winning book, *The Engineer of Human Souls,* comes from Stalin's suggestion that it is only writers who have the capacity to re-engineer the minds of their fellow citizens.

Josef Skvorecky est l'une des plus importantes voix anticommunistes de la Tchécoslovaquie et du Canada. Il s'est posé comme défenseur de la démocratie dans son pays natal, la Tchécoslovaquie. Il a passé la seconde moitié de sa vie au Canada à soutenir des écrivains tchèques dissidents après l'invasion de la Tchécoslovaquie par les troupes du Pacte de Varsovie, en 1968. Avec son épouse, l'écrivaine et comédienne Zdena Salivarova, Skvorecky a fondé Sixty-Eight Publishers, le plus important éditeur d'écrits tchèques et slovaques censurés d'Amérique du Nord. En 1990, le couple a reçu l'Ordre du Lion blanc des mains de Vaclav Havel, l'un des

JOSEF SKVORECKY Photo: Glenn Lowson, *National Post*

auteurs qu'il avait défendu des années auparavant et qui devint ensuite le premier président postcommuniste de Tchécoslovaquie. Les deux premiers romans de Skvorecky, *The Cowards* et *The End of the Nylon Age*, ont été interdits de publication par les communistes dans les années 1950. Le titre de son livre primé, *The Engineer of Human Souls,* fut inspiré par Staline, qui avait affirmé que seuls les écrivains ont la capacité de remanier l'esprit de leurs concitoyens.

ARTHUR SLADE
(1967)

Dust (CHILDREN'S LITERATURE – TEXT 2001)

SASKATOON / Slade was raised on a ranch in the Cypress Hills area of southern Saskatchewan. A graduate of the University of Saskatchewan, he is the author of over a dozen novels for young readers including *Dust*, a story set in rural Saskatchewan during the Great Depression. The book is half mystery thriller and half science fiction. Slade's other titles include *Monsterology* and *John Diefenbaker: An Appointment with Destiny*. Slade is the author of three series of books for young readers: *The Hunchback Assignments* series, *The Northern Frights* series, and *The Canadian Chills* series.

Slade a grandi dans un ranch dans les collines Cypress, dans le Sud de la Saskatchewan. Il est l'auteur d'une dizaine de romans pour jeunes lecteurs, dont *Dust*, une histoire qui se déroule dans une région rurale de la Saskatchewan pendant la Grande Dépression. Le livre est à mi-chemin entre le livre à suspense et la science-fiction. Diplômé de l'Université de la Saskatchewan, Slade a également publié *Monsterology* et *John Diefenbaker: An Appointment with Destiny*. Il est l'auteur de trois séries de livres jeunesse : *The Hunchback Assignments*, *The Northern Frights* et *The Canadian Chills*.

PATRICIA SMART
(1940)

Écrire dans la maison du père (ÉTUDES ET ESSAIS 1988)

OTTAWA / Professeure de recherche distinguée et professeure émérite à l'Université Carleton, Smart est diplômée de l'Université de Toronto, de l'Université Laval et de l'Université Queen's. Outre *Écrire dans la maison du père*, qui a été traduit en anglais sous le titre *Writing in the Father's House*, Smart a signé *Les femmes du Refus global, De Marie de l'Incarnation à Nelly Arcan* et *Hubert Aquin, agent double*. Elle s'est aussi intéressée à l'œuvre d'une autre lauréate d'un Prix littéraire du Gouverneur général, Claire Martin, et a publié, en 2005, une édition critique de son récit, *Dans un gant de fer*. Membre de la Société royale du Canada et de l'Ordre du Canada, Smart a reçu la Médaille de l'Académie des lettres du Québec en 2015.

A distinguished research professor and Chancellor's Professor Emerita at Carleton University, Smart is a graduate of the University of Toronto, the Université Laval and Queen's University. In addition to *Écrire dans la maison du père*, translated into English as *Writing in the Father's House*, Smart is the author of *Les femmes du Refus global, De Marie de l'Incarnation à Nelly Arcan* and *Hubert Aquin, agent double*. She also edited the work of another Governor General's Literary Award-winning author, Claire Martin, having released a critical edition of Martin's *Dans un gant de fer* in 2005. A Fellow of the Royal Society of Canada and a Member of the Order of Canada, Smart was awarded the medal of the Académie des lettres du Québec in 2015.

A. J. M. (ARTHUR JAMES MARSHALL) SMITH
(1902–1980)

News of the Phoenix and Other Poems (POETRY 1943)

EAST LANSING, MICHIGAN / A Canadian poet and literary critic who spent most of his teaching career at Michigan State University, Smith completed his undergraduate work at McGill University and his doctoral work at the University of Edinburgh. While at McGill, he founded and edited the *McGill Fortnightly Review*, a brash literary magazine intended to help inspire Canadian literature to become more cosmopolitan. His awarding of a Governor General's medal prompted *The Globe and Mail* to enthuse that Smith's selection was "a revolutionary event on the placid waters of Canadian verse." As the leader of "the ultra-intellectual, imagist school" that derived its ideals from T. S. Eliot, Smith's 1943 elevation to vice-regal honours was reported at the time to be "the most striking breach with tradition in the whole decorous history of Canadian literature."[93]

Poète et critique littéraire canadien ayant passé la majeure partie de sa carrière d'enseignant à l'Université d'État du Michigan, Smith a obtenu un diplôme de premier cycle de l'Université McGill et un doctorat de l'Université d'Édimbourg. Étudiant à McGill, il a fondé et dirigé le *McGill Fortnightly Review*, un magazine littéraire audacieux destiné à inspirer la littérature canadienne à devenir davantage cosmopolite. Pour le *Globe and Mail*, le fait que l'on attribue à Smith un Prix du Gouverneur général représentait « un événement révolutionnaire sur les eaux paisibles du vers canadien ». En tant que chef de file de « l'école ultra-intellectuelle et imagiste » ayant tiré ses idéaux de T. S. Eliot, l'accession de Smith, en 1943, aux honneurs vice-royaux a été décrite, à l'époque, comme « la violation la plus frappante des traditions dans l'histoire vertueuse de la littérature canadienne[94] ».

SYDNEY SMITH
(1980)

Sidewalk Flowers, with JonArno Lawson (CHILDREN'S LITERATURE – ILLUSTRATED BOOKS 2015)
Small in the City (YOUNG PEOPLE'S LITERATURE – ILLUSTRATED BOOKS 2019)

HALIFAX / Born in rural Nova Scotia, Smith graduated from Nova Scotia's College of Art and Design University before beginning his career as a book illustrator. While living in Toronto, he told his readers that the wordless Governor General's Award-winning book he produced with JonArno Lawson was conceived as a love letter to his adopted city. In addition to winning a Governor General's Award, the book was selected for numerous book lists, including *The New York Times* List of Best Illustrated Children's Books, the New York Public Library's Best 100 Books for Reading and Sharing, and the *National Post's* Best Books of the Year. Later, Smith returned to Nova Scotia where he lives with his wife and two children and where he completed his second award-winning book, *Small in the City*.

Originaire de la Nouvelle-Écosse rurale, Smith a obtenu un diplôme de la College of Art and Design University de Nouvelle-Écosse, avant d'entamer sa carrière d'illustrateur de livres. Vivant à Toronto, il a déclaré à ses lecteurs que le livre d'illustrations sans texte qu'il a produit avec JonArno Lawson, qui leur a valu un Prix littéraire du Gouverneur général, avait été conçu comme une lettre d'amour à destination de sa ville d'adoption. Outre son obtention de ce prix, ce livre a également été inclus à de nombreuses listes, parmi lesquelles figurent la liste des meilleurs livres pour enfants illustrés du *New York Times*, la liste des 100 meilleurs livres à lire et à partager de la New York Public Library, et la liste des meilleurs livres de l'année du *National Post*. Smith est par la suite retourné vivre en Nouvelle-Écosse avec sa femme et ses deux enfants, et c'est là qu'il a fini son deuxième livre primé, *Small in the City*.

RAYMOND SOUSTER Photo: Shelly Grimson

RAYMOND SOUSTER

(1921–2012)

The Colour of the Times (POETRY 1964)

TORONTO / Souster's 1995 Order of Canada citation reads as follows: "One of Canada's most important, widely-read and enduring poets, he has been a vital force for the renewal of poetry since the 1940s. His poems describe life in Toronto, ordinary people and the daily events, feelings and experiences of modern city living."[95] During the Second World War, Souster served in the Royal Canadian Air Force. In 1952, he became one of the co-founders of Contact Press. In 1966, he became one of the co-founders of the League of Canadian Poets. He is the author of over fifty books of poetry. Souster famously said to his fellow poet James Deahl, a few days before his death, "I don't want an obit."[96] He got one anyway.

Sa citation à titre de récipiendaire de l'Ordre du Canada (1995) dit de Raymond Souster qu'il est « l'un des poètes les plus importants, les plus lus et les plus constants du Canada », et qu'il a été « une force vitale pour le renouveau de la poésie depuis les années 1940. Ses poèmes décrivent la vie à Toronto, les gens ordinaires et les événements quotidiens, les sentiments et les expériences de la vie urbaine moderne[97]. » Pendant la Seconde Guerre mondiale, Souster a servi dans l'Aviation royale canadienne. Il a cofondé la maison d'édition Contact Press en 1952 et la Ligue des poètes canadiens en 1966. Il est l'auteur de plus de cinquante ouvrages de poésie. Quelques jours avant sa mort, Souster aurait confié à son confrère poète, James Deahl : « Je ne veux pas d'une notice nécrologique[98]. » Il en a eu une malgré tout.

LINDA SPALDING

(1943)

The Purchase (FICTION 2012)

TORONTO / Born in Topeka, Kansas, Spalding (née Dickinson) lived in Mexico and Hawaii before moving to Toronto. Once there, she taught creative writing at the University of Toronto, Ryerson University and Humber College's School for Writers. In addition to her Governor General's Award-winning novel, *The Purchase*, her books include *Daughters of Captain Cook, The Paper Wife* and *Who Named the Knife.*

LINDA SPALDING Photo: Derek Shapton

Née à Topeka, au Kansas, Spalding (née Dickinson) a vécu au Mexique et à Hawaï avant de déménager à Toronto. Elle y a enseigné la création littéraire à l'Université de Toronto, puis à l'Université Ryerson et à la Humber School for Writers. Outre son livre lauréat d'un Prix du Gouverneur général, *The Purchase*, elle a également écrit *Daughters of Captain Cook, The Paper Wife* et *Who Named the Knife*.

HEATHER SPEARS
(1934)

The Word for Sand (POETRY 1989)

COPENHAGEN, DENMARK / Born in Vancouver, Spears was educated at the University of British Columbia and the Vancouver School of Art. She moved to Denmark in 1962. An author and an artist, she has held over 75 solo exhibitions and published over a dozen novels and books of poetry. In addition to her Governor General's Literary Award, Spears is the winner of two Pat Lowther Memorial Awards, a CBC Literary Prize and a Bronfman Award. The Heather Spears Archive is housed at the University of British Columbia in Vancouver.

Originaire de Vancouver, Spears a fait des études à l'Université de la Colombie-Britannique et à la Vancouver School of Art. Elle a déménagé au Danemark en 1962. Auteure et artiste, elle a présenté plus de 75 expositions en solo et publié plus d'une dizaine de romans et de livres de poésie. Outre un Prix littéraire du Gouverneur général, Spears a aussi remporté deux prix Pat-Lowther, un Prix littéraire de la CBC et un prix Bronfman. Les archives d'Heather Spears sont conservées à l'Université de la Colombie-Britannique, à Vancouver.

NIGEL SPENCER
(1945)

Thunder and Light by Marie-Claire Blais (TRANSLATION 2002)
Augustino and the Choir of Destruction by Marie-Claire Blais (TRANSLATION 2007)
Mai at the Predators' Ball by Marie-Claire Blais (TRANSLATION 2012)

MONTRÉAL / "Translating is a very solitary kind of thing, so to think somebody has seen this and somebody thinks it's good – wow, phew, I didn't screw up after all."[99] A graduate of McGill University and the University of Toronto, Spencer has taught English at several Canadian and American universities and colleges, including the State University of New York at Plattsburgh (where he taught Shakespeare in performance), the Université de Sherbrooke (where he taught the university's first bilingual course on Comparative Canadian Dramaturgy) and the University of Toronto. He also served as an advisor to the Minister of Education of the Republic of Guinea and was responsible for revising that country's high school and university English curricula in the 1980s.

« Traduire est une activité très solitaire, donc penser que quelqu'un a vu votre travail et qu'il croit que c'est bien ... wow! Je ne me suis pas planté, finalement[100]. » Diplômé de l'Université McGill et de l'Université de Toronto, Spencer a enseigné l'anglais à plusieurs universités et collèges canadiens et américains, notamment à l'Université d'État de New York à Plattsburgh (où il a enseigné Shakespeare en représentation), à l'Université de Sherbrooke (où il a donné le premier cours bilingue de l'établissement sur la dramaturgie canadienne comparée) et à l'Université de Toronto. Il a également été conseiller auprès du ministre de l'Éducation de la République de Guinée et a été chargé de réviser les programmes d'anglais des écoles secondaires et des universités de ce pays dans les années 1980.

C. P. (CHARLES PERRY) STACEY
(1906–1989)

The Canadian Army, 1939–1945 (ACADEMIC NON-FICTION 1948)

OTTAWA / Colonel Charles Perry Stacey, OC, OBE, CD, FRSC, served as the official historian of the Canadian Army during the Second World War. Educated at the Universities of Toronto, Oxford and Princeton, he taught in the Department of History at Princeton until 1940. For much of the war, he was stationed in Great Britain where he wrote reports and collected information for his official history. He later returned to the University of Toronto where he served as a professor of history from 1959 until his retirement in 1975.

Le colonel Charles Perry Stacey, O.C., O.B.E, CD, MSRC, a été l'historien officiel de l'Armée canadienne pendant la Seconde Guerre mondiale. Formé à l'Université de Toronto, à l'Université d'Oxford et à l'Université Princeton, il a enseigné au Département d'histoire de cette dernière jusqu'en 1940. Pendant la majeure partie de la guerre, il a été en poste en Grande-Bretagne, où il a rédigé des rapports et recueilli des renseignements pour son récit officiel. Il est ensuite retourné à l'Université de Toronto, où il a enseigné l'histoire de 1959 jusqu'à sa retraite, en 1975.

C. P. (CHARLES PERRY) STACEY Photo: Government of Canada / Gouvernement du Canada

IVAN STEENHOUT
(1943)

L'homme qui se croyait aimé de Heather Robertson, avec Christiane Teasdale
(TRADUCTION 1987)
Les Indes accidentelles de Robert Finley (TRADUCTION 2004)

RACINE, QUÉBEC / Traduisant sous le nom d'Ivan Steenhout, Alexis Lefrançois a
également été journaliste pigiste, chargé de cours à l'Université Laval et rédacteur
en chef du magazine *Astronomie-Québec*. En plus de deux Prix littéraires du
Gouverneur général, il est lauréat de deux prix de traduction du Conseil des
arts du Canada. Il est en outre membre de l'Union des écrivaines et des écrivains
québécois.

Translating under the name Ivan Steenhout, Alexis Lefrançois has worked as a
freelance journalist, as a lecturer at the Université Laval and as editor-in-chief of
the journal *Astronomie-Québec*. In addition to his Governor General's Literary
Awards, he has twice won the Canadian Arts Council Translation Prize. He is a
member of the Union des écrivaines et des écrivains québécois.

KENT STETSON
(1948)

The Harps of God (DRAMA 2001)

MONTRÉAL / Born in Marshfield, Prince Edward Island, Stetson became famous
internationally for the production of *Warm Wind in China*, one of Canada's earliest plays about AIDS. His other plays include *The Harps of God*, *Just Plain Murder*,
The Eyes of the Gull and *New Arcadia*. The recipient of a Prince Edward Island
Literary Award for outstanding contributions to the literature of Prince Edward
Island, and of a Wendell Boyle Award for contributions to PEI heritage, Stetson
was appointed a Member of the Order of Canada in 2007.

Né à Marshfield, sur l'Île-du-Prince-Édouard, Stetson est devenu célèbre dans le
monde entier pour avoir écrit *Warm Wind in China*, l'une des premières pièces
canadiennes sur le sida. Parmi les autres pièces qu'il a écrites figurent *The Harps
of God*, *Just Plain Murder*, *The Eyes of the Gull* et *New Arcadia*. Lauréat du Prix
du livre de l'Île-du-Prince-Édouard pour sa contribution exceptionnelle à la

littérature de l'Île et d'un prix Wendell-Boyle pour son apport au patrimoine de l'Île, Stetson a également été décoré de l'Ordre du Canada en 2007.

NORAH STORY
(1902–1978)

The Oxford Companion to Canadian History and Literature (NON-FICTION 1967)

TORONTO / Norah Story emmigrated from England with her family in 1912. In 1926, she received a first-class honours degree in history from the University of Toronto. In 1927, she received an MA from the University of Wisconsin. A year later, she joined the staff of the Public Archives of Canada and, from 1942, served as director of the Archive's Manuscript Division, a position she held until her retirement in 1960. Seven years after her *Oxford Companion to Canadian History and Literature* appeared, Oxford University Press brought out a companion volume entitled *Supplement to the Oxford Companion to Canadian History and Literature*, edited by William Toye.

Norah Story a émigré d'Angleterre avec sa famille en 1912. Elle a obtenu un baccalauréat spécialisé en histoire de l'Université de Toronto avec mention du jury en 1926 et une maîtrise de l'Université du Wisconsin en 1927. L'année suivante, elle s'est jointe au personnel des Archives publiques du Canada puis, à compter de 1942 et jusqu'à sa retraite en 1960, elle a occupé le poste de directrice de la Division des manuscrits des Archives. Sept ans après la parution de *The Oxford Companion to Canadian History and Literature*, les Presses de l'Université d'Oxford ont publié un volume complémentaire intitulé *Supplement to the Oxford Companion to Canadian History and Literature*, édité par William Toye.

PHILIP STRATFORD
(1927–1999)

Second Chance by Diane Hébert (TRANSLATION 1988)

MONTRÉAL / Stratford spent most of his career teaching at the Université de Montréal. While there, he distinguished himself both as a scholar and as a translator. Perhaps best known for his translations of Quebec authors René Lévesque, Antonine Maillet, Félix Leclerc, André Laurendeau, Claire Martin, Diane Hébert and Robert Melançon, Stratford was also co-author of the comprehensive *Bibliography of Canadian Books in Translation*. Born in Chatham, Ontario, he was a graduate of the University of Western Ontario and of the Université de Paris.

Stratford a enseigné à l'Université de Montréal pendant presque toute sa carrière. C'est là qu'il s'est distingué en tant qu'intellectuel et traducteur. Peut-être plus connu pour ses traductions d'auteurs tels que René Lévesque, Antonine Maillet, Félix Leclerc, André Laurendeau, Claire Martin, Diane Hébert et Robert Melançon, Stratford a également coécrit *Bibliography of Canadian Books in Translation: French to English and English to French* (v.f. *Bibliographie de livres canadiens traduits de l'anglais au français et du français à l'anglais*). Originaire de Chatham, en Ontario, il a étudié à l'Université Western et à l'Université de Paris.

ALAN SULLIVAN
(1868–1947)

Three Came to Ville Marie (FICTION 1941)

TORONTO / Born in Montréal, Sullivan was educated in the United States and Scotland before entering the School of Practical Science in Toronto. After graduation, he worked as a surveyor and engineer in northern Ontario and western Canada. The author of over thirty novels, Sullivan was also a regular contributor to a wide variety of American periodicals, including *Harper's Magazine* and *The Atlantic Monthly*.

Originaire de Montréal, Sullivan a étudié aux États-Unis et en Écosse avant d'entrer à la School of Practical Science de Toronto. Après avoir obtenu son diplôme, il a travaillé comme arpenteur-géomètre et ingénieur dans le Nord de l'Ontario et l'Ouest du Canada. Auteur d'une trentaine de romans, Sullivan a aussi collaboré régulièrement à une grande variété de périodiques américains, dont le *Harper's Magazine* et *The Atlantic Monthly*.

ROSEMARY SULLIVAN
(1947)

Shadow Maker (NON-FICTION 1995)

TORONTO / Born in the town of Valois on the outskirts of Montréal, Sullivan is a graduate of McGill University, the University of Connecticut and the University of Sussex. She is the author of numerous books, including *Villa Air-Bel, Labyrinth of Desire, The Red Shoes* and *Stalin's Daughter*, in addition to her GG Award-winning biography of Gwendolyn MacEwen. A professor emerita at the University of Toronto, Sullivan was the recipient of Guggenheim, Trudeau and Jackman Fellowships and was awarded the Lorne Pierce Medal by the Royal

Society for her contributions to literature and culture. In 2012, she was appointed an Officer of the Order of Canada.

Née à Valois, en banlieue de Montréal, Sullivan est diplômée de l'Université McGill, de l'Université du Connecticut et de l'Université du Sussex. Elle a écrit de nombreux livres, y compris *Villa Air-Bel, Labyrinth of Desire, The Red Shoes* et *Stalin's Daughter*, de même que sa biographie primée de Gwendolyn MacEwen. Professeure émérite à l'Université de Toronto, Sullivan a obtenu les bourses Guggenheim, Trudeau et Jackman. La Société royale du Canada lui a décerné la médaille Lorne-Pierce pour sa contribution à la littérature et à la culture. En 2012, elle a été nommée Officier de l'Ordre du Canada.

DANIEL SYLVESTRE
(1952)

Rose by Élise Turcotte (Littérature jeunesse – illustrations 2010)

Montréal / Illustrateur prolifique de livres pour enfants, Sylvestre a étudié les arts graphiques à Paris. De retour au Canada, il a fait des études à l'Université du Québec à Montréal et a commencé sa carrière comme animateur à l'Office national du film. Son premier livre illustré, *Un jour d'été à Fleurdepeau*, est paru en 1981. Aujourd'hui, d'innombrables jeunes lecteurs adorent Sylvestre pour ses illustrations pour la série *Clémentine* de Chrystine Brouillet et la série *Zunik* de Bertrand Gauthier. Il a également illustré la populaire série *Notdog*. Créé par Sylvie Desrosiers, une autre lauréate d'un Prix littéraire du Gouverneur général, Notdog est peut-être le chien le plus laid du Québec. Outre le Prix du Gouverneur général qu'il a remporté en 2010, Sylvestre a également reçu le Prix des bibliothèques de Montréal du livre jeunesse en 2009. Par ailleurs, il expose régulièrement en tant qu'artiste. Ses œuvres font partie de collections privées et publiques.

A prolific children's book illustrator, Sylvestre studied graphic arts in Paris. After returning to Canada, he completed a degree at the Université du Québec à Montréal and began his career working as an animator for the National Film Board. His first illustrated book, *Un jour d'été à Fleurdepeau*, appeared in 1981. Since then, Sylvestre has become loved by countless young readers for his illustrations in the *Clémentine* series by Chrystine Brouillet and the *Zunik* series by Bertrand Gauthier. He also illustrated the famous *Notdog* series. Created by another Governor General's Literary Award winner, Sylvie Desrosiers, Notdog is perhaps Quebec's ugliest dog. In addition to his 2010 Governor General's Literary Award, Sylvestre also won the 2009 Prix du livre jeunesse des Bibliothèques de Montréal. As an artist, he exhibits regularly. His works can be found in both private and public collections.

ANNE SZUMIGALSKI
(1922–1999)

Voice (Poetry 1995)

Saskatoon / Born in London, England, Szumigalski served as a Red Cross interpreter during the Second World War. In 1951, she immigrated to Canada. A poet, playwright, translator and editor, she was co-founder of the Saskatchewan Writers' Guild and of the literary magazine *Grain*. In addition to *Voice*, the book of poetry for which she won a Governor General's Award, she is the author of *Z*, a play about the Holocaust. Her autobiography, *The Voice, the Word, the Text*, appeared in 1990.

Originaire de Londres, en Angleterre, Anne Szumigalski a été interprète pour la Croix-Rouge pendant la Seconde Guerre mondiale. En 1951, elle a immigré au Canada. Poétesse, dramaturge, traductrice et rédactrice, elle est l'une des cofondatrices de la Saskatchewan Writers' Guild ainsi que du magazine littéraire *Grain*. Outre l'ouvrage de poésie *Voice*, qui lui a valu un Prix littéraire du Gouverneur général, elle également est l'auteure de *Z*, une pièce de théâtre sur l'Holocauste. Son autobiographie, *The Voice, the Word, the Text*, a été publiée en 1990.

JILLIAN TAMAKI
(1980)

This One Summer by Mariko Tamaki (Children's Literature – Illustration 2014)
They Say Blue by Jillian Tamaki (Young People's Literature – Illustrated Books 2018)

Toronto / Originally from Calgary, Tamaki graduated from the Alberta College of Art and Design in 2003. Since then, her artwork has appeared in numerous periodicals, including *The Walrus, National Geographic, The New York Times* and *The New Yorker*. Together with her cousin, Mariko Tamaki, she co-authored the graphic novels *Skim* and *This One Summer*. Creator of the teen webcomic, *Super-Mutant Magic Academy*, and *Boundless*, a collection of short comics for adults, Tamaki has taught at the School of Visual Arts in New York.

Jillian Tamaki est née à Calgary. Elle a obtenu un diplôme de l'Alberta College of Art and Design en 2003. Depuis, ses œuvres d'art ont paru dans de nombreux

JILLIAN TAMAKI Photo: Emma McIntyre

périodiques, notamment *The Walrus, National Geographic, The New York Times* et *The New Yorker*. Avec sa cousine, Mariko Tamaki, elle a coécrit les bandes dessinées romanesques *Skim* et *This One Summer*. Créatrice de *SuperMutant Magic Academy*, une bande dessinée pour adolescents publiée en ligne, et de *Boundless*, un recueil de courtes bandes dessinées pour adultes, Tamaki a enseigné à la School of Visual Arts, à New York.

JORDAN TANNAHILL
(1988)

Age of Minority (DRAMA 2014)
Botticelli in the Fire & Sunday in Sodom (DRAMA 2018)

TORONTO / A playwright, filmmaker and artist, Tannahill has been described by *The Globe and Mail* as "the poster child of a new generation of (theatre? film? dance?) artists for whom 'interdisciplinary' is not a buzzword, but a way of life."[101] His plays and films have been presented in festivals, theatres and galleries across Canada and internationally and have been translated into multiple languages. From 2012 to 2016, he ran Videofag with William Ellis, an alternative storefront arts space in Toronto's Kensington Market. His debut novel, *Liminal*, appeared with the House of Anansi.

Dramaturge, cinéaste et artiste, Tannahill a été décrit par le *Globe and Mail* comme « l'enfant modèle d'une nouvelle génération d'artistes (de théâtre? de cinéma? de danse?) pour qui l'interdisciplinarité n'est pas un mot à la mode, mais un mode de vie[102] ». Ses pièces et ses films ont été présentés dans des festivals, des théâtres et des galeries au Canada et ailleurs dans le monde, et ont été traduits en plusieurs langues. De 2012 à 2016, il a dirigé Videofag avec William Ellis, un espace d'art alternatif sur le marché Kensington, à Toronto. Son premier roman, *Liminal*, a été publié chez House of Anansi.

CHRISTIANE TEASDALE
(1957)

L'homme qui se croyait aimé de Heather Robertson, avec Ivan Steenhout (TRADUCTION 1987)
Systèmes de survie de Jane Jacobs (TRADUCTION 1996)

MONTRÉAL / Née à Montréal, Teasdale est diplômée de l'Université McGill et de l'Université George Washington, à Washington DC. Elle est traductrice et

JORDAN TANNAHILL Photo: Lacey Creighton

rédactrice pigiste, et a travaillé parfois seule, parfois en collaboration avec son collègue Ivan Steenhout. Son livre *À propos de l'amour* est paru en 1990.

A Montréal native, Teasdale is a graduate of McGill University and of George Washington University in Washington, DC. Since then, she has worked as a freelance translator and editor, sometimes alone and sometimes together with her colleague, Ivan Steenhout. Her book, *À propos de l'amour*, appeared in 1990.

MARIE JOSÉ THÉRIAULT
(1945)

L'œuvre du Gallois (galloroman) de Robert Walshe (TRADUCTION 1993)
Arracher les montagnes de Neil Bissoondath (TRADUCTION 1997)

MONTRÉAL / Écrivaine et traductrice depuis le début des années 1970, Thériault a publié une dizaine d'œuvres, qui incluent des recueils de poésie et de nouvelles ainsi qu'un roman. Écrivant parfois sous un pseudonyme, elle a également traduit plus d'une centaine de romans, de nouvelles, de pièces et d'essais. Elle a été directrice littéraire des Éditions Hurtubise HMH pendant dix ans, tout en travaillant à titre de commentatrice littéraire à Radio-Canada et en collaborant à divers quotidiens et périodiques tels que *Lettres québécoises, Vice Versa, Liberté* et *Le Devoir*. Elle a obtenu, entre autres récompenses, le Prix Canada-Suisse pour *Invariance* en 1984, un Mot d'Or en 1996 pour sa traduction du livre de Faith Popcorn, *Clicking*, et le Masque de la traduction/adaptation en 2002 pour sa version française de *Macbeth*, de Shakespeare.

A writer and translator who began work in the early 1970s, Thériault has published over a dozen collections of poetry and short stories, as well as a novel. Sometimes working under a pseudonym, she has also translated more than a hundred novels, short stories, dramas and essays. For ten years she was literary editor for Éditions Hurtubise HMH. She has also worked as a literary commentator at Radio-Canada and as a contributor to numerous dailies and periodicals, including *Lettres québécoises, Vice Versa, Liberté* and *Le Devoir*. Her other awards include the 1984 prix Canada-Suisse for *Invariance,* the 1996 Les mots d'Or medal for her translation of Faith Popcorn's *Clicking,* and the 2002 Masque de la Traduction/Adaptation for her translation of Shakespeare's *Macbeth*.

YVES THÉRIAULT
(1915-1983)

Ashini (Romans et nouvelles 1961)

Montréal / Yves Thériault a été annonceur à la radio pendant plusieurs années avant de devenir écrivain. Encouragé par le succès de son premier livre, *Contes pour un homme seul*, paru en 1944, il a décidé de vivre de sa plume. Au cours de sa carrière, il a écrit plus de 1 000 contes, nouvelles et dramatiques radiophoniques ainsi qu'une soixantaine de romans et de recueils de nouvelles, dont *La fille laide, Aaron* et *La quête de l'ourse*. En 1958, la sortie de son roman *Agaguk* lui a conféré une grande notoriété. Le roman a été traduit en dix langues et adapté au cinéma sous le titre *Agaguk : L'ombre du loup*. Thériault a été admis à la Société royale du Canada en 1959, élu président de la Société des écrivains canadiens en 1965, puis fait Officier de l'Ordre du Canada en 1975.

Yves Thériault worked as a radio announcer for several years before becoming a writer. With the success of his first book, *Contes pour un homme seul,* in 1944, he decided to earn a living from his pen. During his career, he produced over a thousand short stories and radio dramas, and some sixty novels and short story collections, including *La fille laide, Aaron* and *La quête de l'ourse*. With the publication of his 1958 novel *Agaguk*, he became a household name. The novel was translated into ten languages and adapted into the film, *Shadow of the Wolf*. Thériault was elected a member of the Royal Society of Canada in 1959 and president of the Société des écrivains canadiens in 1965. He was made an Officer of the Order of Canada in 1975.

SERGE PATRICE THIBODEAU
(1959)

Le quatuor de l'errance (Poésie 1996)
Seul on est (Poésie 2007)

Montréal / Originaire de Rivière-Verte, au Nouveau-Brunswick, Thibodeau a écrit une douzaine de livres de poésie. Diplômé de l'Université de Moncton, de l'Université Laval et de l'Université du Québec à Montréal, ses œuvres ont été traduites dans une dizaine de langues. Il est lauréat, entre autres, d'un Prix France-Acadie, d'un prix Émile-Nelligan, d'un prix Edgar-Lespérance et d'un prix Éloizes.

SERGE PATRICE THIBODEAU Photo: Gracieuseté, Drazel Photo & Lettres québécoises, Groupe Ville-Marie Littérature

Born in Rivière Verte, New Brunswick, Thibodeau is the author of a dozen books of poetry. A graduate of the Université de Moncton, the Université Laval and the Université du Québec à Montréal, his writings have been translated into more than a dozen languages. Among his many awards are the Prix France-Acadie, the Prix Émile-Nelligan, the Prix Edgar-Lespérance and the Prix Éloizes.

MADELEINE THIEN
(1974)

Do Not Say We Have Nothing (FICTION 2016)

MONTRÉAL / A Vancouver native, Thien is the author of several award-winning novels and collections of short stories. Her first collection of short stories, *Simple Recipes*, won the BC Book Prize for Fiction. Her first novel, *Certainty*, won the Amazon.ca First Novel Award. *Do Not Say We Have Nothing*, a sensitive story set during China's brutal Cultural Revolution, won the 2016 Scotiabank Giller Prize as well as the 2016 Governor General's Literary Award for English-language fiction.

Née à Vancouver, Madeleine Thien est l'auteure de nombreux romans et recueils de nouvelles primés. Son premier recueil, *Simple Recipes*, lui a valu un BC Book Prize pour une œuvre de fiction. Son premier roman, *Certainty*, a remporté le prix du meilleur premier livre d'Amazon.ca. En 2016, *Do Not Say We Have Nothing*, une histoire émouvante qui se déroule pendant la brutale révolution culturelle en Chine, a été récompensé d'un prix Giller de la Banque Scotia et d'un Prix littéraire du Gouverneur général pour un roman de langue anglaise.

VERN THIESSEN
(1964)

Einstein's Gift (DRAMA 2003)

EDMONTON / A graduate of the University of Winnipeg and the University of Alberta, Thieseen has been a playwright-in-residence at the Citadel Theatre and the Workshop West Playwrights' Theatre, both in Edmonton. He is a past president of the Writer's Guild of Alberta and of the Playwrights Guild of Canada. His plays have been translated into several languages, including French, German, Polish and Hebrew, and have been performed around the world. In addition to his Governor General's Literary Award, Thiessen is the recipient of a Sterling Award for Outstanding New Play, a City of Edmonton Arts Achievement Award, a Dora Mavor Moore Award for Outstanding New Play, and a Carol Bolt Award.

MADELEINE THIEN Photo: Andrew Querner

Diplômé de l'Université de Winnipeg et de l'Université de l'Alberta, Vern Thiessen a été dramaturge en résidence au Citadel Theatre et au Workshop West Playwrights' Theatre, tous deux à Edmonton. Il a aussi été président de la Writer's Guild of Alberta et de l'Association des dramaturges professionnels du Canada. Ses pièces ont été traduites en différentes langues, notamment en français, en allemand, en polonais et en hébreu, et ont été jouées aux quatre coins du monde. Thiessen a reçu, en plus d'un Prix littéraire du Gouverneur général, un prix Sterling et un prix Dora-Mavor-Moore pour une nouvelle pièce exceptionnelle, un prix d'excellence artistique de la Ville d'Edmonton ainsi qu'un prix Carol-Bolt.

JOAN THOMAS
(1949)

Five Wives (FICTION 2019)

WINNIPEG / A longtime contributor to *The Globe and Mail* and the *Winnipeg Free Press*, Thomas won an Amazon.ca First Novel Award and a Commonwealth Prize for Best First Book for her 2008 novel, *Reading by Lightning*. In 2014, she won the McNally Robinson Prize for Book of the Year for *The Opening Sky*. Her Governor General's Literary Award-winning novel gives a fictionalized account of the first contact between the Waorani, an isolated people living in the Ecuadorian rainforest, and a group of Christian missionaries in the 1950s.

Joan Thomas est une contributrice de longue date pour le *Globe and Mail* et la *Winnipeg Free Press*. Elle a remporté le prix du meilleur premier roman d'Amazon.ca et le prix Commonwealth du meilleur premier livre pour son roman de 2007, *Reading by Lightning*. En 2014, elle a reçu le Prix McNally Robinson, récompensant le meilleur livre de l'année, pour *The Opening Sky*. Son livre primé, *Five Wives*, offre une interprétation romanesque du premier contact entre les Waorani, un peuple vivant isolé dans la forêt tropicale équatorienne, et un groupe de missionnaires Chrétiens, dans les années 1950.

JUDITH THOMPSON
(1954)

White Biting Dog (DRAMA 1984)
The Other Side of the Dark (DRAMA 1989)

TORONTO / A graduate of Queen's University and the National Theatre School of Canada, Thompson has written for traditional stage as well as for radio. As her reviewers have noted, her characters often live at the margins of society where they exhibit "the other side of the dark." In addition to her two Governor General's Literary Awards, Thompson has received a Susan Smith Blackburn Prize, an ACTRA award for Best Radio Drama, and a Walter Carsen Prize for Excellence in the Performing Arts. She teaches at the University of Guelph. Many of her plays have been performed in both English and French. She is a Fellow of the Royal Society of Canada and an Officer of the Order of Canada.

Diplômée de l'Université Queen's et de l'École nationale de théâtre du Canada, Thompson a écrit pour la scène et la radio. Comme l'ont fait remarquer ses critiques, ses personnages vivent souvent en marge de la société, où ils dévoilent « l'autre côté de l'ombre » qui réside en eux. Ses écrits lui ont non seulement valu deux Prix littéraires du Gouverneur général, mais également un prix Susan-Smith-Blackburn, un prix ACTRA de la meilleure pièce radiophonique et un prix Walter-Carsen d'excellence en arts de la scène. Nombre de ses pièces ont été jouées en français et en anglais. Enseignante à l'Université de Guelph, Thompson est membre de la Société royale du Canada et Officier de l'Ordre du Canada.

KIM THÚY
(1968)

Ru (Romans et nouvelles 2010)

Longueuil, Québec / Kim Thúy est née Kim Thúy Ly Thanh au Viet Nam. Thúy et ses parents trouvèrent asile au Canada comme « boat people » alors qu'elle n'était qu'une enfant. Après s'être établie à Montréal, Thúy a obtenu des diplômes en droit, en linguistique et en traduction à l'Université de Montréal. Son roman primé, *Ru*, est à la fois une lettre d'amour au Vietnam et à son pays d'adoption.

Born Kim Thúy Ly Thanh in Vietnam, Thúy and her parents fled to Canada as boat people when Thúy was a child. After settling in Montréal, Thúy received degrees in law, linguistics and translation from the Université de Montréal. As she tells her readers, her award-winning novel, *Ru,* is partly a lullaby for Vietnam and partly a love letter to her adopted homeland.

KIM THÚY Photo: Vu Quang

GILLES TIBO
(1951)

Simon et la ville de carton (LITTÉRATURE JEUNESSE – ILLUSTRATIONS 1992)
Noémie (LITTÉRATURE JEUNESSE – TEXTE 1996)

MONTRÉAL / Né à Nicolet, au Québec, Gilles Tibault a publié plus de 250 ouvrages à titre d'auteur et d'illustrateur, le plus souvent sous le nom de plume de Gilles Tibo. Lecteur passionné des séries *Astérix et Obélix* et *Tintin*, son amour pour le dessin est né à un jeune âge. Aujourd'hui reconnu sur la scène internationale, son travail a été traduit dans plusieurs langues et il a remporté plus d'une centaine de prix, dont un prix Alvine-Bélisle, un prix Odyssée, deux Prix du livre M. Christie et deux Prix littéraires du Gouverneur général. Son personnage le plus célèbre, Noémie, a même fait ses débuts au cinéma dans le long métrage *Noémie : Le secret*.

Born in Nicolet, Quebec, Gilles Tibault has published more than 250 books as an author and illustrator, usually under the pen name, Gilles Tibo. An avid reader of Astérix et Obélix and Tintin, his passion for drawing emerged at a young age. Now known internationally, his work has been translated into numerous languages and he has won over a hundred awards, including a Prix Alvine-Bélisle, a Prix Odyssée and two Mr. Christie's Book Awards, as well as his two Governor General's Literary Awards. His most famous character, Noémie, has even found herself starring in a feature film, *Noémie : Le secret*.

MARIA TIPPETT
(1944)

Emily Carr (NON-FICTION 1979)

PENDER ISLAND, BRITISH COLUMBIA / A graduate of Simon Fraser University, Cambridge University and the University of London, Tippett is the author of over a dozen books about British Columbia and Canada. Her Governor General's Award-winning biography of Emily Carr was the first full-length study of Carr's life. The book also won a John A. Macdonald History Prize. For her book *Bill Reid,* Tippett received a Hubert Evans Non-fiction Prize. The recipient of honorary doctorates from the University of Windsor, the University of Victoria and Simon Fraser University, Tippett taught cultural history at Simon Fraser University until her retirement.

MARIA TIPPETT Photo: Tibor Kolley, The Canadian Press / La Presse Canadienne

Diplômée l'Université Simon Fraser, de l'Université Cambridge et de l'Université de Londres, Tippett a écrit une dizaine de livres sur la Colombie-Britannique et le Canada. Sa biographie d'Emily Carr, lauréate d'un Prix du Gouverneur général, a été la première étude d'envergure de la vie de Carr. Ce titre lui a aussi valu le prix Sir-John-A.-Macdonald du meilleur livre d'histoire. Tippett a également reçu le prix Hubert-Evans pour un ouvrage non romanesque pour *Bill Reid*. Titulaire de doctorats honorifiques de l'Université de Windsor, de l'Université de Victoria et de l'Université Simon Fraser, Tippett a enseigné l'histoire de la culture à l'Université Simon Fraser jusqu'à sa retraite.

MIRIAM TOEWS
(1964)

A Complicated Kindness (FICTION 2004)

WINNIPEG / A native of Steinbach, Manitoba, Toews is a graduate of the University of Manitoba and the University of King's College, Halifax. She has written for a wide variety of periodicals, including *Saturday Night, Canadian Geographic, The Guardian, The New York Times Magazine* and *WireTap*. Known internationally for her novels *A Complicated Kindness, All My Puny Sorrows* and *Irma Voth*, Toews played a leading role in the feature film *Silent Light*, which won a Cannes Jury Prize in 2007.

Originaire de Steinbach, au Manitoba, Toews est diplômée de l'Université du Manitoba et de l'Université du King's College, à Halifax. Elle a écrit pour des périodiques aussi variés que *Saturday Night, Canadian Geographic, The Guardian, The New York Times Magazine* et *WireTap*. Reconnue sur la scène mondiale pour ses romans *A Complicated Kindness, All My Puny Sorrows* et *Irma Voth*, Toews a joué un rôle de premier plan dans le long métrage *Silent Light* (v.f. *Lumière silencieuse*), qui a reçu le Prix du jury à Cannes, en 2007.

TERESA TOTEN
(1955)

The Unlikely Hero of Room 13B (CHILDREN'S LITERATURE – TEXT 2013)

TORONTO / Toten tells her readers that her "earliest and most fervent ambition was to grow up and take her rightful place among the other mermaids. When cruel and insensitive adults crushed that dream by insisting that mermaids did not exist, Teresa settled on the more mature aspiration of becoming an intergalactic

TERESA TOTEN Photo: Matthew Wiley

astronaut. Then she realized that math would likely be involved. So, in the end, Teresa went to Trinity College at the University of Toronto where she got a BA and then an MA in Political Economy taking great care not to take a single English or Creative Writing class. The only thing Teresa knew for sure was that she was never ever going to be a writer. That would be silly, fanciful and well, unrealistic."[103] Since then, her many books have been translated into over a dozen different languages.

Toten a confié à ses lecteurs que sa première et plus fervente ambition avait été de grandir et de prendre la place qui lui revenait parmi les autres sirènes. Ainsi, lorsque des adultes cruels et insensibles ont brisé ce rêve en insistant sur le fait que les sirènes n'existent pas, Teresa a opté pour l'aspiration plus mature de devenir une astronaute intergalactique. Puis, elle a réalisé qu'il lui faudrait sans doute avoir recours aux mathématiques. Teresa s'est donc inscrite au Collège Trinity de l'Université de Toronto, où elle a obtenu un baccalauréat et une maîtrise en économie politique, en prenant bien soin de ne pas suivre un seul cours d'anglais ni de création littéraire. La seule chose dont Teresa était persuadée, c'est qu'elle ne serait jamais une écrivaine. Cela aurait été stupide, fantaisiste et irréaliste[104]. Depuis, ses nombreux livres ont été traduits en une dizaine de langues.

GÉRALD TOUGAS
(1933)

La mauvaise foi (ROMANS ET NOUVELLES 1990)

GRANBY, QUÉBEC / Originaire de Sainte-Anne-des-Chênes, au Manitoba, Tougas a étudié auprès des pères rédemptoristes à Sainte-Anne-de-Beaupré, au Québec, ainsi qu'au Collège Saint-Boniface, au Manitoba. Après avoir travaillé dans l'Arctique pendant un an, il s'est inscrit à l'Université de Montréal. Il a ensuite enseigné la littérature pendant plus de 30 ans, au Québec et au Niger. *La mauvaise foi* est son premier roman.

Born in Sainte-Anne-des-Chênes, Manitoba, Tougas was educated by the Redemptorist Fathers in Sainte-Anne-de-Beaupré, Quebec, and at the Collège Saint-Boniface in Manitoba. After working for a year in the arctic, he attended the Université de Montréal. He then taught literature for over thirty years, both in Quebec and in Niger. *La mauvaise foi* was his first novel.

PAUL TOUPIN

(1918-1993)

Souvenirs pour demain (Autres genres littéraires 1960)

Montréal / Après des études au Collège Jean-de-Brébeuf à Montréal, à la Sorbonne de Paris, à l'Université Columbia à New York et à l'Université Aix-Marseille dans le Sud de la France, Toupin a enseigné la littérature à l'Université de Sherbrooke, puis au Collège Loyola (devenu l'Université Concordia en 1974). En 1950, le prix David lui a été décerné, suivi du Prix de littérature de la province de Québec en 1952. Toupin a été reçu à l'Académie des lettres du Québec en 1959.

Educated at the Collège Jean-de-Brébeuf in Montréal, the Sorbonne in Paris, Columbia University in New York and Aix-Marseille Université in southern France, Toupin served as a professor of literature at the Université de Sherbrooke and, later, at Loyola College (which became Concordia University in 1974). He was awarded the Prix David in 1950 and the Prix de littérature de la province de Québec in 1952. In 1959, he was made a member of the Académie des lettres du Québec.

MICHAËL TRAHAN

(1984)

La raison des fleurs (Poésie 2018)

Montréal / Né et ayant grandi à Acton Vale, dans la région de la Montérégie, au Québec, Trahan a écrit sa thèse de doctorat sur la lisibilité de la poésie française contemporaine. Il est également l'auteur de *La postérité du scandale,* une étude de l'œuvre du Marquis de Sade. Son premier ouvrage de poésie, *Nœud coulant*, lui a valu le prix Émile-Nelligan, le prix Alain-Grandbois de l'Académie des lettres du Québec et le Prix du Festival de la poésie de Montréal. Il est le directeur littéraire de la revue *Estuaire*.

Born and raised in Acton Vale in the Montérégie region of Quebec, Trahan wrote his doctoral thesis on the readability of contemporary French poetry. He is also the author of *La postérité du scandale,* a study of the writings of the Marquis de Sade. His first book of poetry, *Nœud coulant*, won the Prix Émile-Nelligan, the prix Alain-Grandbois de l'Académie des lettres du Québec, and the Prix du Festival de la poésie de Montréal. He is literary director of the magazine *Estuaire*.

JENNIFER TREMBLAY Photo: Lucie Delemer, Groupe Ville-Marie Littérature

JENNIFER TREMBLAY
(1973)

La liste (THÉÂTRE 2008)

SOREL, QUÉBEC / Originaire de Forestville, sur la rive nord du fleuve Saint-Laurent, Tremblay a étudié la littérature à l'Université du Québec à Montréal. Depuis l'obtention de son diplôme, elle a publié des romans, des nouvelles, des recueils de poésie, des articles de journaux et des livres pour enfants. En 2004, elle a cofondé les Éditions de la Bagnole. Elle a également remporté le prix Michel-Tremblay et le Prix auteur dramatique Banque Laurentienne.

Born in Forestville on the north shore of the St Lawrence River, Tremblay studied literature at the Université du Québec à Montréal. Since her graduation, she has published everything from novels, short stories and poetry collections to newspaper articles and children's books. In 2004, she co-founded the publishing house Éditions de la Bagnole. Her other awards include the Prix Michel-Tremblay and the Prix auteur dramatique Banque Laurentienne.

LISE TREMBLAY
(1957)

La danse juive (ROMANS ET NOUVELLES 1999)

MONTRÉAL / Professeure de littérature à temps partiel au Cégep du Vieux Montréal, Tremblay passe la moitié de l'année à enseigner et l'autre moitié à vivre sur une petite île où la nature l'inspire à écrire. Elle est lauréate d'un prix Stauffer-Canada pour son premier roman, *L'hiver de pluie,* et du Grand Prix de la Ville de Montréal pour son recueil de nouvelles *La héronnière.*

A part-time teacher of literature at the Cégep du Vieux Montréal, Tremblay spends half of each year teaching and the other half living on a small island where she finds inspiration for her writing by immersing herself in nature. Her other awards include a Prix Stauffer-Canada for her first novel, *L'hiver de pluie,* and a Grand Prix de la ville de Montréal for her collection of short stories, *La héronnière.*

MARCEL TRUDEL

(1917-2011)

Histoire de la Nouvelle-France II (Autres genres littéraires 1966)

Lucerne, Québec / Né à Saint-Narcisse-de-Champlain, au Québec, Trudel a étudié à l'Université Laval et à l'Université Harvard avant d'enseigner l'histoire à l'Université Laval, à l'Université Carleton et à l'Université d'Ottawa. L'un des historiens les plus influents de sa génération, Trudel était un spécialiste de l'histoire de la Nouvelle-France. Il est connu pour avoir écrit autant qu'il l'a pu sans parti pris religieux ou politiques, plusieurs de ses articles dépeignent toutefois l'Église catholique sous un jour peu flatteur. Membre du Mouvement laïque de langue française, il préconisait une plus grande séparation entre l'Église et l'État. Sous la pression de l'Église, l'Université Laval a fini par le démettre de ses fonctions à titre de directeur du Département d'histoire. En 1961, avec George Williams Brown, Trudel est devenu codirecteur de l'immense *Dictionnaire biographique du Canada*. Il a été décoré du titre d'Officier de l'Ordre du Canada en 1971 et a été fait grand officier de l'Ordre national du Québec en 2004.

Born in St-Narcisse-de-Champlain, Quebec, Trudel studied at the Université Laval and at Harvard University before taking up teaching posts in history at the Université Laval, Carleton University and the University of Ottawa. One of the most influential historians of his generation, Trudel specialized on the history of New France. Famously writing to the best of his ability without religious or political bias, many of his articles portrayed the Catholic Church in a less-than-flattering light. As a member of the Laïcité Movement, he advocated for greater separation between church and state. Under pressure from the Church, the Université Laval eventually removed him from his position as head of the History Department. In 1961, along with George Williams Brown, Trudel became one of the founding editors of the immense *Dictionary of Canadian Biography / Dictionnaire biographique du Canada* project. He was appointed an Officer of the Order of Canada in 1971 and, in 2004, he was made a Grand Officer of the Ordre national du Québec.

SYLVAIN TRUDEL

(1963)

La Mer de la Tranquillité (ROMANS ET NOUVELLES 2007)

QUÉBEC / Auteur jeunesse à succès et romancier, Trudel s'est rapidement fait connaître grâce à son roman de 1986, *Le souffle de l'Harmattan*. Il a aussi publié *Terre du roi Christian, Zara ou la mer noire* et le recueil de nouvelles *Les prophètes*. Son ouvrage lauréat d'un Prix littéraire du Gouverneur général, *La Mer de la Tranquillité*, est un recueil d'histoires tantôt tragiques, tantôt douloureuses. Trudel a aussi remporté le prix Molson de l'Académie des lettres du Québec, le Prix des libraires du Québec et le prix Saint-Exupéry, en France.

A successful children's author as well as a novelist, Trudel earned immediate fame with his 1986 novel, *Le souffle de l'Harmattan*. His other books include *Terre du roi Christian, Zara ou la mer noire* and his collection of short stories, *Les prophètes*. His Governor General's Literary Award-winning book, *La Mer de la Tranquillité*, is a collection of sometimes-tragic and sometimes-painful stories. Among Trudel's other prizes are a Prix Molson de l'Académie des lettres du Québec, a Prix des libraires du Québec, and a Prix Saint-Exupéry in France.

ÉLISE TURCOTTE

(1957)

La maison étrangère (ROMANS ET NOUVELLES 2003)
Rose (LITTÉRATURE JEUNESSE – TEXTE 2010)

MONTRÉAL / Originaire de Sorel, au Québec, Élise Turcotte est diplômée de l'Université du Québec à Montréal et de l'Université de Sherbrooke. En 1986, elle a commencé à enseigner la littérature au Cégep du Vieux Montréal. En plus de deux Prix littéraires du Gouverneur général, Turcotte a reçu le prix Émile-Nelligan une première fois en 1987 pour *La voix de Carla*, puis en 1989 pour *La terre est ici*. Elle est aussi lauréate du Grand Prix du livre de Montréal (2011) pour *Guyana*. Ses romans ont été traduits en anglais, en catalan et en espagnol.

Born in Sorel, Quebec, Turcotte is a graduate of the Université du Québec à Montréal and the Université de Sherbrooke. In 1986, she began teaching literature at the Cégep du Vieux Montréal. In addition to winning two Governor General's Literary Awards, Turcotte received the Prix Émile-Nelligan in 1987 for *La voix de Carla* and again, in 1989, for *La terre est ici*. She also received the Grand Prix du livre de Montréal in 2011 for *Guyana*. Her novels have been translated into English, Catalan and Spanish.

PIERRE TURGEON
(1947)

La première personne (ROMANS ET NOUVELLES 1980)
La Radissonie (ÉTUDES ET ESSAIS 1992)

MONTRÉAL / Romancier, scénariste, journaliste et éditeur, Turgeon a obtenu un baccalauréat ès arts du Collège Sainte-Marie en 1967. Il a publié son premier roman, *Sweet Poison*, en 1970. Quatre ans plus tard, il a écrit son premier scénario, *La Crise d'octobre*. Fondateur des Éditions Quinze et cofondateur du journal *L'Illettré*, Turgeon a aussi été rédacteur en chef de la revue *Liberté* et directeur général de Sogides, le plus important groupe d'édition de langue française au Canada. Dans les années 1990, Turgeon s'est retrouvé au centre d'une bataille juridique lorsqu'il a commencé à écrire sur Paul-Hervé Desrosiers, l'un des bailleurs de fonds de l'ancien premier ministre du Québec Maurice Duplessis. La famille de Desrosiers a demandé une ordonnance de non-publication fondée sur l'article 35 du *Code civil du Québec*, qui interdit la parution d'une biographie sans le consentement des héritiers de la personne concernée. En 2002, l'Assemblée nationale du Québec s'est prononcée en faveur de Turgeon et a abrogé l'article 35 du *Code*. Turgeon a remporté le premier prix du Concours d'œuvres dramatiques de Radio-Canada pour *L'Interview*, qu'il a coécrit avec Jacques Godbout. Son essai historique *Les Bâtisseurs du siècle* lui a en outre valu un prix Percy-Foy de la Société historique de Montréal.

A novelist, playwright, journalist and publisher, Turgeon graduated with a Bachelor of Arts degree from the Collège Sainte-Marie in 1967. In 1970, he published his first novel, *Sweet Poison*. In 1974, he wrote his first screenplay, *La Crise d'octobre*. Founder of Quinze Books and a co-founder of *l'Illettré*, Turgeon also served as editor-in-chief of *Liberté* and as CEO of *Sogides*, the largest French-language publishing group in Canada. In the 1990s, Turgeon found himself at the centre of a legal battle when he began writing about Paul-Hervé Desrosiers, one of the financial backers of former Quebec premier, Maurice Duplessis. Desrosiers' family sought a publication ban, based on Quebec's *Civil Code*. Article 35 of the Code prohibited biographies from appearing without the consent of a person's heirs. In 2002, the Quebec National Assembly found in Turgeon's favour and unanimously removed article 35. Turgeon was also the first recipient of CBC's Prix du Concours des œuvres dramatiques for *L'Interview*, co-written with Jacques Godbout. His other awards include a Prix Percy-Foy de la Société historique de Montréal for *Les Bâtisseurs du siècle*.

FRANK H. (HAWKINS) UNDERHILL
(1889–1971)

In Search of Canadian Liberalism (NON-FICTION 1960)

TORONTO / A native of Stouffville, Ontario, Underhill served as an officer in the Hertfordshire Regiment of the British Army during the First World War. After the war, he taught history at the University of Saskatchewan until 1927, when he moved to the University of Toronto. During the 1930s, he served as the first president of the League for Social Reconstruction and was a co-author of the Co-operative Commonwealth Federation's 1933 Regina Manifesto. During the Second World War, Underhill came close to being dismissed from the University of Toronto for suggesting that Canada's connections to Britain were likely to diminish as the country became more and more closely connected to the United States, a controversy that helped define the boundaries of academic freedom in Canadian universities. In 1967, he was appointed an Officer of the Order of Canada.

Originaire de Stouffville, en Ontario, Underhill a servi en tant qu'officier au sein du régiment Hertfordshire de l'Armée britannique pendant la Première Guerre mondiale. Après la guerre, il a enseigné l'histoire à l'Université de la Saskatchewan jusqu'en 1927, puis à l'Université de Toronto. Au cours des années 1930, il a été le premier président de la League for Social Reconstruction et l'un des auteurs du Manifeste de Regina de 1933 de la Fédération du Commonwealth coopératif. Pendant la Seconde Guerre mondiale, Underhill a failli être congédié de son poste d'enseignant à l'Université de Toronto pour avoir laissé entendre que les liens du Canada avec le Royaume-Uni s'affaibliraient inévitablement à mesure que ses rapports avec les États-Unis se resserraient. Cette controverse a contribué à définir les limites de la liberté universitaire dans les établissements canadiens. En 1967, Underhill a reçu l'insigne d'Officier de l'Ordre du Canada.

JANE URQUHART
(1949)

The Underpainter (FICTION 1997)

WELLESLEY, ONTARIO / With her first novel, *The Whirlpool*, set in Niagara Falls in the late 1890s, Urquhart became the first Canadian to win France's prestigious Prix du Meilleur Livre Etranger Sofitel (Best Foreign Book Award). Since then, she has received a Trillium Award, a Marian Engel Award, a Governor General's Literary

Award, and ten honorary doctorates. She has also been appointed a Chevalier of l'Ordre des Arts et des Lettres in France and an Officer of the Order of Canada. Born in Little Long Lac, Ontario, Urquhart has had her books published in France, Holland, Germany, Britain, Scandinavia, Australia and the United States, as well as in Canada.

Avec son premier roman, *The Whirlpool*, qui se déroule à Niagara Falls à la fin des années 1890, Jane Urquhart est devenue la première Canadienne à remporter le prestigieux Prix du meilleur livre étranger Sofitel, décerné en France. Depuis, elle a été récompensée d'un prix Trillium, d'un prix Marian-Engel et d'un Prix littéraire du Gouverneur général, ainsi que dix doctorats honorifiques. Originaire de Little Longlac, en Ontario, Urquhart est Chevalier de l'Ordre des Arts et des Lettres en France et Officier de l'Ordre du Canada. Ses ouvrages ont été publiés en France, en Hollande, en Allemagne, en Grande-Bretagne, en Scandinavie, en Australie, aux États-Unis et au Canada.

ANDRÉ VACHON
(1933-2003)

Le temps et l'espace dans l'œuvre de Paul Claudel (AUTRES GENRES LITTÉRAIRES 1965)

QUÉBEC / Après des études au Petit Séminaire de Québec, Vachon a obtenu un diplôme de l'Université Laval, où il a ensuite enseigné l'histoire pendant de nombreuses années. Il a également signé plusieurs textes pour le *Dictionnaire biographique du Canada* et a été, de 1982 à 1985, titulaire de la Chaire d'études acadiennes de l'Université de Moncton. Outre *Le temps et l'espace dans l'œuvre de Paul Claudel*, Vachon a publié *Histoire du notariat canadien 1621-1960* et *Situation de la recherche sur la franco-américanie*. Reçu à la Société royale du Canada en 1974, ses écrits sont conservés à Bibliothèque et Archives nationales du Québec.

A graduate of the Petit Séminaire de Québec and of the Université Laval, Vachon taught history at the Université Laval for many years. He was also an editor of the unrivalled *Dictionary of Canadian Biography / Dictionnaire biographique du Canada* and, from 1982 to 1985, chair of Acadian Studies at the University of Moncton. In addition to *Le temps et l'espace dans l'œuvre de Paul Claudel*, Vachon's books include *Histoire du notariat canadien 1621-1960* and *Situation de la recherche sur la franco-américanie*. Elected a Fellow of the Royal Society of Canada in 1974, his papers are kept at the Bibliothèque et Archives nationales du Québec.

HÉLÈNE VACHON
(1947)

L'oiseau de passage (Littérature jeunesse – texte 2002)

Québec / Vachon a étudié la littérature française moderne à l'Université de Paris X et la critique littéraire à l'Université Laval. Elle a par la suite travaillé au ministère des Affaires culturelles du Québec. Auteure ou traductrice d'une vingtaine d'ouvrages, Vachon se spécialise dans la littérature jeunesse. Son premier roman pour adultes, *La Tête ailleurs*, est paru en 2002.

As a young woman, Vachon studied modern French literature at the Université de Paris X and textual criticism at the Université Laval. Later, she worked for the Quebec Ministry of Cultural Affairs. The author or translator of some two dozen books, she specializes mostly in children's literature. Her first novel for adults, *La Tête ailleurs*, appeared in 2002.

JOHN VAILLANT
(1962)

The Golden Spruce (Non-fiction 2005)

Vancouver / Born in Boston, Massachusetts, Vaillant has published both fiction and non-fiction. His work has appeared in *The New Yorker, National Geographic, The Atlantic* and *The Walrus. The Golden Spruce* tells the story of the illegal felling of one of British Columbia's most famous trees, Kiidk'yaas (the Golden Spruce) on Haida Gwaii. The 2015 documentary film *Hadwin's Judgement* is based on Vaillant's book.

Né à Boston, au Massachusetts, Vaillant a publié des œuvres de fiction et des œuvres non romanesques. Ses écrits sont parus dans *The New Yorker, National Geographic, The Atlantic* et *The Walrus. The Golden Spruce* raconte l'histoire de l'abattage illégal d'un des arbres les plus célèbres de la Colombie-Britannique, le Kiidk'yaas (l'épinette dorée), sur l'archipel Haida Gwaii. Le film documentaire *Hadwin's Judgement* (2015) est basé sur le livre de Vaillant.

MICHEL VAN SCHENDEL Photo: Josée Lambert, Groupe Ville-Marie Littérature

MICHEL VAN SCHENDEL
(1929-2005)

De l'œil et de l'écoute (POÉSIE 1980)

MONTRÉAL / Michel van Schendel est né en France. Il a étudié le droit et l'économie à l'Université de Paris avant de s'installer au Québec, en 1952. Van Schendel a été journaliste pour *La Presse, Cité libre* et *Vie des Arts,* et scénariste pour Radio-Canada. Il a ensuite enseigné les études littéraires à l'Université du Québec à Montréal à partir de 1969. De 1968 à 1971, il a dirigé la revue *Socialisme québécois.* Outre son Prix littéraire du Gouverneur général, van Schendel a également remporté un prix Victor-Barbeau pour un essai et un prix Athanase-David.

Van Schendel was born in France and studied law and economics at the Université de Paris before moving to Quebec in 1952. After working as a journalist for *La Presse, Cité libre* and *Vie des Arts,* and as a scriptwriter for the CBC, van Schendel became a professor of literary studies at the Université du Québec à Montréal in 1969. From 1968 to 1971, he managed the journal *Socialisme québécois.* His awards include a Prix Victor-Barbeau de l'essai and a Prix Athanase-David.

GUY VANDERHAEGHE
(1951)

Man Descending (FICTION 1982)
The Englishman's Boy (FICTION 1996)
Daddy Lenin and Other Stories (FICTION 2015)

SASKATOON / Born in Esterhazy, Saskatchewan, Vanderhaeghe graduated with a BA and an MA from the University of Saskatchewan and a BEd from the University of Regina. Later, he worked as a teacher, lecturer, archivist, researcher, editor and writer-in-residence, often being affiliated with St Thomas More College in Saskatoon. His first book to win a Governor General's Award, *Man Descending*, was a collection of stories that also won Britain's Faber Prize. His second winning book, *The Englishman's Boy*, is part of a trilogy set in the nineteenth-century West that includes *The Last Crossing* and *A Good Man*. An Officer of the Order of Canada and a recipient of the Saskatchewan Order of Merit, Vanderhaeghe also received Saskatchewan's highest honour in the arts, the Lieutenant Governor's Arts Award for Lifetime Achievement.

Originaire d'Esterhazy, en Saskatchewan, Vanderhaeghe a obtenu un baccalauréat et une maîtrise de l'Université de la Saskatchewan, puis un diplôme en éducation de l'Université de Regina. Il a ensuite été enseignant, chargé de cours, archiviste, chercheur, rédacteur et auteur en résidence, souvent affilié au Collège St Thomas More de Saskatoon. Son premier livre récompensé d'un Prix du Gouverneur général, *Man Descending*, est un recueil d'histoires qui lui a aussi valu un prix Faber en Grande-Bretagne. Son second ouvrage primé, *The Englishman's Boy*, fait partie d'une trilogie qui se déroule dans l'Ouest, au XIXe siècle, et qui comprend *The Last Crossing* et *A Good Man*. Officier de l'Ordre du Canada et récipiendaire de l'Ordre du mérite de la Saskatchewan, Vanderhaeghe a reçu la plus haute distinction de la Saskatchewan dans le domaine des arts, le Prix des arts du lieutenant-gouverneur pour l'ensemble de sa carrière artistique.

M. G. VASSANJI
(1950)

A Place Within (NON-FICTION 2009)

TORONTO / Born in Nairobi, Kenya, and raised in Tanzania, Vassanji is a graduate of the Massachusetts Institute of Technology and the University of Pennsylvania. Winner of the inaugural Giller Prize for his novel *The Book of Secrets,* and of a second Giller Prize in 2003 for *The In-Between World of Vikram Lall*, Vassanji was appointed a Member of the Order of Canada in 2005. In 2006, a documentary about his life, *The In-Between World of M. G. Vassanji*, premiered. In 2015, he was awarded a Canada Council Molson Prize for the Arts.

Né à Nairobi, au Kenya, Vassanji a grandi en Tanzanie. Il est diplômé de l'Institut de technologie du Massachusetts et de l'Université de Pennsylvanie. Lauréat du prix Giller à deux reprises, d'abord pour son roman *The Book of Secrets* puis pour *The In-Between World of Vikram Lall* (2003), Vassanji a été décoré de l'Ordre du Canada en 2005. L'année suivante, un documentaire sur sa vie, *The In-Between World of M. G. Vassanji*, a vu le jour. Enfin, il a reçu un prix Molson du Conseil des arts du Canada en 2015.

M. G. VASSANJI Photo: Rene Johnston, *Toronto Star*, March 2018 / mars 2018

GUILLERMO VERDECCHIA Photo: Finja Dirksdottier

GUILLERMO VERDECCHIA

(1962)

Fronteras Americanas (American Borders) (DRAMA 1993)

VANCOUVER / Born in Buenos Aires, Argentina, and educated at Ryerson Poly-technic and the University of Guelph, Verdecchia has served as writer-in-residence at Memorial University in St John's and at Ca' Foscari University in Venice. His Governor General's Award-winning play, *Fronteras Americanas (American Borders)*, premiered at the Tarragon Theatre in Toronto in 1993. He is a four-time winner of the Floyd S. Chalmers Canadian Play Award. In 2013, Verdecchia wrote (and performed in) a movie adaptation of *Fronteras Americanas* entitled *Crucero/Crossroads*.

Originaire de Buenos Aires, en Argentine, Verdecchia a étudié à l'Université Ryerson et à l'Université de Guelph. Il a été écrivain en résidence à l'Université Memorial de St John's et à l'Université Ca' Foscari de Venise. Sa pièce récompensée d'un Prix du Gouverneur général, *Fronteras Americanas (American Borders)*, a été présentée en première au Tarragon Theatre de Toronto en 1993. Verdecchia a remporté le prix Floyd-S.-Chalmers pour une pièce canadienne à quatre reprises. En 2013, il a écrit l'adaptation cinématographique de *Fronteras Americanas*, intitulée *Crucero/Crossroads*, dans laquelle il a aussi joué.

KATHERENA VERMETTE

(1977)

North End Love Songs (POETRY 2013)

WINNIPEG / A writer and filmmaker of Métis descent, Vermette grew up in the North End of Winnipeg. In 2016, her documentary, *This River*, was produced by the National Film Board of Canada. Her first novel was published by the House of Anansi Press the same year. A graduate of the University of British Columbia's Master of Fine Arts program, Vermette has also published a seven-volume picture-book series for children, entitled *The Seven Teachings Stories*. *North End Love Songs* was her first book of poetry.

WINNIPEG / Écrivaine et cinéaste métisse, Vermette a grandi dans le Nord de Winnipeg. En 2016, son documentaire *This River* a été produit par l'Office national du film du Canada. Son premier roman est paru aux éditions House of Anansi

KATHERENA VERMETTE Photo: Pauline Boldt

Press la même année. Diplômée du programme de maîtrise en beaux-arts de l'Université de la Colombie-Britannique, Vermette a également publié une série de livres d'images pour enfants en sept volumes, intitulée *The Seven Teachings Stories*. *North End Love Songs* était son premier recueil de poèmes.

ROLAND VIAU
(1954)

*Enfants du néant et mangeurs d'*âmes (Études et essais 1997)
Amerindia : essais d'ethnohistoire autochtone (Essais 2016)

Valleyfield, Québec / Viau enseigne au Département d'anthropologie de l'Université de Montréal, où il a lui-même étudié. Il est aussi diplômé de l'Université Laval. Viau a écrit une demi-douzaine d'ouvrages, dont *Amerindia : Essais d'ethnohistoire autochtone* et *Femmes de personne* : S*exes, genres et pouvoirs en Iroquoisie ancienne*. En 2012, il a reçu le prix Reynald-Piché.

Viau teaches in the Department of Anthropology at the Université de Montréal. A graduate of the Université de Montréal and of the Université Laval, he is the author of over half a dozen books, including *Amerindia: Essais d'ethnohistoire autochtone* and *Femmes de personne: sexes, genres et pouvoirs en Iroquoisie ancienne*. In 2012, he was awarded a Prix Reynald-Piché.

GILLES VIGNEAULT
(1928)

Quand les bateaux s'en vont (Poésie 1965)

Montréal / Rendu célèbre grâce à son hymne de 1964, *Mon Pays*, Vigneault est l'un des auteurs-compositeurs les plus connus du Québec. Diplômé de l'Université Laval, il est l'auteur de plus de 20 ouvrages de poésie. Il a fondé le magazine de poésie *Émourie* en 1953 et les Éditions de l'Arc en 1959. En 1971, il a également fondé sa propre compagnie de disques, Le Nordet (Éditions du Vent qui vire). Profondément touché par la crise d'Octobre de 1970, il a composé *J'ai planté un chêne*, un texte qui a plus tard servi de chanson thème au Parti québécois lors de la campagne électorale provinciale de 1976. En 1993, Vigneault a reçu le Prix du Gouverneur général du Canada pour les arts de la scène et, en 2006, il a été intronisé au Panthéon des auteurs et compositeurs canadiens. Il a aussi été l'objet de plusieurs films, notamment *Ce soir-là* d'Arthur Lamothe, *Miroir de Gilles Vigneault* de Roger Fournier, et *Why I Sing –*

The Words and Music of Gilles Vigneault de John Howe. Chevalier de la Légion d'honneur, Officier de l'Ordre des Arts et des Lettres en France et grand officier de l'Ordre national du Québec, Vigneault a obtenu des doctorats honorifiques de l'Université Trent, de l'Université du Québec à Rimouski, de l'Université de Montréal, de l'Université York et de l'Université du Québec à Montréal. Pour célébrer ses 30 ans de carrière, en 1990, la ville de Paris a tenu une semaine d'événements en son honneur.

Made famous by his 1964 anthem *Mon Pays*, Vigneault is one of Quebec's most celebrated songwriters. A graduate of the Université Laval, he is also the author of more than twenty books of poetry. In 1953, he founded the poetry magazine *Émourie*. In 1959, he founded the publishing house Éditions de l'arc. In 1971 he founded the record label Le Nordet (Éditions du Vent qui vire). Deeply affected by the 1970 October Crisis, he wrote *J'ai planté un chêne*, a song later used as the Parti Québécois's theme song during the 1976 Quebec election campaign. In 1993, Vigneault received a Governor General's Lifetime Artistic Achievement Award and in 2006 he was inducted into the Canadian Songwriters Hall of Fame. He has also been the subject of several films, including *Ce soir-là* by Arthur Lamothe, *Miroir de Gilles Vigneault* by Roger Fournier, and *Why I Sing – The Words and Music of Gilles Vigneault* by John Howe. A Chevalier of the Légion d'honneur, an Officer of the Ordre des arts et lettres of France, and a Grand Officer of the Ordre national du Québec, Vigneault has received honorary degrees from Trent University, the Université du Québec à Rimouski, the Université de Montréal, York University and the Université du Québec à Montréal. To celebrate the 30th anniversary of his career in 1990, the city of Paris held a week of events in his honour.

ANNE VILLENEUVE
(1966)

L'écharpe rouge (LITTÉRATURE JEUNESSE – ILLUSTRATIONS 2000)

MONTRÉAL / Originaire de Montréal, Villeneuve a étudié le graphisme au Collège Dawson avant de se lancer dans une carrière d'illustratrice. Parmi ses clients figurent Nickelodeon, *La Presse*, *The Gazette* et le Cirque du Soleil. En plus d'un Prix littéraire du Gouverneur général, elle a reçu un prix Marcel-Couture, un Prix Québec/Wallonie-Bruxelles et un Prix du livre M. Christie.

Born in Montréal, Villeneuve studied graphic design at Dawson College before embarking on a career as an illustrator. Her clients have included Nickelodeon, *La Presse*, *The Gazette* and Cirque du Soleil. In addition to a Governor General's

Literary Award, her awards include a Prix Marcel Couture, a Prix Québec-Wallonie-Bruxelles and a Mr. Christie's Book Award.

SOPHIE VOILLOT
(1958)

Un jardin de papier de Thomas Wharton (Traduction 2006)
Le cafard de Rawi Hage (Traduction 2010)
L'enfant du jeudi de Alison Pick (Traduction 2013)

Montréal / Originaire de Marseille, en France, Voillot a grandi à Montréal, où elle a travaillé comme traductrice technique avant de se consacrer à la traduction littéraire. Parmi les nombreux auteurs qu'elle a traduits figurent Tom Gilling, Thomas Wharton, Rawi Hage, David Homel, Alison Pick et C. S. Richardson. Sa traduction française du livre de Hage, *De Niro's Game* (*Parfum de poussière*) a remporté le Combat des livres en 2009, un concours littéraire présenté à la radio de Radio-Canada. Voillot a aussi été en lice en 2007 pour un Prix littéraire du Gouverneur général, pour sa traduction du livre de Richardson, *The End of the Alphabet*, puis en 2008 pour sa version française de *Logogryph*, de Wharton, et encore en 2011 pour sa traduction de l'ouvrage de Homel, *Midway*.

Born in Marseille, France, Voillot grew up in Montréal where she worked as a technical translator before devoting herself to literary translation. The many authors she has translated include Tom Gilling, Thomas Wharton, Rawi Hage, David Homel, Alison Pick and C. S. Richardson. Her French translation of Hage's *De Niro's Game* (*Parfum de poussière*) won the 2009 Combat des livres competition, the French-language equivalent of CBC's Canada Reads. She was also short-listed for Governor General's Literary Awards in 2007 for her translation of Richardson's *The End of the Alphabet*, in 2008 for her translation of Wharton's *Logogryph*, and in 2011 for her translation of Homel's *Midway*.

ANNE-MARIE VOISARD
(1984)

Le droit du plus fort : nos dommages, leurs intérêts (Essais 2019)

Montréal / Professeure du département des lettres au Cégep de Saint-Laurent, Anne-Marie Voisard est spécialiste des domaines de la liberté d'expression et de la censure. À partir de 2008, elle a occupé la position de Responsable des Affaires Juridiques pour la maison d'édition indépendante Écosociété. C'est cette même

ANNE-MARIE VOISARD Photo: Nathalie Carrier

année que Barrick Gold, la plus grande compagnie aurifère du monde, avait intenté un procès de $6 millions à ce collectif originaire de Montréal. Cette poursuite en diffamation portait sur des propos tenus par Alan Deneault dans son ouvrage *Noir Canada : Pillage, corruption et criminalité en Afrique*. *Le Droit du plus fort* est le premier ouvrage de non-fiction de Voisard.

A professor in the humanities department at the Cégep de Saint-Laurent, Voisard is an expert on free speech and censorship. Beginning in 2008, she served as Head of Legal Affairs for the independent publishing house Écosociété, the same year Barrick Gold, the world's largest gold-mining company, launched a $6 million lawsuit against the Montréal-based collective. The libel action focused on claims made in Alan Deneault's book, *Noir Canada: Pillage, corruption et criminalité en Afrique* (*Black Canada: Plunder, Corruption and Crime in Africa*). *Le droit du plus fort* is Voisard's first book of non-fiction.

COLLEEN WAGNER
(1949)

The Monument (DRAMA 1996)

TORONTO / Born in Elk Point, Alberta, Wagner studied visual arts at the Ontario College of Art and worked for a time as a designer and actress. Later, she studied literature and drama at the University of Toronto where she wrote her first play, *Sand*, in 1986. Her award-winning play, *The Monument*, was inspired by a year-long trip to southeast Asia and by the 1990s genocide in the former Yugoslavia. It premiered at the Canadian Stage Theatre Company in Toronto. Since then, *The Monument* has been translated into a dozen languages and continues to be performed across Canada and around the world. *The Living*, a recent documentary play based on stories from post-genocide Rwanda, continued her interest in post-conflict issues. Wagner teaches at York University in Toronto and divides her time between Toronto and her farm in rural New Brunswick.

Née à Elk Point, en Alberta, Colleen Wagner a étudié les arts visuels à l'Ontario College of Art et a travaillé pendant un certain temps comme designer et actrice. Plus tard, elle a étudié la littérature et le théâtre à l'Université de Toronto, où elle a écrit sa première pièce, *Sand*, en 1986. Sa pièce primée, *The Monument*, a été inspirée par un voyage d'un an en Asie du Sud-Est et par le génocide des années 1990 en ex-Yougoslavie. La pièce a fait ses débuts à la Canadian Stage Theatre Company de Toronto. Depuis, *The Monument* a été traduite en une dizaine de langues et continue d'être présentée au Canada et à travers le monde. *The Living*, une récente pièce documentaire basée sur les événements au Rwanda après le

COLLEEN WAGNER Photo: Craig Lapp

génocide, confirme son intérêt pour les questions postconflits. Wagner enseigne à l'Université York, à Toronto, et partage son temps entre Toronto et sa ferme en campagne, au Nouveau-Brunswick.

FRED WAH
(1939)

Waiting for Saskatchewan (POETRY 1985)

NELSON, BRITISH COLUMBIA / Born in Swift Current, Saskatchewan, Wah studied music and English at the University of British Columbia and linguistics and literature at the State University of New York in Buffalo. He then taught English and creative writing at Selkirk College and the University of Calgary until his retirement. In addition to his Governor General's Literary Award, Wah is the recipient of a Dorothy Livesay Prize for poetry, Alberta's Howard O'Hagan Award for short fiction, and a Gabrielle Roy Prize for Literary Criticism. Between 2001 and 2002, he served as president of the Writers' Union of Canada and between 2011 and 2013 he served as Canada's fifth Parliamentary Poet Laureate. In 2013, he was made an Officer of the Order of Canada.

Originaire de Swift Current, en Saskatchewan, Wah a étudié la musique et l'anglais à l'Université de la Colombie-Britannique ainsi que la linguistique et la littérature à l'Université d'État de New York à Buffalo. Il a ensuite enseigné l'anglais et la création littéraire au Collège Selkirk et à l'Université de Calgary jusqu'à sa retraite. Outre un Prix littéraire du Gouverneur général, Wah est lauréat d'un prix de poésie Dorothy-Livesay, d'un prix Howard-O'Hagan pour une nouvelle de fiction, et d'un prix Gabrielle-Roy pour le meilleur ouvrage de critique littéraire. En 2001 et 2002, il a été président de la Writers' Union of Canada puis, de 2011 à 2013, il a été le cinquième poète officiel du Parlement du Canada. En 2013, il a reçu l'insigne d'Officier de l'Ordre du Canada.

BILL WAISER
(1953)

A World We Have Lost: Saskatchewan before 1905 (NON-FICTION 2016)

SASKATOON / A graduate of Trent University and the University of Saskatchewan, Waiser taught history at the University of Saskatchewan from 1984 to 2014. Appointed to the A. S. Morton Research Chair in 2010 and to a Distinguished Chair in History in 2011, he is the author of numerous books, including *Saskatchewan:*

FRED WAH Photo: George Bowering

A New History, named one of the Best Books of 2005 by *The Globe and Mail*. In 2005, Waiser received the Saskatchewan Centennial Medal and, in 2006, the Saskatchewan Order of Merit. He was elected a Fellow of the Royal Society of Canada in 2007 and, in 2010, he was awarded a DLitt from the University of Saskatchewan.

Diplômé de l'Université Trent et de l'Université de la Saskatchewan, Waiser a enseigné l'histoire à l'Université de la Saskatchewan de 1984 à 2014. Nommé titulaire de la Chaire de recherche A. S. Morton en 2010 et professeur distingué émérite d'histoire en 2011, il a écrit de nombreux ouvrages, y compris *Saskatchewan: A New History*, désigné parmi les meilleurs livres de 2005 par le *Globe and Mail*. Waiser a reçu la Médaille du centenaire de la Saskatchewan en 2005 et l'Ordre du mérite de la Saskatchewan en 2006. Membre de la Société royale du Canada depuis 2007, il a obtenu un doctorat ès lettres de l'Université de la Saskatchewan en 2010.

DAVID WALKER

(1911–1992)

The Pillar (FICTION 1952)
Digby (FICTION 1953)

ST ANDREWS, NEW BRUNSWICK / Born in Scotland, Walker was educated at the Royal Military Academy Sandhurst. In 1931, he joined the Scottish infantry regiment, the Black Watch, and spent five years in India and the Sudan. In 1938, he became Aide-de-camp to Governor-General Lord Tweedsmuir. During the Second World War, he served with the 51st Highland Division. He was captured in 1940 at Dunkirk and spent nearly five years in prisoner-of-war camps, escaping three times. While being held at Colditz Castle, he began to write poetry. After liberation, he spent time in India and the United Kingdom. Eventually he settled in New Brunswick. The author of some twenty novels and over a hundred short stories, he was a Member of the British Empire, a Member of the Order of Canada and the recipient of an honorary Doctor of Letters from the University of New Brunswick. The David H. Walker Prize in Creative Writing at the University of New Brunswick is awarded in his honour.

Originaire d'Écosse, Walker a été formé à l'Académie royale militaire de Sandhurst. En 1931, il s'est joint au régiment d'infanterie écossais, le Black Watch, et a passé cinq ans en Inde et au Soudan. En 1938, il est devenu aide de camp du gouverneur général du Canada lord Tweedsmuir. Durant la Seconde Guerre mondiale, il a servi au sein de la 51e division des Highlands. Il a été capturé en 1940, à Dunkerque, et a passé les cinq années suivantes dans des camps de prisonniers, desquels il s'est échappé à trois reprises. C'est lorsqu'il était incarcéré au château de Colditz qu'il a commencé à écrire de la poésie. Après sa libération, il a passé du temps en Inde et au Royaume-Uni, avant de s'installer au Nouveau-Brunswick. Auteur d'une vingtaine de livres et d'une centaine de nouvelles, il a été fait membre de l'Ordre de l'Empire britannique et de l'Ordre du Canada. Il est aussi titulaire d'un doctorat honorifique en lettres de l'Université du Nouveau-Brunswick. Le prix David-H.-Walker en création littéraire est décerné en son honneur par l'Université du Nouveau-Brunswick.

GEORGE F. (FREDERICK) WALKER
(1947)

Criminals in Love (DRAMA 1985)
Nothing Sacred (DRAMA 1988)

TORONTO / An internationally recognized playwright and screenwriter, Walker has written over thirty plays. He has also written for television series such as *Due South*, *The Newsroom* and *This Is Wonderland*. Many of his plays have been translated into French, German, Hebrew, Turkish, Polish, Czech, Portuguese, Spanish, Hungarian, Romanian and Japanese. In 2006, Walker was made a Member of the Order of Canada. In 2009, he received a Governor General's Performing Arts Award for Lifetime Artistic Achievement, Canada's highest honour in the performing arts.

Dramaturge et scénariste mondialement reconnu, Walker a écrit plus de trente pièces de théâtre. Il a également été scénariste pour des séries télévisées, notamment *Due South*, *The Newsroom* et *This Is Wonderland*. Nombre de ses pièces ont été traduites en français, en allemand, en hébreu, en turque, en polonais, en tchèque, en portugais, en espagnol, en hongrois, en roumain et en japonais. En 2006, Walker a été décoré de l'Ordre du Canada. En 2009, il a obtenu le Prix du Gouverneur général pour les arts du spectacle, la plus haute distinction honorifique du Canada dans le domaine des arts de la scène.

MARYSE WARDA
(1961)

Toxique de Greg MacArthur (TRADUCTION 2011)

MONTRÉAL / Née en Égypte, Warda a grandi en parlant arabe et français, et n'a commencé à apprendre l'anglais qu'à son arrivée à Montréal, à l'âge de 9 ans.

GEORGE F. (FREDERICK) WALKER Photo: Courtesy of / Reproduite avec la permission de George F. Walker

MARYSE WARDA Photo: Benoît Gouin

Traductrice d'une vingtaine de pièces, elle a commencé sa carrière au Théâtre de Quat'Sous, à Montréal. En 2002, elle a intégré l'École nationale de théâtre du Canada à titre de directrice générale associée. Elle a aussi obtenu un Masque de la traduction pour *Motel de passage* en 2001.

Born in Egypt, Warda grew up speaking Arabic and French, and began learning English only after moving to Montréal at the age of nine. The translator of over twenty plays, she began her career at Montréal's Théâtre de Quat'Sous. In 2002, she moved to the National Theatre School of Canada as Associate Director General. Her other awards include a Masque de la traduction for *Motel de passage* in 2001.

DIANNE WARREN
(1950)

Cool Water (FICTION 2010)

REGINA / Born in Ottawa, Warren won the 2010 Governor General's Award for Fiction for her first novel, *Cool Water*. She has also had success as a playwright, with three of her plays being premiered at the 25th Street Theatre in Saskatoon. Even so, she writes that it is her collection of short stories, *Bad Luck Dog,* that has a special place in her heart, having won the Saskatchewan Book-of-the-Year Award at the same moment Joe Carter hit the home run that won the Toronto Blue Jays the 1993 World Series. When it was announced that *Bad Luck Dog* was the winner, the room erupted into cheers – for Joe Carter!

Originaire d'Ottawa, Warren a remporté un Prix du Gouverneur général dans la catégorie « Fiction », en 2010, pour son premier roman, *Cool Water*. Elle a également connu du succès en tant que dramaturge, trois de ses pièces ayant été créées au 25th Street Theatre à Saskatoon. Malgré tout, c'est son recueil de nouvelles *Bad Luck Dog*, d'après elle, qui occupe une place de choix dans son cœur, celui-ci ayant reçu le Prix du livre de l'année de la Saskatchewan au même moment où Joe Carter frappait le coup de circuit qui a permis aux Blue Jays de Toronto de remporter la Série mondiale de 1993. Lorsqu'on a annoncé la victoire de *Bad Luck Dog*, un tonnerre d'applaudissements s'est abattu sur la salle ... pour Joe Carter!

DIANNE WARREN Photo: Don Hall

JEAN-PHILIPPE WARREN

(1970)

Honoré Beaugrand (ÉTUDES ET ESSAIS 2015)

MONTRÉAL / Diplômé de l'Université Laval, de l'Université de Montréal et de l'École normale supérieure de Paris, Warren est titulaire de la Chaire d'études sur le Québec à l'Université Concordia. Auteur ou éditeur d'une vingtaine d'ouvrages, il s'intéresse particulièrement à l'histoire des mouvements sociaux, des peuples autochtones et de l'Église catholique au Québec. Outre un Prix du Gouverneur général, il a remporté le prix Michel-Brunet de l'Institut d'histoire de l'Amérique française et le prix Clio de la Société historique du Canada pour son livre *L'Engagement sociologique : La tradition sociologique du Québec francophone (1886-1955)*.

A graduate of the Université Laval, the Université de Montréal and the École Normale Supérieure in Paris, Warren holds Concordia University's Research Chair for the Study of Quebec. The author or editor of over twenty books, he is particularly interested in the history of social movements, Indigenous peoples and the Catholic Church in Quebec. In addition to his Governor General's Award, he has received a Prix Michel-Brunet from the Institut d'histoire de l'Amérique française and a Prix Clio from the Canadian Historical Association for his book, *L'Engagement sociologique: La tradition sociologique du Québec francophone (1886-1955)*.

WILFRED WATSON

(1911–1998)

Friday's Child (POETRY 1955)

EDMONTON / Born in Rochester, England, Watson moved as a boy with his family to Duncan, British Columbia. A graduate of the University of British Columbia, he served in the Canadian Navy during the Second World War. After the war, he did graduate work at the University of Toronto and then taught Canadian and American literature at the University of Alberta. By the end of his career, Watson was recognized as much for his work as a playwright and short-story writer as for his poetry. *Friday's Child* was his first book.

Originaire de Rochester, en Angleterre, Watson a déménagé avec sa famille à Duncan, en Colombie-Britannique, alors qu'il était un jeune garçon. Diplômé de l'Université de la Colombie-Britannique, il a servi dans la Marine canadienne

JEAN-PHILIPPE WARREN Photo: © Allen McEachern

pendant la Seconde Guerre mondiale. Après la guerre, il a fait des études supérieures à l'Université de Toronto, puis a enseigné la littérature canadienne et américaine à l'Université de l'Alberta. À la fin de sa carrière, Watson était connu tant pour son talent de dramaturge et de nouvelliste que pour sa poésie. *Friday's Child* est le premier livre qu'il a publié.

PHYLLIS WEBB
(1927)

Selected Poems (POETRY 1982)

SALT SPRING ISLAND, BRITISH COLUMBIA / The author or editor of some two dozen books of and about poetry, Webb taught creative writing at the Banff Centre for the Arts, the University of British Columbia and the University of Victoria. Born in Victoria, she spent much of the 1960s working at CBC Toronto, first in public affairs and later, along with William Young, as co-creator of the CBC radio program *Ideas*. In 1992, Webb was made an Officer of the Order of Canada. In 2007, Stephen Collis released a detailed study of Webb's work entitled *Phyllis Webb and the Common Good: Poetry, Anarchy, Abstraction*.

Auteure ou éditrice d'une vingtaine de recueils de poèmes et d'ouvrages portant sur la poésie, Webb a enseigné la création littéraire au Centre des arts de Banff, à l'Université de la Colombie-Britannique et à l'Université de Victoria. Née à Victoria, elle a passé une grande partie des années 1960 à travailler à la CBC, à Toronto, d'abord dans les affaires publiques puis, aux côtés William Young, comme cocréatrice de l'émission de radio *Ideas*. Webb a été faite Officier de l'Ordre du Canada en 1992. En 2007, Stephen Collis a publié une étude détaillée de l'œuvre de Webb, *Phyllis Webb and the Common Good: Poetry, Anarchy, Abstraction*.

DUNCAN WELLER
(1975)

The Boy from the Sun (CHILDREN'S LITERATURE – ILLUSTRATION 2007)

THUNDER BAY, ONTARIO / Born in Sherbrooke, Quebec, Weller is a writer and illustrator of children's books, a writer of contemporary fiction and poetry, and a visual artist who works in film and photography. A graduate of Lakehead University, Weller's other books include *Flight of the Silk, The Ugg and the Drip, Big Electric Cat, Night Wall, Spacesnake* and *Rocket Fish*. In 2012, Weller won a Chalmers Fellowship Art Award to do research for a children's book in Ghana.

DUNCAN WELLER Photo: Courtesy of / Reproduite avec la permission de Duncan Weller

Né à Sherbrooke, au Québec, Weller est un auteur et un illustrateur de livres pour enfants, un écrivain d'ouvrages de fiction et de poésie contemporaines, et un artiste visuel qui œuvre dans le domaine du cinéma et de la photographie. Titulaire d'un diplôme en anglais de l'Université Lakehead, Weller a notamment publié *Flight of the Silk*, *The Ugg and the Drip*, *Big Electric Cat*, *Night Wall*, *Spacesnake* et *Rocket Fish*. En 2012, Weller a obtenu la bourse Chalmers, qui lui a permis de faire des recherches au Ghana pour l'écriture d'un livre jeunesse.

RUDY WIEBE
(1934)

The Temptations of Big Bear (FICTION 1973)
A Discovery of Strangers (FICTION 1994)

EDMONTON / Wiebe was born in the isolated community of Speedwell, Saskatchewan, part of the last generation of Mennonite homesteaders to populate the Canadian West. At home, his family spoke Low and High German and he was not exposed to English until he began school. After completing degrees at the Mennonite Brethren Bible College and the University of Alberta, Wiebe worked and travelled extensively, eventually taking a position as professor of English and creative writing at the University of Alberta. Well known for his novels set in the Canadian northwest, Wiebe is especially famous for *Peace Shall Destroy Many*, his 1962 novel about the effects of the Second World War on a homestead settlement similar to Speedwell. Upon its publication, the novel was much debated within the Mennonite community. In addition to his two Governor General's Literary Awards, Wiebe received the Royal Society of Canada's Lorne Pierce Medal in 1987 and was made an Officer of the Order of Canada in 2000.

Wiebe a vu le jour dans la communauté isolée de Speedwell, en Saskatchewan, qui fait partie de la dernière génération de mennonites homesteaders à avoir peuplé l'Ouest canadien. À la maison, sa famille parlait le bas-allemand et le haut-allemand. Ce n'est qu'au moment d'entrer à l'école qu'il a été exposé à l'anglais pour la première fois. Après avoir terminé des études au Mennonite Brethren Bible College et à l'Université de l'Alberta, Wiebe a beaucoup travaillé et voyagé, pour finalement devenir professeur d'anglais et de création littéraire à l'Université de l'Alberta. Bien connu pour ses romans dont l'action se situe dans le Nord-Ouest du Canada, Wiebe est surtout célèbre pour son roman *Peace Shall Destroy Many* (1962), qui aborde les effets de la Seconde Guerre mondiale sur une communauté semblable à celle de Speedwell. Au moment de sa publication, le roman a soulevé la controverse chez les mennonites. Deux fois lauréats d'un

RUDY WIEBE Photo: Colin McConnell, *Toronto Star* / Getty Images

Prix littéraire du Gouverneur général, Wiebe a été récompensé de la médaille Lorne-Pierce de la Société royale du Canada en 1987 et a reçu l'insigne d'Officier de l'Ordre du Canada en 2000.

DIANA J. (JEAN) WIELER
(1961)

Bad Boy (CHILDREN'S LITERATURE – TEXT 1989)

WINNIPEG / Wieler's *Bad Boy* is a book about hockey and the challenges teenagers face grappling with issues of sexuality. When A. J. discovers that his friend and teammate Tully is gay, it causes him to re-consider aspects of his own life. A Winnipeg native, Wieler studied in the Television, Stage and Radio Arts Program at the Southern Alberta Institute of Technology. Included among her many awards are an Ebel Memorial Award (for *Last Chance Summer*), a McNally Robinson Book-of-the-Year-for-Young-People Award (for *RanVan: Magic Nation*, and then again for *Drive*), and a Ruth Schwartz Foundation Award for Excellence and a Canadian Library Association Book-of-the-Year Award (for *Bad Boy*).

Dans *Bad Boy*, le livre primé de Diana Wieler, il est question du hockey et des défis auxquels sont confrontés les adolescents aux prises avec des problèmes de sexualité. Lorsque A. J. découvre que son ami et coéquipier Tully est homosexuel, cela le pousse à reconsidérer certains aspects de sa propre vie. Originaire de Winnipeg, Wieler a étudié au programme d'arts de la télévision, de la scène et de la radio à l'Institut de technologie du Sud de l'Alberta. Parmi les nombreux prix qu'elle a remportés figurent un prix Ebel (pour *Last Chance Summer*), deux prix McNally-Robinson du meilleur livre jeunesse de l'année (pour *RanVan: Magic Nation* et pour *Drive*), un prix d'excellence Ruth-Schwartz ainsi qu'un prix du meilleur livre de l'année de l'Association canadienne des bibliothèques (pour *Bad Boy*).

JEFFERY WILLIAMS
(1920)

Byng of Vimy (NON-FICTION 1983)

SOMERSET, ENGLAND / A native of Calgary, Williams served in the Canadian Army in Canada, the United Kingdom, Europe and Korea, retiring at the rank of Lieutenant Colonel. He also worked at the Canadian Embassy in Washington and at the Canadian High Commission in London. His other books include

First in the Field and *Princess Patricia's Canadian Light Infantry*. *Byng of Vimy* tells the story of the commander of the Canadian Corps in France who oversaw the capture of Vimy Ridge in the First World War and who later became Canada's twelfth Governor General.

Originaire de Calgary, Jeffery Williams a servi dans l'Armée canadienne au Canada, au Royaume-Uni, en Europe et en Corée. Lorsqu'il a pris sa retraite, il était lieutenant-colonel. Il a aussi travaillé à l'ambassade du Canada à Washington ainsi qu'au haut-commissariat du Canada à Londres. Parmi ses autres ouvrages figurent *First in the Field* et *Princess Patricia's Canadian Light Infantry*. *Byng of Vimy* relate la vie du commandant du Corps canadien en France qui a coordonné la prise de la crête de Vimy pendant la Première Guerre mondiale. Le commandant Byng est ensuite devenu le 12ᵉ gouverneur général du Canada.

DONALD WINKLER
(1940)

The Lyric Generation by François Ricard (TRANSLATION 1994)
Partita for Glenn Gould by Georges Leroux (TRANSLATION 2011)
The Major Verbs by Pierre Nepveu (TRANSLATION 2013)

MONTRÉAL / A native of Winnipeg and a graduate of the University of Manitoba, Winkler also studied at the Yale School of Drama. He has translated over two dozen novels, books of poetry and books of non-fiction from French into English. An accomplished independent filmmaker, he has written and directed films on a large number of notable Canadian authors, including Earle Birney, Northrop Frye, Irving Layton, Robert Lepage, P. K. Page, Al Purdy and F. R. Scott.

Originaire de Winnipeg et diplômé de l'Université du Manitoba, Winkler a aussi étudié à la Yale School of Drama. Il a traduit plus d'une vingtaine de romans, d'ouvrages de poésie et de livres non romanesques du français vers l'anglais. Cinéaste indépendant accompli, il a écrit et réalisé des films sur un grand nombre d'auteurs canadiens de renom tels qu'Earle Birney, Northrop Frye, Irving Layton, Robert Lepage, P. K. Page, Al Purdy et F. R. Scott.

MARK L. (LESLIE) WINSTON
(1950)

Bee Time (NON-FICTION 2015)

VANCOUVER / Recognized as one of the world's leading authorities on bees and pollination, Winston is a professor and senior fellow at Simon Fraser University's Centre for Dialogue, which he directed for twelve years, and a professor of biological sciences at Simon Fraser University. He is also a founding member of the Banff Centre for the Arts' Science Communication program. In 2003, he was elected a Fellow of the Royal Society of Canada and, in 2012, he was a recipient of the Queen Elizabeth II Diamond Jubilee Medal for excellence in higher education.

Reconnu comme l'une des principales autorités mondiales en matière d'abeilles et de pollinisation, Mark Winston est professeur et agrégé supérieur de recherches au Centre for Dialogue de l'Université Simon Fraser, qu'il a dirigé pendant douze ans. Il enseigne également les sciences biologiques à l'Université Simon Fraser. Winston est l'un des membres fondateurs du programme de communication scientifique du Centre des arts de Banff. En 2003, il a été élu membre de la Société royale du Canada et, en 2012, il a reçu la Médaille du jubilé de diamant de la reine Elizabeth II pour l'excellence dans l'enseignement supérieur.

ADELE WISEMAN
(1928–1992)

The Sacrifice (FICTION 1956)

WINNIPEG / Born in Winnipeg, Wiseman was the child of Russian Jews who had emigrated from the Ukraine to Manitoba to escape persecution during the Russian civil war. Educated at the University of Manitoba, Wiseman worked as a teacher in Italy and as a social worker in England before returning to Winnipeg to work for the Royal Winnipeg Ballet. Much of her writing focuses on life on the Canadian prairies during the Depression of the 1930s and on the hardships of World War II. Later, she was appointed a writer-in-residence at the University of Windsor. *The Sacrifice* was her first book. It was followed by another novel, *Crackpot,* in 1974.

Née à Winnipeg, Adele Wiseman est l'enfant de Juifs d'origine russe ayant quitté l'Ukraine pour le Manitoba afin de fuir la persécution lors de la guerre civile russe. Formée à l'Université du Manitoba, Wiseman a été enseignante en Italie

ADELE WISEMAN Photo: Colin McConnell, Getty Images

et travailleuse sociale en Angleterre avant de retourner à Winnipeg, où elle a travaillé pour le Royal Winnipeg Ballet. Ses écrits portent en grande partie sur la vie dans les Prairies canadiennes lors de la Dépression des années 1930, ainsi que sur les adversités de la Seconde guerre mondiale. Elle fut plus tard nommée auteure en résidence à l'Université de Windsor. *The Sacrifice* était son premier livre. Son second roman, *Crackpot*, est paru en 1974.

GRAEME WOOD
(1979)

The Way of the Strangers: Encounters with the Islamic State (NON-FICTION 2017)

NEW HAVEN, CONNECTICUT AND TORONTO / A Canadian-American journalist, Wood serves as national correspondent for *The Atlantic*. He also teaches in the political science department at Yale University. In 2015–2016, he was appointed Edward R. Murrow Press Fellow at the Council on Foreign Relations. His articles have appeared in *The American Scholar*, *The New York Times*, *The New Yorker*, *The Walrus* and *The Wall Street Journal*.

Journaliste canado-américain, Wood est correspondant national pour *The Atlantic*. Il enseigne également au Département de sciences politiques de l'Université de Yale. En 2015-2016, il a été boursier Edward R. Murrow Press au Council on Foreign Relations. Ses articles sont parus dans *The American Scholar*, *The New York Times*, *The New Yorker*, *The Walrus* et *The Wall Street Journal*.

KERRY WOOD
(1907–1998)

The Map-Maker (JUVENILE 1955)
The Great Chief (JUVENILE 1957)

RED DEER, ALBERTA / Born Edgar Allardyce Wood to Scottish parents in New York, Wood and his family moved to Alberta when he was still a toddler. When his family moved to British Columbia, Wood stayed alone in Red Deer, even though he was still a teenager, living off the land. As an adult, he worked as a newspaper reporter, broadcaster and freelance writer. A recipient of an Alberta Achievement Award, an Order of Canada and an honorary Doctor of Laws from the University of Alberta, Wood was also honoured by the people of Red Deer with a Nature Centre built in his name in 1986.

Kerry Wood est né Edgar Allardyce Wood de parents écossais à New York. Wood et sa famille ont déménagé en Alberta lorsqu'il était enfant. Quand sa famille s'est installée en Colombie-Britannique, il est resté seul à Red Deer alors qu'il était encore adolescent, et il y a vécu de la terre. À l'âge adulte, il a été journaliste pour la presse écrite, animateur et rédacteur pigiste. Lauréat d'un Alberta Achievement Award, et récipiendaire de l'Ordre du Canada et d'un doctorat honorifique en droit de l'Université de l'Alberta, Wood a été honoré par les habitants de Red Deer en 1986, qui ont fait construire un centre de la nature en son nom.

GEORGE WOODCOCK
(1912–1995)

The Crystal Spirit (Non-fiction 1966)

Vancouver / Born in Winnipeg and educated in England, Woodcock spent much of the Second World War working as a conscientious objector on a farm in Essex. In 1949, he returned to Canada and settled in British Columbia, where he became founding editor of the new journal *Canadian Literature*, the first academic journal devoted specifically to Canadian writing. He is also remembered for his 1962 book, *Anarchism: A History of Libertarian Ideas and Movements*. The title of his biography of George Orwell, *The Crystal Spirit*, was taken from the last line of a poem written by Orwell in memory of an Italian militiaman Orwell met in Barcelona during the Spanish Civil War. The subject of a biography by George Fetherling, *The Gentle Anarchist*, and of a documentary by Tom Shandel and Alan Twigg, *George Woodcock: Anarchist of Cherry Street*, Woodcock was elected a Fellow of the Royal Society of Canada in 1968 and was awarded the Freedom of the City of Vancouver in 1994. The George Woodcock Lifetime Achievement Award is given annually to a British Columbia author in his honour.

Originaire de Winnipeg, George Woodcock reçut son éducation en Angleterre. Pendant la Seconde Guerre mondiale, il fut objecteur de conscience et vécut sur une ferme dans l'Essex. En 1949, il est retourné au Canada et s'est établi en Colombie-Britannique, où il a fondé *Canadian Literature*, la première revue universitaire consacrée expressément à la littérature canadienne. On se souvient aussi de lui pour son livre de 1962, *Anarchism: A History of Libertarian Ideas and Movements*. Le titre de sa biographie de George Orwell, *The Crystal Spirit*, est tiré de la dernière ligne d'un poème écrit par Orwell à la mémoire d'un milicien italien qu'Orwell avait rencontré à Barcelone pendant la guerre civile espagnole. Woodcock a été le sujet d'une biographie rédigée par George Fetherling, *The Gentle Anarchist*, et d'un documentaire de Tom Shandel et Alan Twigg, *George Woodcock: Anarchist of Cherry Street*. Woodcock a également été

GEORGE WOODCOCK Photo: Courtesy of / Reproduite avec la permission de Queen's University Archives, George Woodcock fonds, #2095, 39, 13

reçu à la Société royale du Canada en 1968 et a obtenu le prix Freedom of the City de la Ville de Vancouver en 1994. Chaque année, le prix George-Woodcock, qui honore une carrière littéraire remarquable en Colombie-Britannique, est décerné en son honneur.

JAMES WREFORD
(1915–1990)

Of Time and the Lover (POETRY 1950)

OTTAWA / Born in China the son of Scottish Presbyterian missionaries, James Wreford Watson studied as a young man at George Watson College, Edinburgh University and the University of Toronto. Much of his poetry, published under the pen name James Wreford, contains allusions to the natural geography of Canada and to man's redemption in a fallen world. In 1939, he was appointed the first professor of geography at McMaster University. A pioneer of social geography, he moved to Ottawa ten years later to become Canada's Chief Geographer. Over his lifetime, he also held positions at the University of Edinburgh and at several Canadian universities. In 1954, Watson was elected to the Royal Society of Canada and, in 1957, he was elected to the Royal Society of Edinburgh.

Né en Chine, fils de missionnaires presbytériens écossais, James Wreford Watson a étudié au Collège George Watson, à l'Université d'Édimbourg et à l'Université de Toronto. Nombre de ses poèmes, publiés sous le nom de plume de James Wreford, contiennent des allusions à la géographie naturelle du Canada et à la rédemption de l'être humain dans un monde en déroute. En 1939, il a été nommé premier professeur de géographie à l'Université McMaster. Pionnier de la géographie sociale, il a déménagé à Ottawa 10 ans plus tard pour devenir le géographe en chef du Canada. Au cours de sa carrière, il a également occupé des postes à l'Université d'Édimbourg et au sein de plusieurs universités canadiennes. Watson a été élu membre de la Société royale du Canada en 1954 et de la Société royale d'Édimbourg en 1957.

J. F. C. (JAMES FREDERICK CHURCH) WRIGHT
(1904–1970)

Slava Bohu (GENERAL LITERATURE 1940)

OTTAWA / An amateur historian who wrote his most famous book while working as a night fireman for the Imperial Oil Company, Wright spent most of his life on the Canadian prairies. After dropping out of school in Manitoba at age fifteen, Wright worked variously as a farmhand and as a boiler operator, as well as for the Canadian Pacific Railway and in the oil industry. *Slava Bohu* was his first book. The book's title refers to a greeting used by the Doukhobors, meaning "Praise God." Wright also wrote *Saskatchewan: The History of a Province*, published in 1955 as part of the province's Golden Jubilee celebrations.

Historien amateur ayant écrit son livre le plus connu alors qu'il travaillait comme pompier de nuit pour la Compagnie Pétrolière Impériale, J. F. C. Wright a passé la majeure partie de sa vie dans les Prairies canadiennes. Après avoir quitté l'école, au Manitoba, à l'âge de quinze ans, Wright a travaillé comme ouvrier agricole et opérateur de chaudière, ainsi que pour le Canadien Pacifique et dans l'industrie pétrolière. *Slava Bohu* est le premier livre qu'il a publié. Son titre fait référence à une formule de salutation utilisée par les doukhobors, signifiant « loué soit Dieu ». Son ouvrage *Saskatchewan: The History of a Province* a été publié en 1955 dans le cadre des célébrations du jubilé d'or de la Saskatchewan.

RICHARD B. (BRUCE) WRIGHT
(1937–2017)

Clara Callan (FICTION 2001)

ST. CATHARINES, ONTARIO / Born in Midland, Ontario, Wright is a graduate of Ryerson Polytechnic Institute and Trent University. For many years he taught English at Ridley College, a university-preparatory school in St Catharines. In 2006, he was awarded an honorary Doctor of Letters from Trent University and, in 2007, he was appointed a Member of the Order of Canada. His other books include *Nightfall, In the Middle of Life, The Age of Longing, Adultery* and *Mr Shakespeare's Bastard*. His memoir, *A Life with Words*, appeared in 2015.

Originaire de Midland, en Ontario, Wright est diplômé de l'Université Ryerson et de l'Université Trent. Pendant plusieurs années, il a enseigné l'anglais au Collège Ridley, une école préuniversitaire à St. Catharines. En 2006, l'Université Trent lui a décerné un doctorat honorifique en lettres et, en 2007, il a été décoré de l'Ordre du Canada. Parmi ses autres œuvres figurent *Nightfall, In the Middle of Life, The Weekend Man, The Age of Longing, Adultery* et *Mr Shakespeare's Bastard*. Ses mémoires, *A Life with Words*, sont parus en 2015.

TIM WYNNE-JONES Photo: Richard Lautens, *Toronto Star*, 2011

TIM WYNNE-JONES
(1948)

Some of the Kinder Planets (CHILDREN'S LITERATURE – TEXT 1993)
The Maestro (CHILDREN'S LITERATURE – TEXT 1995)

PERTH, ONTARIO / A graduate of York University and the University of Waterloo, Wynne-Jones is the author of over two dozen books for children and young adults. In addition to his two Governor General's Literary Awards, he is the recipient of an Arthur Ellis Award for Best Juvenile Crime Book and an Edgar Award for Best Young-Adult Book, both for *The Boy in the Burning House*. He also received a Vicky Metcalf Award, given to a writer whose body of work has been "inspirational to Canadian youth." In 2011, he was appointed an Officer of the Order of Canada.

Diplômé de l'Université York et de l'Université de Waterloo, Wynne-Jones est l'auteur d'une vingtaine de livres pour enfants et jeunes adultes. À ses deux Prix littéraires du Gouverneur général s'ajoutent un prix Arthur-Ellis du meilleur roman policier pour la jeunesse ainsi qu'un prix Edgar du meilleur livre pour jeunes adultes, tous deux pour *The Boy in the Burning House*. Wynne-Jones est aussi lauréat d'un prix Vicky-Metcalf, remis à un auteur dont l'ensemble de l'œuvre a été une source d'inspiration pour la jeunesse canadienne. En 2011, il a été fait Officier de l'Ordre du Canada.

DAVID YEE
(1977)

Carried Away on the Crest of a Wave (DRAMA 2015)

TORONTO / Born and raised in Toronto, Yee served as playwright-in-residence with the Tarragon Theatre, the Factory Theatre and the fu-GEN Asian-Canadian Theatre Company. Set following the 2004 Indian Ocean tsunami, *Carried Away on the Crest of a Wave* is a collection of vignettes showing that even in the worst of times we are still connected to one another. In 2013, Yee received a Playwrights Guild of Canada Carol Bolt Award.

David Yee est né et a grandi à Toronto. Il a été dramaturge en résidence au Tarragon Theatre, au Factory Theatre et à la fu-GEN Theatre Company. Sa pièce *Carried Away on the Crest of a Wave*, qui se déroule après le tsunami de 2004 dans l'océan Indien, est une suite de sketchs illustrant que, même dans les pires moments, nous sommes toujours connectés les uns aux autres. En 2013, Yee a reçu le prix Carol-Bolt de l'Association des dramaturges professionnels du Canada.

PAUL YEE
(1956)

Ghost Train (CHILDREN'S LITERATURE – TEXT 1996)

TORONTO / Born in Spalding, Saskatchewan, and raised in Vancouver's Chinatown, Yee is the author of over two dozen books, most of which have been written for children and young adults. His Governor General's Award-winning book, *Ghost Train*, was adapted into a play by Betty Quan and premiered at the Young Peoples Theatre in Toronto. Yee's own first play, *Jade in the Coal*, was premiered at the Frederic Wood Theatre at the University of British Columbia. His first novel for adults, *A Superior Man*, appeared in 2015. Yee's other books include *Saltwater City, Teach Me to Fly, Skyfighter* and *Dead Man's Gold*.

Originaire de Spalding, en Saskatchewan, Paul Yee a grandi dans le quartier chinois de Vancouver. Il a écrit une vingtaine de livres, la plupart à l'intention des enfants et des jeunes adultes. Son ouvrage lauréat d'un Prix du Gouverneur général, *Ghost Train*, a été adapté au théâtre par Betty Quan. La pièce a été créée au Young Peoples Theatre de Toronto. La première pièce qu'a écrite Yee, *Jade in the Coal*, a été jouée en première au Frederic Wood Theatre de l'Université de la Colombie-Britannique. Son premier roman pour un public adulte, *A Superior Man*, est sorti en 2015. Parmi ses autres œuvres figurent *Saltwater City, Teach Me to Fly, Skyfighter* et *Dead Man's Gold*.

LEO YERXA
(1947)

Ancient Thunder (CHILDREN'S LITERATURE – ILLUSTRATION 2006)

OTTAWA / Born on the Couchiching First Nation Little Eagle Reserve in northwestern Ontario, Yerxa is well known for designing a series of commemorative Canadian coins for the 1976 Montréal Summer Olympics. The coins recognized four sports: men's hurdles, women's javelin, women's shot put and the marathon. In addition to his Governor General's Award, Yerxa has won a Mr. Christie's Book Award, an Amelia Frances Howard-Gibbon Illustrator's Award and an Elizabeth Mrazik-Cleaver Canadian Picture-Book Award. His other books include *Last Leaf, First Snowflake to Fall* and *A Fish Tale, or, The Little One that Got Away*.

Membre de la Première Nation de Couchiching de la réserve Little Eagle au nord-ouest de l'Ontario, Yerxa est connu pour avoir conçu une série de pièces de monnaie canadiennes pour les Jeux olympiques d'été de Montréal, en 1976. Ces pièces commémoraient quatre sports : la course de haies (hommes), le javelot (femmes), le lancer du poids (femmes) et le marathon. Outre un Prix du Gouverneur général, Yerxa a remporté un Prix du livre M. Christie, un prix d'illustration Amelia-Frances-Howard-Gibbon et un prix Elizabeth-Mrazik-Cleaver du meilleur livre d'images canadien. Il a également publié *Last Leaf, First Snowflake to Fall* et *A Fish Tale, or, The Little One that Got Away*.

CYBÈLE YOUNG
(1972)

Ten Birds (Children's Literature – Illustration 2011)

Toronto / An internationally renowned artist, Young has held exhibitions across Canada and around the world. A graduate of the Ontario College of Art and Design, she has been profiled in numerous publications including *Art in America, The New York Times, Canadian Art, The Globe and Mail*, the *Toronto Star* and *The Boston Globe*. She has written and illustrated over half a dozen picture books for children and is represented by galleries in New York and Los Angeles.

Artiste de renommée internationale, Young a exposé au Canada et ailleurs dans le monde. Elle est diplômée de l'Ontario College of Art and Design. Ses œuvres ont été publiées dans de nombreuses publications, notamment *Art in America, The New York Times, Canadian Art, The Globe and Mail*, le *Toronto Star* et *The Boston Globe*. Young a écrit et illustré plus d'une demi-douzaine de livres d'images pour enfants et est représentée par des galeries à New York et à Los Angeles.

CYBÈLE YOUNG Photo: Virginia Macdonald

LUDMILA ZEMAN
(1947)

The Last Quest of Gilgamesh (CHILDREN'S LITERATURE – ILLUSTRATION 1995)

ST-LAURENT, QUEBEC / Born in Zlín, Czechoslovakia (now the Czech Republic), Zeman and her husband were refused permission to emigrate and accused of pro-Western leanings when they were offered teaching positions at the Emily Carr University of Art and Design in Vancouver. In the summer of 1984, they managed to escape through Yugoslavia to a refugee camp in Austria, and then to Canada. Noted especially for her trilogy of children's books about the Gilgamesh legend (*Gilgamesh the King*, *The Revenge of Ishtar* and *The Last Quest of Gilgamesh*), Zeman has created animated short films for *Sesame Street* and the National Film Board of Canada. Her film *Lord of the Sky* was nominated for an Academy Award.

Née à Zlín, en Tchécoslovaquie (aujourd'hui la République tchèque), Zeman et son conjoint se sont vu refuser la permission d'émigrer et ont été accusés d'avoir des penchants pro-occidentaux lorsqu'on leur a offert des postes d'enseignants à l'Université d'art et de design Emily Carr, à Vancouver. À l'été de 1984, ils ont réussi à fuir à travers la Yougoslavie vers un camp de réfugiés en Autriche, d'où ils ont pu gagner le Canada. Connue surtout pour sa trilogie de livres jeunesse sur la légende de Gilgamesh (*Gilgamesh the King*, *The Revenge of Ishtar* et *The Last Quest of Gilgamesh*), Zeman a conçu des courts métrages d'animation pour *Sesame Street* et l'Office national du film du Canada. Son film *Lord of the Sky* a été en nomination pour un Oscar.

DAVID ZIEROTH
(1946)

The Fly in Autumn (POETRY 2009)

NORTH VANCOUVER / Born in Neepawa, Manitoba, Zieroth studied history at the University of Manitoba before moving to Toronto to take up positions at the CBC and the House of Anansi. Later, he graduated with an MA from Simon Fraser University and taught creative writing at Douglas College in New Westminster, British Columbia, for twenty-five years. In 1999, he won a Dorothy Livesay Poetry Prize for *How I Joined Humanity at Last* and, in 2009, he won his Governor General's Literary Award for *The Fly in Autumn*, his eighth collection of poetry. In the late 1990s, after being known by his middle name Dale ever since a second-grade teacher found it annoying to have two Davids in her class, he returned to using his first name, David. In his retirement he founded the Alfred Gustav Press.

Originaire de Neepawa, au Manitoba, David Zieroth a étudié l'histoire à l'Université du Manitoba avant de déménager à Toronto, où il a travaillé à la CBC et à la maison d'édition House of Anansi. Par la suite, il a obtenu une maîtrise de l'Université Simon Fraser et a enseigné la création littéraire au Collège Douglas de New Westminster, en Colombie-Britannique, pendant vingt-cinq ans. En 1999, il a reçu le prix de poésie Dorothy-Livesay pour *How I Joined Humanity at Last* avant de remporter, 10 ans plus tard, un Prix littéraire du Gouverneur général pour *The Fly in Autumn*, son huitième recueil de poésie. Zieroth a longtemps utilisé son deuxième prénom, Dale, et cela depuis la deuxième année du primaire, alors qu'un enseignant trouvait ennuyeux d'avoir deux David dans sa classe. À la fin des années 1990, il a recommencé à employer son premier prénom, David. À sa retraite, il a fondé l'Alfred Gustav Press.

JAN ZWICKY
(1955)

Songs for Relinquishing the Earth (POETRY 1986)

QUADRA ISLAND, BRITISH COLUMBIA / Born in Calgary, Zwicky studied at the University of Calgary and the University of Toronto before beginning a career teaching philosophy and creative writing at several universities, including Princeton University, the University of Alberta, the University of Waterloo, the University of New Brunswick and the University of Victoria. Her poetry and prose are both noted for the way in which they integrate diverse themes from philosophy, music, language, mathematics and ecology. Zwicky's award-winning book, *Songs for Relinquishing the Earth*, was initially distributed in a hand-made edition, only later being produced commercially. In 2010, a collection of essays and meditations discussing Zwicky's work appeared under the title *Lyric Ecology: An Appreciation of the Work of Jan Zwicky*.

Originaire de Calgary, Jan Zwicky a fait des études à l'Université de Calgary et à l'Université de Toronto avant d'entamer une carrière d'enseignante en philosophie et en création littéraire à différentes universités, telles Princeton, l'Université de l'Alberta, l'Université de Waterloo, l'Université du Nouveau-Brunswick et l'Université de Victoria. Sa poésie et sa prose se distinguent par la façon dont elles intègrent des thèmes variés tels que la philosophie, la musique, la langue,

JAN ZWICKY Photo: George Sipos

les mathématiques et l'écologie. Le livre primé de Zwicky, *Songs for Relinquishing the Earth*, a d'abord été distribué sous forme d'édition artisanale, avant d'être produit commercialement. En 2010, un recueil d'essais et de méditations examinant l'œuvre de Zwicky est paru sous le titre *Lyric Ecology: An Appreciation of the Work of Jan Zwicky*.

AWARD LIST

LISTE DES PRIX

The only rule is to choose the best books.

William Arthur Deacon[105]

La seule règle, c'est de choisir les meilleurs livres.

William Arthur Deacon[106]

ENGLISH-LANGUAGE AWARDS

Each award-winning title in the list below is accompanied by a unique reference number. For example, the number F1-1936.h indicates that Bertram Brooker's *Think of the Earth* was the first book to win in the Fiction category (F1), that it won in the 1936 award year, and that it appeared in English hardcover (h). The number RN1-1959.r indicates that André Giroux's *Malgré tout, la joie!* was the first book to win in the category of Romans et nouvelles (RN1), that it won in the 1959 award year, and that it was originally published in French hardcover (r). Alternative English cover designations include p for paperbacks, l for library editions, t for trade editions, and b for boxed editions. Alternative French cover designations include b for paperbacks and c for boxed editions.

Award laureates are listed in bold. Award categories are abbreviated as follows:

AN   Academic Non-fiction (1942–1958)
CIB   Children's Literature – Illustrated Books (2015)
CI   Children's Literature – Illustration (1987–2014)
CT   Children's Literature – Text (1987–2015)
CN   Creative Non-fiction (1942–1958)
D   Drama (1959–present)
F   Fiction (1936–present)
GL   General Literature (1936–1941)
J   Juvenile (1946–1958)
N   Non-fiction (1959–present)
P   Poetry (1936–present)
TE   Translation (from French to English) (1987–present)
YIB   Young People's Literature – Illustrated Books (2016–present)
YT   Young People's Literature – Text (2016–present)
AG   Autres genres littéraires (1959–1970)
EE   Études et Essais / Essais (1971–present)
JI   Littérature jeunesse – illustrations (1987–2014)
JLI   Littérature jeunesse – livres illustrés (2015–present)

JT   Littérature jeunesse – texte (1987–present)
PO   Poésie (1959–present)
RN   Romans et nouvelles (1959–present)
TH   Théâtre (1959–present)
TF   Traduction (de l'anglais vers le français) (1987–present)

English-language Awards / Prix pour les livres de langue anglaise

FICTION

1936 **Bertram Brooker**, *Think of the Earth*, Toronto: Thomas Nelson & Sons, [1936] (F1-1936.h)

1937 **L. G. Salverson**, *The Dark Weaver: Against the Somber Background of the Old Generations Flame the Scarlet Banners of the New*, Toronto: The Ryerson Press, [1937] (F2-1937.h)

1938 **Gwethalyn Graham**, *Swiss Sonata*, London: Jonathan Cape, 1938 (F3-1938.h)

1939 **Franklin Davey McDowell**, *The Champlain Road*, Toronto: The Macmillan Company of Canada Limited, 1939 (F4-1939.h)

1940 **Ringuet**, *Thirty Acres*, Toronto: The Macmillan Company of Canada Limited, 1940 (F5-1940.h)

1941 **Alan Sullivan**, *Three Came to Ville Marie*, Toronto: Oxford University Press, 1941 (F6-1941.h)

1942 **G. Herbert Sallans**, *Little Man*, Toronto: The Ryerson Press, 1942 (F7-1942.h)

1943 **Thomas H. Raddall**, *The Pied Piper of Dipper Creek and Other Tales*, Toronto: McClelland & Stewart Limited, Publishers, 1943 (F8-1943.h)

1944 **Gwethalyn Graham**, *Earth and High Heaven*, Toronto, London: Jonathan Cape, 1944 (F9-1944.h)

1945 **Hugh MacLennan**, *Two Solitudes*, Toronto: Collins, 1945 (F10-1945.h)

1946 **Winifred Bambrick**, *Continental Revue*, London: Faber and Faber Ltd, 1946 (F11-1946.h)

1947 **Gabrielle Roy**, *The Tin Flute*, New York: Reynal & Hitchcock, 1947 (F12-1947.h)

1948 **Hugh MacLennan**, *The Precipice*, Toronto: Collins, 1948 (F13-1948.h)

1949 **Philip Child**, *Mr. Ames Against Time*, Toronto: The Ryerson Press, 1949 (F14-1949.h)

1950	**Germaine Guèvremont**, *The Outlander*, Toronto: McGraw-Hill Company of Canada, Limited, 1950 (F15-1950.h)
1951	**Morley Callaghan**, *The Loved and the Lost*, Toronto: The Macmillan Company of Canada Limited, 1951 (F16-1951.h)
1952	**David Walker**, *The Pillar*, London: Collins, 1952 (F17-1952.h)
1953	**David Walker**, *Digby*, London: Collins, 1953 (F18-1953.h)
1954	**Igor Gouzenko**, *The Fall of a Titan: A Novel*, London: Cassell & Company Ltd, 1954 (F19-1954.h)
1955	**Lionel Shapiro**, *The Sixth of June*, Garden City, New York: Doubleday & Company, Inc., 1955 (F20-1955.h)
1956	**Adele Wiseman**, *The Sacrifice*, Toronto: The Macmillan Company of Canada Limited, 1956 (F21-1956.h)
1957	**Gabrielle Roy**, *Street of Riches*, Toronto: McClelland and Stewart Limited, 1957 (F22-1957.h)
1958	**Colin McDougall**, *Execution*, Toronto: The Macmillan Company of Canada Limited, 1958 (F23-1958.h)
1959	**Hugh MacLennan**, *The Watch that Ends the Night*, Toronto: Macmillan, 1959 (F24-1959.h)
1960	**Brian Moore**, *The Luck of Ginger Coffey*, Boston, Toronto: An Atlantic Monthly Press Book, 1960 (F25-1960.h)
1961	**Malcolm Lowry**, *Hear Us O Lord from Heaven Thy Dwelling Place*, Philadelphia and New York: J. B. Lippincott Company, 1961 (F26-1961.h)
1962	**Kildare Dobbs**, *Running to Paradise*, Toronto: Oxford University Press, 1962 (F27-1962.h)
1963	**Hugh Garner**, *Hugh Garner's Best Stories*, Toronto: The Ryerson Press, 1963 (F28-1963.h)
1964	**Douglas LePan**, *The Deserter*, Toronto, Montréal: McClelland and Stewart Limited, 1964 (F29-1964.h)
1965	No award presented
1966	**Margaret Laurence**, *A Jest of God*, Toronto, Montréal: McClelland and Stewart Limited, 1966 (F30-1966.h/p)
1967	No award presented
1968	**Alice Munro**, *Dance of the Happy Shades*, Toronto: The Ryerson Press, 1968 (F31-1968.h)
	Mordecai Richler, *Cocksure*, Toronto, Montréal: McClelland and Stewart Limited, 1968 (F32-1968.h)
1969	**Robert Kroetsch**, *The Studhorse Man*, Toronto: Macmillan of Canada, 1969 (F33-1969.h)
1970	**Dave Godfrey**, *The New Ancestors*, Toronto, Chicago: New Press, 1970 (F34-1970.h)
1971	**Mordecai Richler**, *St. Urbain's Horseman: A Novel*, Toronto, Montréal: McClelland and Stewart Limited, 1971 (F35-1971.h)

1972   **Robertson Davies**, *The Manticore*, Toronto: Macmillan of Canada, 1972 (F36-1972.h)

1973   **Rudy Wiebe**, *The Temptations of Big Bear*, Toronto: McClelland and Stewart Limited, 1973 (F37-1973.h)

1974   **Margaret Laurence**, *The Diviners*, Toronto: McClelland and Stewart Limited, 1974 (F38-1974.h)

1975   **Brian Moore**, *The Great Victorian Collection*, Toronto: McClelland and Stewart Limited, 1975 (F39-1975.h)

1976   **Marian Engel**, *Bear*, Toronto: McClelland and Stewart Limited, 1976 (F40-1976.h)

1977   **Timothy Findley**, *The Wars*, Toronto, Vancouver: Clarke, Irwin & Company Limited, 1977 (F41-1977.h)

1978   **Alice Munro**, *Who Do You Think You Are?*, Toronto: Macmillan of Canada, 1978 (F42-1978.h)

1979   **Jack Hodgins**, *The Resurrection of Joseph Bourne: Or a Word or Two on Those Port Annie Miracles*, Toronto: Macmillan of Canada, 1979 (F43-1979.h)

1980   **George Bowering**, *Burning Water*, Don Mills, Ontario: Musson Book Company, 1980 (F44-1980.h)

1981   **Mavis Gallant**, *Home Truths: Selected Canadian Stories*, Toronto: Macmillan of Canada, 1981 (F45-1981.h)

1982   **Guy Vanderhaeghe**, *Man Descending*, Toronto: Macmillan of Canada, 1982 (F46-1982.h)

1983   **Leon Rooke**, *Shakespeare's Dog*, Toronto: Stoddart, 1983 (F47-1983.h)

1984   **Josef Skvorecky**, *The Engineer of Human Souls: An Entertainment on the Old Themes of Life, Women, Fate, Dreams, the Working Class, Secret Agents, Love and Death*, Toronto: Lester & Orpen Dennys Publishers, 1984 (F48-1984.h)

1985   **Margaret Atwood**, *The Handmaid's Tale*, Toronto: McClelland and Stewart, 1985 (F49-1985.h)

1986   **Alice Munro**, *The Progress of Love*, Toronto: McClelland & Stewart, 1986 (F50-1986.h)

1987   **M. T. Kelly**, *A Dream Like Mine: A Novel*, Toronto: Stoddart, 1987 (F51-1987.h)

1988   **David Adams Richards**, *Nights Below Station Street*, Toronto: McClelland and Stewart, 1988 (F52-1988.h)

1989   **Paul Quarrington**, *Whale Music*, Toronto: Doubleday Canada Limited, 1989 (F53-1989.h)

1990   **Nino Ricci**, *Lives of the Saints*, Dunvegan, Ontario: Cormorant Books, 1990 (F54-1990.h/p)

1991   **Rohinton Mistry**, *Such a Long Journey: A Novel*, Toronto: McClelland & Stewart Inc., 1991 (F55-1991.p)

| 1992 | **Michael Ondaatje**, *The English Patient*, Toronto: McClelland & Stewart Inc., 1992 (F56-1992.h) |

1992   **Michael Ondaatje**, *The English Patient*, Toronto: McClelland & Stewart Inc., 1992 (F56-1992.h)

1993   **Carol Shields**, *The Stone Diaries*, Toronto, New York, London, Sydney, Auckland: Random House of Canada, 1993 (F57-1993.h)

1994   **Rudy Wiebe**, *A Discovery of Strangers*, Toronto: Knopf Canada, 1994 (F58-1994.h)

1995   **Greg Hollingshead**, *The Roaring Girl: Stories*, Toronto: Somerville House Publishing, 1995 (F59-1995.p)

1996   **Guy Vanderhaeghe**, *The Englishman's Boy*, Toronto: McClelland & Stewart Inc., 1996 (F60-1996.h)

1997   **Jane Urquhart**, *The Underpainter*, Toronto: McClelland & Stewart Inc., 1997 (F61-1997.h)

1998   **Diane Schoemperlen**, *Forms of Devotion*, Toronto: HarperCollins Publishers Ltd, 1998 (F62-1998.h)

1999   **Matt Cohen**, *Elizabeth and After*, Toronto: Alfred A. Knopf Canada, 1999 (F63-1999.h)

2000   **Michael Ondaatje**, *Anil's Ghost*, Toronto: McClelland & Stewart Inc., 2000 (F64-2000.h)

2001   **Richard B. Wright**, *Clara Callan: A Novel*, Toronto: HarperFlamingo Canada, 2001 (F65-2001.h)

2002   **Gloria Sawai**, *A Song for Nettie Johnson*, Regina: Coteau Books, 2001 (F66-2002.p)

2003   **Douglas Glover**, *Elle: A Novel*, Fredericton, New Brunswick: Goose Lane, 2003 (F67-2003.p)

2004   **Miriam Toews**, *A Complicated Kindness: A Novel*, Toronto: Alfred A. Knopf Canada, 2004 (F68-2004.h)

2005   **David Gilmour**, *A Perfect Night to Go to China: A Novel,* Toronto: Thomas Allen Publishers, 2005 (F69-2005.h)

2006   **Peter Behrens**, *The Law of Dreams: A Novel*, Toronto: Anansi, 2006 (F70-2006.h)

2007   **Michael Ondaatje**, *Divisadero*, Toronto: McClelland & Stewart, 2007 (F71-2007.h)

2008   **Nino Ricci**, *The Origin of Species*, [Toronto]: Doubleday Canada, 2008 (F72-2008.h)

2009   **Kate Pullinger**, *The Mistress of Nothing*, Toronto: McArthur & Company, 2009 (F73-2009.p)

2010   **Dianne Warren**, *Cool Water,* Toronto: HarperCollins Publishers Ltd, 2010 (F74-2010.h)

2011   **Patrick deWitt**, *The Sisters Brothers*, Toronto: Anansi, 2011 (F75-2011.h)

2012   **Linda Spalding**, *The Purchase*, Toronto: McClelland & Stewart, 2012 (F76-2012.h)

2013 **Eleanor Catton**, *The Luminaries,* Toronto: McClelland & Stewart, 2013 (F77-2013.h)

2014 **Thomas King**, *The Back of the Turtle,* Toronto: HarperCollins Publishers Ltd, 2014 (F78-2014.h)

2015 **Guy Vanderhaeghe**, *Daddy Lenin and Other Stories*, [Toronto]: McClelland & Stewart, 2015 (F79-2015.h)

2016 **Madeleine Thien**, *Do Not Say We Have Nothing: A Novel*, Toronto: Alfred A. Knopf Canada, 2016 (F80-2016.h)

2017 **Joel Thomas Hynes**, *We'll All be Burnt in Our Beds Some Night: A Novel*, Toronto: HarperCollins Publishers Ltd, 2017 (F81-2017.p)

2018 **Sarah Henstra**, *The Red Word*, Toronto: ECW Press, 2018 (F82-2018.p)

2019 **Joan Thomas**, *Five Wives: A Novel*, Toronto: Harper Avenue (HarperCollins Publishers Ltd), 2019 (F83-2019.p)

GENERAL LITERATURE

1936 **Thomas B. Roberton**, *T. B. R.: Newspaper Pieces*, Toronto: The Macmillan Company of Canada Limited, 1936 (GL1-1936.h)

1937 **Stephen Leacock**, *My Discovery of the West: A Discussion of East and West in Canada*, Toronto: Thomas Allen, 1937 (GL2-1937.h)

1938 **John Murray Gibbon**, *Canadian Mosaic: The Making of a Northern Nation*, Toronto: McClelland & Stewart Limited, 1938 (GL3-1938.h)

1939 **L. G. Salverson**, *Confessions of an Immigrant's Daughter*, Toronto: Ryerson Press, [1939] (GL4-1939.h)

1940 **J. F. C. Wright**, *Slava Bohu: The Story of the Dukhobors*, New York, Toronto: Farrar & Rinehart, Inc., 1940 (GL5-1940.h)

1941 **Emily Carr**, *Klee Wyck*, London, Toronto, New York: Oxford University Press, 1941 (GL6-1941.h)

ACADEMIC NON-FICTION

1942 **Edgar W. McInnis**, *The Unguarded Frontier: A History of American-Canadian Relations*, Garden City, New York: Doubleday, Doran & Co. Inc., 1942 (AN1-1942.h)

1943 **E. K. Brown**, *On Canadian Poetry*, Toronto: The Ryerson Press, 1943 (AN2-1943.h)

1944 **Edgar McInnis**, *The War: Fourth Year*, London, Toronto, New York: Oxford University Press, 1944 (AN3-1944.h)

1945 **Ross Munro**, *Gauntlet to Overlord: The Story of the Canadian Army*, Toronto: The Macmillan Company of Canada Limited, 1945 (AN4-1945.h)

1946 **Arthur R. M. Lower**, *Colony to Nation: A History of Canada*, Toronto, London, New York: Longmans, Green & Company, 1946 (AN5-1946.h)

1947 **Robert MacGregor Dawson**, *The Government of Canada*, Toronto: University of Toronto Press, 1947 (AN6-1947.h)

1948 **C. P. Stacey**, *The Canadian Army, 1939–1945: An Official Historical Summary*, Ottawa: King's Printer, 1948 (AN7-1948.h)

1949 **Robert MacGregor Dawson**, *Democratic Government in Canada*, Toronto: University of Toronto Press, 1949 (AN8-1949.h)

1950 **W. L. Morton**, *The Progressive Party in Canada*, Toronto: University of Toronto Press, 1950 (AN9-1950.h)

1951 **Frank MacKinnon**, *The Government of Prince Edward Island*, Toronto: University of Toronto Press, 1951 (AN10-1951.h)

1952 **Donald G. Creighton**, *John A. Macdonald: The Young Politician*, Toronto: The Macmillan Company of Canada Limited, 1952 (AN11-1952.h)

1953 **J. M. S. Careless**, *Canada: A Story of Challenge*, Cambridge: At the University Press, 1953 (AN12-1953.h)

1954 **Arthur R. M. Lower**, *This Most Famous Stream: The Liberal Democratic Way of Life*, Toronto: The Ryerson Press, 1954 (AN13-1954.h)

1955 **Donald G. Creighton**, *John A. Macdonald: The Old Chieftain*, Toronto: The Macmillan Company of Canada Limited, 1955 (AN14-1955.h)

1956 **Joseph Lister Rutledge**, *Century of Conflict: The Struggle between the French and British in Colonial America*, Toronto: Doubleday Canada Limited, 1956 (AN15-1956.h)

1957 **Thomas H. Raddall**, *The Path of Destiny: Canada from the British Conquest to Home Rule, 1763–1850*, Toronto: Doubleday Canada Limited, 1957 (AN16-1957.h)

1958 **Joyce Hemlow**, *The History of Fanny Burney*, Oxford: At the Clarendon Press, 1958 (AN17-1958.h)

CREATIVE NON-FICTION

1942 **Bruce Hutchison**, *The Unknown Country: Canada and Her People*, New York: Coward-McCann, Inc., 1942 (CN1-1942.h)

1943 **J. D. Robins**, *The Incomplete Anglers*, Toronto: Collins, 1943 (CN2-1943.h)

1944 **Dorothy Duncan**, *Partner in Three Worlds*, New York and London: Harper & Brothers Publishers, 1944 (CN3-1944.h)

1945 **E. M. Richardson**, *We Keep a Light*, Toronto: The Ryerson Press, 1945 (CN4-1945.h)

1946 **Frederick Philip Grove**, *In Search of Myself*, Toronto: The Macmillan Company of Canada Limited, 1946 (CN5-1946.h)

1947 **William Sclater**, *Haida*, Toronto: Oxford University Press, [1947] (CN6-1947.h)

1948 **Thomas H. Raddall**, *Halifax: Warden of the North*, Toronto: McClelland & Stewart Limited, 1948 (CN7-1948.h)

1949   **Hugh MacLennan**, *Cross-country*, Toronto: Collins, 1949 (CN8-1949.h)

1950   **Marjorie Wilkins Campbell**, *The Saskatchewan*, New York, Toronto: Rinehart & Co., Inc., 1950 (CN9-1950.h)

1951   **Josephine Phelan**, *The Ardent Exile: The Life and Times of Thos. D'Arcy McGee*, Toronto: The Macmillan Company of Canada Limited, 1951 (CN10-1951.h)

1952   **Bruce Hutchison**, *The Incredible Canadian: A Candid Portrait of Mackenzie King, His Works, His Times, and His Nation*, Toronto, New York, London: Longmans Green and Company, 1952 (CN11-1952.h)

1953   **N. J. Berrill**, *Sex and the Nature of Things*, New York: Dodd, Mead & Company, 1953 (CN12-1953.h)

1954   **Hugh MacLennan**, *Thirty & Three*, Toronto: The Macmillan Company of Canada Limited, 1954 (CN13-1954.h)

1955   **N. J. Berrill**, *Man's Emerging Mind: Man's Progress through Time – Trees, Ice, Flood, Atoms and the Universe*, New York: Dodd, Mead & Company, 1955 (CN14-1955.h)

1956   **Pierre Berton**, *The Mysterious North*, Toronto: McClelland and Stewart Limited, 1956 (CN15-1956.h)

1957   **Bruce Hutchison**, *Canada: Tomorrow's Giant*, Toronto: Longmans, Green & Company, 1957 (CN16-1957.h)

1958   **Pierre Berton**, *Klondike: The Life and Death of the Last Great Gold Rush*, Toronto: McClelland & Stewart Limited, 1958 (CN17-1958.h)

NON-FICTION

1959   No award presented

1960   **Frank H. Underhill**, *In Search of Canadian Liberalism*, Toronto: The Macmillan Company of Canada Limited, 1960 (N1-1960.h)

1961   **T. A. Goudge**, *The Ascent of Life: A Philosophical Study of the Theory of Evolution*, Toronto: University of Toronto Press, 1961 (N2-1961.h)

1962   **Marshall McLuhan**, *The Gutenberg Galaxy: The Making of Typographic Man*, Toronto: University of Toronto Press, 1962 (N3-1962.h)

1963   **J. M. S. Careless**, *Brown of the Globe: Vol. One – The Voice of Upper Canada 1818–1859*, Toronto: The Macmillan Company of Canada Limited, 1959 (N4-1963.h)

           J. M. S. Careless, *Brown of the Globe: Vol. Two – Statesman of Confederation 1860–1880*, Toronto: The Macmillan Company of Canada Limited, 1963 (N5-1963.h)

1964   **Phyllis Grosskurth**, *John Addington Symonds: A Biography*, London: Longmans, 1964 (N6-1964.h)

1965	**James Eayrs**, *In Defence of Canada: From the Great War to the Great Depression*, [Toronto]: University of Toronto Press, [1965] (N7-1965.h)
	James Eayrs, *In Defence of Canada: Appeasement and Rearmament*, [Toronto]: University of Toronto Press, 1965 (N8-1965.h)
1966	**George Woodcock**, *The Crystal Spirit: A Study of George Orwell*, Boston, Toronto: Little, Brown and Company, 1966 (N9-1966.h)
1967	**Norah Story**, *The Oxford Companion to Canadian History and Literature*, Toronto, London, New York: Oxford University Press, 1967 (N10-1967.h)
1968	**Mordecai Richler**, *Hunting Tigers Under Glass: Essays & Reports*, Toronto, Montréal: McClelland and Stewart Limited, 1968 (N11-1968.h)
1969	No award presented
1970	No award presented
1971	**Pierre Berton**, *The Last Spike: The Great Railway 1881–1885*, Toronto, Montréal: McClelland and Stewart Limited, 1971 (N12-1971.h)
1972	No award presented
1973	**Michael Bell**, *Painters in a New Land: From Annapolis Royal to the Klondike*, Toronto: McClelland and Stewart Limited, 1973 (N13-1973.h)
1974	**Charles Ritchie**, *The Siren Years: A Canadian Diplomat Abroad, 1937–1945*, Toronto: Macmillan of Canada, 1974 (N14-1974.h)
1975	**Marion MacRae** and **Anthony Adamson**, *Hallowed Walls: Church Architecture in Upper Canada*, Toronto, Vancouver: Clarke, Irwin & Company Limited, 1975 (N15-1975.h)
1976	**Carl Berger**, *The Writing of Canadian History: Aspects of English-Canadian Historical Writing, 1900–1970*, Toronto: Oxford University Press, 1976 (N16-1976.h)
1977	**Frank R. Scott**, *Essays on the Constitution: Aspects of Canadian Law and Politics*, Toronto, Buffalo: University of Toronto Press, 1977 (N17-1977.h/p)
1978	**Roger Caron**, *Go-Boy! Memoirs of a Life Behind Bars*, Toronto, Montréal: McGraw-Hill Ryerson Limited, 1978 (N18-1978.h)
1979	**Maria Tippett**, *Emily Carr: A Biography*, Toronto, Oxford, New York: Oxford University Press, 1979 (N19-1979.h)
1980	**Jeffrey Simpson**, *Discipline of Power: The Conservative Interlude and the Liberal Restoration*, Toronto: Personal Library, 1980 (N20-1980.h)
1981	**George Calef**, *Caribou and the Barren-lands*, Ottawa: The Canadian Arctic Resources Committee and Toronto: Firefly Books Limited, 1981 (N21-1981.h)
1982	**Christopher Moore**, *Louisbourg Portraits: Life in an Eighteenth-Century Garrison Town*, Toronto: Macmillan of Canada, 1982 (N22-1982.h)
1983	**Jeffery Williams**, *Byng of Vimy: General and Governor General*, London: Secker & Warburg, 1983 (N23-1983.h)

1984 **Sandra Gwyn**, *The Private Capital: Ambition and Love in the Age of Macdonald and Laurier*, Toronto: McClelland and Stewart Limited, 1984 (N24-1984.h)

1985 **Ramsay Cook**, *The Regenerators: Social Criticism in Late Victorian English Canada*, Toronto, Buffalo, London: University of Toronto Press, 1985 (N25-1985.h/p)

1986 **Northrop Frye**, *Northrop Frye on Shakespeare*, Markham, Ontario: Fitzhenry & Whiteside, 1986 (N26-1986.h)

1987 **Michael Ignatieff**, *The Russian Album*, New York: Elisabeth Sifton Books, 1987 (N27-1987.h)

1988 **Anne Collins**, *In the Sleep Room: The Story of the CIA Brainwashing Experiments in Canada*, Toronto: Lester & Orpen Dennys Publishers, 1988 (N28-1988.p)

1989 **Robert Calder**, *Willie: The Life of W. Somerset Maugham*, London: William Heinemann, 1989 (N29-1989.h)

1990 **Stephen Clarkson** and **Christina McCall**, *Trudeau and Our Times, Volume 1: The Magnificent Obsession*, Toronto: McClelland and Stewart Inc., 1990 (N30-1990.h)

1991 **Robert Hunter** and **Robert Calihoo**, *Occupied Canada: A Young White Man Discovers His Unsuspected Past*, Toronto: McClelland & Stewart Inc., 1991 (N31-1991.h)

1992 **Maggie Siggins**, *Revenge of the Land: A Century of Greed, Tragedy, and Murder on a Saskatchewan Farm*, Toronto: McClelland & Stewart, Inc., 1991 (N32-1992.h)

1993 **Karen Connelly**, *Touch the Dragon: A Thai Journal*, Winnipeg: Turnstone Press, 1992 (N33-1993.p)

1994 **John A. Livingston**, *Rogue Primate: An Exploration of Human Domestication*, Toronto: Key Porter Books, 1994 (N34-1994.p)

1995 **Rosemary Sullivan**, *Shadow Maker: The Life of Gwendolyn MacEwen*, Toronto: Harper Collins Publishers Ltd, 1995 (N35-1995.h)

1996 **John Ralston Saul**, *The Unconscious Civilization*, Concord, Ontario: Anansi, 1995 (N36-1996.p)

1997 **Rachel Manley**, *Drumblair: Memories of a Jamaican Childhood*, Toronto: Alfred A. Knopf Canada, 1996 (N37-1997.h)

1998 **David Adams Richards**, *Lines on the Water: A Fisherman's Life on the Miramichi*, Toronto: Doubleday Canada Limited, 1998 (N38-1998.h)

1999 **Marq de Villiers**, *Water*, Toronto: Stoddart, 1999 (N39-1999.h)

2000 **Nega Mezlekia**, *Notes from the Hyena's Belly: Memories of My Ethiopian Boyhood*, Toronto: Penguin Books, 2000 (N40-2000.p)

2001 **Thomas Homer-Dixon**, *The Ingenuity Gap*, New York, Toronto: Alfred A. Knopf, 2000 (N41-2001.h)

| 2002 | **Andrew Nikiforuk**, *Saboteurs: Wiebo Ludwig's War against Big Oil*, Toronto: Macfarlane Walter & Ross, 2001 (N42-2002.h) |

2002 **Andrew Nikiforuk**, *Saboteurs: Wiebo Ludwig's War against Big Oil*, Toronto: Macfarlane Walter & Ross, 2001 (N42-2002.h)

2003 **Margaret MacMillan**, *Paris 1919: Six Months that Changed the World*, New York: Random House, 2002 (N43-2003.h)

2004 **Roméo Dallaire**, with Brent Beardsley, *Shake Hands with the Devil: The Failure of Humanity in Rwanda*, Toronto: Random House Canada, 2003 (N44-2004.h)

2005 **John Vaillant**, *The Golden Spruce: A True Story of Myth, Madness and Greed*, Toronto: Alfred A. Knopf Canada, 2005 (N45-2005.h)

2006 **Ross King**, *The Judgment of Paris: The Revolutionary Decade that Gave the World Impressionism*, Toronto: Bond Street Books, 2006 (N46-2006.h)

2007 **Karolyn Smardz Frost**, *I've Got a Home in Glory Land: A Lost Tale of the Underground Railroad*, Toronto: Thomas Allen Publishers, 2007 (N47-2007.h)

2008 **Christie Blatchford**, *Fifteen Days: Stories of Bravery, Friendship, Life and Death from Inside the New Canadian Army*, [Toronto]: Doubleday Canada, 2007 (N48-2008.h)

2009 **M. G. Vassanji**, *A Place Within: Rediscovering India*, [Toronto]: Doubleday Canada, 2008 (N49-2009.h)

2010 **Allan Casey**, *Lakeland: Journeys into the Soul of Canada*, Vancouver, Toronto, Berkeley: David Suzuki Foundation and Greystone Books, 2009 (N50-2010.h)

2011 **Charles Foran**, *Mordecai: The Life & Times*, Toronto: Alfred A. Knopf Canada, 2010 (N51-2011.h)

2012 **Ross King**, *Leonardo and the Last Supper*, Toronto: Bond Street Books, 2012 (N52-2012.h)

2013 **Sandra Djwa**, *Journey with No Maps: A Life of P. K. Page*, Montréal & Kingston, London, Ithaca: McGill-Queen's University Press, 2012 (N53-2013.h)

2014 **Michael Harris**, *The End of Absence: Reclaiming What We've Lost in a World of Constant Connection*, Toronto: HarperCollins Publishers Ltd, 2014 (N54-2014.h)

2015 **Mark L. Winston**, *Bee Time: Lessons from the Hive*, Cambridge, Massachusetts and London, England: Harvard University Press, 2014 (N55-2015.h)

2016 **Bill Waiser**, *A World We Have Lost: Saskatchewan before 1905*, Markham, Ontario and Brighton, Massachusetts: Fifth House Limited, 2016 (N56-2016.h)

2017 **Graeme Wood**, *The Way of the Strangers: Encounters with the Islamic State*, New York: Random House, 2017 (N57-2017.h)

2018 **Darrel J. McLeod**, *Mamaskatch: A Cree Coming of Age*, Madeira Park, BC: Douglas & McIntyre, 2018 (N58-2018.h)

2019   **Don Gillmor**, *To the River: Losing My Brother*, Toronto: Random House Canada (Penguin Random House Canada), 2018 (N59-2019.h)

POETRY

1936   No award presented

1937   **E. J. Pratt**, *The Fable of the Goats and Other Poems*, Toronto: The Macmillan Company of Canada Limited, 1937 (P1-1937.h)

1938   **Kenneth Leslie**, *By Stubborn Stars and Other Poems*, Toronto: The Ryerson Press, 1938 (P2-1938.h)

1939   **Arthur S. Bourinot**, *Under the Sun: Poems*, Toronto: The Macmillan Company of Canada Limited, 1939 (P3-1939.p)

1940   **E. J. Pratt**, *Brébeuf and His Brethren*, Toronto: The Macmillan Company of Canada Limited, 1940 (P4-1940.h)

1941   **Anne Marriott**, *Calling Adventurers!* Toronto: The Ryerson Press, 1941 (P5-1941.p)

1942   **Earle Birney**, *David and Other Poems*, Toronto: The Ryerson Press, 1942 (P6-1942.h)

1943   **A. J. M. Smith**, *News of the Phoenix and Other Poems*, Toronto: The Ryerson Press and New York: Coward-McCann, Inc., 1943 (P7-1943.h)

1944   **Dorothy Livesay**, *Day and Night*, Toronto: The Ryerson Press, 1944 (P8-1944.h)

1945   **Earle Birney**, *Now Is Time*, Toronto: The Ryerson Press, 1945 (P9-1945.h)

1946   **Robert Finch**, *Poems*, Toronto: Oxford University Press, 1946 (P10-1946.p)

1947   **Dorothy Livesay**, *Poems for People*, Toronto: The Ryerson Press, 1947 (P11-1947.h)

1948   **A. M. Klein**, *The Rocking Chair and Other Poems*, Toronto: The Ryerson Press, 1948 (P12-1948.h)

1949   **James Reaney**, *The Red Heart*, Toronto: McClelland & Stewart, 1949 (P13-1949.h)

1950   **James Wreford**, *Of Time and the Lover*, Toronto: McClelland & Stewart, 1950 (P14-1950.h)

1951   **Charles Bruce**, *The Mulgrave Road*, Toronto: Macmillan, 1951 (P15-1951.h)

1952   **E. J. Pratt**, *Towards the Last Spike: A Verse-panorama of the Struggle to Build the First Canadian Transcontinental from the Time of the Proposed Terms of Union with British Columbia (1870) to the Hammering of the Last Spike in the Eagle Pass (1885)*, Toronto: Macmillan, 1952 (P16-1952.h)

1953   **Douglas Le Pan**, *The Net and the Sword*, Toronto: Clarke, Irwin & Co. Ltd., 1953 (P17-1953.h)

1954   **P. K. Page**, *The Metal and the Flower*, Toronto: McClelland & Stewart, 1954 (P18-1954.h)

1955	**Wilfred Watson**, *Friday's Child*, London: Faber and Faber, 1955 (P19-1955.h)
1956	**R. A. D. Ford**, *A Window on the North*, Toronto: The Ryerson Press, 1956 (P20-1956.h)
1957	**Jay Macpherson**, *The Boatman*, Toronto: Oxford University Press, 1957 (P21-1957.h)
1958	**James Reaney**, *A Suit of Nettles*, Toronto: The Macmillan Company of Canada Limited, 1958 (P22-1958.h)
1959	**Irving Layton**, *A Red Carpet for the Sun*, Toronto: McClelland and Stewart Limited, 1959 (P23-1959.h/p)
1960	**Margaret Avison**, *Winter Sun*, Toronto: University of Toronto Press, 1960 (P24-1960.h)
1961	**Robert Finch**, *Acis in Oxford and Other Poems*, [Toronto]: University of Toronto Press, 1961 (P25-1961.h)
1962	**James Reaney**, *Twelve Letters to a Small Town*, Toronto: The Ryerson Press, 1962 (P26-1962.p)
1963	No award presented
1964	**Raymond Souster**, *The Colour of the Times: The Collected Poems of Raymond Souster*, Toronto: The Ryerson Press, 1964 (P27-1964.h)
1965	**Alfred Purdy**, *The Cariboo Horses*, Toronto, Montréal: McClelland and Stewart Limited, 1965 (P28-1965.h/p)
1966	**Margaret Atwood**, *The Circle Game*, Toronto: Contact Press, 1966 (P29-1966.h/p)
1967	**Eli Mandel**, *An Idiot Joy*, Edmonton: M. G. Hurtig Publishers, 1967 (P30-1967.h)
	Alden Nowlan, *Bread, Wine and Salt*, Toronto, Vancouver: Clarke, Irwin & Company Limited, 1967 (P31-1967.h)
1968	Award declined by Leonard Cohen
1969	**George Bowering**, *The Gangs of Kosmos*, Toronto: Anansi, 1969 (P32-1969.h/p)
	George Bowering, *Rocky Mountain Foot*, Toronto, Montréal: McClelland and Stewart Limited, 1968 (P33-1969.h)
	Gwendolyn MacEwen, *The Shadow-Maker*, Toronto: Macmillan of Canada, 1969 (P34-1969.p)
1970	**b p Nichol**, *Beach Head: Transitions 66 & 67*, Sacramento, California: Runcible Spoon, 1970 (P35-1970.p)
	bp Nichol (editor), *The Cosmic Chef: Glee & Perloo Memorial Society under the Direction of Captain Poetry Presents … An Evening of Concrete, Courtesy … Oberon Cement Works*, Ottawa: Oberon Press, 1970 (P36-1970.l/t)
	bp nichol, *Still Water*, Vancouver: Talonbooks, 1970 (P37-1970.b)

bp Nichol, *The True Eventual Story of Billy the Kid*, Toronto: Weed/Flower Press, 1970 (P38-1970.p)

Michael Ondaatje, *The Collected Works of Billy the Kid: Left-Handed Poems*, Toronto: Anansi, 1970 (P39-1970.h/p)

1971   **John Glassco**, *Selected Poems*, Toronto: Oxford University Press, 1971 (P40-1971.p)

1972   **Dennis Lee**, *Civil Elegies and Other Poems*, Toronto: Anansi, 1972 (P41-1972.h/p)

John Newlove, *Lies*, Toronto: McClelland and Stewart Limited, 1972 (P42-1972.h)

1973   **Miriam Mandel**, *Lions at Her Face*, Edmonton: White Pelican, 1973 (P43-1973.p)

1974   **Ralph Gustafson**, *Fire on Stone*, Toronto: McClelland and Stewart Limited, 1974 (P44-1974.p)

1975   **Milton Acorn**, *The Island Means Minago*, Toronto: NC Press, 1975 (P45-1975.h/p)

1976   **Joe Rosenblatt**, *Top Soil*, Erin, Ontario: Press Porcepic, 1976 (P46-1976.h/p)

1977   **D. G. Jones**, *Under the Thunder the Flowers Light up the Earth*, Toronto: The Coach House Press, 1977 (P47-1977.p)

1978   **Patrick Lane**, *Poems: New and Selected*, Toronto: Oxford University Press, 1978 (P48-1978.p)

1979   **Michael Ondaatje**, *There's a Trick with a Knife I'm Learning to Do: Poems 1963–1978*, Toronto: McClelland and Stewart, 1979 (P49-1979.p)

1980   **Stephen Scobie**, *McAlmon's Chinese Opera*, Dunvegan, Ontario: Quadrant Editions, 1980 (P50-1980.p)

1981   **F. R. Scott**, *The Collected Poems of F. R. Scott*, Toronto: McClelland and Stewart, 1981 (P51-1981.h)

1982   **Phyllis Webb**, *Selected Poems: The Vision Tree*, Vancouver: Talonbooks, 1982 (P52-1982.p)

1983   **David Donnell**, *Settlements*, Toronto: McClelland and Stewart, 1983 (P53-1983.p)

1984   **Paulette Jiles**, *Celestial Navigation: Poems*, Toronto: McClelland and Stewart, 1984 (P54-1984.p)

1985   **Fred Wah**, *Waiting for Saskatchewan*, Winnipeg: Turnstone Press, 1985 (P55-1985.p)

1986   **Al Purdy**, *The Collected Poems of Al Purdy*, Toronto: McClelland and Stewart, 1986 (P56-1986.h)

1987   **Gwendolyn MacEwen**, *Afterworlds*, Toronto: McClelland and Stewart, 1987 (P57-1987.p)

1988   **Erin Mouré**, *Furious*, Toronto: Anansi, 1988 (P58-1988.p)

1989   **Heather Spears**, *The Word for Sand*, Toronto: Wolsak and Wynn, 1988 (P59-1989.p)

1990   **Margaret Avison**, *No Time*, Hantsport, Nova Scotia: Lancelot Press, 1989 (P60-1990.p)

1991   **Don McKay**, *Night Field*, Toronto: McClelland & Stewart Inc., 1991 (P61-1991.p)

1992   **Lorna Crozier**, *Inventing the Hawk*, Toronto: McClelland & Stewart Inc., 1992 (P62-1992.p)

1993   **Don Coles**, *Forests of the Medieval World*, Erin, Ontario: The Porcupine's Quill, Inc., 1993 (P63-1993.p)

1994   **Robert Hilles**, *Cantos from a Small Room*, Toronto: Wolsak and Wynn, 1993 (P64-1994.p)

1995   Marie Elyse St. George and **Anne Szumigalski**, *Voice*, Regina: Coteau Books and Mendel Art Gallery, 1995 (P65-1995.p)

1996   **E. D. Blodgett**, *Apostrophes: Woman at a Piano*, Ottawa: Buschek Books, 1996 (P66-1996.p)

1997   **Dionne Brand**, *Land to Light On*, Toronto: McClelland & Stewart Inc., 1997 (P67-1997.p)

1998   **Stephanie Bolster**, *White Stone: The Alice Poems*, Montréal: Signal Editions, 1998 (P68-1998.p)

1999   **Jan Zwicky**, *Songs for Relinquishing the Earth*, London, Ontario: Brick Books, 1998 (P69-1999.p)

2000   **Don McKay**, *Another Gravity*, Toronto: McClelland & Stewart Inc., 2000 (P70-2000.p)

2001   **George Elliott Clarke**, *Execution Poems: A Black Acadian Tragedy of "George and Rue"*, Wolfville, Nova Scotia: Gaspereau Press, 2001 (P71-2001.p)

2002   **Roy Miki**, *Surrender*, Toronto: The Mercury Press, 2001 (P72-2002.p)

2003   **Tim Lilburn**, *Kill-site*, Toronto: McClelland & Stewart Ltd., 2003 (P73-2003.p)

2004   **Roo Borson**, *Short Journey Upriver Toward Ōishida,* Toronto: McClelland & Stewart Ltd, 2004 (P74-2004.p)

2005   **Anne Compton**, *Processional,* Markham, Ontario: Fitzhenry & Whiteside, 2005 (P75-2005.p)

2006   **John Pass**, *Stumbling in the Bloom,* Lantzville, British Columbia: Oolichan Books, 2005 (P76-2006.p)

2007   **Don Domanski**, *All Our Wonder Unavenged*, London, Ontario: Brick Books, 2007 (P77-2007.p)

2008   **Jacob Scheier**, *More to Keep Us Warm*, Toronto: Misfit, 2007 (P78-2008.p)

2009   **David Zieroth**, *The Fly in Autumn: Poems*, Madeira Park, British Columbia: Harbour Publishing, 2009 (P79-2009.p)

2010   **Richard Greene**, *Boxing the Compass,* Montréal: Signal Editions, 2009 (P80-2010.p)

2011   **Phil Hall**, *Killdeer: Essay-Poems*, Toronto: BookThug, 2011 (P81-2011.p)

2012	**Julie Bruck**, *Monkey Ranch*, London, Ontario: Brick Books, 2012 (P82-2012.p)
2013	**Katherena Vermette**, *North End Love Songs*, Winnipeg: The Muses' Company, 2012 (P83-2013.p)
2014	**Arleen Paré**, *Lake of Two Mountains,* London, Ontario: Brick Books, 2014 (P84-2014.p)
2015	**Robyn Sarah**, *My Shoes are Killing Me: Poems*, Windsor, Ontario: Biblioasis, 2015 (P85-2015.p)
2016	**Steven Heighton**, *The Waking Comes Late*, [Toronto]: Anansi, 2016 (P86-2016.h/p)
2017	**Richard Harrison**, *On Not Losing My Father's Ashes in the Flood*, Hamilton, Ontario: Wolsak and Wynn Publishers, 2016 (P87-2017.p)
2018	**Cecily Nicholson**, *Wayside Sang: Poems*, Vancouver: Talonbooks, 2017 (P88-2018.p)
2019	**Gwen Benaway**, *Holy Wild*, [Toronto]: Book*hug, 2018 (P89-2019.p)

DRAMA

1959	No award presented
1960	No award presented
1961	No award presented
1962	**James Reaney**, *The Killdeer and Other Plays: The Killdeer, The Sun and the Moon, One-Man Masque, Night-blooming Cereus*, Toronto: The Macmillan Company of Canada Limited, 1962 (D1-1962.h)
1963	No award presented
1964	No award presented
1965	No award presented
1966	No award presented
1967	No award presented
1968	No award presented
1969	No award presented
1970	No award presented
1971	No award presented
1972	No award presented
1973	No award presented
1974	No award presented
1975	No award presented
1976	No award presented
1977	No award presented
1978	No award presented
1979	No award presented
1980	No award presented

1981 **Sharon Pollock**, *Blood Relations and Other Plays*, Edmonton: NeWest Press, 1981 (D2-1981.h/p)

1982 **John Gray**, *Billy Bishop Goes to War*, Vancouver: Talonbooks, 1981 (D3-1982.p)

1983 **Anne Chislett**, *Quiet in the Land*, Toronto: Coach House Press, 1983 (D4-1983.p)

1984 **Judith Thompson**, *White Biting Dog*, Toronto: Playwrights Canada, 1984 (D5-1984.p)

1985 **George F. Walker**, *Criminals in Love*, Toronto: Playwrights Canada, 1985 (D6-1985.p)

1986 **Sharon Pollock**, *Doc*, Toronto: Playwrights Canada, 1986 (D7-1986.p)

1987 **John Krizanc**, *Prague*, Toronto: Playwrights Canada, 1987 (D8-1987.p)

1988 **George F. Walker**, *Nothing Sacred: Based on* Fathers and Sons *by Ivan Turgenev*, Toronto: The Coach House Press, 1988 (D9-1988.p)

1989 **Judith Thompson**, *The Other Side of the Dark: The Crackwalker, Pink, Tornado, I Am Yours*, Toronto: Coach House Press, 1989 (D10-1989.p)

1990 **Ann-Marie MacDonald**, *Goodnight Desdemona (Good Morning Juliet)*, Toronto: Coach House Press, 1990 (D11-1990.p)

1991 **Joan MacLeod**, *Amigo's Blue Guitar*, Toronto: The Summerhill Season, 1990 (D12-1991.p)

1992 **John Mighton**, *Possible Worlds & A Short History of Night*, Toronto: Playwrights Canada Press, 1992 (D13-1992.p)

1993 **Guillermo Verdecchia**, *Fronteras Americanas (American Borders)*, Toronto: Coach House Press, 1993 (D14-1993.p)

1994 **Morris Panych**, *The Ends of the Earth*, Vancouver: Talonbooks, 1993 (D15-1994.p)

1995 **Jason Sherman**, *Three in the Back, Two in the Head*, Toronto: Playwrights Canada Press, 1995 (D16-1995.p)

1996 **Colleen Wagner**, *The Monument*, Toronto: Playwrights Canada Press, 1996 (D17-1996.p)

1997 **Ian Ross**, *fareWel*, Toronto: Scirocco Drama, 1997 (D18-1997.p)

1998 **Djanet Sears**, *Harlem Duet*, Toronto: Scirocco Drama, 1997 (D19-1998.p)

1999 **Michael Healey**, *The Drawer Boy*, Toronto: Playwrights Canada Press, 1999 (D20-1999.p)

2000 **Timothy Findley**, *Elizabeth Rex*, Winnipeg, Niagara Falls: Blizzard Publishing, 2000 (D21-2000.h)

2001 **Kent Stetson**, *The Harps of God*, Toronto: Playwrights Canada Press, 2001 (D22-2001.p)

2002 **Kevin Kerr**, *Unity (1918)*, Vancouver: Talonbooks, 2002 (D23-2002.p)

2003 **Vern Thiessen**, *Einstein's Gift*, Toronto: Playwrights Canada Press, 2003 (D24-2003.p)

2004   **Morris Panych**, *Girl in the Goldfish Bowl,* Vancouver: Talonbooks, 2003 (D25-2004.p)

2005   **John Mighton**, *Half Life,* Toronto: Playwrights Canada Press, 2005 (D26-2005.p)

2006   **Daniel MacIvor**, *I Still Love You: Never Swim Alone, The Soldier Dreams, You are Here, In On It, A Beautiful View,* Toronto: Playwrights Canada Press, 2006 (D27-2006.p)

2007   **Colleen Murphy**, *The December Man (L'homme de décembre),* Toronto: Playwrights Canada Press, 2007 (D28-2007.p)

2008   **Catherine Banks**, *Bone Cage,* Toronto: Playwrights Canada Press, 2008 (D29-2008.p)

2009   **Kevin Loring**, *Where the Blood Mixes,* Vancouver: Talonbooks, 2009 (D30-2009.p)

2010   **Robert Chafe**, *Afterimage,* Toronto: Playwrights Canada Press, 2010 (D31-2010.p)

2011   **Erin Shields**, *If We Were Birds,* Toronto: Playwrights Canada Press, 2011 (D32-2011.p)

2012   **Catherine Banks**, *It Is Solved by Walking,* Toronto: Playwrights Canada Press, 2012 (D33-2012.p)

2013   **Nicolas Billon**, *Fault Lines: Greenland, Iceland, Faroe Islands,* Toronto: Coach House Books, 2013 (D34-2013.p)

2014   **Jordan Tannahill**, *Age of Minority: 3 Solo Plays,* Toronto: Playwrights Canada Press, 2013 (D35-2014.p)

2015   **David Yee**, *Carried Away on the Crest of a Wave,* Toronto: Playwrights Canada Press, 2014 (D36-2015.p)

2016   **Colleen Murphy**, *Pig Girl,* Toronto: Playwrights Canada Press, 2015 (D37-2016.p)

2017   **Hiro Kanagawa**, *Indian Arm,* Toronto: Playwrights Canada Press, 2016 (D38-2017.p)

2018   **Jordan Tannahill**, *Botticelli in the Fire & Sunday in Sodom: Two Plays by Jordan Tannahill,* Toronto: Playwrights Canada Press, 2018 (D39-2018.p)

2019   **Amanda Parris**, *Other Side of the Game,* Toronto: Playwrights Canada Press, 2019 (D40-2019.p)

JUVENILE

1946   No award presented

1947   No award presented

1948   **Roderick L. Haig-Brown**, *Saltwater Summer*, Toronto: Collins, 1948 (J1-1948.h)

1949   **Richard S. Lambert**, *Franklin of the Arctic: A Life of Adventure*, Toronto: McClelland & Stewart Limited, 1949 (J2-1949.h)

1950   **Donalda Dickie**, *The Great Adventure: An Illustrated History of Canada for Young Canadians*, Toronto, Vancouver: J. M. Dent & Sons (Canada) Limited, 1950 (J3-1950.h)

1951   **John F. Hayes**, *A Land Divided*, Toronto: The Copp Clark Co. Limited, 1951 (J4-1951.h)

1952   **Marie McPhedran**, *Cargoes on the Great Lakes*, Toronto: The Macmillan Company of Canada Limited, 1952 (J5-1952.h)

1953   **John F. Hayes**, *Rebels Ride at Night*, Vancouver, Toronto, Montréal: The Copp Clark Publishing Co. Limited, 1953 (J6-1953.h)

1954   **Marjorie Wilkins Campbell**, *The Nor'Westers: The Fight for the Fur Trade*, Toronto: Macmillan, 1954 (J7-1954.h)

1955   **Kerry Wood**, *The Map-Maker: The Story of David Thompson*, Toronto: Macmillan, 1955 (J8-1955.h)

1956   **Farley Mowat**, *Lost in the Barrens*, Boston, Toronto: An Atlantic Monthly Press Book, 1956 (J9-1956.h)

1957   **Kerry Wood**, *The Great Chief: Maskepetoon, Warrior of the Crees*, Toronto: Macmillan, 1957 (J10-1957.h)

1958   **Edith Lambert Sharp**, *Nkwala*, Boston, Toronto: Little, Brown and Company, 1958 (J11-1958.h)

CHILDREN'S LITERATURE – ILLUSTRATION

1987   Marie-Louise Gay, *Rainy Day Magic*, illustrated by **Marie-Louise Gay**, Toronto: Stoddart, 1987 (CI1-1987.h)

1988   Janet Lunn, *Amos's Sweater*, illustrated by **Kim LaFave**, Vancouver, Toronto: A Groundwood Book, 1988 (CI2-1988.h)

1989   Robin Muller, *The Magic Paintbrush*, illustrated by **Robin Muller**, Toronto: Doubleday Canada Limited, 1989 (CI3-1989.h)

1990   Tololwa Marti Mollel, *The Orphan Boy*, illustrated by **Paul Morin**, Toronto, Oxford, New York: Oxford University Press, 1990 (CI4-1990.h)

1991   Teddy Jam, *Doctor Kiss Says Yes*, illustrated by **Joanne Fitzgerald**, Toronto, Vancouver: A Groundwood Book, 1991 (CI5-1991.h)

1992   Sheryl McFarlane, *Waiting for the Whales*, illustrated by **Ron Lightburn**, Victoria: Orca Book Publishers, 1991 (CI6-1992.h)

1993   Sharon Jennings, *Sleep Tight, Mrs. Ming*, illustrated by **Mireille Levert**, Toronto: Annick Press, 1993 (CI7-1993.h/p)

1994   Jim McGugan, *Josepha: A Prairie Boy's Story*, illustrated by **Murray Kimber**, Red Deer, Alberta: Northern Lights Books for Children, 1994 (CI8-1994.h)

1995   Ludmila Zeman, *The Last Quest of Gilgamesh*, illustrated by **Ludmila Zeman**, Montréal: Tundra Books, 1995 (CI9-1995.h)

1996 Pam Conrad, *The Rooster's Gift*, illustrated by **Eric Beddows**, Toronto, Vancouver: A Groundwood Book, 1996 (CI10-1996.h)

1997 Barbara Reid, *The Party*, illustrated by **Barbara Reid**, Richmond Hill, Ontario: North Winds Press, 1997 (CI11-1997.h)

1998 Kady MacDonald Denton, *A Child's Treasury of Nursery Rhymes,* illustrated by **Kady MacDonald Denton**, Toronto: Kids Can Press, 1998 (CI12-1998.h)

1999 Gary Clement, *The Great Poochini*, illustrated by **Gary Clement**, Vancouver, Toronto, Buffalo: A Groundwood Book, 1999 (CI13-1999.h)

2000 Don Gillmor, *Yuck, a Love Story*, illustrated by **Marie-Louise Gay**, Toronto, New York: Stoddart Kids, 2000 (CI14-2000.h)

2001 Mireille Levert, *An Island in the Soup*, illustrated by **Mireille Levert**, Toronto, Vancouver, Buffalo: A Groundwood Book, 2001 (CI15-2001.h)

2002 Wallace Edwards, *Alphabeasts*, illustrated by **Wallace Edwards**, Toronto: Kids Can Press, 2002 (CI16-2002.h)

2003 David Bouchard, *The Song Within My Heart*, illustrated by **Allen Sapp**, Vancouver: Raincoast Books, 2002 (CI17-2003.h)

2004 Lewis Carroll, *Jabberwocky,* illustrated by **Stéphane Jorisch**, Toronto: KCP Poetry, 2004 (CI18-2004.h)

2005 Sarah L. Thomson, *Imagine a Day,* illustrated by **Rob Gonsalves**, New York, London, Toronto, Sydney: A Byron Preiss Visual Publications, Inc. Book, 2005 (CI19-2005.h

2006 Leo Yerxa, *Ancient Thunder,* illustrated by **Leo Yerxa**, Toronto, Berkeley: Groundwood Books, 2006 (CI20-2006.h)

2007 Duncan Weller, *The Boy from the Sun,* illustrated by **Duncan Weller**, Toronto: Simply Read Books, 2006 (CI21-2007.h)

2008 Edward Lear, *The Owl and the Pussycat,* illustrated by **Stéphane Jorisch**, Toronto: KCP Poetry, 2007 (CI22-2008.h/p)

2009 Janet Russell, *Bella's Tree*, illustrated by **Jirina Marton**, Toronto, Berkeley: Groundwood Books, 2009 (CI23-2009.h)

2010 Caroline Stutson, *Cats' Night Out*, illustrated by **J. Klassen**, New York, London, Toronto, Sydney: Simon & Schuster Inc., 2010 (CI24-2010.h)

2011 Cybèle Young, *Ten Birds,* illustrated by **Cybèle Young**, Toronto: Kids Can Press, 2011 (CI25-2011.h)

2012 Kyo Maclear, *Virginia Wolf*, illustrated by **Isabelle Arsenault**, Toronto: Kids Can Press, 2012 (CI26-2012.h)

2013 Stan Rogers, *Northwest Passage*, illustrated by **Matt James**, Toronto: Groundwood Books, 2013 (CI27-2013.h)

2014 Mariko Tamaki, *This One Summer,* illustrated by **Jillian Tamaki**, Toronto: Groundwood Books, 2014 (CI28-2014.p)

CHILDREN'S LITERATURE – ILLUSTRATED BOOKS

2015   **JonArno Lawson**, *Sidewalk Flowers*, illustrated by **Sydney Smith**, Toronto, Berkeley: Groundwood Books, 2015 (CIB1-2015.h)

YOUNG PEOPLE'S LITERATURE – ILLUSTRATED BOOKS

2016   **Jon-Erik Lappano**, *Tokyo Digs a Garden*, illustrated by **Kellen Hatanaka**, Toronto, Berkeley: Groundwood Books, 2016 (YIB1-2016.h)

2017   **David Alexander Robertson**, *When We Were Alone*, illustrated by **Julie Flett**, [Winnipeg]: HighWater Press, 2016 (YIB2-2017.h)

2018   Jillian Tamaki, *They Say Blue*, illustrated by **Jillian Tamaki**, Toronto, Berkeley: Groundwood Books (House of Anansi Press), 2018 (YIB3-2018.h)

2019   Sydney Smith, *Small in the City*, illustrated by **Sydney Smith**, Toronto: Groundwood Books (House of Anansi Press), 2019 (YIB4-2019.h)

CHILDREN'S LITERATURE – TEXT

1987   **Morgan Nyberg**, *Galahad Schwartz and the Cockroach Army*, Vancouver, Toronto: A Groundwood Book, 1987 (CT1-1987.p)

1988   **Welwyn Wilton Katz**, *The Third Magic*, Vancouver, Toronto: A Groundwood Book, 1988 (CT2-1988.h)

1989   **Diana J. Wieler**, *Bad Boy*, Toronto, Vancouver: A Groundwood Book, 1989 (CT3-1989.p)

1990   **Michael Bedard**, *Redwork*, Toronto: Lester & Orpen Dennys Publishers, 1990 (CT4-1990.h)

1991   **Sarah Ellis**, *Pick-Up Sticks*, Toronto, Vancouver: A Groundwood Book, 1991 (CT5-1991.h)

1992   **Julie Johnston**, *Hero of Lesser Causes*, Toronto: Lester Publishing Limited, 1992 (CT6-1992.h)

1993   **Tim Wynne-Jones**, *Some of the Kinder Planets*, Toronto, Vancouver, Buffalo: A Groundwood Book, 1993 (CT7-1993.p)

1994   **Julie Johnston**, *Adam and Eve and Pinch-Me*, Toronto: Lester Publishing Limited, 1994 (CT8-1994.h)

1995   **Tim Wynne-Jones**, *The Maestro: A Novel*, Vancouver, Toronto: A Groundwood Book, 1995 (CT9-1995.p)

1996   **Paul Yee**, *Ghost Train*, Toronto, Vancouver, Buffalo: A Groundwood Book, 1996 (CT10-1996.h)

1997   **Kit Pearson**, *Awake and Dreaming*, Toronto: Viking, 1996 (CT11-1997.h)

1998   **Janet Lunn**, *The Hollow Tree*, Toronto: Alfred A. Knopf Canada, 1997 (CT12-1998.h)

1999   **Rachna Gilmore**, *A Screaming Kind of Day*, Toronto: Fitzhenry & White-side, 1999 (CT13-1999.h)

2000   **Deborah Ellis**, *Looking for X*, Toronto, Vancouver, Buffalo: A Groundwood Book, 1999 (CT14-2000.h/p)

2001   **Arthur Slade**, *Dust*, Toronto: HarperCollins Publishers Ltd, 2001 (CT15-2001.p)

2002   **Martha Brooks**, *True Confessions of a Heartless Girl*, Toronto, Vancouver, Berkeley: A Groundwood Book, 2002 (CT16-2002.p)

2003   **Glen Huser**, *Stitches,* Toronto, Vancouver, Berkeley: A Groundwood Book, 2003 (CT17-2003.h/p)

2004   **Kenneth Oppel**, *Airborn,* Toronto: HarperCollins Publishers Ltd, 2004 (CT18-2004.h)

2005   **Pamela Porter**, *The Crazy Man,* Toronto, Berkeley: Groundwood Books, 2005 (CT19-2005.h/p)

2006   **William Gilkerson**, *Pirate's Passage*, Boston & London: Trumpeter, 2006 (CT20-2006.h)

2007   **Iain Lawrence**, *Gemini Summer,* New York: Delacorte Press, 2006 (CT21-2007.t/l)

2008   **John Ibbitson**, *The Landing*, Toronto: KCP Fiction, 2008 (CT22-2008.h/p)

2009   **Caroline Pignat**, *Greener Grass*, Calgary: Red Deer Press, 2008 (CT23-2009.p)

2010   **Wendy Phillips**, *Fishtailing,* Regina: Coteau Books, 2010 (CT24-2010.p)

2011   **Christopher Moore**, *From Then to Now: A Short History of the World*, Toronto: Tundra Books, 2011 (CT25-2011.h)

2012   **Susin Nielsen**, *The Reluctant Journal of Henry K. Larsen*, Toronto: Tundra Books, 2012 (CT26-2012.h)

2013   **Teresa Toten**, *The Unlikely Hero of Room 13B*, [Toronto]: Doubleday Canada, 2013 (CT27-2013.p)

2014   **Raziel Reid**, *When Everything Feels like the Movies,* Vancouver: Arsenal Pulp Press, 2014 (CT28-2014.p)

2015   **Caroline Pignat**, *The Gospel Truth*, Markham, Ontario and Brighton, Massachusetts: Red Deer Press, 2014 (CT29-2015.p)

YOUNG PEOPLE'S LITERATURE — TEXT

2016   **Martine Leavitt**, *Calvin*, Toronto: Groundwood Books, 2015 (YT1-2016.p)

2017   **Cherie Dimaline**, *The Marrow Thieves*, Toronto: Dancing Cat Books, 2017 (YT2-2017.p)

2018   **Jonathan Auxier**, *Sweep: The Story of a Girl and Her Monster*, Toronto: Puffin Canada (Penguin Random House Canada Young Readers), 2018 (YT3-2018.h)

2019   **Erin Bow**, *Stand on the Sky*, Toronto, New York, London, Auckland, Sydney, Mexico City, New Delhi, Hong Kong, Buenos Aires: Scholastic Canada Ltd, 2019 (YT4-2019.h)

TRANSLATION (FROM FRENCH TO ENGLISH)

1987   Gabrielle Roy, *Enchantment and Sorrow: The Autobiography of Gabrielle Roy*, translated by **Patricia Claxton**, Toronto: Lester & Orpen Dennys Publishers, 1987 (TE1-1987.h)

1988   Diane Hébert, *Second Chance: The Inspiring Story of One Woman's Fight for Life*, translated by **Philip Stratford**, Toronto: Lester & Orpen Dennys Publishers, 1988 (TE2-1988.p)

1989   Antonine Maillet, *On the Eighth Day*, translated by **Wayne Grady**, Toronto: Lester & Orpen Dennys Publishers, 1989 (TE3-1989.p)

1990   Philippe-Joseph Aubert de Gaspé, *Yellow-Wolf & Other Tales of the Saint Lawrence*, translated by **Jane Brierley**, Montréal: Véhicule Press, 1990 (TE4-1990.p)

1991   Bernard Dupriez, *A Dictionary of Literary Devices: Gradus, A-Z*, translated by **Albert W. Halsall**, Toronto, Buffalo: University of Toronto Press, 1991 (TE5-1991.h)

1992   Thierry Hentsch, *Imagining the Middle East*, translated by **Fred A. Reed**, Montréal, New York: Black Rose Books, 1992 (TE6-1992.h/p)

1993   Normand de Bellefeuille, *Categorics: 1, 2 & 3*, translated by **D. G. Jones**, Toronto: Coach House Press, 1992 (TE7-1993.p)

1994   François Ricard, *The Lyric Generation: The Life and Times of the Baby Boomers*, translated by **Donald Winkler**, Toronto: Stoddart, 1994 (TE8-1994.p)

1995   Dany Laferrière, *Why Must a Black Writer Write about Sex?* translated by **David Homel**, Toronto: Coach House Press, 1994 (TE9-1995.p)

1996   Daniel Danis, *Stone and Ashes*, translated by **Linda Gaboriau**, Toronto: Coach House Press, 1995 (TE10-1996.p)

1997   Louky Bersianik, *The Euguelion,* translated by **Howard Scott**, Montréal: Alter Ego Editions, 1996 (TE11-1997.p)

1998   Michel Tremblay, *Bambi and Me*, translated by **Sheila Fischman**, Burnaby, British Columbia: Talonbooks, 1998 (TE12-1998.p)

1999   François Ricard, *Gabrielle Roy: A Life*, translated by **Patricia Claxton**, Toronto: McClelland & Stewart Inc., 1999 (TE13-1999.h)

2000   France Daigle, *Just Fine: A Novel*, translated by **Robert Majzels**, Toronto: Anansi, 1999 (TE14-2000.p)

2001   Martine Desjardins, *Fairy Ring*, translated by **Fred A. Reed** and **David Homel**, Vancouver: Talonbooks, 2001 (TE15-2001.p)

2002   Marie-Claire Blais, *Thunder and Light*, translated by **Nigel Spencer**, Toronto: Anansi, 2001 (TE16-2002.h)

2003   Marcel Trudel, *Memoirs of a Less Travelled Road: A Historian's Life*, translated by **Jane Brierley**, Montréal: Véhicule Press, 2002 (TE17-2003.p)

2004   Pierre Nepveu, *Mirabel,* translated by **Judith Cowan**, Montréal: Signal Editions, 2004 (TE18-2004.p)

2005   Thierry Hentsch, *Truth or Death: The Quest for Immortality in the Western Narrative Tradition,* translated by **Fred A. Reed**, Vancouver: Talonbooks, 2004 (TE19-2005.p)

2006   Joël Des Rosiers, *Vetiver,* translated by **Hugh Hazelton**, Winnipeg: Signature Editions, 2005 (TE20-2006.p)

2007   Marie-Claire Blais, *Augustino and the Choir of Destruction*, translated by **Nigel Spencer**, Toronto: Anansi, 2007 (TE21-2007.p)

2008   Nicolas Dickner, *Nikolski: A Novel*, translated by **Lazer Lederhendler**, Toronto: Alfred A. Knopf Canada, 2008 (TE22-2008.h)

2009   Charlotte Gingras, *Pieces of Me*, translated by **Susan Ouriou**, Toronto: Kids Can Press, 2009 (TE23-2009.h/p)

2010   Wajdi Mouawad, *Forests,* translated by **Linda Gaboriau**, Toronto: Playwrights Canada Press, 2010 (TE24-2010.p)

2011   Georges Leroux, *Partita for Glenn Gould: An Inquiry into the Nature of Genius*, translated by **Donald Winkler**, Montréal, Kingston, London, Ithaca: McGill-Queens University Press, 2010 (TE25-2011.h)

2012   Marie-Claire Blais, *Mai at the Predators' Ball*, translated by **Nigel Spencer**, Toronto: Anansi, 2012 (TE26-2012.p)

2013   Pierre Nepveu, *The Major Verbs*, translated by **Donald Winkler**, Montréal: Signal Editions, 2012 (TE27-2013.p)

2014   François-Marc Gagnon, *Paul-Émile Borduas: A Critical Biography,* translated by **Peter Feldstein**, Montréal & Kingston, London, Ithaca: McGill-Queen's Press, 2013 (TE28-2014.h)

2015   Jocelyne Saucier, *Twenty-One Cardinals*, translated by **Rhonda Mullins**, Toronto: Coach House Books, 2015 (TE29-2015.p)

2016   Catherine Leroux, *The Party Wall*, translated by **Lazer Lederhendler**, Windsor, Ontario: Biblioasis, 2016 (TE30-2016.p)

2017   Bertrand Laverdure, *Readopolis*, translated by **Oana Avasilichioaei**, Toronto: BookThug, 2017 (TE31-2017.p)

2018   Edem Awumey, *Descent into Night*, translated by **Phyllis Aronoff** and **Howard Scott**, Toronto: Mawenzi House, 2017 (TE32-2018.p)

2019   Wajdi Mouawad, *Birds of a Kind*, translated by **Linda Gaboriau**, Toronto: Playwrights Canada Press, 2019 (TE33-2019.p)

PRIX POUR LES LIVRES

DE LANGUE FRANÇAISE

Chaque titre primé qui figure dans la liste ci-après est accompagné d'un numéro de référence unique. Par exemple, le numéro F1-1936.h indique que le livre *Think of the Earth* de Bertram Brooker a été le premier livre primé dans la catégorie « Fiction » (F1), qu'il a gagné pour l'année 1936 et qu'il est paru en anglais, avec une couverture rigide (h). Le numéro RN1-1959.r signifie que l'ouvrage *Malgré tout, la joie!* d'André Giroux a été le premier livre primé dans la catégorie « Romans et nouvelles » (RN1), qu'il a gagné pour l'année 1959 et qu'il a été publié en français, avec une couverture rigide (r). Les autres désignations anglaises de couverture sont « p » pour les livres brochés, « l » pour les éditions de bibliothèque, « t » pour les éditions commerciales et « b » pour les éditions en coffret. Les autres désignations françaises de couverture sont « b » pour les livres brochés et « c » pour les éditions en coffret.

Les lauréats sont indiqués en caractères gras et les catégories de prix sont abrégées comme suit :

AG	Autres genres littéraires (1959-1970)
EE	Études et Essais/Essais (1971-présent)
JI	Littérature jeunesse – Illustrations (1987-2014)
JLI	Littérature jeunesse – Livres illustrés (2015-présent)
JT	Littérature jeunesse – Texte (1987-présent)
PO	Poésie (1959-présent)
RN	Romans et nouvelles (1959-présent)
TH	Théâtre (1959-présent)
TF	Traduction (de l'anglais vers le français) (1987-présent)
AN	Academic Non-fiction (1942-1958)
CIB	Children's Literature – Illustrated Books (2015)
CI	Children's Literature – Illustration (1987-2014)
CT	Children's Literature – Text (1987-2015)

CN   Creative Non-fiction (1942-1958)
D   Drama (1959-présent)
F   Fiction (1936-présent)
GL   General Literature (1936-1941)
J   Juvenile (1946-1958)
N   Non-fiction (1959-présent)
P   Poetry (1936-présent)
TE   Translation (from French to English) (1987-présent)
YIB   Young People's Literature – Illustrated Books (2016-présent)
YT   Young People's Literature – Text (2016-présent)

PRIX POUR LES LIVRES DE LANGUE FRANÇAISE /

FRENCH-LANGUAGE AWARDS

ROMANS ET NOUVELLES

1959   **André Giroux**, *Malgré tout, la joie!* Québec : Institut Littéraire du Québec, 1959 (RN1-1959.r)

1960   Pas de prix décerné

1961   **Yves Thériault**, *Ashini*, Montréal, Paris : Fides, 1960 (RN2-1961.b)

1962   **Jacques Ferron**, *Contes du pays incertain*, Montréal : Éditions d'Orphée, 1962 (RN3-1962.b)

1963   Pas de prix décerné

1964   **Jean-Paul Pinsonneault**, *Les terres sèches*, Montréal : Éditions Beauchemin, 1964 (RN4-1964.b)

1965   **Gérard Bessette**, *L'incubation*, Montréal : Librairie Déom, 1965 (RN5-1965.b)

1966   **Claire Martin**, *La joue droite : dans un gant de fer II*, [aucun endroit] : Le Cercle du Livre de France, 1966 (RN6-1966.b)

1967   **Jacques Godbout**, *Salut Galarneau!* Paris : Éditions du Seuil, 1967 (RN7-1967.b)

1968   Prix refusé par Hubert Aquin

       Marie-Claire Blais, *Manuscrits de Pauline Archange*, Montréal : Éditions du Jour, 1968 (RN8-1968.b)

1969   **Louise Maheux-Forcier**, *Une forêt pour Zoé*, Montréal : Le Cercle du Livre de France Ltée, 1969 (RN9-1969.b)

1970   **Monique Bosco**, *La femme de Loth*, Paris : Éditions Robert Laffont, et Montréal : Éditions H. M. H., 1970 (RN10-1970.b)

1971   **Gérard Bessette**, *Le cycle*, Montréal : Éditions du Jour, 1971 (RN11-1971.b)

1972   **Antonine Maillet**, *Don l'Original*, Montréal : Lemeac, 1972 (RN12-1972.b)

1973   **Réjean Ducharme**, *L'hiver de force*, [aucun endroit] : Gallimard, 1973 (RN13-1973.b)

1974 **Victor-Lévy Beaulieu**, *Don Quichotte de la démanche*, Montréal : L'Aurore, 1974 (RN14-1974.b)

1975 **Anne Hébert**, *Les enfants du sabbat*, Paris : Éditions du Seuil, 1975 (RN15-1975.b)

1976 **André Major**, *Les Rescapés*, Montréal : Quinze, 1976 (RN16-1976.b)

1977 **Gabrielle Roy**, *Ces enfants de ma vie*, Montréal : Stanké, 1977 (RN17-1977.b)

1978 **Jacques Poulin**, *Les grandes marées*, Montréal : Leméac, 1978 (RN18-1978.b)

1979 **Marie-Claire Blais**, *Le sourd dans la ville*, Montréal : Stanké, 1979 (RN19-1979.b)

1980 **Pierre Turgeon**, *La première personne*, Montréal : Quinze, 1980 (RN20-1980.b)

1981 **Denys Chabot**, *La province lunaire*, Montréal : L'arbre HMH, 1981 (RN21-1981.b)

1982 **Roger Fournier**, *Le cercle des arènes*, Paris : Albin Michel, 1982 (RN22-1982.b)

1983 **Suzanne Jacob**, *Laura Laur*, Paris : Éditions du Seuil, 1983 (RN23-1983.b)

1984 **Jacques Brault**, *Agonie*, Montréal : Éditions du Sentier, 1984 (RN24-1984.b)

1985 **Fernand Ouellette**, *Lucie ou un midi en novembre*, Montréal : Boréal Express, 1985 (RN25-1985.b)

1986 **Yvon Rivard**, *Les silences du corbeau*, Montréal : Boréal, 1986 (RN26-1986.b)

1987 **Gilles Archambault**, *L'obsédante obèse et autres agressions*, Montréal : Boréal, 1987 (RN27-1987.b)

1988 **Jacques Folch-Ribas**, *Le silence ou le parfait bonheur*, Paris : Éditions Robert Laffont, 1988 (RN28-1988.b)

1989 **Louis Hamelin**, *La rage*, Montréal : Éditions Québec/Amérique, 1989 (RN29-1989.b)

1990 **Gérald Tougas**, *La mauvaise foi*, Montréal : Éditions Québec/Amérique, 1990 (RN30-1990.b)

1991 **André Brochu**, *La croix du nord*, Montréal : XYZ, 1991 (RN31-1991.b)

1992 **Anne Hébert**, *L'enfant chargé de songes*, Paris : Éditions du Seuil, 1992 (RN32-1992.b)

1993 **Nancy Huston**, *Cantique des plaines*, France : Actes Sud, Canada : Leméac, 1993 (RN33-1993.b)

1994 **Robert Lalonde**, *Le petit aigle à tête blanche*, Paris : Éditions du Seuil, 1994 (RN34-1994.b)

1995 **Nicole Houde**, *Les Oiseaux de Saint-John Perse*, Lachine, Québec : La Pleine Lune, 1994 (RN35-1995.b)

1996 **Marie-Claire Blais**, *Soifs*, [aucun endroit] : Boréal, 1995 (RN36-1996.b)

1997 **Aude**, *Cet imperceptible mouvement*, Montréal : XYZ éditeur, 1997 (RN37-1997.b)

1998 **Christiane Frenette**, *La terre ferme*, Montréal : Boréal, 1998 (RN38-1998.b)

1999 **Lise Tremblay**, *La danse juive*, Montréal : Leméac, 1999 (RN39-1999.b)

2000 **Jean Marc Dalpé**, *Un vent se lève qui éparpille*, Sudbury : Prise de parole, 1999 (RN40-2000.b)

2001 **Andrée A. Michaud**, *Le ravissement*, Québec : L'instant même, 2001 (RN41-2001.b)

2002 **Monique LaRue**, *La gloire de Cassiodore*, Montréal : Boréal, 2002 (RN42-2002.b)

2003 **Élise Turcotte**, *La maison étrangère*, Montréal : Leméac, 2002 (RN43-2003.b)

2004 **Pascale Quiviger**, *Le cercle parfait*, Québec : L'instant même, 2003 (RN44-2004.b)

2005 **Aki Shimazaki**, *Hotaru*, North America : Leméac, Europe : Actes Sud, 2004 (RN45-2005.b)

2006 **Andrée Laberge**, *La rivière du loup*, Montréal : XYZ éditeur, 2006 (RN46-2006.b)

2007 **Sylvain Trudel**, *La Mer de la Tranquillité*, [aucun endroit] : Les Allusifs, 2006 (RN47-2007.b)

2008 **Marie-Claire Blais**, *Naissance de Rebecca à l'ère des tourments*, Montréal : Boréal, 2008 (RN48-2008.b)

2009 **Julie Mazzieri**, *Le discours sur la tombe de l'idiot*, Paris : José Corti, 2008 (RN49-2009.b)

2010 **Kim Thúy**, *Ru*, Montréal : Libre Expression, 2010 (RN50-2010.b)

2011 **Perrine Leblanc**, *L'homme blanc*, Montréal : Le Quartanier, 2010 (RN51-2011.b)

2012 **France Daigle**, *Pour sûr*, Montréal : Boréal, 2011 (RN52-2012.b)

2013 **Stéphanie Pelletier**, *Quand les guêpes se taisent*, Montréal : Leméac, 2012 (RN53-2013.b)

2014 **Andrée A. Michaud**, *Bondrée*, Montréal : Éditions Québec Amérique, 2014 (RN54-2014.b)

2015 **Nicolas Dickner**, *Six degrés de liberté*, [Québec] : Alto, 2015 (RN55-2015.b)

2016 **Dominique Fortier**, *Au péril de la mer*, Québec : Alto, 2015 (RN56-2016.b)

2017 **Christian Guay-Poliquin**, *Le poids de la neige*, Chicoutimi, Québec : La Peuplade, 2016 (RN57-2017.b)

2018 **Karoline Georges**, *De synthèse*, Québec : Alto (Des Éditions Alto), 2017 (RN58-2018.b)

2019 **Céline Huyghebaert**, *Le drap blanc*, Montréal : Le Quartanier, 2019 (RN59-2019.b)

AUTRES GENRES LITTÉRAIRES

1959 **Félix-Antoine Savard**, *Le barachois*, Montréal, Paris : Éditions Fides, 1959 (AG1-1959.b)

1960 **Paul Toupin**, *Souvenirs pour demain*, [Montréal] : Le Cercle du Livre de France Ltée, 1960 (AG2-1960.b)

1961 **Jean Le Moyne**, *Convergences*, Montréal : Éditions HMH Ltée, 1961 (AG3-1961.b)

1962 **Gilles Marcotte**, *Une littérature qui se fait : essais critiques sur la littérature canadienne-française*, Montréal : Les Éditions HMH, 1962 (AG4-1962.b)

1963 **Gustave Lanctot**, *Histoire du Canada : des origines au régime royal*, Montréal : Librairie Beauchemin Limitée, 1960 (AG5-1963.b)

Gustave Lanctot, *Histoire du Canada : du régime royal au traité d'Utrecht, 1663-1713*, Montréal : Librairie Beauchemin Limitée, 1963 (AG6-1963.b)

1964 **Réjean Robidoux**, *Roger Martin du Gard et la Religion*, Paris : Aubier, 1964 (AG7-1964.b)

1965 **André Vachon**, *Le temps et l'espace dans l'œuvre de Paul Claudel : expérience Chrétienne et imagination poétique*, Paris : Éditions du Seuil, 1965 (AG8-1965.b)

1966 **Marcel Trudel**, *Histoire de la Nouvelle-France II : Le comptoir, 1604-1627*, Montréal, Paris : Fides, 1966 (AG9-1966.r)

1967 **Robert-Lionel Séguin**, *La civilisation traditionelle de l'"habitant" aux 17e et 18e siècles : fonds matériel*, Montréal, Paris : Fides, 1967 (AG10-1967.r)

1968 **Fernand Dumont**, *Le lieu de l'homme : la culture comme distance et mémoire*, Montréal : Éditions HMH, 1968 (AG11-1968.b)

1969 **Michel Brunet**, *Les canadiens après la conquête 1759-1775 : De la Révolution canadienne à la Révolution américaine*, Montréal : Fides, 1969 (AG12-1969.r)

1970 Prix refusé par Fernand Ouellette

ESSAIS

1971 **Gérald Fortin**, *La fin d'un règne*, Montréal : Hurtubise HMH, 1971 (EE1-1971.b)

1972 **Jean Hamelin** et **Yves Roby**, *Histoire économique du Québec 1851-1896*, Montréal : Fides, 1971 (EE2-1972.r)

1973 **Albert Faucher**, *Québec en Amérique au XIXe siècle : essai sur les caractères économiques de la laurentie*, Montréal : Fides, 1973 (EE3-1973.r)

1974 **Louise Dechêne**, *Habitants et marchands de Montréal au XVIIe siècle*, Paris, Montréal : Plon, 1974 (EE4-1974.b)

1975 **Louis-Edmond Hamelin**, *Nordicité canadienne*, Montréal : Hurtubise HMH, Ltée, 1975 (EE5-1975.b)

1976 **Fernand Ouellet**, *Le bas Canada, 1791-1840: Changements structuraux et crise*, Ottawa : Éditions de l'Université d'Ottawa, 1976 (EE6-1976.b)

1977 **Denis Monière**, *Le développement des idéologies au Québec : des origines à nos jours*, Montréal : Éditions Québec/Amérique, 1977 (EE7-1977.b)

1978	**François-Marc Gagnon**, *Paul-Émile Borduas (1905-1960): biographie critique et analyse de l'œuvre*, Montréal : Fides, 1978 (EE8-1978.r)
1979	**Dominique Clift** et **Sheila McLeod Arnopoulos**, *Le fait anglais au Québec*, Montréal : Libre expression, 1979 (EE9-1979.b)
1980	**Maurice Champagne-Gilbert**, *La famille : Et l'homme à délivrer du pouvoir*, Montréal : Leméac, 1980 (EE10-1980.b)
1981	**Madeleine Ouellette-Michalska**, *L'échappée des discours de l'œil*, [aucun endroit] : Nouvelle Optique, 1981 (EE11-1981.b)
1982	**Maurice Lagueux**, *Le marxisme des années soixante : une saison dans l'histoire de la pensée critique*, Ville LaSalle, Québec : Hurtubise HMH, 1982 (EE12-1982.b)
1983	**Maurice Cusson**, *Le contrôle social du crime*, Paris : Presses Universitaires de France, 1983 (EE13-1983.b)
1984	**Jean Hamelin** et **Nicole Gagnon**, *Le XXe siècle, Tome 1 : 1898-1940*, Montréal : Boréal Express, 1984 (EE14-1984.r/b)
	Jean Hamelin, *Le XXe siècle, Tome 2 : De 1940 à nos jours*, Montréal : Boréal Express, 1984 (EE15-1984.r/b)
1985	**François Richard**, *La littérature contre elle-même*, Montréal : Boréal Express, 1985 (EE16-1985.b)
1986	**Régine Robin**, *Le réalisme socialiste : une esthétique impossible*, Paris : Payot, 1986 (EE17-1986.b)
1987	**Jean Larose**, *La petite noirceur*, Montréal : Boréal, 1987 (EE18-1987.b)
1988	**Patricia Smart**, *Écrire dans la maison du père : l'émergence du féminin dans la tradition littéraire du Québec*, Montréal : Éditions Québec/Amérique, 1988 (EE19-1988.b)
1989	**Lise Noël**, *L'intolérance : Une problématique générale*, Montréal : Boréal, 1989 (EE20-1989.b)
1990	**Jean-François Lisée**, *Dans l'œil de l'aigle : Washington face au Québec*, [aucun endroit] : Éditions du Boréal, 1990 (EE21-1990.b)
1991	**Bernard Arcand**, *Le jaguar et le tamanoir : Vers le degré zéro de la pornographie*, [aucun endroit] : Boréal, 1991 (EE22-1991.b)
1992	**Pierre Turgeon**, *La Radissonie : le pays de la baie James*, [aucun endroit] : Libre Expression, 1992 (EE23-1992.r)
1993	**François Paré**, *Les littératures de l'exiguïté*, Hearst, Ontario : Le Nordir, 1992 (EE24-1993.b)
1994	**Chantal Saint-Jarre**, *Du sida : L'anticipation imaginaire de la mort et sa mise en discours*, Paris : Denoël, 1994 (EE25-1994.b)
1995	**Yvan Lamonde**, *Louis-Antoine Dessaulles, 1818-1895: Un seigneur libéral et anticlérical*, [aucun endroit] : Fides, 1994 (EE26-1995.b)
1996	**Michel Freitag**, *Le naufrage de l'université : et autres essais d'épistémologie politique*, Québec : Nuit blanche éditeur, et Paris : Éditions de la découverte, 1995 (EE27-1996.b)

1997	**Roland Viau**, *Enfants du néant et mangeurs d'âmes : Guerre, culture et société en Iroquoisie ancienne*, [aucun endroit] : Boréal, 1997 (EE28-1997.b)
1998	**Pierre Nepveu**, *Intérieurs du Nouveau Monde : Essais sur les littératures du Québec et des Amériques*, Montréal : Boréal, 1998 (EE29-1998.b)
1999	**Pierre Perrault**, *Le mal du Nord*, Hull : Éditions Vents d'Ouest, 1999 (EE30-1999.b)
2000	**Gérard Bouchard**, *Genèse des nations et cultures du Nouveau Monde : Essai d'histoire comparée*, Montréal : Boréal, 2000 (EE31-2000.b)
2001	**Renée Dupuis**, *Quel Canada pour les Autochtones? La fin de l'exclusion*, [Montréal] : Boréal, 2001 (EE32-2001.b)
2002	**Judith Lavoie**, *Mark Twain et la parole noire*, Montréal : Les Presses de l'Université de Montréal, 2002 (EE33-2002.b)
2003	**Thierry Hentsch**, *Raconter et mourir : Aux sources narratives de l'imaginaire occidental*, Montréal : Les Presses de l'Université de Montréal, 2002 (EE34-2003.b)
2004	**Jean-Jacques Simard**, *La Réduction : L'Autochtone inventé et les Amérindiens d'aujourd'hui*, Montréal : Septentrion, 2003 (EE35-2004.b)
2005	**Michel Bock**, *Quand la nation débordait les frontières : Les minorités françaises dans la pensée de Lionel Groulx*, Montréal : HMH, 2004 (EE36-2005.b)
2006	**Pierre Ouellet**, *À force de voir : Histoire de regards*, Montréal : Éditions du Noroît, 2005 (EE37-2006.b)
2007	**Annette Hayward**, *La querelle du régionalisme au Québec (1904-1931): Vers l'autonomisation de la littérature québécoise*, Ottawa : Le Nordir, 2006 (EE38-2007.b)
2008	**Pierre Ouellet**, *Hors-temps : Poétique de la posthistoire*, Montréal : VLB éditeur, 2008 (EE39-2008.b)
2009	**Nicole V. Champeau**, *Pointe Maligne L'infiniment oubliée : Présence française dans le Haut Saint-Laurent ontarien, Tome I*, Ottawa : Vermillon, 2009 (EE40-2009.b)
2010	**Michel Lavoie**, *C'est ma seigneurie que je réclame : La lutte des Hurons de Lorette pour la seigneurie de Sillery, 1650-1900*, [aucun endroit] : Boréal, 2010 (EE41-2010.b)
2011	**Georges Leroux**, *Wanderer : Essai sur le* Voyage d'hiver *de Franz Schubert*, Montréal : Éditions Nota bene, 2011 (EE42-2011.b)
2012	**Normand Chaurette**, *Comment tuer Shakespeare*, Montréal : Les Presses de l'Université de Montréal, 2011 (EE43-2012.b)
2013	**Yvon Rivard**, *Aimer, enseigner*, Montréal : Les Éditions du Boréal, 2012 (EE44-2013.b)
2014	**Gabriel Nadeau-Dubois**, *Tenir tête*, Montréal : Lux Éditeur, 2013 (EE45-2014.b)

2015	**Jean-Philippe Warren**, *Honoré Beaugrand : la plume et l'épée (1848-1906)*, [Montréal] : Boréal, 2015 (EE46-2015.b)
2016	**Roland Viau**, *Amerindia : essais d'ethnohistoire autochtone*, Montréal : Les Presses de l'Université de Montréal, 2015 (EE47-2016.b)
2017	**Serge Bouchard**, *Les Yeux tristes de mon camion*, Montréal : Boréal, 2015 (EE48-2017.b)
2018	**Frédérick Lavoie**, *Avant l'après : voyages à Cuba avec George Orwell*, Chicoutimi : La Peuplade Récit (Éditions la Peuplace), 2018 (EE49-2018.b)
2019	**Anne-Marie Voisard**, *Le droit du plus fort : nos dommages, leurs intérêts*, Montréal : Les Éditions Écosociété, 2018 (EE50-2019.b)

POÉSIE

1959	Pas de prix décerné
1960	**Anne Hébert**, *Poèmes,* Paris : Éditions du Seuil, 1960 (PO1-1960.b)
1961	Pas de prix décerné
1962	Pas de prix décerné
1963	**Gatien Lapointe**, *Ode au Saint-Laurent : précédée de J'appartiens à la terre*, Montréal : Les Éditions du Jour, 1963 (PO2-1963.b)
1964	Pas de prix décerné
1965	**Gilles Vigneault**, *Quand les bateaux s'en vont*, Québec : Éditions de l'Arc, 1965 (PO3-1965.b)
1966	**Réjean Ducharme**, *L'Avalée des avalés*, [Paris] : Gallimard, 1966 (PO4-1966.b)
1967	Pas de prix décerné
1968	Pas de prix décerné
1969	**Jean-Guy Pilon**, *Comme eau retenue : poèmes 1954-1963*, Montréal : Éditions de l'Hexagone, 1968 (PO5-1969.b)
1970	Pas de prix décerné
1971	**Paul-Marie Lapointe**, *Le réel absolu : poèmes 1948-1965*, Ottawa : Éditions de l'Hexagone, 1971 (PO6-1971.b)
1972	**Gilles Hénault**, *Signaux pour les voyants : poèmes 1941-1962*, Montréal : Éditions de l'Hexagone, 1972 (PO7-1972.b)
1973	Prix refusé par Roland Giguère
1974	**Nicole Brossard**, *Mécanique jongleuse suivi de masculin grammaticale*, Montréal : l'Hexagone, 1974 (PO8-1974.b)
1975	**Pierre Perrault**, *Chouennes : poèmes 1961-1971*, Montréal : Éditions de l'Hexagone, 1975 (PO9-1975.b)
1976	**Alphonse Piché**, *Poèmes 1946-1968*, Montréal : Éditions de l'Hexagone, 1976 (PO10-1976.b)
1977	Pas de prix décerné

1978   **Gilbert Langevin**, *Mon refuge est un volcan*, Ile de Montréal : l'Hexagone, 1978 (PO11-1978.b)

1979   **Robert Melançon**, *Peinture aveugle : poésie*, Montréal-Nord : VLB éditeur, 1979 (PO12-1979.b)

1980   **Michel van Schendel**, *De l'œil et de l'écoute : poèmes 1956-1976*, Montréal : Éditions de l'Hexagone, 1980 (PO13-1980.b)

1981   **Michel Beaulieu**, *Visages : neiges, mai la nuit, rémission du corps énamouré, zoo d'espèces, personne*, Saint-Lambert, Québec : Éditions du Noroît, 1981 (PO14-1981.b)

1982   **Michel Savard**, *Forages*, Saint-Lambert, Québec : Éditions du Noroît, 1982 (PO15-1982.b)

1983   **Suzanne Paradis**, *Un goût de sel*, [aucun endroit] : poésie Leméac, 1983 (PO16-1983.b)

1984   **Nicole Brossard**, *Double impression : poèmes et textes 1967-1984*, Montréal : Éditions de l'Hexagone, 1984 (PO17-1984.b)

1985   **André Roy**, *Action Writing : vers et proses 1973-1984*, Montréal : Les Herbes Rouges, 1985 (PO18-1985.b)

1986   **Cécile Cloutier**, *L'écouté : poèmes 1960-1983*, Montréal : l'Hexagone, 1986 (PO19-1986.b)

1987   **Fernand Ouellette**, *Les heures*, Montréal : l'Hexagone et Seyssel, France : Champ Vallon, 1987 (PO20-1987.b)

1988   **Marcel Labine**, *Papiers d'épidémie*, Montréal : Les Herbes Rouges, 1987 (PO21-1988.b)

1989   **Pierre Desruisseaux**, *Monème*, Montréal : l'Hexagone, 1989 (PO22-1989.b)

1990   **Jean-Paul Daoust**, *Les cendres bleues*, Trois-Rivières, Québec : Les Écrits des Forges 1990 (PO23-1990.b)

1991   **Madeleine Gagnon**, *Chant pour un Québec lointain*, Outremont, Québec : VLB éditeur et Clapiers, France : Table rase, 1990 (PO24-1991.b)

1992   **Gilles Cyr**, *Andromède attendra*, Montréal : L'Hexagone, 1991 (PO25-1992.b)

1993   **Denise Desautels**, *Le saut de l'ange : autour de quelques objets de Martha Townsend*, Montréal : Le Noroît, Amay, Belgique : L'Arbre à paroles, 1992 (PO26-1993.b)

1994   **Fulvio Caccia**, *Aknos : suivi de Scirocco, d'Annapurna et d'Irpinia*, Montréal : Guernica, 1994 (PO27-1994.b)

1995   **Émile Martel**, *Pour orchestre et poète seul*, Trois-Rivières, Québec : Écrits des Forges, 1995 (PO28-1995.b)

1996   **Serge Patrice Thibodeau**, *Le quatuor de l'errance* suivi de *La traversée du désert*, Montréal : l'Hexagone, 1995 (PO29-1996.b)

1997   **Pierre Nepveu**, *Romans-fleuves*, Montréal : Éditions du Noroît, 1997 (PO30-1997.b)

1998   **Suzanne Jacob**, *La part de feu : précédé de le deuil de la Rancune*, Montréal : Boréal, 1997 (PO31-1998.b)

1999   **Herménégilde Chiasson**, *Conversations*, Moncton, Nouveau-Brunswick : Éditions d'Acadie, 1998 (PO32-1999.b)

2000   **Normand de Bellefeuille**, *La marche de l'aveugle sans son chien*, Montréal : Éditions Québec Amérique, 1999 (PO33-2000.b)

2001   **Paul Chanel Malenfant**, *Des ombres portées*, Montréal : Éditions du Noroît, 2000 (PO34-2001.b)

2002   **Robert Dickson**, *Humains paysages en temps de paix relative*, Sudbury : Prise de parole, 2002 (PO35-2002.b)

2003   **Pierre Nepveu**, *Lignes aériennes*, Montréal : Éditions du Noroît, 2002 (PO36-2003.b)

2004   **André Brochu**, *Les jours à vif*, Laval : Trois, 2004 (PO37-2004.b)

2005   **Jean-Marc Desgent**, *Vingtièmes siècles*, Trois-Rivières : Les Écrits des Forges, 2005 (PO38-2005.b)

2006   **Hélène Dorion**, *Ravir : les lieux*, Paris : Clepsydre, 2005 (PO39-2006.b)

2007   **Serge Patrice Thibodeau**, *Seul on est*, Moncton : Les Éditions Perce-Neige, 2006 (PO40-2007.b)

2008   **Michel Pleau**, *La lenteur du monde*, Ottawa : Les Éditions David, 2007 (PO41-2008.b)

2009   **Hélène Monette**, *Thérèse pour joie et orchestre*, Montréal : Boréal, 2008 (PO42-2009.b)

2010   **Danielle Fournier**, *Effleurés de lumière*, Montréal : L'Hexagone, 2009 (PO43-2010.b)

2011   **Louise Dupré**, *Plus haut que les flammes*, Montréal : Éditions du Noroît, 2010 (PO44-2011.b)

2012   **Maude Smith Gagnon**, *Un drap. Une place*, Montréal : Triptyque, 2011 (PO45-2012.b)

2013   **René Lapierre**, *Pour les désespérés seulement*, Montréal : Les Herbes rouges, 2012 (PO46-2013.b)

2014   **José Acquelin**, *Anarchie de la lumière*, Outremont, Québec : les éditions du passage, 2014 (PO47-2014.b)

2015   **Joël Pourbaix**, *Le mal du pays est un art oublié*, Montréal : Éditions du Noroît, 2014 (PO48-2015.b)

2016   **Normand de Bellefeuille**, *Le poème est une maison de bord de mer : Catalogue affectueux deux*, Montréal : Éditions du Noroît, 2016 (PO49-2016.b)

2017   **Louise Dupré**, *La main hantée*, Montréal : Éditions du Noroît, 2016 (PO50-2017.b)

2018   **Michaël Trahan**, *La raison des fleurs*, Montréal : Le Quartanier, 2017 (PO51-2018.b)

2019   **Anne-Marie Desmeules**, *Le tendon et l'os*, Montréal : L'Hexagone, Groupe Ville-Marie Littérature, 2019 (PO52-2019.b)

THÉÂTRE

1959   Pas de prix décerné

1960   Pas de prix décerné

1961   Pas de prix décerné

1962   **Jacques Languirand**, *Les insolites et les violons de l'automne*, [aucun endroit] : Le Cercle du Livre de France, 1962 (TH1-1962.b)

1963   Pas de prix décerné

1964   **Pierre Perrault**, *Au Cœur de la Rose : pièce en trois actes*, Montréal : Beauchemin, 1964 (TH2-1964.b)

1965   Pas de prix décerné

1966   Pas de prix décerné

1967   **Françoise Loranger**, *Encore cinq minutes suivi de Un cri qui vient de loin*, Montréal : Cercle du Livre de France, 1967 (TH3-1967.b)

1968   Pas de prix décerné

1969   Pas de prix décerné

1970   **Jacques Brault**, "Quand nous serons heureux," Écrits du Canada français, 29 (1970), 199-248 (TH4-1970.r)

1971   Pas de prix décerné

1972   Pas de prix décerné

1973   Pas de prix décerné

1974   Pas de prix décerné

1975   Pas de prix décerné

1976   Pas de prix décerné

1977   Prix refusé par Michel Garneau

1978   Pas de prix décerné

1979   Pas de prix décerné

1980   Pas de prix décerné

1981   **Marie Laberge**, *C'était avant la guerre à l'Anse à Gilles*, Montréal : VLB éditeur, 1981 (TH5-1981.b)

1982   **Réjean Ducharme**, *HA ha!...*, Saint-Laurent, Québec : Éditions Lacombe, 1982 (TH6-1982.b)

1983   **René Gingras**, *Syncope*, Montréal : Leméac, 1983 (TH7-1983.b)

1984   **René-Daniel Dubois**, *Ne blâmez jamais les Bédouins*, [aucun endroit] : Les Éditions Leméac, 1984 (TH8-1984.b)

1985   **Maryse Pelletier**, *Duo pour voix obstinées*, Montréal : VLB éditeur, 1985 (TH9-1985.b)

1986   **Anne Legault**, *La visite des sauvages : Ou l'Île en forme de tête de vache*, Montréal : VLB éditeur, 1986 (TH10-1986.b)

1987   **Jeanne-Mance Delisle**, *Un oiseau vivant dans la gueule*, Montréal : La pleine lune, 1987 (TH11-1987.b)

1988   **Jean Marc Dalpé**, *Le chien : pièce en un acte*, Sudbury : Éditions Prise de Parole, 1987 (TH12-1988.r)

1989   **Michel Garneau**, *Mademoiselle Rouge*, Outremont, Québec : VLB éditeur, 1989 (TH13-1989.b)

1990   **Jovette Marchessault**, *Le voyage magnifique d'Émily Carr : Pièce de théâtre en dix tableaux dans le nouveau monde et trois Voyages dans le vieux monde*, [aucun endroit] : Leméac, 1990 (TH14-1990.b)

1991   **Gilbert Dupuis**, *Mon oncle Marcel qui vague vague près du métro Berri*, Montréal : L'Hexagone, 1991 (TH15-1991.b)

1992   **Louis-Dominique Lavigne**, *Les petits orteils*, Montréal : VLB éditeur, 1991 (TH16-1992.b)

1993   **Daniel Danis**, *Celle-là*, Montréal : Leméac, 1993 (TH17-1993.b)

1994   **Michel Ouellette**, *French Town*, Hearst, Ontario : Le Nordir, 1994 (TH18-1994.b)

1995   **Carole Fréchette**, *Les Quatre Morts de Marie*, Montréal : Les Herbes rouges, 1995 (TH19-1995.b)

1996   **Normand Chaurette**, *Le passage de l'Indiana*, [Montréal] : Leméac Éditeur et Arles : Actes Sud, 1996 (TH20-1996.b)

1997   **Yvan Bienvenue**, *Dits et Inédits*, Montréal : Dramaturges Éditeurs, 1997 (TH21-1997.b)

1998   **François Archambault**, *15 secondes*, Montréal : Leméac, 1998 (TH22-1998.b)

1999   **Jean Marc Dalpé**, *Il n'y a que l'amour : huit pièces en un acte, trois contes urbains, une conférence et un texte poétique pour une voix*, Sudbury, Ontario : Prise de parole, 1999 (TH23-1999.b)

2000   **Wajdi Mouawad**, *Littoral*, [Montréal] : Leméac et Arles, France : Actes Sud, 1999 (TH24-2000.b)

2001   **Normand Chaurette**, *Le petit köchel*, [Montréal] : Leméac Éditeur, Arles, France : Actes Sud, 2000 (TH25-2001.b)

2002   **Daniel Danis**, *Le Langue-à-Langue des chiens de roche*, Paris : L'Arche, 2001 (TH26-2002.b)

2003   **Jean-Rock Gaudreault**, *Deux pas vers les étoiles*, Montréal : Dramaturges Éditeurs, 2002 (TH27-2003.b)

2004   **Emma Haché**, *L'intimité*, Morlanwelz, Belgique : Lansman Éditeur, 2003 (TH28-2004.b)

2005   **Geneviève Billette**, *Le pays des genoux*, Montréal : Leméac Éditeur et Arles, France : Actes Sud, 2004 (TH29-2005.b)

2006   **Evelyne de la Chenelière**, *Désordre public : Aphrodite en 04, Nicht retour, Mademoiselle*, [aucun endroit] : Fides, 2006 (TH30-2006.b)

2007   **Daniel Danis**, *Le chant du Dire-Dire*, Montréal : Leméac, 2006 (TH31-2007.b)

2008 **Jennifer Tremblay**, *La liste : récit théâtral*, Longueuil, Québec : Les Éditions de la Bagnole, 2008 (TH32-2008.b)

2009 **Suzanne Lebeau**, *Le bruit des os qui craquent*, Montréal : Leméac, 2009 (TH33-2009.b)

2010 **David Paquet**, *Porc-épic*, Montréal : Dramaturges Éditeurs, 2009 (TH34-2010.b)

2011 **Normand Chaurette**, *Ce qui meurt en dernier*, Montréal : Leméac Éditeur, 2010 et France : Actes Sud, 2011 (TH35-2011.b)

2012 **Geneviève Billette**, *Contre le temps*, Montréal : Leméac, 2011 (TH36-2012.b)

2013 **Fanny Britt**, *Bienveillance,* Montréal : Leméac, 2012 (TH37-2013.b)

2014 **Carole Fréchette**, *Small Talk*, [Montréal] : Leméac (Leméac Éditeur), et [Arles] : Actes Sud, 2014 (TH38-2014.b)

2015 **Fabien Cloutier**, *Pour réussir un poulet*, Québec : L'instant même / Montréal : Dramaturges Éditeurs, 2014 (TH39-2015.b)

2016 **Wajdi Mouawad**, *Inflammation du verbe vivre*, [Montréal] : Leméac et France : Actes Sud - Papiers, 2016 (TH40-2016.b)

2017 **Sébastien David**, *Dimanche napalm*, Montréal : Leméac, 2016 (TH41-2017.b)

2018 **Anne-Marie Olivier**, *Venir au monde*, Montréal : Atelier 10, 2017 (TH42-2018.b)

2019 **Mishka Lavigne**, *Havre*, Ottawa : Les Éditions L'Interligne, 2019 (TH43-2019.b)

LITTÉRATURE JEUNESSE – ILLUSTRATIONS

1987 Marie-Francine Hébert, *Venir au monde*, illustrations par **Darcia Labrosse**, Montréal : la courte échelle, 1987 (JI1-1987.b)

1988 Philippe Béha et Marie-Antoinette Delolme, *Les jeux de pic-mots*, illustrations par **Philippe Béha**, Boucherville, Canada : Graficor, 1988 (JI2-1988.b)

1989 Stéphane Poulin, *Benjamin & la saga des oreillers*, illustrations par **Stéphane Poulin**, Toronto : Annick Press Ltd, 1989 (JI3-1989.r/b)

1990 Bénédicte Froissart, *Les fantaisies de l'oncle Henri*, illustrations par **Pierre Pratt**, Toronto : Annick Press, 1990 (JI4-1990.r/b)

1991 Roch Carrier, *Un champion*, illustrations par **Sheldon Cohen**, Montréal : Livres Toundra, France : Grandir, 1991 (JI5-1991.r/b)

1992 Gilles Tibo, *Simon et la ville de carton*, illustrations par **Gilles Tibo**, Montréal : Livres Toundra, Plattsburgh, NY : Toundra Books of Northern New York, 1992 (JI6-1992.r)

1993 André Vandal, *Le monde selon Jean de ...*, illustrations par **Stéphane Jorisch**, Montréal : DV Éditeurs, 1992 (JI7-1993.b)

1994   Rémy Simard, *Mon chien est un éléphant*, illustrations par **Pierre Pratt**, Toronto, New York : Annick, 1994 (JI8-1994.r/b)

1995   Annouchka Gravel Galouchko, *Shō et les dragons d'eau*, illustrations par **Annouchka Gravel Galouchko**, Toronto, New York : Annick, 1995 (JI9-1995.r)

1996   Pas de prix décerné

1997   Danielle Marcotte, *Poil de serpent, dent d'araignée*, illustrations par **Stéphane Poulin**, Laval, Québec : Éditions Les 400 coups, 1996 (JI10-1997.r)

1998   Rémy Simard, *Monsieur Ilétaitunefois*, illustrations par **Pierre Pratt**, Toronto : Annick, 1998 (JI11-1998.r/b)

1999   Olivier Lasser, *Charlotte et l'île du destin*, illustrations par **Stéphane Jorisch**, Laval : Les grands albums / Les 400 coups, 1998 (JI12-1999.b)

2000   Anne Villeneuve, *L'écharpe rouge*, illustrations par **Anne Villeneuve**, Laval, Québec : Les 400 coups, 1999 (JI13-2000.b)

2001   Yukio Tsuchiya, *Fidèles éléphants*, illustrations par **Bruce Roberts**, [aucun endroit] : Les éditions les 400 coups, 2000 (JI14-2001.b)

2002   Gilles Tibo, *Le grand voyage de Monsieur*, illustrations par **Luc Melanson**, Saint-Lambert, Québec : Dominique et compagnie, 2001 (JI15-2002.r/b)

2003   Carole Tremblay, *Recette d'éléphant à la sauce vieux pneu*, illustrations par **Virginie Egger**, [aucun endroit] : Les 400 coups, 2002 (JI16-2003.b)

2004   Marie-Francine Hébert, *Nul poisson où aller*, illustrations par **Janice Nadeau**, Montréal : Les 400 coups, 2003 (JI17-2004.b)

2005   Marie-Danielle Croteau, *Le cœur de monsieur Gauguin*, illustrations par **Isabelle Arsenault**, Montréal : Les 400 coups, 2004 (JI18-2005.b)

2006   Lili Chartrand, *Le gros monstre qui aimait trop lire*, illustrations par **Rogé**, Saint-Lambert, Québec : Dominique et compagnie, 2005 (JI19-2006.r/b)

2007   Danielle Simard, *La petite rapporteuse de mots*, illustrations par **Geneviève Côté**, Montréal : Les éditions Les 400 coups, 2007 (JI20-2007.b)

2008   Gilles Tibo, *Ma meilleure amie*, illustrations par **Janice Nadeau**, Montréal : Québec Amérique, 2007 (JI21-2008.b)

2009   Hervé Bouchard, *Harvey : Comment je suis devenu invisible*, illustrations par **Janice Nadeau**, Montréal : La Pastèque, 2009 (JI22-2009.r)

2010   Élise Turcotte, *Rose : derrière le rideau de la folie*, illustrations par **Daniel Sylvestre**, Montréal : La courte échelle, 2009 (JI23-2010.b)

2011   Caroline Merola, *Lili et les poilus*, illustrations par **Caroline Merola**, Montréal : Dominique et Compagnie, 2010 (JI24-2011.r)

2012   Élise Gravel, *La clé à molette*, illustrations par Élise Gravel, Montréal : La courte échelle, 2012 (JI25-2012.r)

2013   Fanny Britt, *Jane, le renard & moi*, illustrations par **Isabelle Arsenault**, Montréal : La Pastèque, 2012 (JI26-2013.r)

2014   Marianne Dubuc, *Le lion et l'oiseau*, illustrations par **Marianne Dubuc**, Montréal : la Pastèque, 2013 (JI27-2014.r)

LITTÉRATURE JEUNESSE – LIVRES ILLUSTRÉS

2015   **André Marois**, *Le voleur de sandwichs*, illustrations par **Patrick Doyon**, Montréal : La Pastèque, 2014 (JLI1-2015.b)

2016   **Stéphanie Lapointe**, *Grand-père et la Lune*, illustrations par **Rogé** [Roger Girard], Montréal : Quai No 5, 2015 (JLI2-2016.r)

2017   **Jacques Goldstyn**, *Azadah*, illustrations par **Jacques Goldstyn**, Montréal : La pastèque, 2016 (JLI3-2017.r)

2018   Marianne Dubuc, *Le chemin de la montagne*, illustrations par **Marianne Dubuc**, Montréal : Comme des géants, 2017. (JLI4-2018.r)

2019   **Stéphanie Lapointe**, *Jack et le temps perdu*, illustrations par **Delphie Côté-Lacroix**, Quai no 5, Montréal : Les Éditions XYZ inc., 2018 (JLI5-2019.r)

LITTÉRATURE JEUNESSE – TEXTE

1987   **David Schinkel** et **Yves Beauchesne**, *Le Don*, Montréal : Pierre Tisseyre, 1987 (JT1-1987.b)

1988   **Michèle Marineau**, *Cassiopée ou l'été polonais*, Vieux-Montréal : Québec/Amérique, 1988 (JT2-1988.b)

1989   **Charles Montpetit**, *Temps mort*, Montréal : Éditions Paulines, 1988 (JT3-1989.b)

1990   **Christiane Duchesne**, *La vraie histoire du chien de Clara Vic*, Montréal : Éditions Québec, Amérique, 1990 (JT4-1990.b)

1991   **François Gravel**, *Deux heures et demie avant Jasmine*, [aucun endroit] : Boréal, 1991 (JT5-1991.b)

1992   **Christiane Duchesne**, *Victor*, Montréal : Éditions Québec/Amérique, 1992 (JT6-1992.b)

1993   **Michèle Marineau**, *La route de Chlifa*, Boucherville, Québec : Québec/Amérique jeunesse, 1992 (JT7-1993.b)

1994   **Suzanne Martel**, *Une belle journée pour mourir*, Montréal : Fides, 1993 (JT8-1994.b)

1995   **Sonia Sarfati**, *Comme une peau de chagrin*, Montréal : La courte échelle, 1995 (JT9-1995.b)

1996   **Gilles Tibo**, *Noémie : Le secret de Madame Lumbago*, Boucherville, Québec : Québec / Amérique Jeunesse, 1996 (JT10-1996.b)

1997   **Michel Noël**, *Pien*, Waterloo, Québec : Éditions Michel Quintin, 1996 (JT11-1997.b)

1998   **Angèle Delaunois**, *Variations sur un même « t'aime »*, Saint-Lambert, Québec : Dominique et Compagnie, 1997 (JT12-1998.b)

1999   **Charlotte Gingras**, *La liberté? Connais pas …*, Montréal : La courte échelle, 1998 (JT13-1999.b)

2000   **Charlotte Gingras**, *Un été de Jade*, Montréal : La courte échelle, 1999 (JT14-2000.b)

2001   **Christiane Duchesne**, *Jomusch et le troll des cuisines*, Saint-Lambert, Québec : Dominique et compagnie, 2001 (JT15-2001.b)

2002   **Hélène Vachon**, *L'oiseau de passage*, Saint-Lambert, Québec : Dominique et compagnie, 2001 (JT16-2002.b)

2003   **Danielle Simard**, *J'ai vendu ma sœur*, Saint-Lambert, Québec : Soulières éditeur, 2002 (JT17-2003.b)

2004   **Nicole Leroux**, *L'hiver de Léo Polatouche*, Montréal : Boréal, 2003 (JT18-2004.b)

2005   **Camille Bouchard**, *Le ricanement des hyènes*, Montréal : la courte échelle, 2004 (JT19-2005.b)

2006   **Dany Laferrière**, *Je suis fou de Vava*, Longueuil, Québec : Les Éditions de la Bagnole, 2006 (JT20-2006.b)

2007   **François Barcelo**, *La fatigante et le fainéant*, Saint-Lambert, Québec : Soulières éditeur, 2006 (JT21-2007.b)

2008   **Sylvie Desrosiers**, *Les trois lieues*, Montréal : la courte échelle, 2008 (JT22-2008.b)

2009   **Hervé Bouchard**, *Harvey : Comment je suis devenu invisible*, Montréal : La Pastèque, 2009 (JT23-2009.r)

2010   **Élise Turcotte**, *Rose : derrière le rideau de la folie*, Montréal : La courte échelle, 2009 (JT24-2010.b)

2011   **Martin Fournier**, *Les aventures de Radisson : 1. L'enfer ne brûle pas*, Québec : Septentrion, 2011 (JT25-2011.b)

2012   **Aline Apostolska**, *Un été d'amour et de cendres*, Montréal : Leméac, 2012 (JT26-2012.b)

2013   **Geneviève Mativat**, *À l'ombre de la grande maison*, Montréal : Éditions Pierre Tisseyre, 2012 (JT27-2013.r)

2014   **Linda Amyot**, *Le jardin d'Amsterdam*, Montréal : Leméac, 2013 (JT28-2014.b)

2015   **Louis-Philippe Hébert**, *Marie Réparatrice : Poésie*, Saint-Sauveur-des-Monts, Québec : Les Éditions de La Grenouillère, 2014 (JT29-2015.b)

2016   **François Gilbert**, *Hare Krishna*, Montréal : Leméac, 2016 (JT30-2016.b)

2017   **Véronique Drouin**, *L'importance de Mathilde Poisson*, Montréal : Bayard Canada, 2017 (JT31-2017.b)

2018   **Mario Brassard**, *Ferdinand F., 81 ans, chenille*, Saint-Lambert : Soulières éditeur, 2018 (JT32-2018.b)

2019 **Dominique Demers**, *L'albatros et la mésange*, Montréal : Éditions Québec Amérique, 2019 (JT33-2019.b)

TRADUCTION (DE L'ANGLAIS VERS LE FRANÇAIS)

1987 Heather Robertson, *L'homme qui se croyait aimé : Ou la vie secrete d'un premier ministre*, traduction par **Ivan Steenhout** et **Christiane Teasdale**, Montréal : Boréal, 1987 (TF1-1987.b)

1988 Robert Bothwell, *Nucléus : l'histoire de l'énergie atomique du Canada, Limitée*, traduction par **Didier Holtzwarth**, Montréal : Agence d'Arc Inc., 1988 (TF2-1988.b)

1989 Dorothy Livesay, *Les Âges de l'amour*, traduction par **Jean Antonin Billard**, Montréal : Guernica et [aucun endroit], France : La Table Rase, 1989 (TF3-1989.b)

1990 A. M. Klein, *Le second rouleau*, traduction par **Charlotte Melançon** et **Robert Melançon**, [aucun endroit] : Boréal, 1990 (TF4-1990.b)

1991 Bruce Trigger, *Les Enfants d'Aataentsic*, traduction par **Jean-Paul Sainte-Marie** et **Brigitte Chabert Hacikyan**, Montréal : Libre Expression, 1991 (TF5-1991.b)

1992 Mark A. Cheetham, *La mémoire postmoderne : Essai sur l'art canadien contemporain*, traduction par **Jean Papineau**, Montréal : Liber, 1992 (TF6-1992.b)

1993 Robert Walshe, *L'œuvre du Gallois (galloroman)*, traduction par **Marie José Thériault**, Montréal : Boréal, 1993 (TF7-1993.b)

1994 Olive Patricia Dickason, *Le mythe du sauvage*, traduction par **Jude Des Chênes**, Sillery, Québec : Septentrion, 1993 (TF8-1994.b)

1995 Gérald Bernier et Daniel Salée, *Entre l'ordre et la liberté : Colonialisme, pouvoir et transition vers le capitalisme dans le Québec du XIXᵉ siècle*, traduction par **Hervé Juste**, [aucun endroit] : Boréal, 1995 (TF9-1995.b)

1996 Jane Jacobs, *Systèmes de survie : Dialogue sur les fondements moraux du commerce et de la politique*, traduction par **Christiane Teasdale**, [aucun endroit] : Boréal, 1995 (TF10-1996.b)

1997 Neil Bissoondath, *Arracher les montagnes*, traduction par **Marie José Thériault**, [aucun endroit] : Boréal, 1997 (TF11-1997.b)

1998 Charles Taylor, *Les sources du moi : La formation de l'identité moderne*, traduction par **Charlotte Melançon**, [aucun endroit] : Boréal, 1998 (TF12-1998.b)

1999 E. D. Blodgett et Jacques Brault, *Transfiguration*, traduction par **Jacques Brault**, Saint-Hippolyte, Québec : Éditions du Noroît / Buschek Books, 1998 (TF13-1999.b)

2000	Ann-Marie MacDonald, *Un parfum de cèdre*, traduction par **Lori Saint-Martin** et **Paul Gagné**, [aucun endroit] : Flammarion Québec, 1999 (TF14-2000.b)

2000   Ann-Marie MacDonald, *Un parfum de cèdre*, traduction par **Lori Saint-Martin** et **Paul Gagné**, [aucun endroit] : Flammarion Québec, 1999 (TF14-2000.b)

2001   Naomi Klein, *No Logo : La Tyrannie des marques*, traduction par **Michel Saint-Germain**, [Montréal] : Leméac et Arles, France : Actes Sud, 2001 (TF15-2001.b)

2002   Elizabeth Abbott, *Histoire universelle de la chasteté et du célibat*, traduction par **Paule Pierre**, [aucun endroit] : Fides, 2001 (TF16-2002.b)

2003   Linda Leith, *Un amour de Salomé*, traduction par **Agnès Guitard**, Montréal : XYZ éditeur, 2002 (TF17-2003.b)

2004   Robert Finley, *Les Indes accidentelles*, traduction par **Ivan Steenhout**, Lachine, Québec : Éditions de la Pleine Lune, 2004 (TF18-2004.b)

2005   Kevin Bazzana, *Glenn Gould : une vie*, traduction par **Rachel Martinez**, Montréal : Boréal, 2004 (TF19-2005.b)

2006   Thomas Wharton, *Un jardin de papier*, traduction par **Sophie Voillot**, [aucun endroit] : Alto, 2005 (TF20-2006.b)

2007   Tamas Dobozy, *Dernières notes*, traduction par **Lori Saint-Martin** et **Paul Gagné**, [aucun endroit] : Les Allusifs, 2006 (TF21-2007.b)

2008   Maureen Medved, *Tracey en mille morceaux*, traduction par **Claire Chabalier** et **Louise Chabalier**, [aucun endroit] : Les Allusifs, 2007 (TF22-2008.b)

2009   Camilla Gibb, *Le miel d'Harar*, traduction par **Paule Noyart**, Montréal : Leméac Éditeur, et France : Actes Sud, 2008 (TF23-2009.b)

2010   Rawi Hage, *Le cafard*, traduction par **Sophie Voillot**, Québec : Alto, 2009 (TF24-2010.b)

2011   Greg MacArthur, *Toxique : Ou l'incident dans l'autobus*, traduction par **Maryse Warda**, Montréal : Dramaturges Éditeurs, 2011 (TF25-2011.b)

2012   Mark Kingwell, *Glenn Gould*, traduction par **Alain Roy**, Montréal : Boréal, 2011 (TF26-2012.b)

2013   Alison Pick, *L'enfant du jeudi*, traduction par **Sophie Voillot**, Montréal : Boréal, 2012 (TF27-2013.r)

2014   Thomas King, *L'Indien malcommode : un portrait inattendu des Autochtones d'Amérique du Nord*, traduction par **Daniel Poliquin**, Montréal : Boréal, 2014 (TF28-2014.b)

2015   Mordecai Richler, *Solomon Gursky*, traduction par **Lori Saint-Martin** et **Paul Gagné**, [Montréal] : Boréal, 2015 (TF29-2015.b)

2016   James Daschuk, *La destruction des Indiens des Plaines : maladies, famines organisées, disparition du mode de vie autochtone*, traduction par **Catherine Ego**, [Québec] : Presses de l'Université Laval, 2015 (TF30-2016.b)

2017   Alexandre Trudeau, *Un barbare en Chine nouvelle*, traduction par **Daniel Poliquin**, Montréal : Boréal, 2016 (TF31-2017.b)

2018   Mordecai Richler, *Le Monde selon Barney*, traduction par **Lori Saint-Martin** et **Paul Gagné**, Montréal : Boréal (Les Éditions du Boréal), 2017 (TF32-2018.b)

2019   Madeleine Thien, *Nous qui n'étions rien*, traduction par **Catherine Leroux**, Québec : Éditions Alto, 2018 (TF33-2019.b)

NOTES

INTRODUCTION

1   David Johnston, "Presentation of the 2016 Governor General's Literary Awards," Rideau Hall, 30 November 2016, accessed 15 May 2019, www.gg.ca/en/media/news/2016/presentation-2016-governor-generals-literary-awards.

2   Canadian Authors Association, Summary of Canadian Authors Association Minutes regarding the Governor General's Literary Awards, 15 February 1936 to 12 September 1942 (William Arthur Deacon fonds, ms coll. 160, box 35A, folder 3), Fisher Rare Book Library, University of Toronto, 1; "Annual Awards Established to Aid Canadian Literature," *The Globe and Mail*, 27 February 1937, 12; *cf.* Pelham Edgar, Letter to Mr Pereira (William Arthur Deacon fonds, ms coll. 160, box 29, folder 15), Fisher Rare Book Library, University of Toronto, 1; Clara Thomas and John Lennox, *William Arthur Deacon: A Canadian Literary Life*, Toronto, Buffalo, London: University of Toronto Press, 1982, 196-7.

3   William Arthur Deacon, *Canadian Authors Association / 1947 Report of the Governor-General's Awards Board*, 8 July 1947 (William Arthur Deacon fonds, ms coll. 160, box 33, folder 9), Fisher Rare Book Library, University of Toronto, 3; Franklin Davey McDowell, *Governor-General's Awards Board, Chairman's Report, Years 1949-1951, Inclusive* (William Arthur Deacon fonds, ms coll. 160, box 34, folder 1), Fisher Rare Book Library, University of Toronto, 4; Thomas and Lennox, *William Arthur Deacon* (see note 2), 197, 207-8; Lyn Harrington, *Syllables of Recorded Time: The Story of the Canadian Authors Association, 1921-1981*, Toronto: Simon & Pierre, 1981, 265; and Andrew David Irvine, "John Buchan and the Founding of Canada's Governor General's Literary Awards," *The John Buchan Journal*, 49 (2016), 30-31.

4   *Governor-General's Annual Literary Awards from 1936 to 1944* (William Arthur Deacon fonds, ms coll. 160, box 35A, folder 6), Fisher Rare Book Library, University of Toronto, 1; McDowell, *Governor-General's Awards Board, Chairman's Report, Years 1949-1951, Inclusive* (see note 3), 7.

5   David Johnston. « Remise des Prix littéraires du Gouverneur général de 2016 ». Rideau Hall, le 30 novembre 2016, consulté le 2 janvier 2018, www.gg.ca/fr/media/nouvelles/2016/remise-des-prix-litteraires-du-gouverneur-general-de-2016.

6   Canadian Authors Association. Résumé de procès-verbaux de la Canadian Authors Association au sujet des Prix littéraires du Gouverneur général, 15 février 1936 au 12 septembre 1942 (collection William Arthur Deacon, ms coll. 160, boîte 35A, fichier 3), Fisher Rare Book Library, Université de Toronto, 1; « Annual Awards Established to Aid Canadian Literature », *The Globe and Mail*, 27 février 1937, 12; *cf.* Pelham Edgar, Une letter à Mr Pereira (collection William Arthur Deacon, ms coll. 160, boîte 29, fichier 15), Fisher Rare Book Library, Université de Toronto, 1; Clara Thomas et John Lennox, *William Arthur Deacon: A Canadian Literary Life*, Toronto, Buffalo, London : University of Toronto Press, 1982, 196-7.

7   William Arthur Deacon. *Canadian Authors Association / 1947 Report of the Governor-General's Awards Board*, 8 juillet 1947 (collection William Arthur Deacon, ms coll. 160, boîte 33, fichier 9), Fisher Rare Book Library, Université de Toronto, 3; Franklin Davey McDowell, *Governor-General's Awards Board, Chairman's Report, Years 1949-1951, Inclusive* (collection William Arthur Deacon, ms coll. 160, boîte 34, fichier 1), Fisher Rare Book Library, Université de Toronto, 4; Thomas et Lennox, *William Arthur Deacon* (voir la note 2), 197, 207-8; Lyn Harrington, *Syllables of Recorded Time: The Story of the Canadian Authors Association, 1921-1981*, Toronto : Simon et Pierre, 1981, 265; et Andrew David Irvine, « John Buchan and the Founding of Canada's Governor General's Literary Awards », *The John Buchan Journal*, 49 (2016), 30-31.

8   *Governor-General's Annual Literary Awards from 1936 to 1944* (collection William Arthur Deacon, ms coll. 160, boîte 35A, fichier 6), Fisher Rare Book Library, Université de Toronto, 1; McDowell, *Governor-General's Awards Board, Chairman's Report, Years 1949-1951, Inclusive* (voir la note 3), 7.

GOVERNORS GENERAL / GOUVERNEURS GÉNÉRAUX

9   Michaëlle Jean, "Presentation of the Governor General's Literary Awards," *The Governor General of Canada*, 10 December 2008, accessed 15 May 2019, www.gg.ca/en/media/news/2008/governor-generals-literary-awards.

10   Michaëlle Jean. « Discours dans le cadre de la remise des Prix littéraires du Gouverneur général », *La gouverneure générale du Canada*, le 10 décembre 2008, consulté le 2 janvier 2018, www.gg.ca/fr/media/nouvelles/2008/prix-litteraire s-du-gouverneur-general.

11   « Jules Léger », La gouverneure générale du Canada : Anciens gouverneurs généraux, consulté le 12 juin 2020, www.gg.ca/fr/gouverneur-general/anciens-gouverneurs-generaux/jules-leger.

12   « Jules Léger », The Governor General of Canada : Former Governors General, accessed 12 June 2020, www.gg.ca/en/governor-general/former-governors-general/jules-leger.

13   « Causes personnelles du gouverneur général Roméo LeBlanc », *La gouverneure générale du Canada : Anciens gouverneurs généraux*, 16 juillet 2010, consulté le 2 janvier 2018, archive.gg.ca/gg/fgg/bios/02/causes_f.asp.

14   "Personal Causes of the Rt Hon. Roméo LeBlanc," *The Governor General of Canada: Former Governors General*, 16 July 2010, accessed 15 May 2019, archive.gg.ca/gg/fgg/bios/02/causes_e.asp.

15   Michaëlle Jean, « Discours d'installation – Son Excellence la très honorable Michaëlle Jean Gouverneure générale du Canada à l'occasion de son installation », *Governor General of Canada / Gouverneur général du Canada*, 27 septembre 2005, consulté le 2 janvier 2018, www.gg.ca/fr/media/nouvelles/2005/discours-dinstallation-son-excellence-la-tre s-honorable-michaelle-jean-gouverneure-generale-du.

16   Michaëlle Jean, "Installation Speech – The Right Honourable Michaëlle Jean Governor General of Canada on the Occasion of her Installation," *Governor General of Canada / Gouverneur général du Canada*, 27 September 2005, accessed 15 May 2019, www.gg.ca/en/media/news/2005/installation-speech-right-honourable-michaelle-jean-governor-general-ca nada-occasion-her.

AWARD LAUREATES / LAURÉATS

17   John Buchan, *Memory Hold-the-Door*, Toronto: The Musson Book Company Ltd, 1940, 34.

18   John Buchan, *Memory Hold-the-Door*, Toronto : The Musson Book Company Ltd, 1940, 34, en traduction.

19   "Catherine Banks," *PGC: Playwrights Guild of Canada*, 2013, accessed 15 May 2019, playwrightsguild.ca/paupress/profile/2581/view.

20   « Catherine Banks », *PGC: Playwrights Guild of Canada*, 2013, consulté le 2 janvier 2018, www.playwrightsguild.ca/playwright/catherine-banks, en traduction.

21   Wailan Low, "Earle Birney: Biography," *Canadian Poetry Online*, Toronto: University of Toronto Libraries, 2000, accessed 15 May 2019, www.library.utoronto.ca/canpoetry/birney/index.htm.

22   Wailan Low, « Earle Birney: Biography », *Canadian Poetry Online*, Toronto : University of Toronto Libraries, 2000, consulté le 2 janvier 2018, www.library.utoronto.ca/canpoetry/birney/index.htm, en traduction.

23   Cité dans Pierre Tousignant, « Michel Brunet », *L'Encyclopédie canadienne*, 16 décembre 2013, consulté le 2 janvier 2018, www.thecanadianencyclopedia.ca/fr/article/brunet-michel.

24   Quoted in Pierre Tousignant, "Michel Brunet," *The Canadian Encyclopedia*, 16 December 2013, accessed 15 May 2019, www.thecanadianencyclopedia.ca/en/article/michel-brunet/.

25   "Don Coles: *The Prinzhorn Collection*," *Canadian Poetry Online*, 2000, accessed 15 May 2019, canpoetry.library.utoronto.ca/canpoetry/coles/prinzhorn.htm.

26   « Don Coles: *The Prinzhorn Collection* », *Canadian Poetry Online*, 2000, consulté le 2 janvier 2018, canpoetry.library.utoronto.ca/canpoetry/coles/prinzhorn.htm, en traduction.

27   Stéphanie Nutting, « Jean Marc Dalpé », *L'Encyclopédie canadienne*, 16 décembre 2013, consulté le 2 janvier 2018, www.thecanadianencyclopedia.ca/fr/article/dalpe-jean-marc.

28   Stéphanie Nutting, "Jean Marc Dalpé," *The Canadian Encyclopedia*, 16 December 2013, accessed 15 May 2019, www.thecanadianencyclopedia.ca/en/article/jean-marc-dalpe/.

29   « A Live Bird in Its Jaws », *Signature Editions*, consulté le 2 janvier 2018, www.signature-editions.com/index.php/books/single_title/a_live_bird_in_its_jaws1/text/javascript, en traduction.

30   "A Live Bird in Its Jaws," *Signature Editions*, accessed 15 May 2019, www.signature-editions.com/index.php/books/single_title/a_live_bird_in_its_jaws1/text/javascript.

31   "Don Domanski's Poetry," *angelfire.com*, accessed 15 May 2019, www.angelfire.com/de/naos/.

32   « Don Domanski's Poetry », *angelfire.com,* consulté le 2 janvier 2018, www.angelfire.com/de/naos/, en traduction.

33   Alain Bosquet, « Une irrésistible magie : *L'avalée des avalés* », *Le Monde*, 1ᵉʳ octobre 1966, 13.

34 Alain Bosquet, "Une irrésistible magie: *L'Avalée des avalés*," *Le Monde*, 01 octobre 1966, 13, in translation.

35 Albert Faucher et Maurice Lamontagne, « History of Industrial Development », *Les classiques des sciences sociales*, 20 octobre 2011, consulté le 2 janvier 2018, classiques.uqac.ca/contemporains/faucher_albert/history_industrial_development/history_industrial_development_texte.html, en traduction.

36 Albert Faucher and Maurice Lamontagne, "History of Industrial Development," *Les classiques des sciences sociales*, 20 octobre 2011, accessed 15 May 2019, classiques.uqac.ca/contemporains/faucher_albert/history_industrial_development/history_industrial_development_texte.html.

37 Caroline Adderson, "Globe Books 2013: Long Story Short, It was a Remarkable Year for Short Fiction," *The Globe and Mail*, 27 December 2013, accessed 15 May 2019, www.theglobeandmail.com/arts/books-and-media/globe-books-2013-long-story-short-it-was-a-remarkable-year-for-short-fiction/article16116522/.

38 Quoted in Russell Smith, "Easy Inspiration in an Age when Everyone Is a Storyteller," *The Globe and Mail*, 06 April 2016, accessed 15 May 2019, www.theglobeandmail.com/arts/books-and-media/russell-smith-easy-inspiration-in-an-age-when-everyone-is-a-storyteller/article29541543/.

39 Caroline Adderson, « Globe Books 2013: Long Story Short, It Was a Remarkable Year for Short Fiction », *The Globe and Mail*, 27 décembre 2013, consulté le 2 janvier 2018, www.theglobeandmail.com/arts/books-and-media/globe-books-2013-long-story-short-it-was-a-remarkable-year-for-short-fiction/article16116522/, en traduction.

40 Cité dans Russell Smith, « Easy Inspiration in an Age when Everyone Is a Storyteller », *The Globe and Mail*, 6 avril 2016, consulté le 2 janvier 2018, www.theglobeandmail.com/arts/books-and-media/russell-smith-easy-inspiration-in-an-age-when-everyone-is-a-storyteller/article29541543/, en traduction.

41 Rob Gonsalves, *Facebook: Rob Gonsalves (Official Site)*, accessed 15 May 2019, www.facebook.com/pg/RobGonsalves.Official/about/.

42 Rob Gonsalves, *Facebook : Rob Gonsalves (Official Site)*, consulté le 2 janvier 2018, www.facebook.com/pg/RobGonsalves.Official/about/, en traduction.

43 Helen Milton, "1955 Convention Report," *Canadian Author & Bookman*, 32 (1) [*sic*, 31 (2)], Summer 1955, 4.

44 Helen Milton, « 1955 Convention Report », *Canadian Author & Bookman*, 32(1) [*sic*, 31(2)], été 1955, 4.

45 "Praise for *The End of Absence*," *Michael Harris*, accessed 15 May 2019, www.endofabsence.com/press/.

46 « Praise for *The End of Absence* », *Michael Harris*, consulté le 2 janvier 2018, www.endofabsence.com/press/, en traduction.

47 Usher Caplan, "A. M. Klein," *The Canadian Encyclopedia*, 20 June 2014, accessed 15 May 2019, www.thecanadianencyclopedia.ca/en/article/am-klein/.

48 Usher Caplan, « Abraham Moses Klein », *L'Encyclopédie canadienne*, 20 juin 2014, consulté le 2 janvier 2018, www.thecanadianencyclopedia.ca/fr/article/abraham-moses-klein.

49 Robert Kroetsch, *A Likely Story: The Writing Life*, Calgary: Red Deer College Press, 1995, 14.

50 Robert Kroetsch, *A Likely Story: The Writing Life*, Calgary : Red Deer College Press, 1995, 14, en traduction.

51 "Order of Canada: Patrick Lane, O.C.," *The Governor General of Canada*, accessed 15 May 2019, www.gg.ca/en/honours/recipients/146-11747.

52 « Mr. Patrick Lane, O.C. », *La gouverneure générale du Canada*, consulté le 2 janvier 2018, www.gg.ca/fr/distinctions/recipiendaires/146-11747.

53 Elspeth Cameron, "Irving Layton," *The Canadian Encyclopedia*, 21 April 2015, accessed 15 May 2019, www.thecanadianencyclopedia.ca/en/article/irving-layton/.

54 Elspeth Cameron, « Irving Layton », *L'Encyclopédie canadienne,* 21 avril 2015, consulté le 2 janvier 2018, www.thecanadianencyclopedia.ca/fr/article/irving-layton.

55 Hugh MacLennan, *Two Solitudes*, Toronto: Collins, 1945, 329.

56 Hugh MacLennan, *Deux Solitudes*, traduit de l'anglais par Louise Gareau-Des-Bois, Paris : Les Éditions Spes, 1963, 573.

57 Yves Bolduc, « Antonine Maillet », *L'Encyclopédie canadienne*, 13 avril 2015, consulté le 2 janvier 2018, www.thecanadianencyclopedia.ca/fr/article/antonine-maillet.

58 Yves Bolduc, "Antonine Maillet," *The Canadian Encyclopedia*, 13 April, 2015, accessed 15 May 2019, www.thecanadianencyclopedia.ca/en/article/antonine-maillet/.

59 "Mandel, Eli," in William Toye, *The Concise Oxford Companion to Canadian Literature*, Don Mills: Oxford University Press, 2001, 315.

60 « Mandel, Eli », dans William Toye, *The Concise Oxford Companion to Canadian Literature*, Don Mills : Oxford University Press, 2001, 315, en traduction.

61 Marlene Alt, "Miriam Mandel," *The Canadian Encyclopedia*, 16 December 2013, accessed 15 May 2019, www.thecanadianencyclopedia.ca/en/article/miriam-mandel/.

62 Marlene Alt, « Miriam Mandel », *L'Encyclopédie canadienne*, 16 décembre 2013, consulté le 2 janvier 2018, www.thecanadianencyclopedia.ca/fr/article/mandel-miriam.

63　« Mme Claire Martin, C.C., O.Q. : Ordre du Canada », *La gouverneure générale du Canada*, consulté le 2 janvier 2018, www.gg.ca/fr/distinctions/recipiendaires/146-13813.

64　"Order of Canada: Claire Martin, C.C., O.Q.," *The Governor General of Canada*, accessed 15 May 2019, www.gg.ca/en/honours/recipients/146-13813.

65　William Arthur Deacon, "Three Best Canadian Books," *The Globe and Mail*, 13 April 1940, 11.

66　William Arthur Deacon, « Three Best Canadian Books », *The Globe and Mail*, 13 avril 1940, 11.

67　"Order of Canada: Don McKay, C.M.," *The Governor General of Canada*, accessed 15 May 2019, www.gg.ca/en/honours/recipients/146-9294.

68　« Mr. Don McKay, C.M. : Ordre du Canada », *La gouverneure générale du Canada*, consulté le 2 janvier 2018, www.gg.ca/fr/distinctions/recipiendaires/146-9294.

69　Thomas Flanagan, "Brian Moore: An Appreciation," *Los Angeles Times*, 17 January 1999, accessed 15 May 2019, articles.latimes.com/1999/jan/17/books/bk-64278.

70　Thomas Flanagan, « Brian Moore: An Appreciation », *Los Angeles Times*, 17 janvier 1999, consulté le 2 janvier 2018, articles.latimes.com/1999/jan/17/books/bk-64278, en traduction.

71　Quoted in Steve Burgess, "Northern Exposure," Salon.com, accessed 15 May 2019, www.salon.com/1999/05/11/mowat/.

72　Cité dans Steve Burgess, « Northern Exposure », Salon.com, consulté le 2 janvier 2018, www.salon.com/1999/05/11/mowat/, en traduction.

73　Ross Munro, "Blazing, Bloody Battle of France is Described," *The Windsor Daily Star*, 20 August 1942, 1, accessed 15 May 2019, news.google.com/newspapers?nid=4b-LE5UluQcC&dat=19420820&printsec=frontpage&hl=fr.

74　Ross Munro, « Blazing, Bloody Battle of France is Described », *The Windsor Daily Star*, 20 août 1942, 1, consulté le 2 janvier 2018, news.google.com/newspapers?nid=4b-LE5UluQcC&dat=19420820&printsec=frontpage&hl=fr, en traduction.

75　Paula Jessop, "Alden Nowlan," *The Canadian Encyclopedia*, 20 October 2014, accessed 15 May 2019, www.thecanadianencyclopedia.ca/en/article/alden-nowlan/.

76　Quoted in Miriam Espeseth, *Academic Encounters*, 2nd edn, New York: Cambridge University Press, 2012, 47.

77　Paula Jessop, « Alden Nowlan », *L'Encyclopédie canadienne*, 20 octobre 2014, consulté le 2 janvier 2018, www.thecanadianencyclopedia.ca/fr/article/alden-nowlan.

78　Cité dans Miriam Espeseth, *Academic Encounters*, 2ᵉ éd., New York : Cambridge University Press, 2012, 47, en traduction.

79　A. I. Silver, « Fernand Ouellet », *L'Encyclopédie canadienne*, 16 décembre 2013, consulté le 2 janvier 2018, www.thecanadianencyclopedia.ca/fr/article/ouellet-fernand.

80　A. I. Silver, "Fernand Ouettet," *The Canadian Encyclopedia*, 16 December 2013, accessed 15 May 2019, www.thecanadianencyclopedia.ca/en/article/fernand-ouellet/.

81　Andrew McIntosh, « Pierre Perrault », *L'Encyclopédie canadienne*, 16 mars 2015, consulté le 2 janvier 2018, www.thecanadianencyclopedia.ca/fr/article/pierre-perrault.

82　Andrew McIntosh, "Pierre Perrault," *The Canadian Encyclopedia*, 16 March 2015, accessed 15 May 2019, www.thecanadianencyclopedia.com/en/article/pierre-perrault/.

83　Quoted in Susan Gingell, *E. J. Pratt on His Life and Poetry*, Toronto: University of Toronto Press, 1983, 33.

84　Cité dans Susan Gingell, *E. J. Pratt on His Life and Poetry*, Toronto : University of Toronto Press, 1983, 33, en traduction.

85　Quoted in John Barber, "A Quarrington Timeline," *The Globe and Mail*, 23 August 2012, accessed 15 May 2019, www.theglobeandmail.com/arts/a-quarrington-timeline/article1207616/.

86　Cité dans John Barber, « A Quarrington Timeline », *The Globe and Mail*, 23 août 2012, consulté le 2 janvier 2018, www.theglobeandmail.com/arts/a-quarrington-timeline/article1207616/, en traduction.

87　Raziel Reid, *When Everything Feels like the Movies*, Vancouver: Arsenal Pulp Press, 2014, 94.

88　Raziel Reid, *When Everything Feels like the Movies*, Vancouver : Arsenal Pulp Press, 2014, 94, en traduction.

89　Norman Hillmer, "Charles Stewart Almon Ritchie," *The Canadian Encyclopedia*, 16 December 2013, accessed 15 May 2019, www.thecanadianencyclopedia.ca/en/article/charles-stewart-almon-ritchie/.

90　Norman Hillmer, « Charles Stewart Almon Ritchie », *L'Encyclopédie canadienne*, 16 décembre 2013, consulté le 2 janvier 2018, www.thecanadianencyclopedia.ca/fr/article/ritchie-charles-stewart-almon.

91　William Arthur Deacon, "Governor-General's Annual Literary Awards Go to Sallans, Birney, Hutchison, McInnis," *The Globe and Mail*, 19 June 1943, 11.

92　William Arthur Deacon, « Governor-General's Annual Literary Awards Go to Sallans, Birney, Hutchison, McInnis », *The Globe and Mail*, 19 juin 1943, 11, en traduction.

93　William Arthur Deacon, "Governor-General's Annual Literary Awards Present More than Usually Interesting Winners," *The Globe and Mail*, 15 April 1944, 16.

94　William Arthur Deacon, « Governor-General's Annual Literary Awards Present More than Usually Interesting Winners », *The Globe and Mail*, 15 avril 1944, 16, en traduction.

95   "Order of Canada: Raymond Souster, O.C.," *The Governor General of Canada*, accessed 15 May 2019, www.gg.ca/en/honours/recipients/146-4438.

96   Noreen Shanahan, "Raymond Souster Gave His Life to Poetry," *The Globe and Mail*, 06 November 2012, accessed 15 May 2019, www.theglobeandmail.com/news/toronto/raymond-souster-gave-his-life-to-poetry/article5008148/.

97   « Mr. Raymond Souster, O.C. : Ordre du Canada », *La gouverneure générale du Canada*, consulté le 2 janvier 2018, www.gg.ca/fr/distinctions/recipiendaires/146-4438, en traduction.

98   Noreen Shanahan, « Raymond Souster Gave His Life to Poetry », *The Globe and Mail*, 6 novembre 2012, consulté le 2 janvier 2018, www.theglobeandmail.com/news/toronto/raymond-souster-gave-his-life-to-poetry/article5008148/, en traduction.

99   Quoted in Julien Russell Brunet, "Nigel Spencer: The Governor General's Literary Awards Interview Series," *The Walrus*, 28 November 2012, accessed 15 May 2019, thewalrus.ca/nigel-spencer/.

100 Cité dans Julien Russell Brunet, « Nigel Spencer: The Governor General's Literary Awards Interview Series », *The Walrus*, 28 novembre 2012, consulté le 2 janvier 2018, thewalrus.ca/nigel-spencer/, en traduction.

101 J. Kelly Nestruck, "Meet The Globe's Canadian Artist of the Year, Plus Seven Other Top Talents: Jordan Tannahill," *The Globe and Mail*, 24 December 2014, accessed 15 May 2019, www.theglobeandmail.com/arts/meet-the-globes-canadian-artist-of-the-year-plus-seven-other-top-talents/article22179065/.

102 J. Kelly Nestruck, « Meet The Globe's Canadian Artist of the Year, Plus Seven Other Top Talents: Jordan Tannahill », *The Globe and Mail*, 24 décembre 2014, consulté le 2 janvier 2018, www.theglobeandmail.com/arts/meet-the-globes-canadian-artist-of-the-year-plus-seven-other-top-talents/article22179065/, en traduction.

103 "About Teresa," *Teresa Toten*, 2017, accessed 15 May 2019, www.teresatoten.com/about/.

104 « About Teresa », Teresa Toten, 2017, consulté le 2 janvier 2018, www.teresatoten.com/about/.

AWARD LIST / LISTE DES PRIX

105 William Arthur Deacon, "The Fly Leaf," *The Globe and Mail*, 09 July 1938, 8.

106 William Arthur Deacon, « The Fly Leaf », *The Globe and Mail*, 9 juillet 1938, 8, en traducation.

ACKNOWLEDGEMENTS

This book would not have been possible were it not for the generous assistance of many people. We are especially grateful to a private British Columbia-based foundation and to the University of British Columbia Okanagan for their ongoing financial support. Without this support, work on this project could not have been completed. We want to thank both organizations for their unwavering dedication to Canadian literature and scholarship.

We are also grateful to Lara Mainville, Dominike Thomas, Elizabeth Schwaiger, Ariane Brun del Re, Caroline G. Boudreau, François Lavigne, Mireille Piché, Sonia Rheault, Catherine Mongenais, Maryse Cloutier, and Marie-Hélène Lowe of the University of Ottawa Press who have brought this book successfully to publication; to Linda Gustafson for her design work; to Karine Lavoie and Anne-Bénédicte Claret for their translations; to Eli MacLaren of McGill University who brought our first bibliography of the Governor General's Literary Awards into print in a special issue of *Papers of the Bibliographical Society of Canada*; to Carol Willoughby, Adrienne Skinner, David Wallace, Jim Robinson, Roger Seamon, Ralph Stanton, Katherine Kalsbeek, Chelsea Shriver, Brenda Peterson, Reny Kahlon, Eilis Courtney, William New, Bill Winder, Mohsen Javdani, Maxime Heroux-Legault, Shelley Vanderburg, Helen Yanacopulos and John Woods of our home university who have selflessly given their time and resources to assist and advise us in various ways; to Ted Blodgett of the University of Alberta, Robert Melançon of the Université de Montréal and Chris McCreery of Government House, Nova Scotia, whose unparalleled expertise and counsel have been invaluable; to John Meier of The W. A. Deacon Literary Foundation who has done a great deal to educate Canadians about the Governor General's Literary Awards; and to Steven Temple of Steven Temple Books who began collecting scarce copies of Governor General's Literary Award-winning titles at a time when no one else had the foresight to do so. It is to Temple's credit that a large number of fragile book jackets and a great amount of bibliographical information have not been lost to history.

To the many individuals and companies who generously have given us permission to include materials that are not in the public domain, we are especially grateful.

For their help in researching many of the details contained in this book, we want to thank our research assistants Marie-Soleil Normandin, Richard McCurrach, Anne-Bénédicte Claret, David Irvine, Erin Stanley and Samantha Wex.

We are also grateful to the following award laureates and family members who have given so generously of their time and knowledge: Linda Amyot, Isabelle Arsenault, François Barcelo, Eric Beddows, Philippe Beha, Nicolas Billon, Christie Blatchford, Michel Bock, Stephanie Bolster, Nora Born (Stephen Clarkson Estate), Camille Bouchard, Gérard Bouchard, George Bowering, John Brooker (Bertram Brooker Estate), Julie Bruck, Allan Casey, Louise Chabalier, George Elliott Clarke, Stephen Clarkson, Sheldon Cohen, Lorna Crozier, Kady MacDonald Denton, Jude Des Chênes, Sandra Djwa, Hélène Dorion, Patrick Doyon, Marianne Dubuc, Réjean Ducharme, Christiane Duchesne, Gilbert Dupuis, Renée Dupuis, Wally Edwards, Virginie Egger, Julie Flett, Charles Foran, Karolyn Smardz Frost, Paul Gagné, Annouchka Gravel Galouchko, Michel Garneau, Marie-Louise Gay, François Gilbert, Kerstin Gilkerson (William Gilkerson Estate), Rachna Gilmore, Charlotte Gingras, René Gingras, Roger Girard, Douglas Glover, John Gray, Mary Lou Halsall (Albert Halsall Estate), Michael Harris, Kellen Hatanaka, Hugh Hazelton, Steven Heighton, Jack Hodgins, Greg Hollingshead, Thomas Homer-Dixon, Glen Huser, John Ibbitson, Michael Ignatieff, Matt James, Julie Johnston, Stéphane Jorisch, Hervé Juste, Welwyn Wilton Katz, M. T. Kelly, Kevin Kerr, Murray Kimber, Ross King, Thomas King, Jon Klassen, Kim La Fave, Darcia Labrosse, Maurice Lagueux, Yvan Lamonde, Patrick Lane, Jon-Erik Lappano, Judith Lavoie, Iain Lawrence, JonArno Lawson, Perrine Leblanc, Dennis Lee, Don LePan (Douglas Le Pan Estate), Georges Leroux, Mireille Levert, Ron Lightburn, Kathy Long (Thomas B. Roberton Estate), Janet Lunn, Joan MacLeod, Margaret MacMillan, Don McKay, Rachel Manley, André Marois, Rachel Martinez, Jirina Marton, Luc Melanson, Caroline Merola, Andrée Michaud, John Mighton, Roy Miki, Paul Morin, Robin Muller, Rhonda Mullins, Colleen Murphy, Janice Nadeau, Susin Nielsen, Morgan Nyberg, Susan Ouriou, Kit Pearson, Wendy Phillips, Caroline Pignat, Sharon Pollock, Stéphane Poulin, James Reaney (James Reaney Estate), Susan Reaney (James Reaney Estate), Barbara Reid, Raziel Reid, Nino Ricci, Bruce Roberts, Diane Schoemperlen, Howard Scott, Maggie Siggins, Jeffrey Simpson, Arthur Slade, Sydney Smith, Nigel Spencer, Daniel Sylvestre, Jillian Tamaki, Jordan Tannahill, Marie-José Thériault, Madeleine Thien, Gilles Tibo, Maria Tippett, Teresa Toten, Pierre Turgeon, John Vaillant, Katherine Vermette, Anne Villeneuve, Sophie Voillot, Colleen Wagner, Fred Wah, Bill Waiser, George F. Walker, Susan Wallace (James Reaney Estate), Jean-Philippe Warren, Duncan Weller, Rudy Wiebe, Donald Winkler, Mark Winston, Graeme Wood, Paul Yee, Cybèle Young, Robert Young (Joanne Fitzgerald Estate) and Jan Zwicky.

For their assistance in researching specific questions, we would like to thank Fred Addis (Leacock Museum National Historic Site), Marina Addison (Jon Klassen Studio), Sandra Alston (University of Toronto), Jean Baird (Al Purdy

A-Frame Association), Renu Barrett (McMaster University), Gregory Baum (University of Toronto), Nissa Bell (University of Victoria), Noelle Bickle (Canadian Authors Association), Alvan Bregman (University of British Columbia), Jana Buhlmann (Library and Archives Canada), Keith Bunnell (University of British Columbia, Vancouver), James Camp (*The New Yorker*), Richard Carter (University of Toronto), Lionel Chetwynd (University of California, Los Angeles), Alexandra Clemence (Library and Archives Canada), Alice Cocunubová (University of Ottawa), Ann Cowan Buitenhuis (Simon Fraser University), Dennis Danielson (University of British Columbia, Vancouver), Glen Drexhage (University of British Columbia, Vancouver), Katie Eliot (Langara College), Jane Everett (McGill University), Margery Fee (University of British Columbia, Vancouver), William Galbraith (Government of Canada), Adrian Galwin (University of Toronto Press), Audrey Gaulin (Université Laval), Anna Gedalof (Bruce Roberts Studio), Carole Gerson (Simon Fraser University), Annie Gibson (Playwrights Canada Press), Priscilla Giroux (Veterans Affairs Canada), Leah Gordon (Alcuin Society), Frances Halpenny (University of Toronto), Catherine Hobbs (Library and Archives Canada), Heather Home (Queen's University), Richard Hopkins (Hourglass Books), Ben Howard (University of British Columbia, Vancouver), Brian Hubner (University of Manitoba), Graeme Hunter (University of Ottawa), Len Husband (University of Toronto Press), Lisa Jemison (University of Toronto Press), Joseph Jones (University of British Columbia, Vancouver), Roma Kail (Victoria University), Smaro Kamboureli (University of Toronto), Barbara Kay (*National Post*), Maya Kucij (McGill University), Ian Lancashire (University of Toronto), Karine Lapierre (Karine Lapierre Agence), Brittany Lavery (University of Toronto Press), John Lennox (York University), Kitty Lewis (Brick Books), Bernie Linsky (University of Alberta), Ian MacLaren (McGill University), Shuvaloy Majumdar (Office of the Minister of Foreign Affairs of Canada), Elizabeth Mantz (University of Western Ontario), Louis Marinoff (City College of New York), Jean-Pierre Marquis (Université de Montréal), David Mason (David Mason Books), Kerry Mason (University of Victoria), Lindsay McNiff (University of Toronto), Kathy Mezei (Simon Fraser University), Jeanette Mockford (University of Manitoba), Murray Mollard (University of British Columbia, Vancouver), Jenna Moore (McGill University), Laura Moss (University of British Columbia, Vancouver), Kelly Nadal (McClelland & Stewart), Ira Nadel (University of British Columbia, Vancouver), Ellen Nodwell (McClelland & Stewart), Wolfgang Noethlichs (National Theatre School), Yoshinori Ogawa (Keio University), Amanda Oliver (University of Western Ontario), Duncan Phillips (Mitacs), Valerie Pollock (Whiteside School), Zailig Pollock (Trent University), Anita Purcell (Canadian Authors Association), Jim Rainer (Alcuin Society), Michael Redley (Oxford University), Robert Reid (Alcuin Society), Alain-Michel Rocheleau (University of British Columbia, Vancouver), Jan Ross (Emily Carr House), Theresa Rowat (McGill University), Wendy Roy (University of Saskatchewan), Geneviève

Saumier (McGill University), Alin Senécal-Harkin (Whiteside School), Nathalie Soini (Queen's University), Carl Spadoni (McMaster University), David Staines (University of Ottawa), Barbara Teatero (Queen's University), Christina Tooulias-Santolin (University of Toronto), Rhea Tregebov (University of British Columbia, Vancouver), David Truelove (University of British Columbia, Vancouver), Sheila Turcon (McMaster University), Mark Vessey (Green College), Germaine Warkentin (University of Toronto), Matt Williams (House of Anansi), Rhodri Windsor-Liscombe (University of British Columbia, Vancouver) and Alice S. P. Wong (House of Commons of Canada).

For their many hours of generous assistance, we would like to extend our special gratitude to the staff at Rideau Hall and the Canada Council for the Arts; to Sue Chater, Sharon Lee, Catherine Malcha, Albert Masters, Natalya Rattan, Tom Reid, John Shoesmith, Jennifer Toews and others at the University of Toronto Fisher Rare Book Library; and to several anonymous referees.

Finally, for their unparalleled talents and expertise, their many hours of helpful advice and their many exceptional kindnesses, we would like to extend a special thanks to Joan Irvine and Carla Rivère, David Camp (Borden Ladner Gervais), Julie Grahame (Estate of Yousuf Karsh), John Russell (Langara College), Charles Pachter (The Moose Factory), James Yu (UBC Okanagan), Harry Palmer (A Portrait of Canada) and Alan Twigg (*BC BookWorld*).

We are grateful to them all.

REMERCIEMENTS

Ce livre n'aurait pas vu le jour sans la générosité de nombreuses personnes. Nous sommes particulièrement reconnaissants à une fondation privée de la Colombie-Britannique et à l'Université de la Colombie-Britannique Okanagan pour leur soutien financier continu. Sans cet appui, ce projet n'aurait pu être mené à bien. Nous tenons à remercier ces deux organisations pour leur dévouement sans faille à la littérature et à l'érudition canadiennes.

Nous sommes également reconnaissants à Lara Mainville, Dominike Thomas, Elizabeth Schwaiger, Ariane Brun del Re, Caroline G. Boudreau, François Lavigne, Mireille Piché, Sonia Rheault, Catherine Mongenais, Maryse Cloutier, et Marie-Hélène Lowe des Presses de l'Université d'Ottawa, qui ont brillamment contribué à la publication de ce livre; à Linda Gustafson pour la conception graphique; à Karine Lavoie et Anne-Bénédicte Claret pour leurs traductions; à Eli MacLaren de l'Université McGill, qui a fait en sorte que soit publiée notre première bibliographie des Prix littéraires du Gouverneur général dans un numéro spécial des *Cahiers de la Société bibliographique du Canada*; à Carol Willoughby, Adrienne Skinner, David Wallace, Jim Robinson, Roger Seamon, Ralph Stanton, Katherine Kalsbeek, Chelsea Shriver, Brenda Peterson, Reny Kahlon, Eilis Courtney, William New, Bill Winder, Mohsen Javdani, Maxime Heroux-Legault, Shelley Vanderburg, Helen Yanacopulos et John Woods de notre université d'attache, qui ont généreusement donné de leur temps et mis leurs ressources à notre disposition pour nous aider et nous conseiller de diverses façons; à Ted Blodgett de l'Université de l'Alberta, Robert Melançon de l'Université de Montréal et Chris McCreery de l'hôtel du gouverneur, en Nouvelle-Écosse, dont l'expertise et les conseils inégalés ont été d'une valeur inestimable; à John Meier de la W. A. Deacon Literary Foundation, qui a grandement contribué à faire connaître les Prix littéraires du Gouverneur général aux Canadiens et Canadiennes; et à Steven Temple de la librairie Steven Temple Books, qui a commencé à collectionner des exemplaires rares des titres lauréats des Prix littéraires du Gouverneur général à une époque où personne d'autre n'avait la prévoyance de le faire. C'est grâce à lui si de nombreux ouvrages fragiles et une grande quantité d'informations bibliographiques ont été préservés au fil du temps.

Aux nombreuses personnes et entreprises qui nous ont généreusement donné la permission de publier des renseignements qui ne sont pas du domaine public, nous sommes particulièrement reconnaissants.

Pour leur aide dans la recherche de nombreux détails contenus dans ce livre, nous remercions nos assistants de recherche : Marie-Soleil Normandin, Richard McCurrach, Anne-Bénédicte Claret, David Irvine, Erin Stanley et Samantha Wex.

Nous tenons aussi à remercier les lauréats et les membres de leur famille qui ont donné si généreusement de leur temps et partagé leurs connaissances : Linda Amyot, Isabelle Arsenault, François Barcelo, Eric Beddows, Philippe Beha, Nicolas Billon, Christie Blatchford, Michel Bock, Stephanie Bolster, Nora Born (succession de Stephen Clarkson), Camille Bouchard, Gérard Bouchard, George Bowering, John Brooker (succession de Bertram Brooker), Julie Bruck, Allan Casey, Louise Chabalier, George Elliott Clarke, Stephen Clarkson, Sheldon Cohen, Lorna Crozier, Kady MacDonald Denton, Jude Des Chênes, Sandra Djwa, Hélène Dorion, Patrick Doyon, Marianne Dubuc, Réjean Ducharme, Christiane Duchesne, Gilbert Dupuis, Renée Dupuis, Wally Edwards, Virginie Egger, Julie Flett, Charles Foran, Karolyn Smardz Frost, Paul Gagné, Annouchka Gravel Galouchko, Michel Garneau, Marie-Louise Gay, François Gilbert, Kerstin Gilkerson (succession de William Gilkerson), Rachna Gilmore, Charlotte Gingras, René Gingras, Roger Girard, Douglas Glover, John Gray, Mary Lou Halsall (succession d'Albert Halsall), Michael Harris, Kellen Hatanaka, Hugh Hazelton, Steven Heighton, Jack Hodgins, Greg Hollingshead, Thomas Homer-Dixon, Glen Huser, John Ibbitson, Michael Ignatieff, Matt James, Julie Johnston, Stéphane Jorisch, Hervé Juste, Welwyn Wilton Katz, M. T. Kelly, Kevin Kerr, Murray Kimber, Ross King, Thomas King, Jon Klassen, Kim La Fave, Darcia Labrosse, Maurice Lagueux, Yvan Lamonde, Patrick Lane, Jon-Erik Lappano, Judith Lavoie, Iain Lawrence, JonArno Lawson, Perrine Leblanc, Dennis Lee, Don LePan (succession de Douglas LePan), Georges Leroux, Mireille Levert, Ron Lightburn, Kathy Long (succession de Thomas B. Roberton), Janet Lunn, Joan MacLeod, Margaret MacMillan, Don McKay, Rachel Manley, André Marois, Rachel Martinez, Jirina Marton, Luc Melanson, Caroline Merola, Andrée Michaud, John Mighton, Roy Miki, Paul Morin, Robin Muller, Rhonda Mullins, Colleen Murphy, Janice Nadeau, Susin Nielsen, Morgan Nyberg, Susan Ouriou, Kit Pearson, Wendy Phillips, Caroline Pignat, Sharon Pollock, Stéphane Poulin, James Reaney (succession de James Reaney), Susan Reaney (succession de James Reaney), Barbara Reid, Raziel Reid, Nino Ricci, Bruce Roberts, Diane Schoemperlen, Howard Scott, Maggie Siggins, Jeffrey Simpson, Arthur Slade, Sydney Smith, Nigel Spencer, Daniel Sylvestre, Jillian Tamaki, Jordan Tannahill, Marie-José Thériault, Madeleine Thien, Gilles Tibo, Maria Tippett, Teresa Toten, Pierre Turgeon, John Vaillant, Katherine Vermette, Anne Villeneuve, Sophie Voillot, Colleen Wagner, Fred Wah, Bill Waiser, George F. Walker, Susan Wallace (succession de James Reaney), Jean-Philippe Warren, Duncan Weller, Rudy

Wiebe, Donald Winkler, Mark Winston, Graeme Wood, Paul Yee, Cybèle Young, Robert Young (succession de Joanne Fitzgerald) et Jan Zwicky.

Pour leur aide dans la recherche de questions précises, nous remercions Fred Addis (lieu historique national du Canada du Musée Stephen-Leacock), Marina Addison (Jon Klassen Studio), Sandra Alston (Université de Toronto), Jean Baird (Al Purdy A-Frame Association), Renu Barrett (Université McMaster), Gregory Baum (Université de Toronto), Nissa Bell (Université de Victoria), Noelle Bickle (Canadian Authors Association), Alvan Bregman (Université de la Colombie-Britannique, Vancouver), Jana Buhlmann (Bibliothèque et Archives Canada), Keith Bunnell (Université de la Colombie-Britannique, Vancouver), James Camp (*The New Yorker*), Richard Carter (Université de Toronto), Lionel Chetwynd (Université de la Californie, Los Angeles), Alexandra Clemence (Bibliothèque et Archives Canada), Alice Cocunubová (Université d'Ottawa), Ann Cowan Buitenhuis (Université Simon Fraser), Dennis Danielson (Université de la Colombie-Britannique, Vancouver), Glen Drexhage (Université de la Colombie-Britannique, Vancouver), Katie Eliot (Collège Langara), Jane Everett (Université McGill), Margery Fee (Université de la Colombie-Britannique, Vancouver), William Galbraith (gouvernement du Canada), Adrian Galwin (Presses de l'Université de Toronto), Audrey Gaulin (Université Laval), Anna Gedalof (Bruce Roberts Studio), Carole Gerson (Université Simon Fraser), Annie Gibson (Playwrights Canada Press), Priscilla Giroux (Anciens Combattants Canada), Leah Gordon (Société Alcuin), Frances Halpenny (Université de Toronto), Catherine Hobbs (Bibliothèque et Archives Canada), Heather Home (Université Queen's), Richard Hopkins (Hourglass Books), Ben Howard (Université de la Colombie-Britannique, Vancouver), Brian Hubner (Université du Manitoba), Graeme Hunter (Université d'Ottawa), Len Husband (Presses de l'Université de Toronto), Lisa Jemison (Presses de l'Université de Toronto), Joseph Jones (Université de la Colombie-Britannique, Vancouver), Roma Kail (Université de Victoria), Smaro Kamboureli (Université de Toronto), Barbara Kay (*National Post*), Maya Kucij (Université McGill), Ian Lancashire (Université de Toronto), Karine Lapierre (Agence Karine Lapierre), Brittany Lavery (Presses de l'Université de Toronto), John Lennox (Université York), Kitty Lewis (Brick Books), Bernie Linsky (Université de l'Alberta), Ian MacLaren (Université McGill), Shuvaloy Majumdar (ministère des Affaires étrangères du Canada), Elizabeth Mantz (Université Western), Louis Marinoff (City College of New York), Jean-Pierre Marquis (Université de Montréal), David Mason (David Mason Books), Kerry Mason (Université de Victoria), Lindsay McNiff (Université de Toronto), Kathy Mezei (Université Simon Fraser), Jeanette Mockford (Université du Manitoba), Murray Mollard (Université de la Colombie-Britannique, Vancouver), Jenna Moore (Université McGill), Laura Moss (Université de la Colombie-Britannique, Vancouver), Kelly Nadal (McClelland & Stewart), Ira Nadel (Université de la Colombie-Britannique, Vancouver), Ellen Nodwell (McClelland & Stewart),

Wolfgang Noethlichs (École nationale de théâtre), Yoshinori Ogawa (Université Keio), Amanda Oliver (Université Western), Duncan Phillips (Mitacs), Valerie Pollock (Whiteside School), Zailig Pollock (Université Trent), Anita Purcell (Canadian Authors Association), Jim Rainer (Alcuin Society), Michael Redley (Université d'Oxford), Robert Reid (Alcuin Society), Alain-Michel Rocheleau (Université de la Colombie-Britannique, Vancouver), Jan Ross (Emily Carr House), Theresa Rowat (Université McGill), Wendy Roy (Université de la Saskatchewan), Geneviève Saumier (Université McGill), Alin Senécal-Harkin (Whiteside School), Nathalie Soini (Université Queen's), Carl Spadoni (Université McMaster), David Staines (Université d'Ottawa), Barbara Teatero (Université Queen's), Christina Tooulias-Santolin (Université de Toronto), Rhea Tregebov (Université de la Colombie-Britannique, Vancouver), David Truelove (Université de la Colombie-Britannique, Vancouver), Sheila Turcon (Université McMaster), Mark Vessey (Collège Green), Germaine Warkentin (Université de Toronto), Matt Williams (House of Anansi), Rhodri Windsor-Liscombe (Université de la Colombie-Britannique, Vancouver) et Alice S. P. Wong (Chambre des communes du Canada).

Pour tout le temps passé à nous aider généreusement, nous tenons à remercier tout particulièrement le personnel de Rideau Hall et du Conseil des arts du Canada; Sue Chater, Sharon Lee, Catherine Malcha, Albert Masters, Natalya Rattan, Tom Reid, John Shoesmith, Jennifer Toews et plusieurs autres de la bibliothèque de livres rares Thomas Fisher de l'Université de Toronto; ainsi que certaines sources anonymes.

Enfin, pour leur talent et leur expertise inégalés, leurs nombreux conseils utiles et leur gentillesse exceptionnelle, merci à Joan Irvine et Carla Rivère, David Camp (Borden Ladner Gervais), Julie Grahame (succession de Yousuf Karsh), John Russell (Collège Langara), Charles Pachter (The Moose Factory), James Yu (UBC Okanagan), Harry Palmer (A Portrait of Canada) et Alan Twigg (*BC BookWorld*).

Nous leur sommes particulièrement reconnaissants à tous et à toutes.

CPSIA information can be obtained
at www.ICGtesting.com
Printed in the USA
BVHW012108150321
602073BV00013B/4